权威·前沿·原创

皮书系列为
"十二五""十三五"国家重点图书出版规划项目

新时代　新征程　新担当

NEW ERA　NEW JOURNEY　NEW ROLE

2019年湖南发展研究报告

RESEARCH REPORT ON DEVELOPMENT OF HUNAN

(2019)

湖南省人民政府发展研究中心

主　编／谈文胜

副主编／唐宇文

社会科学文献出版社

SOCIAL SCIENCES ACADEMIC PRESS（CHINA）

图书在版编目（CIP）数据

新时代　新征程　新担当：2019年湖南发展研究报告／谈文胜主编 . -- 北京：社会科学文献出版社，2019.5

ISBN 978 - 7 - 5201 - 4678 - 4

Ⅰ.①新… Ⅱ.①谈… Ⅲ.①区域经济发展 - 研究报告 - 湖南 - 2019 ②社会发展 - 研究报告 - 湖南 - 2019 Ⅳ.①F127.64

中国版本图书馆 CIP 数据核字（2019）第 068792 号

新时代　新征程　新担当
——2019 年湖南发展研究报告

主　　编／谈文胜
副 主 编／唐宇文

出 版 人／谢寿光
责任编辑／桂　芳
文稿编辑／伍勤灿

出　　版／社会科学文献出版社·皮书出版分社（010）59367127
　　　　　　地址：北京市北三环中路甲 29 号院华龙大厦　邮编：100029
　　　　　　网址：www. ssap. com. cn
发　　行／市场营销中心（010）59367081　59367083
印　　装／天津千鹤文化传播有限公司

规　　格／开　本：787mm×1092mm　1/16
　　　　　　印　张：27　字　数：410 千字
版　　次／2019 年 5 月第 1 版　2019 年 5 月第 1 次印刷
书　　号／ISBN 978 - 7 - 5201 - 4678 - 4
定　　价／158.00 元

主要编撰者简介

谈文胜 湖南省人民政府发展研究中心党组书记、主任。研究生学历,管理学博士。历任长沙市中级人民法院研究室主任,长沙市房地局党组成员、副局长,长沙市政府研究室党组书记、主任,长沙市芙蓉区委副书记,湘潭市人民政府副市长,湘潭市委常委、秘书长,湘潭市委常委、常务副市长,湘潭市委副书记、市长。主要研究领域为城市群发展、产业经济等,先后主持"义务教育财政公共投入体制现状分析与研究""长沙经济发展结构分析及保持持续增长推动力研究""长株潭半小时经济圈调研报告"等多项课题研究。

唐宇文 湖南省人民政府发展研究中心副主任,研究员。1984 年毕业于武汉大学数学系,获理学学士学位,1987 年毕业于武汉大学经济管理系,获经济学硕士学位。2001～2002 年在美国加州州立大学学习,2010 年在中共中央党校一年制中青班学习。主要研究领域为区域发展战略与产业经济,先后主持国家社科基金项目及省部级课题多项,近年出版著作主要有《创新引领开放崛起》《打造经济强省》《区域经济互动发展论》《开启湖南全面建设社会主义现代化新征程》等。

前　言

习近平总书记强调，"改革发展任务越是艰巨繁重，越需要强大的智力支持。要从推动科学决策、民主决策，推进国家治理体系和治理能力现代化、增强国家软实力的战略高度，把中国特色新型智库建设作为一项重大而紧迫的任务切实抓好"。近年来，湖南省人民政府发展研究中心深入贯彻党的十九大及十九届二中、三中全会和习近平总书记系列重要讲话精神，大力推进省级重点智库建设，不断提高政策研究、政策解读和政策评估的能力，为省委、省政府科学决策提供了有益参考，为湖南经济社会发展提供了较好的政策引导和智力支持。

2018 年，在省委、省政府的正确领导下，中心朝着"一流省级智库，一流省级电子政务服务平台"的目标奋力拼搏，取得了较好的成效。全年共完成重大调研 100 多项，其中省领导交办重大调研 32 项、重大政策评估 6 项、各类课题 37 项、自主选题若干项。研究报告质量显著提高，31 项成果获得杜家毫、许达哲、乌兰、陈向群、黄兰香、胡衡华、谢建辉、张剑飞、隋忠诚、陈飞、吴桂英、赖明勇、袁新华等多位省领导的批示共 67 批次，比上年增长 30%。领导批示无论是数量还是层次都是前所未有，均创历史新高。

总体来看，过去一年，中心完成政策咨询研究工作主要有以下几个特点。

一　省委省政府核心智库地位不断强化

中心作为省委、省政府核心智库，围绕省委、省政府工作大局，高质量完成包括省委书记杜家毫、省长许达哲、省委副书记乌兰等 10 位省领导交办的 32 项重大调研任务。主要包括三大攻坚战、创新开放、一带一路、农村农业、产业链、金融、长株潭一体化、湘江新区、营商环境等关系国计民生的多个领域。调研成果获得省领导的多次肯定性批示，有的成果直接推动相关政策的出台。如《中美贸易摩擦对湖南的影响分析及应对建议》报告获得省委书记杜家毫的肯定性批示；《加速湖南向智能制造转型升级的建议》得到了省委书记杜家毫肯定性批示；《湖南防范和化解政府债务风险对策研究》获得省长许达哲、省人大常委会副主任向力力、省政协副主席胡旭晟肯定性批示；《湘江新区产业发展短板及对策建议》获省委常委、省委秘书长谢建辉，省人大常委会副主任向力力，省政协党组成员袁新华等省领导肯定性批示；《新形势下增加湖南省农民收入的对策研究》获省委常委、省委秘书长谢建辉，副省长隋忠诚肯定性批示；等等。

二　重大政策实施效果评估作用不断夯实

根据 2014 年出台的《湖南省人民政府重大决策实施效果评估办法（试行）》，中心承担湖南省人民政府重大决策实施效果评估工作，历时四年，成效显著，得到多位省领导的肯定。2017 年省政府正式印发《湖南省人民政府重大决策实施效果评估办法》，委托中心作为省重大政策实施效果评估的唯一承办单位。2018 年，中心按照省委、省政府的部署，对湖南近年出台的关系国计民生和产业发展的航空制造业发展、脱贫攻坚战、住房租赁市场、水污染防治等 6 项重大政策文件进行全效果评估，有力地推动了相关政策的执行和社会影响力的扩大。例如《湖南省政府办公厅〈湖南省促进高等院校科研院所科技成果转化实施办法〉实施效果评估报告》，省委副书记乌兰、副省长陈飞、副省长吴桂英给予肯定批示；《中共湖南省委、湖南省人民政府〈关于促进创新创业带动就业工作的实施意见〉实施效果评估报告》，省委常委、常务副省长陈向群给予肯定性批示。

三 智库社会影响力不断增强

湖南省人民政府发展研究中心是省委、省政府的核心智囊之一，不仅承担着为省委省政府决策咨询的重大职责，也肩负着服务建设富饶美丽幸福新湖南的重大任务。2018年中心深入研究国内外的经济形势，围绕湖南经济社会运行中的重点、热点、难点和人民关切问题，开展专题调研，给出回应，提出意见和建议，获得较好反响。中心研究报告《湖南省财政税收政策助力供给侧结构性改革系列研究》和《推进湖南产业高质量发展系列对策研究》入选省委宣传部第二届湖湘智库"十大金策"，全省"十大金策"中心十占其二，体现了中心服务湖南发展的担当。在国内外重要报刊《经济日报》《中国经济时报》《中国社会科学报》《湖南日报》《新湘评论》等上发表文章近20篇。发表SCI文章1篇，SSCI文章1篇；在《湖南日报》发表理论文章9篇，如《着力五个"深化"，走在"放管服"改革前列》《政府债务风险处置要"慎用急刹车"》《念好治心修德"敬""虚""诚""中"四字诀》等；在《新湘评论》第1期发表文章《加快构建湖南现代农业"四大体系"》；在《中国国土资源经济》2018年第4期发表《国外成功经验对我国空间治理体系构建的启示》；出版专著5部，如《湖南省县域金融生态评估（2017）》《实施湖南全面对接国家发展战略新部署》等。

四 以文辅政工作成效不断彰显

围绕文稿服务、调查研究、咨询决策，中心积极参与省委、省政府各项重要政策文件的起草，积极为省直兄弟单位政策制定提供智力支持。一是服务省委、省政府重大政策制定。比如制定省政府《湘南湘西承接产业转移示范区总体方案》草案，最终获国务院批复；《湖南关于建立湖南南山国家公园体制试点区生态补偿机制的实施意见》已颁布实施等。二是参与湖南省重大规划制定和"十三五"规划中期评估。例如《湖南省乡村振兴战略规划（2018－2022年）》以湘发【2018】17号文件正式下发，《湖南省基本公共服务均等化"十三五"发展规划》《湖南实施开放崛起战略发展规划》《湖南省全面开放养老服务市场提升养老服务质量的实施意见》等均已发布；完成省发改委委托的《湖南省"十三五"规划纲要中期评估第三方独立评估报告》。三是参与中央部门重大政策制定和调研。2018年完成中宣部重大课题"生态环境保护和两型社会建设研究"，获得省委书记杜家毫、国务院发展研究中心副主任隆国强等领导重要批示；圆满接待国务院发展研究中心等部门领导调研十多次。

五 智库品牌化建设不断提升

中心始终牢记服务省委、省政府重要职责，内强素质，外树品牌，不断打造服务湖南经济社会发展的品牌渠道。一是提升渠道质量。着力打造《专报》《对策研究报告》《研究与决策》《经济蓝页》《蓝皮书》等主渠道品牌。全年完成《专报》48期、《对策研究报告》52期、《经济蓝页》34期、《研究与决策》12期，完成30篇经济社会形势分析预测报告，其中包括《湖南经济形势分析及对策建议》《湖南主要经济指标分析预测》《湖南与全国及中部六省主要经济指标比较分析》《湖南各市州主要经济指标比较分析》《全国主要经济指标数据解读》等。编辑出版蓝皮书《湖南经济发展报告》《湖南社会发展报告》《湖南两型社会与生态文明建设报告》《湖南发展研究报告》4本。《研究与决策》杂志成功改版，被省期刊协会评为"湖南省第二届优秀内部资料"。二是从制度层面强化作品质量建设。从制度层面创新课题研究、政策评估、研究成果转化等方法和经验，形成推动工作的长效机制；积极组织研究骨干参加各类培训交流，研究人员全年累计参加各类培训12人次，各类学术会议62人次，通过学习提升能力。三是强化对外交流。中心与省外发展研究中心开展合作调研、交流活动15次，2018年与国务院发展研究中心共同承办第36届中日经济知识交流会，会议圆满完成，赢得了各界的好评。

　　本书选编了中心完成的部分研究成果，主要包括得到省领导批示肯定、产生了较好社会反响、适宜公开发表的报告。这些研究成果是省委、省政府坚强领导的结果，也是中心全体人员的智慧结晶，在一定程度上体现了湖南经济社会发展的面貌，展示了智库工作者在建设富饶美丽幸福新湖南过程中的一些政策思考和艰辛探索。希望通过本书的出版可以进一步推动社会各界人士关注湖南发展，了解湖南政策，为湖南的发展建言献策，为湖南的美好明天共同奋斗。

　　2019 年是建国 70 周年，是以习近平同志为核心的党中央带领下全面建成小康社会的攻坚期，更是建设富饶美丽幸福新湖南的关键时期，伟大的目标需要我们团结奋斗，艰巨的使命召唤我们开拓前进。新的一年，省政府发展研究中心将坚持以习近平新时代中国特色社会主义思想为指导，牢牢把握为省委、省政府科学决策服务的根本宗旨，深入调查研究，加强能力建设，艰苦奋斗，为继续大力实施创新引领开放崛起战略进一步贡献微薄力量。

目　录

III 构建现代化经济体系

IV 开放发展

V　民生热点

VI　他山之石

VII　政策评估

高质量发展

建设更高质量的社会

唐宇文

今年夏天，天气热得邪乎，热点问题更是多得邪乎。从中美贸易摩擦，到债事、污事；从阴阳合同，到问题疫苗，到 Metoo……

暴露问题不完全是坏事，从某种程度上讲，只有暴露问题，才能解决问题。比如，从假酒、地沟油到劣质胶囊，从乳制品三聚氰胺到问题疫苗，一次又一次被曝光的食品药品安全问题，让普通民众倍感愤怒、失望的同时，也促使党和政府痛下决心，一个一个地缓解乃至最终解决问题。

从习近平总书记在外访途中对长生疫苗案件做出重要批示，指出"性质恶劣，触目惊心"，要求"一查到底，严肃问责"；到李克强总理召开国务院常务会议，部署坚决严查重处并建立保障用药安全长效机制，尽管问题疫苗事件仍在依法处理中，但我们已看到党中央把人民群众的身体健康放在首位，以猛药去疴、刮骨疗毒的决心，以及完善我国疫苗管理体制、坚决守住安全底线、全力保障群众切身利益和社会安全稳定大局的切实行动。

当然，在迈向现代化的过程中，各种"屡见不鲜、屡教不改"的社会问题可能还会发生。我们应该反思的是，进入改革开放四十周年的今天，如何才能建立一个更高质量的社会？

毋庸置疑，疫苗问题的发生，说明在监管上存在严重缺失。我们不是没有严格的监管体系，可为何在执行过程中遭遇如此之大的阻力，以至于出现了类似于"系统性紊乱"的症状？我认为，这种问题根植于我国法治意识淡薄的社会中，是时代的产物，是现代化过程中必然经历的阵痛。归根结底来看，是人的问题。

近年来，中国在法治社会建设上取得了很大的进步，这对于一个拥有近14亿人口的大国来说，是非常不易的。中国正在推进的现代化，从本质上来说是人的现代化，无论制定多么完善的法律法规，缺少了人的执行和人在意识层面上的重视，这些都将化为纸上谈兵。

疫苗问题也是同样，中国有完整的复杂的食品医药卫生监督体系，这个体系频频失灵的根本原因也在于人，从政府到民间，蔑视法律的力量不容忽视，这是长期存在并阻碍现代化的一股强大势力。这一轮疫苗问题的出现，其实也是中国人反思自身法律意识和法治社会建设的绝佳机会。从大国走向强国，中国非常需要这样的反思和改革。

当然，这是一个历史过程，需要历史耐心，改革开放四十年其实就是中国从国家到民众层面法律法治意识觉醒的过程。日本资深媒体人、知名政治与社会观察人士幸内康认为，美国、日本等发达国家在历史上也有过如此"混乱"的时期，中国毫不例外也正在经历这样一个时期的痛苦磨砺，在一次次的血泪教训中，中国将最终迎来法治的光芒。

对于如何处理法治不彰造成的"混乱"，幸内康认为，中国不能照搬西方模式，而应建立一种特殊的模式，实现高度自我监督和对社会的高度管控力。中国特色社会主义进入新时代后，必须将建立健全有效的监督管控体系列入重要的议事日程。近年来，不断加频加密的社会负面事件的出现，已经说明了建立这样的有效监督管控体系的迫切性，此次疫苗事件中暴露出来的官商法治意识淡薄，以及官员带病提拔问题，就是这种迫切性的最好证明。而这对于目前整体素质亟待提高的干部队伍来说，无疑又是一场前所未有的自我革命。这场"革命",对于进入新时代的中国特色社会主义政治进程来说必不可少,这也是习近平总书记提出的推进社会治理现代化的必由之路。

疫苗事件再次凸显了维护以习近平总书记为核心的党中央的绝对权威,具有时代必要性和历史必然性。它不仅有利于我党在改革开放四十周年的时间节点上,更加从容有效地消除改革阻力和打破既得利益集团,也更加有利于避免中国社会重蹈"九龙治水""政令不出中南海"的尴尬局面。幸内康认为,"核心"的稳定,对于目前外有强敌、内部出现一些问题的中国来说,是保障国家继续前行,国家治理现代化进程不被打破中断的"必要条件",也是中国走向完全崛起最好的、成本和代价最低的政治选择。

当然,在通向现代化的进程中,建立健全有效的监督管控体系,只是建设更高质量的社会的重要途径之一。为了建设一个更高质量、更好的社会,我们还必须围绕人的现代化,全方位做好改革创新、完善提高的工作。人一出生,就面临着衣食住行、生老病死、教育就业等问题,我们在每一个环节,是否形成了符合现代化发展要求的治理体系和治理能力,是否最大限度地满足了人民对美好生活的向往?这些都是在建设更高质量的社会的过程中,值得我们不断反思的问题。

前段时间,恰逢高考,有人在微信上讨论迈向 2049 年的中国教育,个别人的回答可能十分的高大上,说到那时中国教育应成为世界教育的标准云云,但遭到许多人的吐槽。我的思考是:

2049,我心中的教育很朴实:伟大祖国的每一枝花朵,都能享受免费的学前至高中阶段教育,不论身处繁华都市,还是偏僻山村;每一次高考,都能公平公正,回归人才选拔的本义,不再因地域、身份等而剥夺学子们受到更好教育的平等权利;每一个希望通过读书改变自己命运的青年,都能在校园里安静地学习,获得知识、长大成人,而不会因为虚度光阴而懊悔;每一个教师,都能够因从事教育事业,而感到无上荣光,都能够放下那颗浮躁的心,师德为先、孜孜不倦、教书育人,不再为养家糊口而发愁,不再为职称评定而发疯;每一所大学,都能开放包容,形成自己人才培养的特色和专长，不再是追名逐利的名利场，不再是崇拜权力的另类官场……

什么样的社会才是一个更高质量的社会？每个人的回答，可能都不一样。有的人认为，一个更高质量的社会，就是每个人在自己的职业岗位上尽力做到最好的社会；也有人认为，一个更高质量的社会，就是生活在其中的每一种生命形态，都非常有安全感，且受到尊重，不会因为性别弱势或者经济弱势、地位弱势，而受到歧视；还有人认为，一个更高质量的社会，就是每个社会成员机会均等、保障基本，而且形成了具有良好社会规则和伦理道德、谨守良序和敦风化俗、相互关爱和扶助弱者的社会；更有人认为，一个更高质量的社会，应是一个充满活力的社会，每个人的创造力都能够得到最大限度的释放。

确实，正如莎士比亚所言，一千个人的眼中，就有一千个哈姆雷特。

但不管怎样，一个更高质量的社会，应该是一个"让人民满意"的社会。我想，这样的一个社会，不应有旁观者。因此，不如让我们携起手来，为建设一个更高质量的社会而共同努力！

管好用活财政科技资金
引领经济高质量发展

唐宇文

习近平总书记在全国科技创新大会和院士大会上指出，要深化改革创新，形成充满活力的科技管理和运行机制。对科技创新活动进行财政支持，是当今世界各国政府的基本共识。在创新驱动越来越重要的今天，财政资金的引导作用尤为突出。落实总书记讲话精神，必须破除现有体制机制障碍，以整合科技资金、创新投入方式、优化科技管理为抓手，补齐科技创新短板，改善财政科技投入绩效，依靠创新引领全省经济实现高质量发展。

整合全省科技资金，健全资金统筹机制。优化科技计划体系顶层设计，强化战略导向和目标引导，形成上下联动，省、市互动的跨部门科技项目协调机制。一是整合现有科技计划体系。根据产业需求，统筹知识创新、技术创新、转化应用、环境建设四环节，通过撤、并、转等方式，对定位不清、重复交叉、实施效果不好的项目进行调整，合理设置科技计划类别，优化财政科技资金配置，形成财政专项资金与科技创新活动高度契合的新型科技计划体系。建立财政、科技等部门科技资金配置的统筹协调机制，明确各部门职责分工，协调各方科技计划投入重点，促进科技计划跨学科、跨部门协作。明确各级政府科技事权及科技经费投向重点，构建省市科技经费投入联动共享机制。二是建立统一的财政科技资金管理平台。健全财政科技投入指标体系，根据财政预算指标，科学列支科技投入，把分散在科技、发改、经信等部门的科技投入纳入财政科技资金管理平台。依托省"互联网 + 政务服务"一体化平台，按照统一的数据结构、接口标准和信息安全规范，统筹各部门的科技项目，形成横向覆盖省直部门，纵向联通国家及市州的项目数据共享机制。

创新财政支持方式，构建投入放大机制。加大对财政资金投入的归并整合，综合采用"拨、投、贷、补、奖、买"等方式，探索将无偿变有偿、拨款变投资、资金变基金，变"扶"为"投"，注重以市场运作模式，撬动各类社会资本共同支持科技创新。一是探索"拨改投"改革。整合省级财政科技专项资金，将省级预算安排用于竞争性领域的专项资金，全部纳入拨改投（贷）专项资金管理范围，委托专业投资机构，通过股权投资、债权融资等方式，将无偿拨款性质的资金改为投资，引导社会资本跟投。运作模式上，既可以资本金注资国有投融资公司方式，实行政府指导、市场化决策、专业团队管理的运营机制，专项开展股权投资、融资担保、小额贷款、融资租赁及"拨投贷保"联动等政策性科技投融资业务；也可采用政策性直投基金和市场化参股投资（母）基金等股权投资方式，支持科技创新；或者设立各类风险补偿基金，增强科技型、成长型项目抗风险能力。二是提高财政科技支出市场化水平。改进财政科技支出领域分配方式，减少行政性分配，引入市场化运作。逐步降低无偿资助"拨"的比率，仅对基础研究、前沿技术研究和社会公益性技术研究等给予拨款支持。设立科技信贷风险准备金和贷款贴息专项资金，鼓励金融机构对符合全省产业定位的新兴产业、高新技术产业、填补产业链条的特色产业项目提供资金支持。设立绩效评估"后补助"专项资金，重点对成果转化、技术市场交易和企业研发投入等进行事后补助。对国家、省、市新认定的高新技术企业和创新型企业，以及科技创新基地、平台和产业技术创新联盟等予以奖励。积极实施中小科技企业"创新券"，完善科技创新公共服务，降低企业创新创业成本。积极开展滚动资助计划试点，在科研攻关及创新平台项目中，选择部分已结题且产业化潜力大、市场前景好的项目，采取定向征集、滚动支持方式，加强项目前期研究与后期产业化技术攻关及成果转化衔接。

优化科技计划管理，构建财政资金动态监督机制。一是优化科技项目管理和服务。推进科技管理由重项目管理向重综合管理转变，加强科技工作的宏观指导和综合协调，建立由科技部门牵头，相关部门协同配合，省、市、县集成联动，专家咨询与行政决策相结合的科技管理新体制。探索推进科技行政管理与科技事务分离改革，政府对科研管理适度干预，如对项目安排和经费分配授权业内知名专家组成的评审委员会提出决策意见，各类科技计划项目、科技成果及奖励、高企认定等事务性工作可委托科技项目管理和评价的专业机构承担。建立科技计划重大项目监理制度，明确各工作流程、各工作层面的有关单位、人员应负的监管责任。加强信用体系建设，在立项、实施、验收等关键环节，对项目承担单位及负责人、中介机构进行信用记录和信用评价。二是强化财政科技资金监督机制。建立预算执行与下年预算安排挂钩制度，对于预算执行进度缓慢的部门，其基建以外的项目支出原则上不予结转。设立差异化可操作的财政科技投入绩效评价指标，探索财政科技资金的绩效评估、调整和中止机制，把科研成果达标率、科研成果应用和产业转化率作为预算资金拨付的参考指标。率先选择一批重大项目纳入年度预算绩效跟踪及绩效评价项目计划，探索建立绩效评价项目库、专家库，实现绩效考评工作信息化管理。

整合创新优化三措并举
管好用活财政科技资金[*]

湖南省人民政府发展研究中心调研组^{**}

对科技创新活动进行财政支持是当今世界各国政府的基本共识。在创新驱动越来越重要的今天，财政资金的引导作用尤为突出。湖南省财政资金在科技创新中仍以直接支持为主，但无偿资助占比高、市场化程度低以及对社会资本的带动作用小等问题也越来越突出，与当前全省财政收入质量不高、财政实力整体偏弱相矛盾。进一步深化财政科技投入模式改革，打破思维定式，是全省实施"创新引领"发展战略亟须突破的瓶颈。为此，中心调研组到广东、安徽、湖北等省及省内部分市州开展了调研，提出了对策建议。

一　全省财政科技投入现状

2012 年以来，湖南省财政科技支出从 48.19 亿元增加到 2016 年的 71.44 亿元，年均增长 10.3%，支出规模逐年增长。从科技口"511"科技专项来看，支出结构渐趋合理，投入方式多元发展。

（一）支出结构渐趋合理

一是中下游技术研发与转化支出较多。2015 年、2016 年用于全省技术研究与开发支出比重最高，分别达到46%、44%（见表1），并通过连续实

──────────

  * 获得省委常委、省委秘书长谢建辉，副省长陈飞，省政协党组成员袁新华的肯定性批示。
    本报告为湖南省技术创新引导计划——科技创新决策咨询暨软科学重点项目"政府科技投入模式创新及对策研究"（2017ZK3082）阶段性成果。
  ** 调研组组长：唐宇文；调研组成员：禹向群、贺超群。

施产学研专项、省战略性新兴产业科技攻关和重大科技成果转化专项，促进了产学研合作和成果转化。二是科技基础条件及人才支持较多。表现为，全省科技计划项目中，创新平台与人才计划类项目从 2015 年的 168 项增加到 2018 年的 353 项，项目经费从 3930 万元增加到 24500 万元。三是公益性科研项目支持较多。2015～2018 年，全省科技计划中自然科学基金类项目经费分别达到 2780、3060、5985、9915 万元（见表 2）。

表 1　湖南省 2015～2016 年财政科技经费投入结构

单位：亿元

投入结构	2015		2016	
	投入额	占比（%）	投入额	占比（%）
地方财政科技支出	66.27	100	71.44	100
其中:科技管理事务	5.77	8.71	7.65	10.71
基础研究	0.67	1.01	1.21	1.69
应用研究	4.32	6.52	3.06	4.28
技术研究与开发	30.76	46.42	31.2	43.67
科技条件与服务	2.53	3.82	3.29	4.61
社会科学	0.93	1.40	1.11	1.55
科技普及	3.06	4.62	3.41	4.77
科技交流与合作	0.02	0.03	0.04	0.06
科技重大专项	2.03	3.06	2.11	2.95
其他科技支出	16.18	24.42	18.36	25.70

资料来源：2015、2016 年度湖南省科技进步监测评价报告。

表 2　湖南省科技创新计划财政科技投入结构

单位：万元

计划类别 / 年度	自然科学基金		科技重大专项		重点研发计划		技术创新引导计划		创新平台与人才计划	
	金额	课题数	金额	项数	金额	项数	金额	项数	金额	项数
2015	2780	564	7411	35	9675	556	10032	331	3930	168
2016	3060	520	5850	29	12911	595	17767	564	13077	142
2017	5985	994	6830	22	12000	120	11086	261	12880①	208
2018	9915	1716	9711	33	9840	42	8791	56	24500②	353

①含统筹长株潭专项人才项目 5500 万元。

②含统筹长株潭专项 2 亿元。

资料来源：根据省科技厅提供的资料整理得出。以上科技创新计划专项资金不包括以下内容：第一轮特色县域经济重点县专项切块资金 3000 万元（2015 年），每年移动互联网和新能源汽车专项切块资金 6000 万元、省科技奖励资金，2018 年研发投入奖补资金 4 亿元。

（二）投入方式多元发展

湖南省财政科技投入综合运用了前资助、后补助、研发奖补、股权投资等方式，呈现多元化发展态势。一是对应用基础研究、公益性研究采取前资助方式。具体包括重大关键技术研发类、公益性科技研究类、软科学研究、自然科学基金等项目。二是扩大了后补助资助范围。对创新平台与人才计划、产学研结合专项中创新创业技术投资项目、创新创业大赛获奖项目实行奖励性后补助机制。三是积极开展因素分配法探索。对长株潭国家自主创新示范区专项、技术创新引导计划的专项资金实行因素法切块配置。四是科技与金融结合加快。截至 2018 年 7 月，省本级已经设立的科技及产业发展政府投资基金 3 支（见表 3），主要采取参股、跟投、领投、投贷联动、债股结合等方式，吸引民间资本参与创业投资。

表 3　湖南省科技及产业发展政府投资基金

基金	湖南省创业投资引导基金	湖南高新科技成果转化投资基金	重点产业知识产权运营基金
成立时间	2010	2014	2017
基金规模	10 亿元	—	6 亿元
到位资金	10 亿元	0.96 亿元	1.505 亿元
投资金额	23.19 亿元	2.18 亿元	—
投资方式	参股、跟投	领投	投贷联动、债股结合
投资领域	新能源、新材料、电子信息、生物医药、节能环保、先进装备制造、新材料等高新技术和战略性新兴产业领域创业期、成长期科技型中小企业	环保设备、新材料、先进制造、种业、通信设备等领域科技型中小企业	拥有核心专利和高价值专利组合的高新技术企业，重点专注先进轨道交通装备、工程机械及具有特色的细分先进装备制造产业

资料来源：根据湖南省财政厅提供资料整理得出。

二　全省财政科技投入现存问题

尽管取得了一些成绩，但仍存在一些不容忽视的问题。

（一）科技计划顶层设计缺失，部门化、碎片化问题突出

省级财政投入的科技项目主要是通过科技计划来实施的，但在实际运行过程中，全省科技计划与创新链条脱节，项目之间没有建立起有机的逻辑联系。同时，科技项目部门和地区条块分割明显，协同效率低。2016 年，省科技厅部门预算 14.33 亿元，全省科技投入 71.44 亿元；而同期安徽省科技厅部门预算 17 亿元，全省科技投入为 259 亿元，湖北省科技厅部门预算 11 亿元，全省科技投入为 190 亿元。

一是科技计划顶层设计不够，定位不精准。省"511"科技计划体系参照了国家财政科技计划体系，每类科技计划边界不清，各有交叉，缺乏本土产业创新发展所需的"基础研究—示范应用—产业化发展"链条的衔接和过渡机制。省科技计划重在支持产业化项目，对效益暂不明显的研发项目、转化项目支持力度小，在持续引导产业形成、产品开发方面的功能降低。而同为中部省份的湖北、安徽两省特别注重科技计划体系的本地化改造，定位相对清晰。湖北按照知识创新、技术创新、转化应用、环境建设四大创新链环节，将省财政科技资金整合为四大专项；安徽在跟进国家战略、突出地方战略的基础上，形成了"5+1"定位清晰的科技计划体系（见表4、表5）。二是科技计划缺乏统筹协调。横向看，全省科技计划除科技主管部门外，经信、教育、卫生等部门均设有相对独立的科技计划，而部门间的项目协调沟通少，重复立项、多头立项时有发生。纵向看，不同层级间科技投入决策缺乏有效沟通，科技项目纵向协同央地、省市联动不够，省以下部门对科技计划项目立项的参与权太少，地方科技部门更加注重资金申请、轻项目库建设。

表 4　湖南、安徽、湖北三省科技计划体系对比

湖南省	安徽省	湖北省
自然科学基金	自然科学基金	知识创新专项（自然科学基金）
科技重大专项	科技重大专项	—
重点研发计划	重点研发计划	—

续表

湖南省	安徽省	湖北省
技术创新引导计划	科技创新环境专项	技术创新专项
创新平台与人才计划	平台与人才专项	—
产学研结合专项	创新型省份建设专项	科技成果转化专项
长株潭国家自主创新示范区专项	—	科技创新创业服务能力建设

资料来源：根据资料整理得出。

表5　湖南、安徽、湖北三省科技计划体系特点

湖南省	安徽省	湖北省
科技重大专项——产业关键共性技术和民生公益技术	创新型省份建设专项[1]——建立配套政策体系	湖北省科技成果转化专项[2]——实施"科技成果大转化工程"
重点研发计划——十大领域产业技术创新链、20个新兴优势产业链，以及重大民生、生态环境、文化创意、新兴业态	重点研发计划——农业、资源环境、公共卫生及安全、国际科技合作	科技创新创业服务能力建设——技术合同认定登记、全省技术转移服务机构培育、服务平台建设补贴

①安徽省创新型省份建设专项，2014～2016省财政设置10亿元，2017年增加到12亿元，以建立配套政策体系为重点，通过兑现政策从全省创新能力、资源环境、成果转化、平台人才等全方位构建创新型省份建设所需的全套政策体系。

②2015年起，每年拿出3亿～5亿元，三年共投入财政专项资金10亿～15亿元，对投资在鄂转化项目的创投机构按其投资金额一定比例给予专项资金支持。

资料来源：根据资料整理得出。

（二）财政资金资助手段创新不够，市场化规模化运作不足

湖南省财政支持科技创新资助手段创新不够，资助方式的选择未根据创新的不同阶段分类执行，各阶段补贴机制和措施模糊，雷同固化趋势明显，影响了资金使用效率。2016年，全省财政科技投入同比增长7.8%，而同期规上工业企业R&D经费内部支出占主营业务收入的比重仅增长3%。

一是无偿资助占比较高。从现有支出方式看，全省基本保持以项目为中心的资金分配模式，以无偿资助（含事前拨款、科技奖励和科研配套资助）

为主（见表6），而无偿拨款更加注重项目申报和立项，企业无论是否需要支持，均有较大的动力去申请，导致财政资金的低效率使用和企业对政府资助的习惯性依赖。如一些专项支持项目，到了成果转化阶段仍在享受财政补贴，超越了公共财政支持范围。二是支出市场化程度不高，特别是资本化运作不足。贷款贴息、风险补偿、购买服务等投入方式占比太低。风险投资、引导基金、股权投资等新方式仍处于探索阶段，难以满足科技型企业发展需要。事实上，全省省级政府引导基金主体多为政府下属机构，行政色彩较浓，运行效率低下。而安徽、湖北非常注重财政科技支出方式的分类引导及市场化运作。安徽将省级财政科研项目分为公开竞争项目、后补助项目、稳定支持项目三类，对基础性、公益性科研项目择优实行稳定、长期资助；对企业技术创新和产业化项目，设立300亿元省"三重一创"产业发展基金，采取阶段参股、直接投资、跟进投资等方式（见表7）。湖北对科技计划专项资金明确了事前立项事后补助、奖励性后补助、科技创新平台后补助及共享服务后补助等方式，并分项设立了绩效目标（见表8）。

表6　湖南省科技计划资金分配方式

分配方式	计划类别
前资助、后补助相结合	科技重大专项
前资助	重点研发计划
因素法分配	技术创新引导计划
前资助、后补助相结合	创新平台与人才计划
公开竞争	自然科学基金
前资助、后补助相结合	产学研结合专项[①]
后补助、贷款贴息、风险补偿、科技金融结合	长株潭国家自主创新示范区专项

①战略性新兴产业科技攻关和重大科技成果转化项目支持方式：前补助、后补助相结合；调结构稳增长科技创新重大项目主要采取后补助支持方式。

资料来源：根据资料整理得出。

表7 安徽省科技计划资金分配方式

分配方式	计划类别
公开竞争	重点研究与开发计划、自然科学基金等专项
市(县)先行补助以及"企业愿意干、政府再支持"后补助	创新型省份建设专项
稳定支持	省教育厅基本科研能力提升专项资金等

资料来源：根据资料整理得出。

表8 湖北省科技计划资金分配方式

分配方式	计划类别
公开竞争	知识创新专项
事前立项事后补助、科技创新平台后补助	技术创新专项
奖励性后补助	科技成果转化专项
奖励性后补助、共享服务后补助、引导基金	科技创新创业服务能力建设专项

资料来源：根据资料整理得出。

（三）科技投入过程管理缺失，重分配轻绩效问题突出

湖南省财政科技投入缺乏目标和过程管理，重计划立项，轻过程监管，轻产出评估，事前、事中、事后的全过程评估尚未建立，还不能适应"创新引领"战略需要。

一是项目管理欠科学。重项目管理，轻宏观指导和综合协调，导致央地、省市县、政企在项目前期联合决策不够。重前期立项，重经费分配，轻过程监管，轻产出评估。如省财政虽对产学研结合等专项委托第三方进行项目评估，但仅对项目的执行情况定期检查，缺少科学合理的定量分析，投入产出评估机制尚未建立。科技信用评估系统缺乏，对企业失信行为缺乏有效的违约责任追究处罚制度。二是财政科技投入缺乏监督管理机制。科技部门承担计划审核职责，财政部门负责拨款，由于资金使用的专业性，科技部门决定权相对较大，权力过于集中导致资金使用缺乏监督。如预算管理上，科技部门因年初欠缺规划，立项评审启动慢，预算执行进度缓慢，沉淀资金占比大。2015~2017年，省级三大重点科技专项资金（科技计划专项、产学研

专项、长株潭专项）均未依据《预算法》在 60 日内全部下达；第四季度下达的资金占专项资金总额的 43.55%、9.31%、79.26%，造成计划实施延后。

三　创新湖南省财政科技投入模式的几点建议

（一）整合全省科技资金，健全资金统筹机制

优化科技计划体系顶层设计，强化战略导向和目标引导，形成上下联动、省市互动的跨部门科技项目协调机制。

一是整合现有科技计划体系。结合省情及产业需求，统筹知识创新、技术创新、转化应用、环境建设 4 个创新链环节，通过撤、并、转等方式，对定位不清、重复交叉、实施效果不好的项目进行调整，优化财政科技资金配置，形成财政专项资金与科技创新活动高度契合的新型科技计划体系。建立财政、科技等部门科技资金配置的统筹协调机制，明晰各部门职责分工，协调各方科技计划投入重点，促进科技计划跨学科、跨部门协作。明确各级政府科技事权及科技经费重点投向，构建省、市科技经费投入联动共享机制。

二是建立统一的财政科技资金管理平台。健全财政科技投入指标体系，根据财政预算指标，科学列支科技投入归类项目，把分散在发改、科技、经信等部门的科技投入纳入财政科技资金管理平台。依托省"互联网＋政务服务"一体化平台，按照统一的数据结构、接口标准和信息安全规范，统筹发改、经信和科技等部门的科技项目，形成横向覆盖省直部门、纵向联通国家及市州项目数据共享机制。

（二）创新财政支持方式，构建投入引导放大机制

加大对财政资金投入的归并整合，综合采用"拨、投、贷、补、奖、买"等方式，探索将部分原有专项由无偿变有偿、拨款变投资、资金变基金，变"扶"为"投"，更多地以市场运作的模式，撬动各类社会资本共同支持科技创新。

一是探索"拨改投"改革。统筹整合省级财政科技专项资金，将省级预算安排用于工业、战略性新兴产业、现代服务业等竞争性领域的专项资金，全部纳入拨改投（贷）专项资金管理范围，委托专业投资机构，通过股权投资、债权融资等方式，将以无偿拨款资助或创新扶持资金改为投资，引导社会资本跟投。主要运作模式有：①通过资本金注资国有投融资公司方式，实行政府指导、市场化决策、专业团队管理的运营机制，专项开展股权投资、融资担保、小额贷款、融资租赁及"拨投贷保"联动等政策性科技投融资业务。②采用政策性直投基金和市场化参股投资（母）基金等股权投资方式，支持扶持领域发展。③设立各类风险补偿基金、创新扶持资金等，改善科技型、成长型项目抗风险能力。

二是提高财政科技支出市场化水平。改进财政科技支出领域分配方式，减少行政性分配，引入市场化运作。要逐步降低无偿资助"拨"的比率，仅对基础研究、前沿技术研究和社会公益性技术研究等给予拨款支持。设立科技信贷风险准备金池和贷款贴息专项资金，鼓励金融机构对符合全省产业定位的新兴产业、高新技术产业、填补产业链条的特色产业项目提供资金支持。设立绩效评估"后补助"专项资金，重点对成果转移转化、技术市场交易和企业研发投入等进行事后补助。对国家、省、市新认定的高新技术企业和创新型企业以及科技创新基地、科技创新平台和产业技术创新联盟等予以认定奖励。积极实施中小科技企业"创新券"，完善高新技术企业培育、科技计划管理与成果评价服务、科技和专利文献、大型仪器设备共享等科技创新类公共服务，降低企业创新创业成本。积极开展滚动资助计划试点，在事关全省重点产业转型升级和区域经济社会发展的科研攻关及创新平台项目中，选择部分已结题且产业化潜力大、市场前景好的项目，采取定向征集、滚动支持方式，加强项目前期研究与后期产业化技术攻关及成果转化衔接。

（三）优化科技计划管理，构建财政资金动态监督机制

一是优化科技项目管理和服务。推进科技管理由重项目管理向重综合管理转变，加强科技工作的宏观指导和综合协调，建立由科技部门牵头、相关

部门协同配合、省市县集成联动、专家咨询与行政决策相结合的科技管理新体制。探索推进科技行政管理与科技事务分离改革，政府对科研管理适度干预，如对项目安排和经费分配授权业内知名专家组成的评审委员会进行具体决策，各类科技计划项目、科技成果及奖励、高企认定等事务性工作可委托科技中介承担。建立科技计划重大项目监理制度，明确各工作流程、各工作层面的有关单位（包括行政管理部门、项目委托管理者、项目实施者和社会中介机构等）、人员应负的监管责任。加强信用体系建设，在立项、实施、验收等关键环节，对项目承担单位及负责人、中介机构进行信用记录和信用评价。

二是强化财政科技资金监督机制。建立预算执行与下年预算安排挂钩制度，对于预算执行进度缓慢的部门，其基本建设以外的项目支出原则上不予结转，统筹安排下一年度支出预算，加快财政政策性资金落地。设立差异化可操作的财政科技投入绩效评价指标，准确客观评价各类科技项目的实施效果，并对次年政策进行调整，包括下年度科技计划预算的规模、方向。探索财政科技资金的绩效评估、调整和中止机制，把科研成果达标率、科研成果应用和产业转化率作为预算资金拨付的参考指标。率先选择一批重大项目纳入年度预算绩效跟踪及绩效评价项目计划，探索建立绩效评价项目库、专家库，实现绩效考评工作信息化管理。

湖南实现高质量发展亟须"旗舰企业"赋能

——湖南引进 500 强企业对策研究*

湖南省人民政府发展研究中心调研组**

湖南实现高质量发展必须双向发力：对内集聚创新资源，强化创新驱动；对外拓宽开放渠道，引进"旗舰企业"。500 强企业①是全球产业链的主要架构者和掌控者，是名副其实的"旗舰企业"。大力吸引 500 强企业落子湖南、扎根湖南，是抢占全球产业链高端，推动新兴优势产业链高质量发展的重要途径。那么，湖南引进 500 强企业，现实基础如何？存在哪些薄弱环节？需要采取什么措施？带着这些问题，我们深入四川、江苏和省内各市州调研，掌握了大量的情况，达到了预期的目的。

一 湖南引进旗舰企业的现实基础

近年来，湖南投资环境不断优化，招商力度不断增大，在湘 500 强企业数量、质量显著提升。据不完全统计，截至 2017 年底，落户湖南并持续经

---

* 获得副省长陈飞、副省长何报翔的肯定性批示。

本报告为湖南省智库专项课题"新时代湖南引进培育'产业新旗舰'对策研究"（18ZWB07）和"湖南中医药产业供给侧改革的对策研究"（18ZWB10）阶段性成果。

** 调研组组长：卞鹰；副组长：唐宇文；调研组成员：禹向群、言彦、贺超群。

① 本报告中 500 强企业主要指 2017 年度世界企业 500 强（《财富》发布）、中国企业 500 强（《财富》发布）、民营企业 500 强（全国工商联发布），个别福布斯榜单企业、企业联合会榜单企业、往年上榜企业、并购改组企业亦被纳入探讨。本报告中 500 强企业以总营业收入为唯一衡量标准。

营的三类 500 强企业分别为 167 家、225 家、88 家；投资项目分别为 224 个、395 个、147 个。2018 年是湖南产业项目建设年，截至 5 月底，新引进 500 强企业 41 家、项目 54 个，总投资为 1617.5 亿元。

（一）在湘企业：国企为投资主力，外企、民企投资偏低

行业分布上，世界 500 强在湘投资布局范围较广（见图 1）。排名前十行业中，制造业五席，共 54 家，占总量的 32.3%，分别为汽车、电子信息、金属、航天和工业机械制造业，附加值和科技含量较高。服务业五席，共 42 家，占总量的 25%，分别为商业存储银行、股份制人寿健康保险、贸易、工程和房地产业，基础性服务业较多，高端服务业较少。

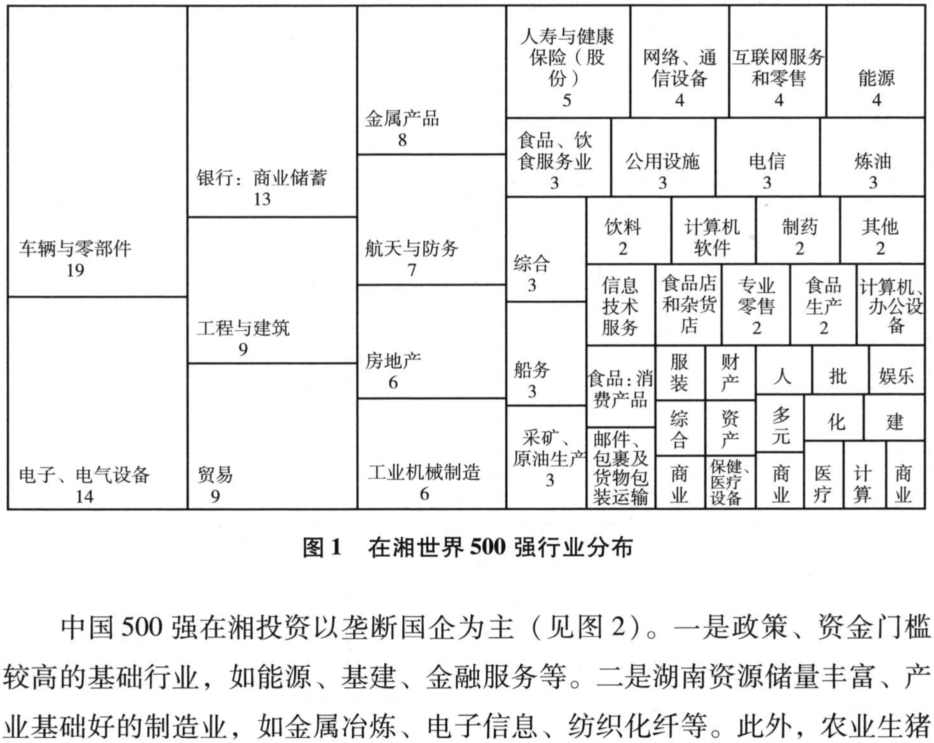

图 1　在湘世界 500 强行业分布

中国 500 强在湘投资以垄断国企为主（见图 2）。一是政策、资金门槛较高的基础行业，如能源、基建、金融服务等。二是湖南资源储量丰富、产业基础好的制造业，如金属冶炼、电子信息、纺织化纤等。此外，农业生猪产业链中上游有新希望、正邦科技等饲料企业，中游有温氏等养殖加工企业，但下游缺乏有影响力的旗舰企业。医药产业链的国药控股、上药集团则重点布局医药分销、零售连锁等下游领域。

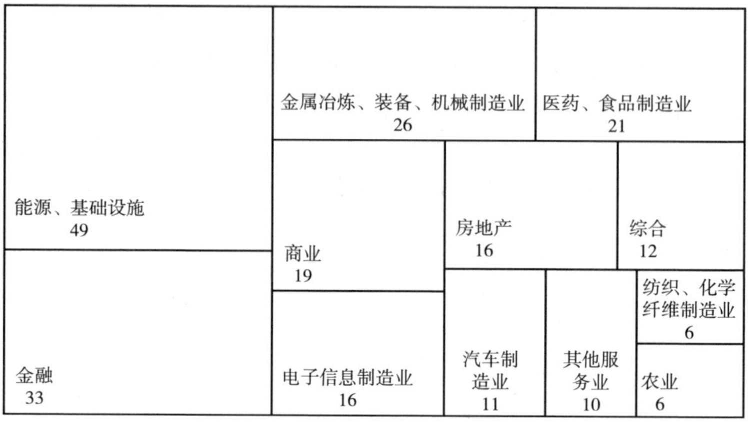

能源、基础设施 49	金属冶炼、装备、机械制造业 26		医药、食品制造业 21	
	商业 19	房地产 16	综合 12	
				纺织、化学纤维制造业 6
金融 33	电子信息制造业 16	汽车制造业 11	其他服务业 10	农业 6

图2　在湘中国500强行业分布

民营500强中，房地产业一支独大（见图3），占总量的24%，随着房地产市场向二、三线城市下沉，占比有进一步扩大趋势。反之，在湘投资的民营实体企业数量偏少，质量偏低，与湖南省经济总量不匹配，仅在医药食品、纺织化纤等制造业和商业、金融等服务业有零散布局，尚未形成完整产业链和产业生态，发展潜力较大。

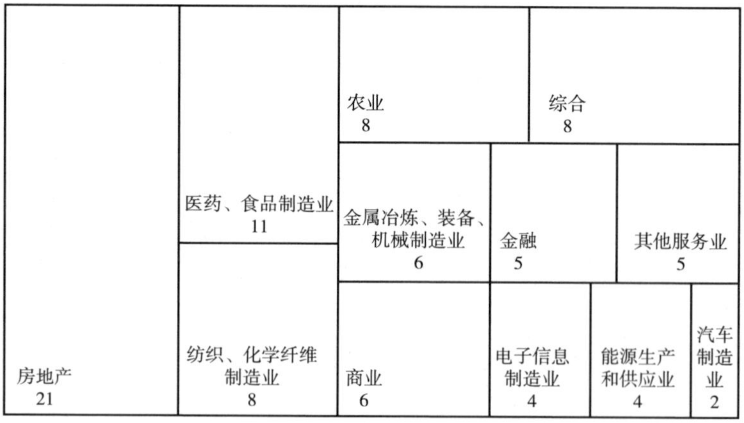

房地产 21	医药、食品制造业 11	农业 8		综合 8	
		金属冶炼、装备、机械制造业 6	金融 5	其他服务业 5	
	纺织、化学纤维制造业 8	商业 6	电子信息制造业 4	能源生产和供应业 4	汽车制造业 2

图3　在湘民营500强行业分布

区域分布上，四大板块的项目承接能力有差异，项目分布不均衡。全省来看，主要的基建企业、商业连锁机构、金融分支机构，如四大行、苏宁、步步高、中建等，基本构建覆盖全省的服务网络。重点区域上，长株潭地区吸引投资能力最强，是 500 强企业的投资首选地。落户长株潭的全球 500 强占全省的 82%，其中境外 500 强占比为 87%；中国 500 强和民营 500 强分别占比 68%、74%。环洞庭湖地区发挥长江水运优势，巩固石化、电子信息和医药制造产业基础，落户了日本神钢、惠普、壳牌石油、丰益国际、三洋电机、传化、复星医药等企业，集聚效应不断增强。湘南地区积极承接珠三角产业转移，引进了鸿海、华为等电子信息企业；针对能源匮乏现状，引进了大唐、华电、神华等能源巨头。湘西地区发挥特色资源优势，做大做强现代化农业产业链，集聚广东温氏、江西正邦、新希望和大北农科等农业旗舰。探索互联网与供应链相结合的跨境电商、终端营销等新兴业态，引进怡亚通、苏宁电商等企业。

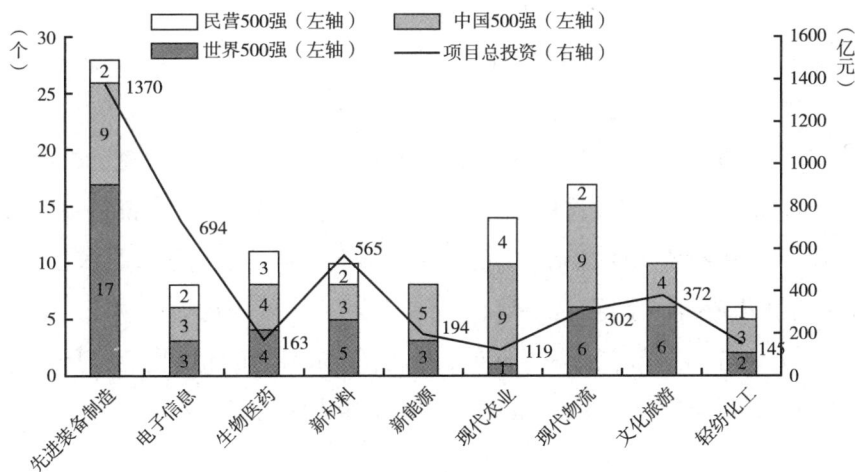

图 4　2018 年湖南计划引进的 500 强企业项目

数据来源：湖南省商务厅。

（二）新增企业：意向在谈较好，签约落地滞后

有意在湘投资企业和在谈项目数量较多，发展势头较好。主要特点为"三多三少"：中小项目多，重大项目少；续建项目多，新建项目少；在谈

项目多，签约项目少；基建项目多，产业项目少。先进装备制造业是投资首选，企业引进数和投资总额均居首位，其一是（新能源）汽车产业在湘持续扩大投资和产品升级；其二是清控科创、伟创力、博世、美的智能家居等企业在智能制造领域加大投资，湖南装备制造业"智能化"转型趋势向好。电子信息产业向高附加值端迁移有望破局，在谈富士康晶圆项目、奥园 6 代柔性面板项目、LG 集团 OLED 项目均为电子产业链的核心环节，预期项目投资高达 300 亿元、240 亿元、180 亿元，项目落地后将极大提升湖南省电子信息产业链地位。新材料产业发展迅速，杉杉锂电池正极材料项目投资达 200 亿元；正威集团拟将多个生产、研发项目打包迁入湖南，长沙打造"新材料之都"后劲更足。物流产业投资渐入高潮，海航、中国邮政等传统物流巨头在湘试水新型业态；菜鸟、京东、苏宁云商等物流新贵在湘强化枢纽建设，完善物流网络；中国供销、中化在湘布局农产品物流、化肥仓储物流基地等特色物流项目。新能源产业聚焦燃气市场，引进了中国石化的新疆煤制天然气项目、华电岳阳 LNG 储备中心项目和中国燃气的乡镇管道天然气等项目。

从项目进度来看，1～5 月引进项目 54 个，项目达成率和投资达成率分别为 48% 和 41%，基本完成目标。对比计划—实际引进情况，大部分项目进度符合预期，其中投资 100 亿元以上的有杉杉能源、清控创新基地（长沙）、京东 JD＋创新示范园（常德）等项目。计划外项目主要为房地产项目，如凤凰碧桂园、娄底五洲国际广场等。同时，出于市场、政策环境变化，环保标准提高或原材料供应变化等客观原因，部分已对接项目延迟、变更或中止合作。

二　湖南引进旗舰企业的薄弱环节

湖南引进旗舰企业，一缺精准目标，带动力强的旗舰型、平台型企业偏少；二缺高效执行，招商体系掣肘较多，体制机制未理顺；三缺长效机制，要素成本较高、产业配套不健全，营商环境有待进一步提升。

对标世界 500 强，选择 13 个产业链做对比呈现，4 个产业链做简要介绍（见图 5）。车辆与零部件产业：榜单企业 34 家，入湘 14 家，投资主力为广汽系、大众系和新能源民企系；美日法系车企和国内一汽、上汽、东风三大车系在湘无布点或仅布局非核心业务，如丰田叉车业务、一汽和东风的汽车销售业务等。新能源是湖南汽车较好的突破口。半导体、电气元件产业：榜单企业5家，2018年引进伟创力，实现零的突破。湖南有国防科大、中车IGBT等技术人才积累，要积极对接英特尔、台积电、高通、ONEX等企业，融入产业经济带。电子、电气设备产业：榜单企业13家，入湘10家，三星、LG和施耐德电气在湘无布局，LG显示面板生产线项目正在洽谈中。工业机械产业：榜单企业10家，入湘6家，中船重工、中船工业、三菱重工和现代重工在湘无项目。

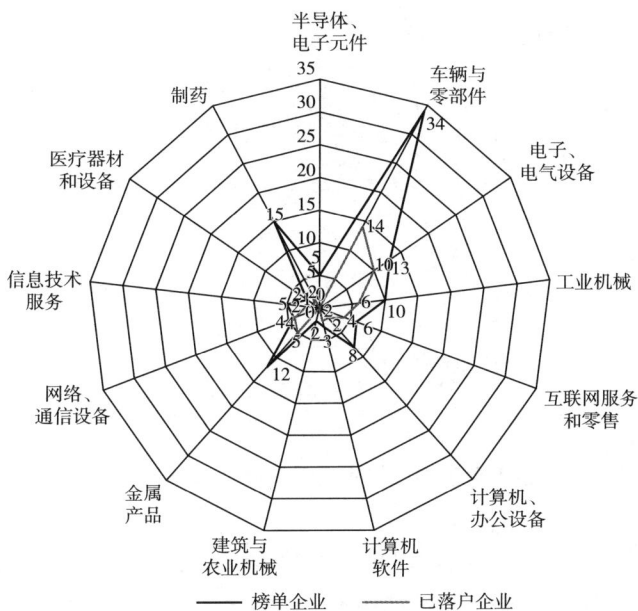

图5 重点产业链世界500强榜单企业 & 已落户企业比较

对标中国500强，选择11条产业链做对比呈现、4条产业链做简要介绍（见图6）。机械设备、器材制造产业：榜单企业28家，入湘5家，分别为中国中车、航空工业集团、特变电工、晶科电力和协鑫新能源。汽车及零部件产业：榜单企业24家，入湘10家，部分重要零部件企业，如福耀玻璃、耐世特、潍柴动力在湘暂无布局。电子和电子元器件产业：榜单企业 12 家，在湘 1 家，为蓝思科技。要依托蓝思科技、彩虹集团、中兴通讯等项目，重点打造新型显示产业链。互联网服务产业：榜单企业 7 家，入湘企业为 BAT3 家企业。BAT 在湖南虽有业务布局，但分别为广告营销、电商和门户等一般业务，其研发、区域总部等核心功能均未落户湖南，其他如网易、携程等旗舰企业在湘无布局。

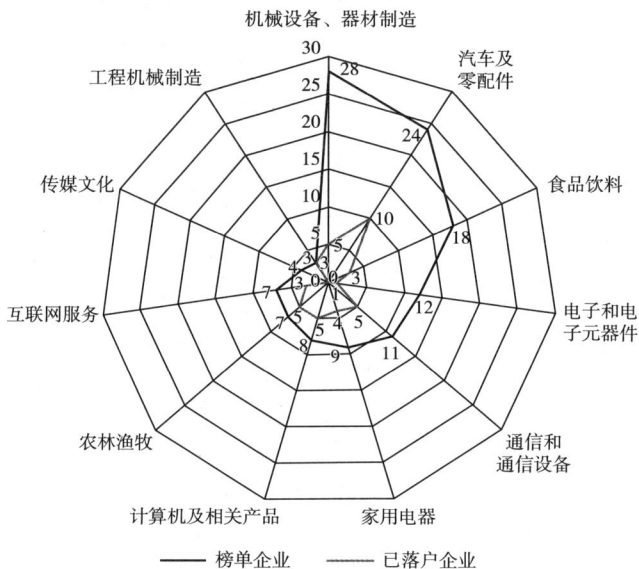

图 6 重点产业链中国 500 强榜单企业 & 已落户企业比较

对标民营 500 强，选择 11 条产业链做对比呈现、4 条产业链做简要介绍（见图 7）。有色金属产业：榜单企业 26 家，入湘正威国际 1 家。汽车制造产业：榜单企业 15 家，落户吉利、比亚迪 2 家；电子设备制造业：榜单企业 24 家，落户华为、联想、TCL 和蓝思科技 4 家。设备制造产业：榜单企业 16 家，在湘 2 家，为本土企业三一和特变电工，外省 14 家装备制造企业在湘无布局。

此外，招商政策不健全，部分地区市场化招商激励措施不完善，区域间招商政策存在同质竞争、无序竞争等现象。配套设施不健全，本地配套企业

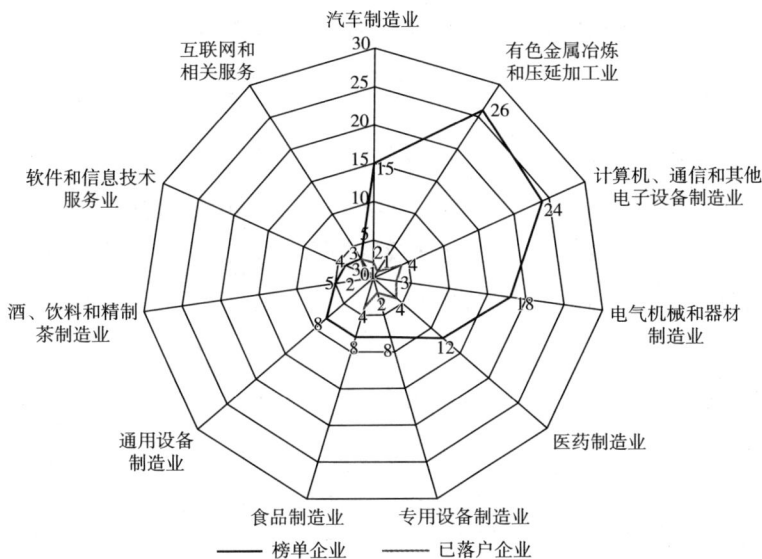

图7　重点产业链民营500强榜单企业 & 已落户企业比较

质量不达标，当地教育、医疗、交通等生活设施配套不足。营商环境有短板，比如，有些地方外商投资企业设立及变更设计相关部门权限下放不完全同步，存在部门间协同配合不到位等问题。

三　湖南引进旗舰企业的对策建议

　　围绕重点产业链发展目标，按照"企域共赢"原则，实施"1+5"的旗舰企业引进思路和举措。"1"即一个思路，将"精准引进"的思路贯彻于旗舰企业引进全过程，精准捕捉信息，精准推荐项目，精准制定政策，精准提供服务；"5"即五大举措，构建持续化、体系化的引进体系。要立足当前，通过精准对接链主企业、优化招商体系等措施，尽快扭转旗舰企业不足的不利局面；更要着眼长远，通过降低要素成本、打造产业生态圈和优化营商环境等措施，形成长效机制，打造吸引旗舰企业的持续竞争力。

（一）优化旗舰引进路径，分级分类精准制定引进方案

按照"未落户的积极引进，轻落户的扩资升级，重落户的培育生态"原则，分级对接目标企业。对于尚未落户的旗舰企业，列入各级政府及商务部门重点外访计划，主动上门对接，关键企业建议由省、市领导带队敲门拜访，根据企业个性化需求定制引进方案。对于轻度落户的旗舰企业，鼓励机构升级或新设机构，引导分支机构升级为分公司，引导设立区域总部、研发中心、采购中心、结算中心等功能性机构。鼓励旗舰企业通过增资扩股、跨国并购等方式"以存带增"，以商引商。加强与企业决策层沟通，争取企业总部追加投资。对于重度落户的旗舰企业，如广汽、杉杉、三一等企业，重点培育产业生态圈，提高本地配套率，降低企业成本和周转库存，提高供应链响应速度。

按照"产业目录＋产业地图＋产业生态圈"模式，分类对接目标企业。以工业新兴优势产业链为重点，引进制造业旗舰，明确主要布局园区，完善产业生态圈。以最新出台的外商投资准入负面清单为契机，大幅扩大服务业开放，着力破除服务业领域的玻璃门、弹簧门等隐形门槛，引进高端金融、人力资源服务、医疗养老等服务业旗舰。利用"乡村振兴"战略机遇，推进农业体制改革，以丰富的农业资源、优惠的投资政策、笃定的营利前景吸引旗舰企业投资现代化农业。

（二）精准对接链主企业，做大做强新兴优势产业链

深度融合"培育新兴工业优势产业链"和"引进 100 个 500 强企业项目"两大重点工作，根据产业链特征和核心要素精准引进旗舰企业，通过旗舰企业进一步带动产业链做大做强。如，工程机械产业链。行业内四家500 强企业中，卡特彼勒是世界排名第一的工程机械领先企业，目前在中国设有 26 家制造工厂、4 个研发中心、3 个物流和零部件中心，主要分布在上海、徐州、青州、天津等地，在湖南无投资，可进一步加强对接，做强工程机械产业链。显示功能材料产业链。显示材料是电子信息产业的重要组成部

分，随着南京台积电落成，武汉长江存储项目推进，长江流域有望形成世界级的上至半导体设计、下至半导体封装的电子信息产业经济带，长沙要发挥显示材料产业优势，在产业链抢占高端环节。湖南现有 500 强企业（蓝思科技）一家，要积极对接三星、LG 等旗舰企业和京东方、欧菲光等准旗舰企业。其中，2017 年 12 月韩国贸易部批准 LG 旗下显示器公司 LG Display 在中国新建 OLED 面板生产工厂，LG 正在抢滩在华业务布局，湖南省要抢抓机遇，争取 LG 项目顺利落地。人工智能及传感器产业链。人工智能是目前所有互联网巨头都在争夺的风口，尤以 BAT 为甚。目前 BAT 人工智能的基础研究机构基本上都坐落在本部地区。但是，BAT 目前都在寻求 AI 技术在垂直领域的落地应用，湖南要积极对接，在金融、安防、政府政务、智慧零售等领域探索 AI 应用，以更开放的政策与更优越的环境吸引 BAT 人工智能业务落户湖南。

（三）创新招商体制机制，建立积极高效的招商体系

构建以产业链招商为主导的"六新"招商体系，即新的决策机制、新的组织架构、新的数据共享平台、新的一线队伍、新的政策体系和新的招商模式。深入贯彻落实省领导联系产业链制度，各市州成立招商引资推进办公室，由市委秘书长或常务副市长任办公室主任，协调解决招商难点，统筹推进招商进度，强化招商部门在区县（开发区）的首要地位。重大项目实施三级负责制，省级领导对接企业决策层；市级领导把控项目进度，协调部门政策；县级领导专职执行选址、拆迁、建设等具体事务。优化招商机构职能体系，按照中央机构改革精神，加大相关职能部门的统筹整合力度。借鉴香港、深圳"投资推广署"模式，完善投资和宣传两大职能，加强与市场招商机构的有效衔接，通过政府购买服务，优化招商效果；加强与省外老乡会、同学会、协会商会等组织的有效衔接，邀请湘籍人士为企业引进出谋划策、牵桥搭线。建立旗舰企业大数据共享平台，整合省、市、区县（园区）三级招商信息资源，借鉴企业 CRM（客户关系维护系统）模式，打造"互联网＋招商"大数据平台，完善政企互动、项目对接和信息库对接等功能

模块，从根本上改变传统招商过于依赖"人脉"的狭隘模式，实现旗舰企业信息追踪和关系维护的透明化和高效化。打造强有力的招商队伍，吸引对特定产业有深刻理解的专业人士进入招商队伍，为他们开展工作创造好的环境和条件。加强招商人才培训，构建从招商礼仪到招商信息搜集、从产业结构到具体企业、从项目包装到项目跟踪服务全方位培训体系。加强省级部门政策协调，加强省、市、区（开发区）政策协调，不同层面解决各自的问题，增强政策的针对性和有效性。打造产业链专题招商品牌，总结2017年"新能源汽车专题招商"经验，精心策划2018年"大健康产业专题招商"等招商活动，撰写该产业专题招商分析报告，绘制招商路线图，包装招商项目，邀请目标客商。

（四）推进要素市场改革，提高要素质量，降低要素成本

一是合理降低人力成本，鼓励符合条件的旗舰企业申报养老保险费率过渡试点，明确政策适用范围，规范政策实施流程，消除政策文件之外的"隐形门槛"。贯彻中央阶段性降低社会保险费率、降低失业保险费率、降低住房公积金缴存比例等文件精神，允许企业在缴存区间内自主确定公积金缴存比例。按照公平公正原则，提高人力资源政务服务质量，对企业反映较强烈的公司、个人社保缴费基数不统一，区内社保关系转移困难等问题及时处理和反馈。二是合理降低能源成本，特别是电力成本。将旗舰企业纳入直供电改革试点，以直供电改革为突破口，加快电力交易市场改革，形成市场化价格机制，提供更优质、更经济的电力服务。以市场化为导向，进一步推进交易机构股份制改造，组建市场运营机构，搭建交易平台，以中立身份负责电力市场运作，包括交易组织和交易计划制定、计量和结算、市场信息发布和管理。研究制定市场信用体系，加强市场主体信用建设，以信用代替管制来规范市场秩序，实施严厉的违法失信惩戒制度，严重者实施行业禁入。鼓励企业自主探索交易、结算模式，允许企业在创新过程中积极试错，行业主管部门在试错过程中逐步规范、完善市场机制。此外，优先保证对旗舰企业的用地供应；进一步完善交通物流、园区基础设施、通报关和检疫检测等设施建设。

（五）强化旗舰集聚效应，培育共生共赢产业生态圈

发挥旗舰企业的品牌效应与集聚效应，引导旗舰企业的市场需求和人才、技术、管理等溢出要素反哺本地企业，培育共生共赢的产业生态圈。一是培育上下游配套产业生态。开展旗舰企业需求产品调查，建立配套产品项目库，开展配套业务培训，组织配套对接活动，鼓励旗舰企业与配套企业统一规划，同步开发，帮助中小微企业通过专业分工、服务外包、订单生产等方式进入旗舰企业的配套体系。二是优化金融生态。鼓励金融机构基于产业链整体授信，降低信贷风险；鼓励旗舰企业开展融资租赁业务，为配套企业提供金融支持。三是拓展新型业务生态。鼓励旗舰企业跨界融合发展，依托核心技术和核心资源，通过产业渗透、融合或裂变等方式，实现产业价值链的延伸或突破。鼓励通过参股、控股或战略性重组、并购与省内企业加强合作、整合资源。四是优化创新生态。借鉴上海等地支持外资研发中心政策，吸引海外知名大学、研发机构在湘设立研发中心，加大旗舰企业与省内高校、科研院所合作力度，使旗舰企业研发机构进一步融入湖南省区域创新体系。五是培育民间组织生态。支持国际知名协会和对稀缺资源有统筹整合能力的组织机构在湖南设立分支机构，依托协会聘请行业内知名科学家、企业家和投资人为产业发展顾问，支持旗舰企业牵头举办和参加高端行业论坛、展会，建设具有教育和科普功能的产业博物馆、标本馆、博览馆、特色街区等设施。

（六）对标国际先进标准，打造投资营商环境新高地

对标国际先进标准，构建与国际经贸规则相衔接的地方法规体系，加快形成法治化、国际化、便利化的营商环境。一是要保持招商政策的稳定性与可持续性。新政策出台前与市场充分沟通，预留充分的反应时间；出台后迅速跟进政策解读，出台操作细则。严格兑现各级政府依法做出的招商承诺，履行依法签订的合同，严查不守承诺、政策打折变形、新官不理旧账等损害政府公信力等问题。二要勇于露短，围绕公平竞争、政府监管、人力资源、

知识产权等关键领域，改善营商环境方面薄弱环节。将营商环境评判权交还给企业，组织不定期的企业座谈会、联谊会等活动，畅通沟通渠道。参考世行标准，构建"湖南版"营商环境评价体系，引进第三方评价主体，以评价促进营商环境优化。三是对项目审批时间长、程序复杂等顽疾性问题，实施彻底的流程再造。推进网上全程办理，加大电子证照、电子签章等应用力度，提高办事效率。推动多评合一，将节能、地质、通行、取水、排污等评估事项纳入多评合一范围，将整个周期控制在40个工作日以内。推进施工图多图联审，不动产登记一窗受理集成服务，电子踏勘和投资项目预审代办制等措施。此外，积极向中央争取湖南自身发展需求最迫切的政策功能，如企业增值税一般纳税人资格试点、入境维修检测试点等；积极为外籍人才提供便利化生活服务；积极复制推广自贸区优惠政策等。

新形势下湖南省县域经济发展研究[*]

湖南省人民政府发展研究中心调研组^{**}

县域经济是全省经济的重要组成部分，也是湖南省的发展短板之一。在决胜全面建成小康社会、建设现代化经济体系的过程中，如何以变局思维认清新形势，推动湖南省县域经济实现高质量发展是我们面临的重大而迫切的课题。根据省领导指示，最近我们对四大区域县域经济进行了典型调查。通过调研，我们认为要以县域营商环境评估为抓手，"造环境"与"找项目"并举，通过推进产业新发展，促进县域经济转型升级。

一　现状分析

（一）县域经济在全省经济中居于重要位置

湖南省县域经济包括 14 个市州的 97 个县（市、区），分长株潭、环洞庭湖、大湘西、湘（中）南地区四大板块，行政区域面积占全省的97%。

多年来，县域经济中，农业生产平稳发展，工业规模不断壮大，第三产业较快增长，财政实力得到提升，城乡收入持续增加，民营经济已居主导地位。到 2017 年，GDP 达 2.35 万亿元，占全省的 63%；固定资产投资总额为 2.02 万亿元，占全省的 64.5%；社会消费品零售总额为 0.84 万亿元，占全省的 56.6%；地方财政收入为 925 亿元，占全省的 33.6%；一般公共预

　＊　获得省政协副主席彭国甫的肯定性批示。

　＊＊　调研组组长：卞鹰；副组长：唐宇文；调研组成员：徐涛、屈莉萍。

算支出为 3550 亿元，占全省的 51.8%；总人口占全省的 83%，城镇化率为 45.5%。

（二）县域经济发展水平稳步提升

在发展水平上，出现了长沙、浏阳、宁乡 3 个排头兵。2017 年，三县 GDP 总额均过 1200 亿元，分列全国县域经济百强的第 7 位、第 17 位和第 26 位，是湖南省县域经济发展的名片。

在产业发展方面，转型升级持续推进。淘汰了一批落后产能，加速传统产业改造升级，积极引进新材料、电子信息、医药、新能源等战略性新兴产业，促进旅游和现代服务业不断发展，三产融合逐步深化。出现了醴陵、汨罗等 30 多个特色经济县，在制造业、农副产品加工、文化旅游等产业上更具特色。

在互联网经济方面，电子商务强劲增长。2017 年，县域电子商务和农产品电子商务交易额达 1800 亿元，连续五年增长率在 50% 左右，其中农产品网络零售额（上行）101 亿元。村淘、京东、邮政等三大平台共建县级电商服务中心 200 多个、4000 多个村级电商服务站，物流配送覆盖 90% 左右的行政村，60% 以上的农产品加工企业开展电商销售。22 个县获评省级农村电子商务示范县，15 个县进入全国电子商务农村综合示范县行列。"贫困户 + 专业合作社 + 龙头电商企业 + 电商平台"模式成为扶贫新亮点。

（三）县域经济发展持续推进

省委、省政府将县域经济发展摆在重要位置。2012 年发布《关于进一步加快县域经济发展的决定》，2013 年出台《关于发展特色县域经济强县的意见》，提出发展特色县域经济的思路和路径。实施扩权强县改革，启动特色县域经济重点县建设工作，2013 ~ 2017 年，省财政整合投入超过 50 亿元，共分批扶持了 33 个特色重点县市。

2018 年是湖南省的"产业项目建设年"，各县（市、区）积极落实省委、省政府决策部署，抓产业、抓项目，将促进产业发展作为发展县域经济的根本。比如，株洲县提出以产业项目建设年活动为抓手，湘潭县坚持"强工惠农"发展思路，新邵县确立"产业兴县、实体兴县"发展思想，新宁县坚定实施"旅游立县"战略，湘阴县将招商引资作为第一抓手，涟源提出"涟商回归"，醴陵市争当转型升级"排头兵"。

当前，我国经济已由高速增长转入中高速增长阶段，经济增长由过去重视量的扩张向重视质量转变，追求高质量发展是这个阶段的主要特点。在这个阶段，经济结构要全面变化，优化升级，经济发展从要素驱动、投资驱动转向创新驱动，实现发展的新旧动能转换。湖南省县域经济发展要主动适应这个发展形势。

二　面临的问题

（一）发展不平衡和不充分比较明显

从省际比较来看，湖南省县域经济与东部沿海省份相比，差距明显。2016 年，全国百强县中，江苏、山东、浙江省分别有 31 个、21 个、21 个县（市）入围，湖南省只有 4 个。湖南省县域经济 GDP 刚过 2 万亿元，江苏、山东两省均突破了 4 万亿元。湖南省只有长沙县、浏阳市和宁乡县三县（市）GDP 突破了 1000 亿元，江苏省有 10 个县（市）超过 1000 亿元（见图 1）。

从省内情况来看，除三个"排头兵"外，其余 94 个县是湖南省县域经济的主体，它们与前三强的差距十分明显。2017 年，最高的醴陵市 GDP 607 亿元，不及宁乡的一半。全省人均 GDP 为 5.5 万元，县域经济中有 84 个县低于此水平（见图 2）。在县域主体内部，差距也十分显著，贫困县中，2016 年，人均 GDP 为 2.3 万元，人均地方财政收入为 1082 元，分别是县域平均水平的 61% 和 66%，古丈县人均 GDP、财政收入分别只有长沙县的 1.9%、3%。

县域城镇化率比全省水平低 7 个百分点，县域城镇居民人均可支配收入是农村居民的 2 倍多，差距也较大。

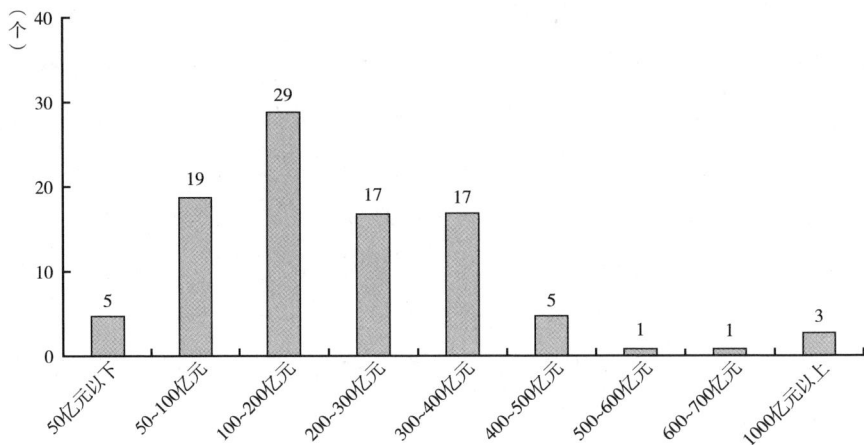

图1　2017年县域GDP分布

数据来源：湖南省统计年鉴，本文下同。

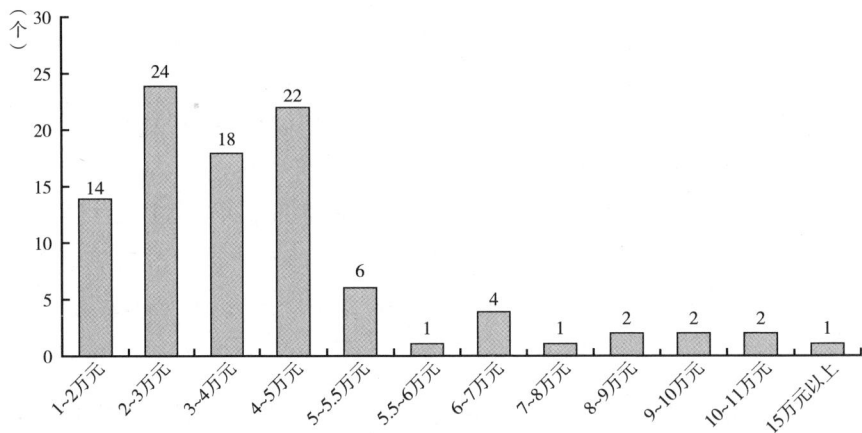

图2　2017年县域人均GDP分布

（二）新旧动能转换带来的阵痛仍然存在

县域经济的中低端产业集中，对落后产能依赖性大，去产能、去库存、去杠杆的"三去"政策实施后，落后传统产业受较大影响。比如，2017年，耒阳市支柱产业煤炭、电力严重萎缩；嘉禾县关闭非法黏土砖厂41家，拆除冲天炉 251 座，电能替代改造 18 家；会同县整顿加工企业 27 家，关闭污染企业 2 家；芷江停产整治企业 19 家；双峰县关闭落后打火机生产企业 25 家；中方县关闭企业 30 余家、生猪养殖场 27 家；新化县改造、取缔 130 家砖厂，关闭企业 19 家；泸溪县淘汰落后生产线 2 条；花垣县淘汰电解锰落后产能。在此情况下，部分县的经济出现较大困难，GDP、固定资产投资指标未完成，项目推进缓慢，保持中高速增长的难度增大。

（三）工业发展的短板问题比较突出

工业发展是县域经济发展的决定性力量，工业强则经济强。全省人均 GDP 前十的县域经济的产业结构为 7.2∶61.3∶31.5，省内长沙、浏阳、宁乡县二产比重更高，分别为 64%、69% 和 66%。发达地区二产发展充分，远高于县域 45% 的平均水平，而且越是落后地区，第二产业的占比越低。

（四）自身造血功能不足

县域经济 GDP 占全省的 63%，地方财政收入仅占全省的 33.6%，县级财政总量偏少，税源增长点不足，对上级补助收入的依赖水平不断提升。2012~2016 年，县域经济财政支出与财政收入的比值由 3.3 提高到 3.8，比值在 7 以上的县明显增加。财政支出 80% 左右用于民生事业，上级补助收入中可直接支持三次产业发展的资金有限，县均仅 5 亿元左右。

（五）发展要素瓶颈制约明显

与城市经济相比，县域经济受"虹吸效应"影响更大，人口资源向大中型城市集聚，当地劳动力大量外出；存款—贷款转化率低，资金外流多，融资渠道单一；用地指标紧张，项目引进难、落地难。缺资金、缺政策、缺项目、缺人才成为县域经济普遍面临的问题，严重制约了县域经济转型发展。

（六）营商环境有待进一步优化

营商环境是投资经营主体成长与发展所需的生态系统，营商环境的优劣直接影响招商引资的多寡和区域内企业的经营状况，对当地经济社会发展产生重要影响。

目前，湖南省县域经济的营商环境还存在一些问题。一些地方的基础设施条件还需要进一步改善；政府对企业的"难点、痛点、堵点"还摸得不清、摸得不透，服务企业的针对性有待提高；"放管服"改革不彻底，不必要审批和管制依然存在，商事制度改革需要进一步深化，负面清单需要更加精简，政府服务效率需要进一步提高；部分干部观念落后，法律规则意识淡薄，干事创业的激情不高，慢作为、不作为、推诿扯皮、相互拆台、吃拿卡要等现象还不同程度或明或暗地存在。

三　对策建议

适应新形势，推动县域经济高质量发展的思路是，在新时代中国特色社会主义经济思想的指导下，坚持创新、协调、绿色、开放、共享发展理念，大力实施"创新引领，开放崛起"战略，促进县域经济主动融入湖南省现代化经济体系的建设进程中。优化营商环境，扩大有效投资，聚焦实体经济，狠抓产业升级，使创新开放成为县域经济高质量发展的强大新动能。

（一）以县域营商环境评估为抓手，全面深化"放管服"改革

建议全省以县域营商环境评估为抓手，从营商软环境、商务成本、政府社会服务等方面建立评价指标，将评估结果列入考核。要站在"营商环境就是生产力"的高度看待营商环境建设，将"造环境"与"找项目"等量齐观，通过营商环境建设，提升政府的全流程服务水平，提升招商引资的软实力。

要深入推进政府部门的"放管服"改革。借鉴和推广宁乡、浏阳等县的"放管服"改革经验和做法，通过制度创新，推进权责清单标准化，实现行政职权精简、审批过程提速，构建"只进一扇门、最多跑一次"和

"网上办、马上办、一次办、就近办"的服务新模式，切实提高政务服务效率。要履行政府职责和责任，通过事中事后监管，将该管的事切实地管起来。要健全"放管服"的督查考核机制，强化跟踪问责。

（二）积极招商引资，多举措激活民间投资

要通过招商引资破解县域发展中资金短缺这一瓶颈，多渠道引进各类资金。要重视发挥政府资金的"引子"作用，加强监管，用好奖补贴息手段。要加快政府投融资平台转型，探索财政资金撬动社会资本和金融资本的机制。要促进传统金融与新金融互补融合，多渠道解决中小企业融资难题。要抓住项目建设这个"牛鼻子"，在产业、基础设施、民生、公共服务等领域策划、储备、包装、争取一批好项目，提高产业项目所占比重。用好土地收储和流转等政策，提高项目落地履约率。争取建设若干重大项目，充分发挥项目的支撑和拉动作用。

要高度重视民营经济在县域经济中的支撑作用，多举措激活民间投资。要利用当前国民经济止落企稳趋好、发展信心恢复、民间投资回升的有利时机，在县域范围内多创造投资项目和机会，吸引投资。要通过奖补支持、税务支持、提升要素保障能力、优化营商环境等手段，鼓励民间投资和创新创业。

（三）稳定和扩大县域经济投资，高度重视小城镇建设的需求拉动作用

投资在县域经济发展中一直起着重要作用，县域是国家和省投资今后的重要方向，稳定和扩大投资对稳定和发展县域经济非常重要。要进一步推进惠及县域的跨区域工程建设，特别是加快改善偏远地区的交通条件，推进跨区域的生态环境治理；要抓住国家实施乡村振兴战略和湖南省农村"双改"时机，推进乡村交通通信、水利、标准农田、民生基础设施、农村房屋改造等建设工程，搞好"厕所革命"、特色小镇建设；要抓住城镇棚户区改造、"城市双修"时机，推进县城扩容提质和县域房地产业高质量发展。要吸引

社会资本参与，提升投资拉动效果。

县域的城镇化建设潜力大，推进县域小城镇建设有助于扩大投资需求和消费需求。要以产业发展支撑小城镇建设，突出特色小镇建设，引导农村人口向城镇转移。加强小城镇基础设施建设和社会事业发展，营建良好人居环境。要城乡互动、融合发展，进一步提升县域的城镇化水平。

（四）升级优化产业，不断增强县域经济发展的内生动力

不放松农业发展，积极推动传统农业向现代农业的转变，稳定大宗农产品的生产。积极推进农业全产业链的开发和创新，发展"公司＋农户＋基地"和种养加、产供销、农工贸一体化的现代农业产业化经营模式，推进三产融合、上中下游一体发展。积极发展特色农业，努力提升农业生产效率和附加值。

要特别重视县域工业经济的发展，发挥工业在推进城镇化、增强县域经济实力中的核心作用。发挥工业园区的集聚作用，形成高水平的产业集群或产业链条。建立产业、创业基金，融入"中国制造2025"，追踪新技术发展。积极推进农产品精深加工，加大落后产能和"僵尸企业"的淘汰力度，推动落后传统产业的转型升级，促进传统产业先进化，培育和发展新兴产业和创新型企业。将多业多点发展和特色发展结合起来，大力培育"隐性冠军"企业，突出特色，多拿"单打冠军"。引导和鼓励企业与县域内外企业以股权互换、母子公司等形式组团抱团发展，开拓市场渠道，扩大企业规模，提高抗风险能力。

因地制宜引导第三产业发展。发掘当地自然人文景观、传统文化等资源，做好设计整合包装工作，提升旅游价值。发展全域旅游，引进旅游龙头企业，提升旅游人数，促进旅游业与农业和工业的结合，加强景点间的联系和资源共享。促进县域金融、文化、信息服务、电子商务、中介服务、咨询培训、托幼养老、社区服务、生活服务业发展。实现工业化和信息化深度融合，加大力度推进落后县域的电子商务发展，增加农产品网络零售额（上行），以"互联网＋"支持实体经济发展。

（五）提升县域经济发展扶持的针对性，重点做好精准扶贫工作

加大对多渠道来源资金的整合力度，集中力量，有针对性地推进县域经济发展。按县域经济发展水平的高低，将县域经济主体的 94 个县按优、良、一般分成一、二、三三类。完善政府项目的竞争性立项办法，将分类倾斜支持与竞争立项结合起来。对于一类县和排头兵的 3 个县，鼓励它们依靠自身实力加快发展，成为全省县域经济发展的重要节点和引领者。对于二、三类县，继续加大上级补助收入的支持帮扶力度，完善县域经济发展的各项条件，对第三类县，还要特别加大对产业发展的扶持力度。

湖南省有 51 个贫困县，县域是扶贫攻坚的主战场。要以精准扶贫工作为抓手和突破口，加大对贫困县的扶持支持力度，将资源更多向贫困县和贫困村镇倾斜，向扶贫工作倾斜，精准施策，到 2020 年全面完成全省脱贫攻坚任务。

推进长株潭一体化的梗阻点及对策*

湖南省人民政府发展研究中心调研组**

党的十九大报告强调"以城市群为主体构建大中小城市和小城镇协调发展的城镇格局"。如何抓住新时代带来的新机遇,啃下长株潭一体化这块硬骨头,成为摆在我们面前的重大任务。鉴于此,我们开展了广泛深入的调研,吸收和借鉴了国内外先进经验,提出了对策建议。

一 对长株潭一体化的再认识

长株潭一体化是从 20 世纪 50 年代提出建设"毛泽东城"开始的,到现在已历时整整 65 年,但效果并不理想,这就需要我们对这项工作再认识再提高。

(一)长株潭一体化的最终目的是"打造区域增长极"

在推进三市协同过程中,我们必须明确一个核心目标:长株潭一体化不是"为了一体化而一体化",而是为了"打造区域增长极",否则我们的所作所为就失去了衡量的标尺和最初的意义。先进国家经验表明,区域增长极必须有一定的人口规模和经济规模。如首尔都市圈、伦敦都市圈分别集中了韩国、英国近 50% 人口,东京都市圈集中了日本 1/3 以上人口。当前,长

---

* 获得省政协党组成员袁新华的肯定性批示。
  该报告系2018年度湖南省智库专题课题(第一批)重点项目"从招聘大数据看湖南人才引进的方向与对策"(18ZWB08)阶段性成果。
** 调研组组长:卞鹰;副组长:唐宇文;成员:左宏、闫仲勇。

沙仅集中了全省 11.5% 的人口，即便是集中全省 30% 的人口，长沙人口也将接近 2100 万人，人口密度超过 1700 人/平方公里，超过北京。因此，湖南培育增长极，仅靠长沙的承载力是不够的，必须联合株洲、湘潭等周边地区一起打造大都市圈，最终形成湖南省甚至中西部的增长极。从这个意义来讲，"长沙打造国家中心城市"战略必须跟"长株潭一体化"战略放在一起统筹布局。

（二）长株潭一体化不能理解为三市同步化和均等化

国内外发展经验表明，城市群一体化绝不是同步化和均等化，而是通过集中有限资源做大做强 1~2 个核心城市，带动周边城市的快速发展。如美国东北部城市群的纽约，日本太平洋沿岸城市群的东京、大阪，长三角城市群的上海，珠三角城市群的深圳和广州，都在城市群中优先发展成为核心城市。目前，长沙自身发展不充分导致融城的诉求不高。同时，三市的政治经济地位不同，长沙的经济体量分别为株洲和湘潭的 4.1 倍和 5.1 倍。因此，现阶段需着力促进长沙充分发展，并通过利益联结等机制，鼓励长沙带动株洲、湘潭的发展，逐渐形成一体化发展格局。

（三）长沙正处于"虹吸效应"大于"辐射效应"的阶段

按新经济地理学的观点，当中心城市处于快速集聚发展期时，周边要素表现出明显向中心城市集聚的现象，此时中心城市对周边城市的"虹吸效应"大于"辐射效应"，周边城市成为"大都市阴影区"。当前，长沙正处于"抢人""抢资金""抢项目"的集聚发展时期，不断吸引包括株洲、湘潭在内的周边地区的资源，三市之间的竞争关系大于合作关系。长沙市规划信息服务中心资料显示，距长沙更近的株洲、湘潭受长沙大都市阴影区的影响更大，是娄底、益阳等城市的近 2 倍。而长沙年末人口数占城市群人口总数比重由 2010 年的 51.5% 提升到 2017 年的 53.6%，而株洲和湘潭的比重分别由 2010 年的 28.3%、20.2% 下降到 2017 年的 27.2%、19.2%；高新技术企业指标也表现出类似趋势（见图 1）。

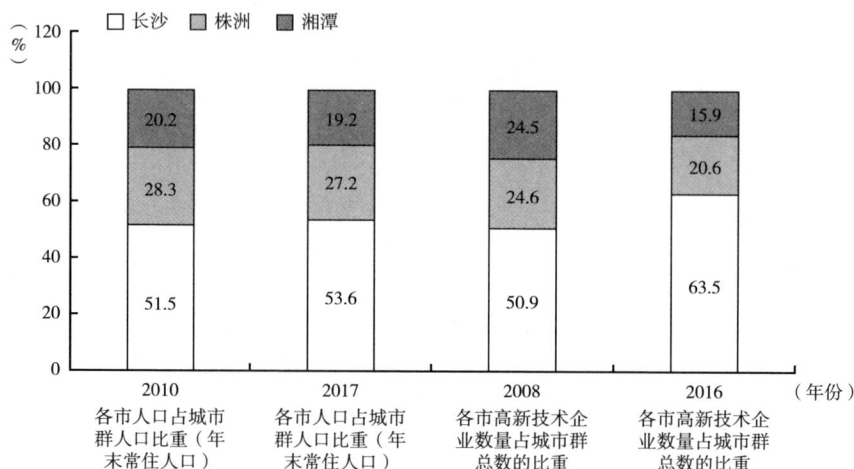

图1　长株潭三市人口比重和高新技术企业比重变化趋势

数据来源：各市统计年鉴、国民经济和社会发展统计公报。

（四）一体化关键是破除阻碍资源自由流动的壁垒

一体化的本质是按照地区分工的要求，促进市场供给的商品、服务、资本、劳动等生产要素和产品能够充分流动并获得无差别待遇，实现更加合理的资源配置。因此，长株潭一体化关键就是要通过制度创新和制度衔接，消除三市在公共服务、基础设施、政策、市场等方面的差异，实现政策一体化、公共服务一体化、基础设施一体化，进而破除阻碍资源自由流动的行政、贸易、市场等方面壁垒，确保人才、资本、技术等各类资源能在城市群自由合理流动，促进资源在城市群内部优化配置。

二　长株潭一体化的五个"梗阻点"

深化长株潭一体化，关键要找准阻碍一体化发展的症结。课题组分析认为，主要有五个"梗阻点"。

（一）协同不够：缺乏三市"一盘棋"的工作协同机制

早在 1998 年湖南就设立了省政府长株潭经济一体化协调领导小组及办公室（简称"一体化办"），但 2009 年获批两型社会建设试验区后，一体化办改为两型办，职能重点也由一体化建设转移到两型社会建设。由于两型办权责有限，难以协调其他部门和三市共同推进一体化工作，导致在规划、项目、政策等多个层面面临大量协调工作，达成的共识、议题多，落实的项目少。如长沙正在着手建设作为长株潭融城核心的南部片区，株洲、湘潭也在积极对接这一重大项目。但在对接过程中缺乏协同协作平台和机制，不能有效整合要素资源，影响了通过该项目融城的效果。

（二）联结不紧：缺乏"一荣俱荣，一损俱损"的利益联结机制

当前，长沙一方面向西发展，着重建设湘江新区；另一方面向北发展，以便融入长江经济带，而向南与株洲、湘潭融城发展的动力不足。要促成三市的融合发展就必须建立起一体化的利益联结机制。缺乏强有力的利益联结机制，一方面导致长沙与株洲、湘潭的联系不足，甚至弱于长沙与岳阳、常德、益阳等地。腾讯人口迁徙数据显示，长沙到株洲的汽车联系强度为长沙与岳阳的 3/4，长沙与湘潭的火车联系强度仅为长沙与岳阳的 77%。另一方面也导致一体化的项目难以推进。根据《半月谈》报道和实地调研，长沙与湘潭和株洲之间仍存在多条"断头路"，基本都断在长沙，其原因就在于利益诉求。受访干部认为，长沙地价比湘潭高很多，一旦修通对长沙地价会有影响。

（三）硬件不通：缺乏"无缝对接"的基础设施

城市群基础设施的不健全阻碍了要素在城市群的自由流动，成为阻碍一体化的重要原因。在交通基础设施方面，三市之间除了存在多条"断头路"外，城市群没有形成完善发达的交通体系，"无缝换乘"仍是交通一体化一大痛点，城轨开通后的上座率一直不佳，公交一体化试点线路仅连通三市相

向地区，不能满足三市之间通勤、商务的需要。在垃圾处理等重大基础设施方面，三市各自为政，导致重大基础设施通用难度大，如调研发现，湘潭一垃圾处理场建在株洲边界，但株洲不能使用。

（四）软件不同：经济政策、公共服务等方面差别较大

从宏观方面来讲，长沙是省会城市，国家和省里给长沙政策力度较大，例如截至 2017 年 11 月份，下放给长沙的省级经济管理权限比株洲、湘潭多 20 余项；长沙还拥有湘江新区等国家级平台，在产业政策上的支持力度更大。从微观方面来看，三市在社会保障、养老等公共服务上存在较大差异。长沙城乡居民养老保障待遇高于株洲和湘潭；失业保险方面，三市征缴部门不同，待遇发放标准不同，参保信息未共享；社会保障卡存在跨行异地手续费问题，居民持健康卡目前无法实现跨机构、跨地区就医。调研中，有人反映，就是购房和人口引进政策等方面，长沙户籍都比株洲、湘潭"值钱"很多，导致人才流向长沙。

（五）抓手不足：缺乏推进一体化具体有力的抓手

具体有力的抓手是加快推进城市群一体化发展的有效手段。如广东通过打造广深科技创新走廊、推动广佛同城化合作示范区建设等抓手，加快推进了珠三角城市群一体化发展。长株潭缺少类似的重大抓手。目前可以考虑以下几方面：一是横贯长株潭三市的湘江西岸地带（北起望城经开区，途经长沙高新区、岳麓山大学城，南至湘潭九华经开区、湘潭高新区及株洲高新区）布局了 6 个国家级园区，聚集中南大学、湖南大学等十多所优质高校，可以作为三市创新走廊打造。二是"绿心"区域是三市融城的核心区，因为属于限制开发区，一直处于"不尴不尬"的地位，不仅没有成为融城的抓手，还成为"真空"阻隔区域，完全可以改变思路，作为推动融城的绿色经济标杆区域来打造。三是湘江新区作为国家级平台，仅限于长沙市内，难以起到带动全省发展的作用，可以考虑在株洲湘潭设立拓展区。

三 高质量一体化发展的对策建议

在当前行政一体化还不具备条件的阶段，三市一体化需要有新思路。要将"长沙打造国家中心城市"和"长株潭一体化发展"两大战略放到一起统筹布局，采取"做强一极，带动两翼"的发展思路。同时，建立"两大机制、两张清单、四大抓手、一支基金"的一体化政策体系。

（一）机制一：建立健全高规格的一体化工作协调机制

一是成立高规格的长株潭一体化工作协调小组。建议成立由省委、省政府主要领导任组长，省直相关部门主要负责人和长株潭三市党政主要负责人为组成人员的长株潭一体化协调领导小组，下设一体化建设委员会，协调解决长株潭一体化发展重大问题。二是完善三市合作联席会议制度。三市每半年轮流主办由三市书记、市长带队出席的联席会议，定期对接三市之间的一体化需求；建立三市常态化、及时高效的对接协商机制，对于重大规划、项目建立24小时响应协商机制，保持沟通畅通，及时解决一体化对接过程中的问题。三是成立专责小组。根据一体化涉及领域，在相关部门分别成立规划、交通、产业、环保、通信、金融、公共服务等专责小组，负责相关领域工作的衔接，具体落实省委、省政府重大决策部署。四是建立考核监察机制。把长株潭一体化工作列入省督查和绩效考核目标内容，设计年度考核指标，对各市和相关省直部门进行考核。

（二）机制二：探索建立三市利益联结机制

探索多种形式的共同投资、共同开发、利益共享的机制，例如三市税务机关可签署《税收合作框架协议》等，实现税收多地共享。具体可率先考虑三方面：一是推行产业"飞地政策"。完善三市企业、园区迁出或跨区域设立生产基地、研发中心、分院的税收分享和考核成果共享，飞入地园区建成项目形成的财税收入地方留成部分和经济统计指标由双方或多方按比例分享,"飞地"涉及的重大项目一次性考核指标、分值分别计入双方或多方。二是推进共享共用为核心的基础设施一体化建设机制。根据区域服务功能,统一规划部署城市群创新、环保等重大公共基础设施。出台《重大公共基础设施开放共享管理办法》,建立公共基础设施开放共享服务管理和补助机制,明确企业利用共享资源的补贴制度。三是实施本地化配套工程。借鉴重庆的做法,出台政策对长株潭城市群企业采购区域内配套产品年累计在 1 亿元及以上的按新增采购额的 0.5% 给予奖励,单个企业奖励金额不超过 200 万元。

(三)两张清单:每年制定长株潭一体化发展的"项目清单"和"问题清单"

借鉴粤港澳一体化建设经验,建议长株潭一体化工作协调小组每年初制定一体化发展的"两个清单",按照清单内容逐一推进工作。一是一体化"项目清单"。从全省各部门、长株潭三市征集一体化建设的重大项目,经专业人员筛选、整理、会审,每年年初确定一批长株潭一体化建设的重大项目,广泛覆盖规划机制衔接、基础设施对接、产业协作、环境共保共治、公共服务一体化等经济社会发展的方方面面。二是一体化"问题清单"。通过网上调查和各部门、长株潭三市自查的方式,全面梳理长株潭一体化需要破除的壁垒,逐项列出一体化工作"问题清单",建立台账,明确责任,逐一制定可操作、可监督、可检查的措施,并限期解决一体化存在的问题。

(四)四大抓手:着力推进"一谷一廊一区一都"

以省一体化协调小组统筹规划、三市联合建设的方式共同打造四大融城工程。"一谷":长株潭"生态绿谷"。以绿心调规为契机,整合长沙南部片区、株洲九郎山片区和湘潭昭山片区,联合打造长株潭城市群"生态绿谷"。通过培育生态农业,建设现代都市农业产业示范园区和现代都市农业观光走廊;引进高端生态旅游业,发展具有观光、度假、休养、科考、探险和科普教育等多种功能的"绿色旅游";统一建设文化馆、博物馆、长株潭奥林匹克中心、环湘马拉松赛道、自行车赛道等重大文体设施,将其打造成长株潭一体化的生态地标。"一廊":"湘江西岸创新走廊"。借鉴广深科技创新走廊做法,以岳麓山大学城为核心,向南北延伸,打造北起宁乡和望城经开区,途经长沙高新区、岳麓山大学城,南至湘潭九华经开区、湘潭大学城、株洲高新区等的创新走廊,作为长株潭自主创新区的核心区,同时将长潭西线高速改建为城市主干道,拉通区域间联结。"一区":湘江新区拓展区。推动湘江新区这一国家级平台政策惠及三市,在株洲和湘潭分别选择部分区域纳入湘江新区拓展区范围,推动湘江新区与两市共建共享。"一都":全国"分享经济"之都。借助"分享经济"试点示范来推动三市资源共享。制定《打造长株潭分享经济示范区的指导性意见》,以资源共享为主线,着力打造生产、流通、消费"三位一体"分享经济生态链。力争到2020年,城市群规模以上工业企业产能利用率达到85%,城市群所有符合条件的科研设施与仪器接入分享经济平台并对社会开放,建成20个以上国内知名、行业领先的分享经济平台,打造全国"分享经济"之都。

(五)一支基金:建立"长株潭一体化发展基金"

有效整合省级和三市相关财政专项资金,联合金融机构,通过政府投资、社会融资等方式,设立"长株潭一体化发展基金",带动三市加大对一体化建设的投入,撬动社会资本,用于一体化重点项目建设,重点投向跨区域重大基础设施、创新创业平台、生态环境治理、公共服务等领域。设立由一体化工作协调小组负责的基金管理委员会,制定基金管理办法,审议基金年度投资计划,对基金管理绩效目标进行考核监督。

湖南扩大有效投资的对策研究[*]

湖南省人民政府发展研究中心调研组[**]

2018 年是湖南省的"产业项目建设年",项目投资是推动湖南发展的重要动力。投资一头连着需求端,一头连着供给端,是推动供给侧和需求侧两端同时发力的重要力量。当前湖南省推进供给侧结构性改革和经济高质量发展,必须在投资的"有效"上精准发力,培育增长新动能,形成有效供给。围绕这一重大问题,我们赴省内外进行了实地调研,召开了专家座谈会,对投资领域相关问题进行了深入剖析,并针对"投什么""谁来投""怎么投"提出了对策建议。

一 湖南扩大有效投资面临的主要问题

经历了改革开放 40 年高强度大规模开发建设后,湖南发展进入了新的历史阶段,同时投资领域也积累了不少问题。

(一)投资效率下降快,盈余率不高

从投资率看,2005 ～ 2016 年,湖南投资率从 39.9% 持续提高至 89.9%,12 年间提高了 50 个百分点,2016 年超出全国 8.6 个百分点。从投资贡献率看,从 2005 年的 39.1% 稳步提高到 2014 年的 57.9%,然后在 2016 年开始下降,为 53.0%,12 年的平均值为 51.3%,超出全国同期均

---

[*] 获得省委常委、政法委书记黄关春的圈阅,省政协党组成员袁新华的肯定性批示。

[**] 调研组组长:卞鹰;副组长:唐宇文;调研组成员:禹向群、李银霞、文必正。

值 6.4 个百分点。投资率和投资贡献率上升表明经济增长的投资驱动特征强化，而投资具有边际递减效应，过度依赖投资驱动将导致投资效率下降和无效投资增加。

从增量资本产出率（ICOR）来看，2017 年，每新增 1 个单位 GDP 产出，广东、江苏、浙江、山东分别需要新增 4.05 个、5.96 个、6.72 个和 6.92 个单位投资，全国平均需要 7.26 个单位，湖南需要 9.34 个单位。从 2005～2017 年的增量资本产出率省际对比来看，湖南多数年份高于全国平均水平，也高于经济发展阶段更高的广东、江苏、浙江、山东等省。剔除 2009 年国家 4 万亿投资造成增量资本产出率陡增的影响，湖南总体呈现上升态势，2014～2017 年增量资本产出率在 6 至 10 的区间高位波动，2017 年比 2005 年提高了 247.2%。增量资本产出率上升意味着单位产出增长所需的投资量增加，投资效率下降。

从全社会固定资产投资效果看，湖南投资的整体效果较差。以投资效果系数衡量，2016 年湖南总的投资效果系数为 10.7%，远低于全国 13.7% 的平均水平，排名全国第 21 位。湖南投资当期效应低，盈余率不高。2016 年，全省固定资产投资总额为 2.8 万亿元，排名全国第 9 位；按支出法 GDP 核算的资本形成占 53%，排名全国第 19 位。省际比较来看，2016 年湖南省制造业固定资产投资 8824.5 亿元，相当于广东的 91.9%，但是资本形成总额仅相当于广东的 48.3%。

（二）资金来源渠道窄，自筹压力大

从固定资产投资的资金来源来看，湖南固定资产投资资金主要来源于自筹资金，2016 年占到 72.7%，超出全国平均 5.6 个百分点；其次为其他资金、国内贷款、国家预算内投资、利用外资等，其占比均低于全国平均水平。湖南省固定资产投资来自国内贷款的比重，2012～2016 年五年间均不到 10%，北京、上海等金融发达地区该比重都在 20% 以上，湖南 2016 年该比重全国排名第 22 位。2017 年，湖南民间固定资产投资 1.88 万亿元，增长 14.5%，比全部投资增速快 1.4 个百分点，占全部投资的比重为 59.9%，

比全国平均低 0.5 个百分点。湖南资本市场支撑能力不强，担保行业规模过小，融资担保能力较弱，提供的担保额度有限。2017 年，省内备案的 100 家担保机构注册资本总规模仅 224.6 亿元，新增担保额 329.6 亿元，在保余额 493.4 亿元，担保业务收入 7.06 亿元，净利润 1.45 亿元，担保代偿 24.79 亿元，融资担保代偿率 7.74%。投资基金管理办法落后，对初创企业支持不足。《湖南省省级政府性投资基金暂行管理办法》规定，"对产业发展类政府性投资基金，政府出资不得作劣后级资本"。"基金清算或运行过程中出现亏损时，首先由基金管理机构以出资额承担亏损，剩余部分政府和其他出资人按出资比例、以出资额为限承担。"实际操作中，由于初创企业高风险和高失败率，政府主导的产业投资基金对初创企业难以给予有力支持。从备案情况看，全省 166 家已备案基金公司，带有创投字样，以创投名义注册拟从事创业投资的基金公司仅 26 家，真正从事创投业务的基金公司则更少。

（三）投资使用方向偏，实业发展难

从投资去向来看，有脱实向虚倾向。湖南对第一、第二产业的投资热度明显低于第三产业。2017 年，全省三次产业结构为 10.7∶40.9∶48.4；三次产业投资结构为 4.0∶36.3∶59.7。根据收入法 GDP 核算，全社会固定资产折旧是生产类资本存量当期折旧，全社会固定资产折旧率反映了用于再生产类型的设备等固定资产累计投资情况。2016 年，湖南全社会固定资产折旧率 10.3%，在全国 31 个省份中折旧率排名倒数第一，并且长期排名倒数，反映出湖南经济总量创造中通过设备和技术升级改造等获得的经济总量比重低。近 13 年来，平均每年比广东低 2.5 个百分点，反映出产业投资及实体经济投资中资产的投入比例不大，可用于扩大再生产的固定资产和研发投入的比例不高。同时，低效企业挤占投资现象仍然存在。低效企业不退出，好资金流向坏企业、坏项目，进而推高了新企业、好企业的融资成本。省国资委综合认定，华菱集团、湘煤集团等 13 户省属监管企业中二、三级企业共有 64 家僵尸企业，其中二级企业 30 家、

三级企业 34 家，处置工作仍在进行中。据了解，除省属监管的"僵尸企业"外，市属监管企业中的"僵尸企业"和靠政府补贴度日的低效民营企业也不在少数。

二 有效投资不足的深层原因分析

分析有效投资不足的问题，需要从当前湖南省经济发展的阶段性特征出发，在历史发展逻辑中分析。改革开放以来，湖南逐渐形成了重工业化的路径依赖，投资驱动的惯性较大，当前正处于工业化中后期跨越的关键阶段。

（一）创新驱动乏力影响投资的有效性

随着经济总量不断增大，我国经济发展面临速度换挡节点、结构调整节点、动力转换节点，低成本资源和要素投入形成的驱动力明显减弱，发展动力转向创新驱动。从国内实践来看，转型越快、创新能力越强的地区，如广东，经济投资有效性越高。创新是提高投资有效性最关键的因素，扩大有效投资就要转变经济发展方式，促进经济从投资引领向创新引领转变。当前湖南经济劳动密集和低经济效益的特征明显，整体生产力水平在全国居于中游水平，创新的影响力低于经济总量在全国经济中的地位。2016 年，湖南GDP 收入构成中，营业盈余率占 23.5%，低于全国 14 个省份；劳动者报酬占 50.6%，比重高于全国 18 个省份。

（二）投融资体系不完善拖累实体经济投资效率

湖南投融资体制仍然存在一些突出问题：如企业投资主体地位有待进一步确立；投资项目融资难、融资贵问题较为突出，融资渠道需要进一步畅通；政府投资管理亟须创新，引导和带动作用有待进一步发挥；权力下放与配套制度建立不同步，事中事后监管和服务仍需加强；投资法制建设滞后，投资监管法治化水平亟待提高等。由于投融资体制不顺，湖南利用银行贷款、外资资金及其他资金长期相对低于全国平均水平。调研中发现，湖南省中小企业贷款主要来源于本地银行，而湖南普惠金融发展水平较低，中小微企业融资和创业初期融资难度较大。本地三大银行省农商行、长沙银行、华融湘江每年新增贷款规模还不足 2000 亿元，加之省内银行的平均存贷比不足 70%，银行系统对中小微和创新型企业投资的支持能力非常有限。政府对初创企业的投资扶持不足，从省级政府和国有企业背景的主要投资基金看，属于前端创业投资和种子投资、天使投资的企业仅有高创投一家，受制于对国有基金的考核和评价制度的约束制度，实际操作中基金对于创新创业初期企业的投资非常有限。

（三）市场经济体制不规范影响整体投资有效性

湖南体制机制改革相对滞后，经济市场化程度不高。有的产权制度设计不合理，花别人的钱办自己的事，或者花别人的钱办别人的事，往往造成盲目扩大投资、债务上升，最终投资效率都不会高。有的企业"大到不能倒"，政府不能等闲视之，甚至不得不追加投资或投放新的贷款，导致资源被低效利用。还有的投资在去产能的重点行业，处于国家重点产业布局之外，坚持了错误的方向，导致投资越大损失越大。那些产能严重过剩的产业，低端领域重复投资越多，越有可能变为无效投资和低效投资。湖南投资的市场化水平不高，资源的流动不畅，产业投资相对低效。分行业看湖南制造业的资本利润率，行业间差距明显高于全国平均水平。湖南行业间的资本利润率差距大，说明市场机制没能充分发挥作用，部分行业资源被低效利用，没能流向更高效的部门或行业，拉低了整体投资的有效性。

三 扩大湖南有效投资的对策建议

今年湖南"产业项目建设年"的核心和重点是抓好有效投资，投资既要规模又要结构，既要速度更要效益。其中，最关键的是要解决好"投什么""谁来投""怎么投"的问题。

（一）"投什么"，关键是要有质量、有效益的投资

要围绕有效需求，进行有效投资，不搞重复建设，不新增过剩产能。重点是在提高投资的有效性和精准性上下功夫，优化投资结构。新时期，旧的投资需求和新的投资需求此消彼长，基础设施互联互通和一些新技术、新产品、新业态、新商业模式的投资机会大量涌现，投资在技术创新、产业升级、环境治理等领域中还大有可为。要紧紧围绕《湖南工业新兴优势产业链行动计划》中确定的 20 个新兴优势产业链安排投资，加大对传统产业更新改造的投资；要深挖基础设施投资潜力，重点是抓好制造强省建设八大重点工程投资和制造强省四大标志性工程建设。要在依法合规的前提下，推动项目审批、手续办理提速，推进在建项目加快建设，推动重大项目开工建设；要结合脱贫攻坚，围绕乡村振兴和新农村建设，抓好项目建设，加大投资力度。

（二）"谁来投"，关键是创新投融资机制

当前，政府性投入增长速度下降，要鼓励和引导社会资本通过特许经营、政府购买服务、股权合作等方式，参与重大项目建设。要为民间资本参与投资项目创造条件，要加大财税、价格、土地、金融等方面的支持，稳定项目的预期收益。完善政府和社会资本合作（PPP）项目共建模式，健全相关制度，严守合同承诺，加强产权保护，激发社会资本参与热情，使 PPP 模式在更大范围以更大规模推广。做好 PPP 项目的规划和储备，及时筛选适用 PPP 模式的项目进行培育开发。补齐投融资短板，积极引导各类金融机构发展壮大，鼓励各类基金、财务公司、融资租赁、信托、担保、资产管理公司等非银金融机构发展。引导银行增加对实体经济的信贷投入，完善银行业金融机构增加贷款投放的激励机制，加大银行业金融机构增加信贷激励力度。拓宽担保业务范围，创新担保业务品种，深化融资担保机构的银担合作。创新政府重大项目融资方式，大力鼓励天使投资和种子投资基金发展，发起设立各类产业（股权）投资基金，围绕湖南省特色产业，发起设立绿

色生态发展基金、先进制造产业发展基金、发展升级引导基金等多种政府引导、市场化运作的产业（股权）投资基金。鼓励优质企业在多层次资本市场上市直接融资。

（三）"怎么投"，关键是深化投资管理体制改革

进一步简政放权，继续完善政府核准的投资项目目录，进一步减少政府核准事项，减少前置条件，最大限度地为企业提供便利化的投资环境。要打破行业垄断和市场壁垒，切实降低准入门槛，营造权利平等、机会平等、规则平等的投资环境，更大激发市场主体活力和发展潜力，改变当前投资动力不足的状况，增加公共产品供给。积极推行投资负面清单、权力清单、责任清单管理制度，使企业能够看单点菜、按图索骥。加强政务综合服务平台、资源交易平台建设，积极推进网上审批，继续优化投资审批流程，缩短办理周期，努力实现让信息多跑路，让企业少跑路。建立健全省内投贷联动帮扶机制。积极开展省内银行投贷联动探索，促进省内园区与银行间的业务合作，建立信息分享机制。鼓励银行通过与园区众创空间、孵化器和加速器合作，增强省内企业的投融资能力。鼓励优势产业领军企业创新投资方式，促进供应链金融发展。加强与湘籍风投领军人物或创业成功人士对接，发挥他们在投资行业举足轻重的号召力，引导他们来湘扩大投资或设立产业投资基金。鼓励特色园区建立生态孵化基金，并由牵头企业出资设立种子基金、天使基金，园区根据自身实力参股。各级政府根据每年孵化成功的项目情况进行全省统筹，给予各园区引导扶持资金支持，拨付资金不收回，可在孵化体系内循环。充分发挥股权投资协会的桥梁纽带作用，提高基金企业对协会的参与度，吸纳行业发展意见和建议，提升湖南投资环境对基金市场的吸引力。

军民融合深度发展的壁垒及破解之策[*]

湖南省人民政府发展研究中心调研组^{**}

  湖南作为具有优良传统的军工大省，应充分发挥军工资源优势，抢抓战略机遇，推动军民融合深度发展，为湖南高质量发展注入强劲动力。近日，根据省领导指示，我中心调研组先后赴长株潭、成都、西安等地开展军民融合发展调研，并组织省经信委、省发改委、省科技厅等相关省直部门和江麓机电、江南工业、中电 48 所、608 所等军工单位和博翔新材等"民参军"企业以及国防科技大学等召开专题座谈会。调研表明：湖南省军民融合发展面临体制、市场、要素等壁垒，军民融合发展质量不高，要努力拆除壁垒、补齐短板，推动湖南省军民融合创新发展。

  目前，湖南省军民融合发展处于初步融合发展阶段，存在"三大壁垒"。

一 体制壁垒：管理体制机制尚未理顺

  一是组织领导机构不够健全。目前，由于省级军民融合工作机构尚未健全，湖南省军民融合相关管理业务多分散在经信、发改、科技等职能部门，在围绕军民融合而展开的资源和利益整合中存在军民分立、条块分割的结构性壁垒，具体工作落实存在相互推诿现象。二是信息沟通对接不够顺畅。受商业秘密和安全因素影响，加上军地缺乏有效的需求对接和统筹指导，重点

---

 * 本报告为湖南省社科基金重大委托课题"湖南对接实施国家重大发展战略研究"（17ZWA28）阶段性研究成果。

 ** 调研组组长：卞鹰；副组长：唐宇文；成员：袁建四、屈莉萍、曾万涛、周亚兰。

领域军民融合信息不公开、不透明现象普遍存在，如由于缺乏军事需求对接，在湖南省重要基础设施规划建设过程中，部分项目未能充分贯彻国防要求；军地信息网络资源缺乏顶层设计，共享方式、共享内容等不明确；在军民两用技术方面，军工和民营企业无法及时了解对方的技术需求，无法准确确定自身拥有的技术资源是否可以转移到其他相关领域。三是缺乏有效的军地利益共享机制。一方面，由于军工企业统计口径在军方，并不纳入地方GDP考核，军工和新创办的以军为主的保密型军民融合企业，其生产、销售、研发、劳动就业、固定资产投资均无法纳入地方经济统计中，难以充分体现军工企业对区域经济发展做出的贡献。另一方面，军工企业可享受税收减免政策，但国家财政并未相应给予地方转移支付补助资金，地方配套投入的大量地价倒挂资金，教育、卫生、社会管理等公共服务刚性支出无法得到弥补，影响地方推动军民融合发展的积极性。

二　市场壁垒：军民融合产业发展质量不高

一是产业规模偏小、结构不优。据省国防科工局反映，2016年，湖南省军工主要单位工业总产值居全国第11名，处于全国中游水平；全省军工融合产业工业增加值占全省规模工业增加值比重仅约2%，军工企业本省配套率不足30%，对全省国民经济和科技进步的引领和带动作用未充分发挥；军品结构不合理，产品以配套为主，总机项目和大型号不多，承担高新武器和国家重大专项工程任务不多，如在湘军工及民参军企业、科研院校组织承担了国家中长期科技发展规划明确的16个重大科技专项中的10个重大专项的多个项目，但大多为配套任务，份额较小。二是军民互转融合难。军转民动力不足。受军工企业性质、知识产权保密等影响，特别是军队停止有偿服务政策实施后，由于国防科研人员的利益分配机制不完善，难以调动军转民的积极性，存在"融与不融一个样，融好融坏一个样"现象。民参军热情高，但难度大。主要表现在现行军品市场进入门槛高，军工"三证"办理机制不顺、装备采购信息不对称、民营企业资金瓶颈制约等问题。对无

"参军"经验的民企来说，军工资质的"胜算"小之又小。如株洲航飞翔公司原为608所参股企业，其生产的发动机控制器直接为608所配套，在608所按照中航发统一规定退股该企业后，因该产品未纳入"武器装备科研生产单位许可目录"，从而失去"民参军"资质。

三　要素壁垒：军地协同创新体系有待强化整合

一是科技资源开放程度不高。受军政分开、条块分割、安全保密等体制阻碍，国防领域科技资源多分散在全国各个军工系统自成一体的研发制造隶属单位之中，科技资源分离、分隔、分散，创新要素流动不畅，科研生产效率不高，难以发挥集成创新和协同创新的优势。二是财政金融支持政策体系不完善。主要表现在财政资金引导放大作用未充分发挥，多元化投融资体系未健全，以及军民享受的税收、信贷等政策有别。目前，湖南省设立800亿元的新兴产业投资基金，但"财政依存度高、社会资本参与率低"现象依然存在；军民融合领域融资渠道仍较窄、融资工具选择范围少，创新融资产品缺乏等问题依然突出；在装备研制生产过程中，军工企业可享受相应的基建技改投入及多项税收减免、信贷优惠政策，而民营企业在现有政策下很难享受。三是军民复合型人才缺乏。人才是军民融合产业发展面临的突出问题。军工行业普遍缺乏熟悉民用领域的经营管理人才；民营企业缺少熟悉军品科研生产的专业人才，核心人才引进难、留住难。如国防科大作为湖南省重要的国防科研资源，近年来受科技体制约束，激励措施不足，导致人才流失严重。

他山之石，可以攻玉。陕西、四川、江苏等省市在创新体制机制、激发军转民动力、畅通"民参军"渠道、优化军民融合服务、加强军地人才培养等诸多领域开展试点示范，形成了一些有益经验，可供借鉴。

四　深化组织管理体制改革，推动军地统筹协调

一是健全组织领导机制。完善省委军民融合委组织架构，加快成立军民

融合委办公室，统一领导全省军民融合发展工作。可借鉴陕西、江苏等省制定出台省委军民融合委及其办公室"工作规则""工作要点"，陕西省设立军民融合产业发展、国防动员、协同创新、人才培养、军队保障社会化等专项小组，推动省军民融合委及其办公室工作机制落实。建立协同推进机制，由省领导牵头，相关省直部门协同参与，"一对一"跟踪推进重大合作项目落实。可参考陕西省建立军民融合成员单位联络员制度，加强各专项领域军民融合的日常工作联系沟通。二是搭建军民互通信息平台。建立科学高效的军事需求生成提报对接机制。实施省校、军地联席、重大问题会商、情况通报、定期走访、联合办公等制度，将征求的军队需求分解到相关职能部门，纳入政府规划和重点工程建设项目。如在港口码头、高速公路、机场、铁路、物流仓储等与国防密切相关的经济建设领域开展贯彻国防要求试点，以及国民经济动员体系与突发事件应急体系的融合发展试点等，确保军队"需要什么"和地方"能做什么"有效对接。及时向军队系统传递地方的优势资源。如对接工信部军民结合推进司、军工央企，定期向其动态推送《湖南省"民参军"技术与产品推荐目录》，争取相关科研院所与民营企业共同开展军民两用技术的研发。三是建立属地化军民融合产业统计体系。学习借鉴西安市制定《西安市军民融合统计监测方案》，按保密等级分别采用不同调查手段，设计出台《军民融合统计报表制度》《军民融合发展评价监测方案》《军民融合统计数据管理工作规定》等，推动将军工经济属地化统计数据纳入国民经济核算。

五 探索多元化的军品配套和准入的方式

一是加快制定军民融合企业（单位）认定办法。打破"只有取得军工资格认证才能参与军民融合"传统格局，创新体制机制，吸引更多市场主体参与军民融合发展。借鉴四川省制定军民融合企业认定办法，将纳入认定范畴的范围扩大至新兴战略性产业和前沿创新技术研究的企业（单位）。对通过省级认证的军民融合企业、军民融合产业园内无军工证的企业赋予可承揽一定范围的军工任务。对一些急于"参军"的优质民企，根据当前军工任务需要状况，探索通过设定简易程序、设定临时授权期的方式参与一些军工任务，以满足办证过渡期间民企参军的需要。二是推进军工企业试点主配牵手的"小核心、大协作"合作模式。即由省经信委（国防科工局）与军工企业、配套供应商单位签订三方合作框架协议。军工企业起主导地位，以产品研制生产过程为主线，以产业链上下游关键企业为依托，建立军民深度融合的供应商管理体系，明确供应商准入、过程参与、绩效管理等标准，形成操作性强的实施细则和流程表单，吸引本地企业参与军工配套，构建多主体参与、开放协作的格局。其中，政府职能部门担当"红娘"，用经济手段监督供需双方履行合同。

六　搭建军民协同创新平台，促进军地协同创新

一是推动军地科技创新资源共建共享。以市场化方式为主，财政补贴为辅，建立完善军民融合大型科研仪器设备共享平台，推进科技资源军民双向开放共享。省知识产权局应继续加大沟通协调，推动国防知识产权局定期将国防知识产权相关解密信息下达至地方知识产权局，推进国防知识产权转移转化。主管部门通过定期组织军民融合创新创业项目、成果和产品推介宣传活动，推动与相关民企、金融企业对接合作，推进军民两用技术双向转移转化。二是完善国防知识产权转移利益分享机制。在落实专利法"一奖二酬"规定的基础上，进一步探索以知识产权为纽带推进国防科技成果转化试点。依托国家自主创新示范区的牌子，开展职务科技成果混合所有制改革、国防知识产权作价入股、抵押融资等试点，激发职务科技成果的转化动力。目前，湖南省可在湖南省产业技术协同创新研究院的平台上，有限实施以股权为纽带的军民两用技术联盟创新。这种"有限"体现在必须限定国防知识产权流转的范围，采用从国有到国有的转化，即将国防专利转到国有研究院或其他国有承接平台，不致国有资产流失，同时落实对科研人员的收益返还奖励制度。

七 优化军民融合产业服务环境

一是简化军工资质办理流程。结合"最多跑一次"改革，优化"军工三证"办理审批手续，推行军工"两证"联合审查，探索建立军工资质统一受理机制，在各市州有关部门设立军工资质受理办公室，统一组织协调办理。可借鉴深圳市某区开设"军民融合综合服务窗口"的做法，对企业开展军工生产资质认证、信息查询、国防专利转让等"一条龙"服务。大力发展军民融合中介服务，扶持省内军民融合科技服务机构进入国家工信部推荐名录，提升本地军民融合服务水平。二是推广"互联网＋"军民融合服务模式。参考上海张江的飞天众智平台，四川军民融合在线、江苏、湖北等省市的军民融合网站、军民融合公共服务平台等线上服务平台建设，推动湖南省军民融合网上公共服务平台建设，为企业提供数据采集与发布、政策咨询等信息服务功能。三是建立多元化的金融支持体系。建立政府引导资金、社会资金、产业投资资金、国家政策性银行资金互相衔接的金融支持体系。创新财政投入方式，扩大军民融合产业发展专项资金规模，采取投资入股、补助、贷款贴息、风险补偿、科技项目后补助等多种方式给予支持，发挥财政资金引导放大效应。鼓励各商业银行及其他金融机构设立军民融合金融服务专营机构，创新产品和业务，如"军工采购贷"、知识产权抵质押贷款等。鼓励引导优势军民融合企业用好资本市场，用好天使投资、风险投资、基金以及债券等融资方式筹措更多发展资金。

八 完善军地人才共育共用机制，强化智力支撑

一是发挥国防科技大学等军事院校的人才培养主力军作用。据国防科技大学反映，在统筹现有教学资源和确保教学质量的目标下，建议扩大无军籍本科招生规模，从现有300人扩大至1000人的招生规模（2018年，国防科大面向辽宁、山东、河南、湖南、四川、贵州和江西等7省计划招收无军籍

本科学员 300 人，其中，湖南 70 人）。省级层面可与国防科技大学联合争取无军籍本科生适当扩招，同时增加湖南本地生源的招生人数，为湖南省军民融合发展提供坚强的人才保障。二是引导地方共建院校开设国防特色学科，充实军民融合人才培养力量。在中南大学、湖南大学、湘潭大学、南华大学等 4 所与国防科工局共建高校开设国防特色学科，适当扩增国防生数量；在职业院校中增设军民融合装备制造和维修等相关专业，培育一批军民融合领域优质"军匠"。三是开展形式多样的军地人才交流培训。着力把军工领域的科技创业创新领军人才和团队纳入湖南高层次人才引进计划，注重对军队退休退役人力资源尤其是军队科研单位转业技术干部的深度开发利用。强化军地干部双向培训，如军队干部参加党校、高校、科研院所、军工生产企业等地方培训，地方干部参加国防专题研究班、各类军事集训等；鼓励民间自主交流，如民营企业主要负责人到省内外知名军工院校、军民融合产业园等地交流，军队院校开展军民融合专业人才培训。

A 股市场波动对湖南经济发展的影响分析与对策建议*

湖南省人民政府发展研究中心调研组**

2018 年以来，A 股三大指数震荡下行，领跌全球。A 股持续下跌，对湖南经济发展有哪些影响？对湖南企业融资、居民消费影响如何？有可能触发哪些风险？为此，我中心组织力量开展了专题研究。现将相关情况报告如下，供领导决策参考。

一 基本情况

（一）上半年 A 股基本情况

受金融去杠杆、宏观经济增速放缓等内部因素以及美联储加息、中美贸易冲突等外部因素影响，1~6 月，A 股三大指数总体呈震荡下跌走势。上证指数由 3307.17 点下跌至 2847.42 点，下跌 459.75 点，下跌幅度为 13.9%；深证成指由 11040.45 点下跌至 9379.47 点，下跌 1660.98 点，下跌幅度为 15.04%；创业板指由 1752.65 点下跌至 1606.71 点，下跌 145.94 点，下跌幅度为 8.33%。

截至 6 月 30 日，A 股沪深两市（不含新三板）共有上市公司 3530 家。1~6 月，A 股有 63 家公司首次公开募股，共募集资金 923 亿元，IPO 数量

---

　* 获得省委常委、省委秘书长谢建辉的肯定性批示。

　** 调研组组长：卞鹰；副组长：唐宇文；调研组成员：袁建四、屈莉萍、刘海涛。

和筹资额同比分别减少74%和26%；有158家上市公司成功实施增发，募资3658.69亿元，同比下降45.17%；沪深两市总市值从56.7万亿元下降到49.7万亿元，减少7万亿元；流通市值从44.93万亿元下降到39.65万亿元，减少5.28万亿元；新增A股账户663.57万户，A股投资者总数由13329.66万户增长到13993.23万户，其中自然人账户13960.22万户，非自然人账户33.01万户。

（二）上半年湖南上市公司及证券行业基本情况

1～6月，湖南有御家汇和湖南盐业两家企业在A股首发上市，分别募集资金8.49亿元和5.57亿元；A股湖南板块指数从13113.1下跌至11161点，下跌1952.1点，跌幅为14.89%；A股湖南上市公司市值由9513.8亿元下降到8496.02亿元，减少1017.78亿元。截至6月底，湖南A股上市公司总计103家，其中主板49家、中小板29家、创业板25家；全省共有证券公司3家、证券投资咨询机构11家、证券分公司36家（其中16家无基础业务）、证券营业部383家。省证券业协会网站最新通报显示，已报送相关数据的399家证券经营机构资金账户数为942.69万户。

二 对湖南经济发展影响分析

（一）IPO步伐全面放缓，但对企业融资影响有限

一是IPO募集资金额度大幅下降。1～6月，湖南仅御家汇和湖南盐业2家企业首发上市，较上年同期减少5家；募集资金14.06亿元，较上年同期减少16.9亿元，同比下降54.59%。二是IPO审核趋严，过会率明显下降。上半年，湖南有湖南盐业、和顺石油、长沙银行和五新隧装4家企业上会，审核结果为2家过会、1家暂缓、1家被否。加上五方教育等4家终止审查企业，实际过会率仅25%。目前除暂缓表决的和顺石油外，湖南在IPO排队的企业仅剩华联瓷业和宇晶机器。

虽然上半年湖南企业在 A 股 IPO 融资额度大幅减少，但由于湖南社会融资以间接融资为主，A 股 IPO 融资占社会融资比重较低，A 股下跌对湖南企业融资影响有限。即便是 IPO 大丰收的 2017 年，湖南企业在 A 股市场 IPO 募集的资金也只有 70.25 亿元，占同期全省新增社会融资规模比重仅 1.09%。

表 1　2018 年 1~5 月全省新增社会融资基本情况

类型	规模（亿元）	占比（%）
社会融资	2434.3	100
间接融资	2090.6	85.89
企业债券融资	198	8.13
股票融资	44.9	1.84
#A 股 IPO 融资	14.06	0.58
其他融资	100.8	4.14

资料来源：根据中国人民银行长沙中心支行网站数据整理。

（二）股权质押风险显现，但总体仍可控

中登公司公布的数据显示，截至 6 月底，A 股共有 3510 家公司进行股权质押，占整个 A 股公司的 99.4%，股权质押规模约 5.6 万亿元。质押比例超过 50% 的公司有 138 家。

表 2　A 股市场股权质押风险基本情况

类别	存在平仓风险	占该市场比例（%）
全市场存在平仓风险公司家数	837	23.72
中小板存在平仓风险公司家数	263	28.90
创业板存在平仓风险公司家数	241	33.06
全市场存在平仓风险市值（亿元）	5319	1.11
中小板存在平仓风险市值（亿元）	1429	1.60
创业板存在平仓风险市值（亿元）	1211	2.62

资料来源：中信证券市场研究部。

湖南多数上市公司存在股权质押，国科微、御家汇等企业上市几个月就进行股权质押，华菱钢铁、大康农业、多喜爱等上市公司股权质押比例超过50%。上半年触发股权质押风险的上市企业有千山药机和湖南发展。其中，千山药机实际控制人和多名股东部分质押股票触及平仓线，多次发生股权质押违约，屡遭强行平仓。湖南发展控股股东湖南发展集团质押的公司9800万股票触及平仓线，经与质押方渤海银行协商，以其下属全资子公司在渤海银行长沙分行持有的3亿元存单作为补充保证金，从而避免了平仓风险。为维护市场稳定，证监会6月下旬已对券商进行窗口指导，要求大额股权质押需经监管部门同意方能卖出，不允许强行平仓。

（三）投资者亏损明显，但对居民消费影响不大

从流通市值来看，上半年全国A股投资者户均亏损约3.77万元①，按此估算，湖南A股投资者合计亏损约3550亿元。股票价格的上涨或下跌，会引起居民财富的同步上升或下降，进而对消费产生刺激或抑制作用，即财富效应②。东方证券研究报告指出，A股的财富效应主要反映在牛市阶段，在牛市行情中，股指上升1%，消费支出相应上升0.105%，在熊市行情中，股指下降1%，引发的消费支出减少只有0.006%，且A股的财富效应在持续1个季度后明显消退。据此测算，不考虑时滞影响，上半年A股下跌导致湖南消费支出减少21亿元左右③。省商务厅通报显示，1~6月全省社会

---

① 一些研究按总市值进行估算，得出2018年上半年A股股民户均亏损5万元左右。本文认为流通受限股份市值减少不影响普通投资者收益，应予以剔除。

② 在市场经济发达的国家或地区，股票市场的财富效应较为明显。如美国经济学家Mark M. Zndi 研究指出，股票市场财富每增加1美元可能使消费增加约4美分，但股市财富每缩水1美元可能使消费减少7美分。国内研究对A股市场的财富效应存在较大分歧。一些研究认为中国股市尚不存在财富效应。一些研究则认为A股存在财富效应，且非对称性特征显著，本文采用原东方证券宏观经济分析师郭磊研究报告的观点。

③ 此外，考虑到上半年A股以存量资金交易为主，还可从省内证券经营机构客户总资产减少情况进行测算。上半年，省内证券机构客户总资产比年初减少791.52亿元，据此测算，减少消费支出4.74亿元左右，影响更小。出于保守考虑，本文按流通市值进行测算。

消费品零售总额达到 7156 亿元，同比增长 10.3%。A 股下跌拉低全省社会消费品零售总额增速约 0.3 个百分点，影响有限。

（四）证券行业发展明显放缓

1~6 月，全省新增证券分公司 6 家、营业部 3 家；省内证券经营机构实现净利润 2.68 亿元，同比下降 37.96%（见表 3）。截至 6 月末，省内证券机构客户总资产 6851.01 亿元，比年初减少 791.52 亿元；全省注册证券从业人员 11022 人，较年初减少 890 人。

表 3　2017、2018 上半年省内证券机构营业收入和利润情况

单位：亿元

项目	2018 年 1~6 月	2017 年 1~6 月	减少
交易量	24357.84	24944.45	586.61
营业收入	14.27	14.56	0.29
净利润	2.68	4.32	1.64

资料来源：根据湖南省证券业协会网站数据整理。

三　应对 A 股持续下跌的几点建议

（一）积极防范和化解股权质押风险，坚守不发生系统性金融风险的底线

加强股权质押风险排查和处置是当务之急。上市公司实际控制人及股东大面积、高比例质押股权不仅对上市公司经营管理及中小投资者合法权益造成影响，而且在市场大幅下跌时，甚至可能引发系统性风险。一是做好股权质押风险分类。监管部门要综合考虑企业所有制属性、质押比例、质押率、实际控制人资信状况等情况，将存在股权质押的上市公司分成预警、关注、正常三类。二是强化动态监管。定期对上市公司股权质押情况进行摸底排

查，持续关注预警类公司的股价变化、权益变动、实际控制人的资信状况变动、媒体报道等信息，结合股权质押风险变动情况，督促相关方及时制定风险处置预案，做好风险防控。对于短期股价波动触及平仓线的股权质押，要求出质人通过补充担保品等方式替代强制平仓，防止上市公司股东通过股权质押变相减持或恶意套现。三是贯彻落实监管新规。严格落实股权质押新规，严控准入门槛和杠杆水平。对于大额股权质押必须经过监管部门同意方能卖出，不允许强行平仓。支持和鼓励具备条件的上市公司及大股东回购增持股份。

（二）提升上市公司治理水平，着力构筑风险屏障

一是转变企业发展理念。上市公司要积极贯彻落实新发展理念，履行社会责任，提高经营质量，尊重利益相关者的基本权益，切实提升企业整体价值。二是规范上市公司内部治理。鼓励机构投资者和中小投资者合理参与公司治理，依法行使表决权、质询权、建议权等相关股东权利，加快形成有效制衡的公司治理结构。通过股权激励、员工持股计划、高管责任保险等，使员工与上市公司结成利益共同体，实现上市公司持续稳定发展。三是完善上市公司信息披露。强化上市公司实际控制人主体责任，明确规定实际控制人作为股权质押事项的信息披露义务人，要求其及时、准确、全面披露上市公司股权质押信息，如每笔股权质押的质押率、预警线与平仓线以及资金投向等，为市场提供明确的预期。未按要求披露股权质押信息的应当承担违规信息披露的法律责任。

（三）促进公平公正，切实加强中小投资者权益保护

一是强化投资者适当性管理。强化证券经营机构的适当性义务，认真落实《证券期货投资者适当性管理办法》等相关政策法规，切实贯彻将适当的产品销售给适当的投资者原则，确保投资者能够买到与之风险承受能力相适应的产品。二是加强中小投资者教育。充分发挥媒体的舆论引导和宣传教育功能，加大证券期货知识普及力度，积极帮助普通投资者树立长期投资、

价值投资理念，不断提高投资者的金融知识水平和风险意识。长株潭等经济条件相对发达的地区，可先行先试，将金融理财知识教育纳入国民教育体系，构筑常态化金融知识普及教育阵地，全面提升国民金融综合素养。三是完善利润分配机制。现金分红制度是股市的定海神针，也是培养长期投资理念、增长资本市场吸引力的重要方式。引导上市公司进一步强化回报股东意识，加快完善分红机制，明确利润分配办法尤其是现金分红政策。业务稳定的成熟型上市公司，应逐步提高现金分红比例，具备条件而不进行现金分红的要充分披露原因。

（四）提质扩容，全方位助推优质企业上市

一是提升上市后备企业经营质量。拟上市企业要积极适应从严监管常态化，摒弃上市圈钱理念，加快创新发展，着力提高经营效率，保障公司财务质量，妥善处理好发审委重点审核的关联交易、持续营利能力、募投项目合理性等方面内容，切实达到上市标准。尚未达到上市标准的，不过早申请、盲目申报。二是扩充上市排队企业队伍。总结推广长沙高新区、浏阳工业园区等园区的上市培育成功经验，加强对拟上市企业的走访指导，切实帮助企业解决上市过程中的困难，积极组织符合条件的优质创新企业申请IPO，增加IPO排队企业数量。三是拓展境外上市渠道。一些境外市场便捷性、创新性远优于A股市场，在当前A股监管从严、市场准入门槛提高的背景下，对于未达到A股上市条件的高成长性企业，应在资本市场全球化发展中寻找机遇，加快企业境外上市步伐。

打好三大攻坚战

深山贫影忧思录

唐宇文

从大山深处的扶贫点回来已有一段时间了,但贫困村的景象会不时地在我脑海里,像放电影一样地过,一遍又一遍……挥之不去。

那天,我们一行人从长沙出发,驱车四百多公里,去省里给省政府发展研究中心新安排的对口帮扶村——绥宁县长铺子乡党坪村,下午四点左右到达村部。听完中心驻村工作队的简短情况介绍,我们即分成五组,深入结对帮扶户家中。

工作队给我确定了两户帮扶对象。一户是74岁的老人龙双梅家,她家共有家庭成员5人,配偶66岁、三级听力残疾,女儿44岁、三级肢体残疾,女婿56岁,孙子16岁、高一学生,全家主要靠女婿在家务农维持生计;另一户是52岁的杨方雄,共有四兄弟,他自己单身,一直未婚,和其他三兄弟的家庭共同生活,他要照顾聋哑的老大和均患有不同程度智力障碍的老二夫妻及老三的遗孀。

在亲自驾车的村主任和工作队小罗、机关党委小郑的陪同下,我们先去了双梅老人一家。车子离开村部不久，即进入一段狭窄的原始山路，缓行约三公里后，我们看见了建在山腰上的老式木屋。她家的狗见到我们这些陌生人，开始狂叫，村主任用方言请她们把狗赶走后，我们移步屋前，和双梅老人一家艰难地聊起天来。说艰难，是因为她们说的方言，我们一点也听不懂，甚至连村主任也很难翻译清楚。双梅老人坐在椅子上，一边缝衣，一边自言自语；她的有些残疾的女儿，一直不停地跟我们说话，但表达不清，连村主任也云里雾里；过了一会儿，双梅老人的配偶从里屋出来，和我们啊啊地打着招呼，但因他有听力残障，也基本无法深入交流。我将一点慰问金交给双梅老人，内心感到异常沉重，为她们的身体状况，也为她们的生存状态。

双梅老人家属于低保户，全家一年可获低保10800元，还可获得一定的医保缴费补贴，读高一的孙子每年可获1250元教育救助，家里还养了两头猪、一头牛，种了4亩地。按每人年均3000多元收入的贫困线来衡量，老人一家脱贫没有大的问题。问题是她们的生存状态十分脆弱，遇不得一点天灾人祸。家里最大的希望是正念高中的孙子，如果他能学业进步、健康成长，就有可能根本改变贫困的宿命。世界银行的报告也曾认为，教育扶贫是最有效最根本的扶贫方式。从我们这次帮扶的25户深度贫困户来看，共有从幼儿园到大学的各类学生25人，他们是这些家庭的希望。当然，对生长在这些家庭的孩子来说，起飞时的负担明显重于别人，这种负担既是动力更是压力。我发自内心地祝愿他们顺利完成学业，也默默地期待我们这些生活在城里的人，能在他们前行时助上一臂之力。

离开双梅老人家，我们又驱车前往杨方雄家。他和几个兄弟原来住在山上，后来搬到山下，住在政府给他们盖的木屋里，属于易地搬迁户。我们的车子沿着村道没走多久，就到了一幢崭新的木屋前，房子挺好，但里面除了几张床铺、桌子和几把塑料凳子外，就没有什么家具了。方雄不在家，迎接我们的是他的哑巴大哥和有些智障的二哥，村主任和小罗都说前几日已告知方雄，要他下午3点后在家等我们，他的两兄弟始终都无法说清楚方雄的去向，村主任估计他已上山干农活去了。哑巴大哥拄着一根拐杖，很热情地指着门口的几把凳子示意我们坐下，智障的二哥上身穿了一件旧棉衣，两腿光光没穿长裤，嗯嗯啊啊的不知说些什么。小罗告诉我，前段时间，智障的二哥上山溜达，几天未回，村里组织很多人到处寻找未果，过了几天，他从山另一边的一个亲戚家回来，亲戚说他上山后不记得回家的路了，幸运的是被亲戚碰上。天色已暗，还未见方雄回来，我只好将一点慰问金委托给村主任和小罗转交。

离开两个帮扶户的家，一路上我的心久久不能平静。记得 2015～2017 年，我中心也根据省里安排，对口帮扶怀化市洪江区菖蒲村，那里的贫困户绝大多数的情况都比这里好，我甚至感觉在生态资源方面，那个村比我在洞庭湖老家的村子更有转型发展的优势。但在绥宁县党坪村实地走一走，才算是真正让我们感受到了什么叫深度贫困和浸入骨髓的贫困。

我中心驻点的党坪村辖 24 个村民小组、612 户、2613 人，是长铺子乡最大的行政村，也是全县 3 个深度贫困村之一。目前，全村建档立卡的贫困户有 109 户、426 人，已脱贫 54 户、230 人，未脱贫 55 户、196 人。在 55 户未脱贫户中，63% 以上的家庭是病残家庭；我中心这次结对帮扶的 25 户深度贫困户有家庭成员 102 人，其中肢体残疾 10 人，智障 5 人，哑巴或语言、听力残疾 3 人，精神疾病或间歇性精神病患者 6 人，尿毒症患者 3 人，川崎病、乳腺瘤、肾结石、静脉曲张、心脑血管患者等 8 人，总共 35 人，超过贫困户家庭成员的 1/3。

后来我问县里的同志，为什么党坪村会有这么多不同类型的残疾病患，是不是存在环境污染等致病因素。县里的同志认为，这里山清水秀，也没有什么工业企业，应该不存在环境问题。他们分析，造成这种深度贫困的主要原因，一是村民们久居深山，小孩生下来后就见不到几个外人，长期与外界缺少交往，语言能力、智力等都得不到及时开发，很容易出现自闭、语言障碍或智障；二是成年村民上山、下山交通不便，很易摔伤，而在山上劳作，劳动强度大，也易受伤，进出不便和收入微薄，使伤病不能得到及时治疗，久而久之极易造成肢体残疾。

平心而论，生活在大山深处的贫困户们是幸运的，在党和政府的关心关怀下，他们正在走出贫穷的困境。就党坪村而言，中心扶贫工作队和县里的同志们，正在积极帮助村里发展各种扶贫专业合作社，寻找各类就业帮扶机会，督促落实兜底保障、低保、医保、医疗救助及教育助学金政策，帮助久居深山、生存条件极差的贫困户抓紧完成易地搬迁。此外，大家还在四处寻找修路资金，力争早日修好通组公路；也在大力物色引进龙头企业，以图发展生态农业和循环经济。

针对深度贫困村的情况，笔者认为还应进一步创新精准扶贫政策。例如，要更加重视对贫困残疾人的脱贫帮扶，精准出台更多惠及残疾人贫困户的特惠扶贫政策；规划建设针对智障、自闭等困境少年儿童的康复教育机构，减轻这部分特殊困难家庭的负担；加大对智力、精神和重度肢体残疾人的集中供养、托养服务和辅助性就业扶持力度，释放家庭劳动力等。

最近，习近平总书记再一次强调，要聚焦深度贫困地区和特殊贫困群体，确保不漏一村不落一人。我们期待，精准扶贫政策的温暖阳光，能够及时普照到广大中西部地区深度贫困的人群中去，让他们早日走出贫困的阴影，过上幸福美好的小康生活。

湖南精准脱贫对策研究[*]

湖南省人民政府发展研究中心调研组**

湖南省精准脱贫已进入啃硬骨头、攻坚拔寨的冲刺期，目前尚有215万名贫困人口，且贫困程度较深，减贫成本高，脱贫难度大。为实现到2020年让全省建档立卡贫困人口全部摆脱贫困的既定目标，坚决打赢湖南脱贫攻坚战，近期我们先后赴省直相关部门及湘西、怀化部分深度贫困地区开展深入调研，召开多个座谈会，充分了解情况，听取各方面的意见建议。现将调研情况报告如下，供领导决策参考。

一 湖南省精准脱贫的情况与特点

（一）概况

2012年底，全省有贫困县51个、贫困村6925个、贫困人口767万人。截至2017年底，全省已摘帽贫困县2个，正在履行摘帽程序12个，全省已退出贫困村3714个，系统内五年累计脱贫618万人（见图1），但经过多次年度动态调整、精准识别问题集中整改，实际建档立卡净脱贫552万人，贫困发生率由2012年的13.43%降至2017年的3.86%。未摘帽贫困县有37个，未退出贫困村有3211个，建档立卡未脱贫有215万人，占全国农村贫困人口的7.1%。

---

* 获得省政协党组成员袁新华的肯定性批示。

** 调研组组长：卞鹰；副组长：唐宇文；成员：唐文玉、尹宝军、王颖。

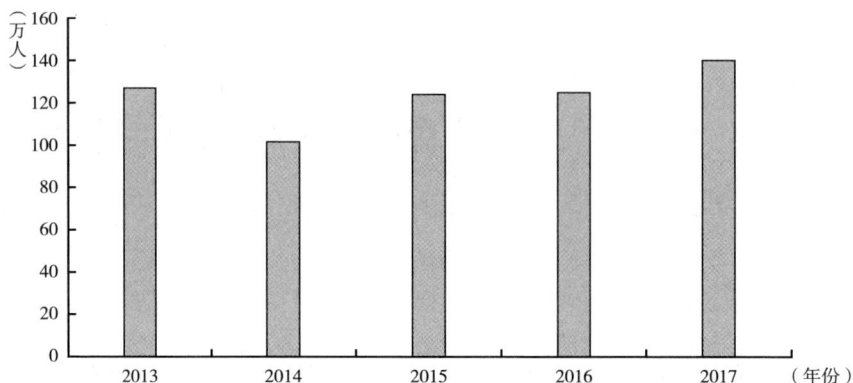

图1　2013～2017年湖南省脱贫人口数量

数据来源：湖南省扶贫办。

（二）举措

为使农村贫困人口在2020年实现"不愁吃、不愁穿，义务教育、基本医疗和住房安全有保障"（即"两不愁三保障"）的总体目标，中央和省五年来投入财政专项扶贫资金210.9亿元，年均增速40.3%，金融扶贫贷款余额1970.2亿元。重大扶贫政策方面，湖南省陆续出台系列措施，完善脱贫工作体制机制，不断加大扶贫资源投入，扎实推进脱贫攻坚重点工作，高质量完成产业扶贫、劳务输出、易地搬迁、兜底保障、危房改造、健康扶贫、教育扶贫等专项工作（见表1）。

表1　脱贫攻坚主要举措

脱贫专项	主要脱贫举措和投入	直接效果
产业扶贫	2014～2017年，全省共实施重点产业扶贫项目386个，投入财政专项扶贫资金16.9亿元	87万人直接脱贫，辐射带动140万贫困人口增收
劳务输出	探索114劳务输出模式，新增开发河道清淤、环卫保洁等公益性岗位近10万个	70.7万贫困人口转移就业，人均年增收3万元
易地搬迁	投入建设资金432亿元	72万人完成易地搬迁任务
兜底保障	实施农村低保标准与国家扶贫标准"两线合一"	保障24.7万人，每年人均补助3026元
危房改造	全省共争取国家农村危改资金73.12亿元，国家和省补助户均达到24480元	97万余户实现危房改造

脱贫专项	主要脱贫举措和投入	直接效果
健康扶贫	实施"三个一批"行动计划、农村贫困人口大病专项救治、先诊疗后付费等政策,推进县乡村医疗系统标准化建设	救治尘肺病等 14 种大病贫困患者 6.82 万例,救治率达 96.8%;2017 年全省贫困人口救治实际报销比例 85.09%
教育扶贫	农村义务教育学生营养改善计划覆盖全部贫困县,全年补助金额达 16 亿元;为建档立卡贫困家庭学生发放资助金约 53 亿元	资助建档立卡贫困家庭学生约 460 万人次,贫困地区中小幼办学条件、师资力量、教学质量大幅改善

注：数据来自省扶贫办。

（三）成效

贫困地区居民收入稳步增长。截至 2017 年底,51 个贫困县人均 GDP、人均地方财政收入分别达 23562 元、1097 元,较 2012 年分别增长 43%、47%；农村居民人均可支配收入为 9268 元,年均实际增长 10.7%,高于全省平均水平 2 个百分点。贫困地区经济社会全面发展。完成了机场、铁路、高速公路等一大批基础设施项目建设,武陵山和罗霄山片区全面融入了全省 4 小时经济圈,上学难、就医难、行路难、饮水不安全等问题逐步缓解,基本公共服务水平与全省平均水平的差距趋于缩小。

二　存在的主要问题

尽管过往五年湖南省精准脱贫工作取得了重大进展,但尚有 215 万贫困人口,且湘西州深度贫困村占尚未脱贫贫困村总数的 44.2%,脱贫难度大。湖南省当前脱贫攻坚存在的突出问题,主要表现如下。

（一）脱贫攻坚短板仍然突出

短板主要包括产业脱贫质量不高、社会参与脱贫效果不佳、因病致贫返贫比例高、群众内生动力不足四个短板。产业脱贫质量不高,主要表现在参与产业脱贫的企业和合作社自身发展能力不足，缺乏产品营销、企业管理、投融资等专业人才，带动贫困户发展能力弱；产业扶贫项目与贫困户权益不清晰，产业稳定发展缺乏内在激励机制；深度贫困地区资源匮乏，导致产业脱贫基础不牢。社会力量参与脱贫效果不佳，客观原因是湖南本地经济资源不足，主观原因是项目创新不够和社会力量参与意愿不强、积极性不高，没有将贫困项目供给与社会扶贫需求进行高质量的对接。因病致贫返贫比例高，贫困人口中因疾病导致贫困的比重超过40%。据省卫计委统计，截至2017年底，湖南省因病致贫返贫人口为168万人、52万户，患病人数为66万人，其中患乙型肝炎等48种次重点疾病患者为63.3万人。大病患者基数大，县级公共医疗服务能力不足，医疗救助资金缺口较大。群众内生动力不足，主要是当下农村常住人口中老、弱、病占比大，也存在少数贫困人口有"等、靠、要"的依赖思想；部分贫困劳动力不适应现代企业化管理，容易出现失业待业，创业就业内生动力不足，难以保证收入稳定性。

（二）脱贫数据精准管理困难

主要有三个原因，一是脱贫数据规模巨大且条块分割。全省贫困人口基数较大、分布较广、情况复杂，贫困人口数据采集、流转、应用工作量巨大，而脱贫开发涉及扶贫、民政、财政、教育、医疗等几十个部门行业，脱贫数据采集应用精准化存在困难。二是脱贫数据动态变化快。比如贫困劳动力从未就业到有就业意愿，再到实现就业和下岗失业等状态，转换频率较快，人员流动性大，精准掌握就业数据有难度。三是信息系统之间互联互通没有完全实现。家庭经济状况核对信息平台是精准脱贫数据采集比对的基础平台，是分类实施各项脱贫政策的重要数据支撑，目前已经实现了户籍人口、机动车辆、财政供养人员、新农合、企业工商、个体工商等多项省级数据平台信息共享，且实现了对市、县一级的脱贫工作的数据支撑，但与社会救助信息系统、大病保险信息管理系统、低保信息管理系统等信息系统互通互联程度不够，无法实现无缝对接。

（三）资源分配不均引发农村治理新矛盾

随着脱贫资源投入越来越大，农村治理新矛盾也逐渐显现，特别是脱贫政策资源倾斜力度大，使非贫困户心理不平衡。比如湘西州对贫困生每年给予1000~2500元生活补助，对贫困大学生（职高）给予3000~6000元资助，贫困人口报销住院医疗总费用的85.09%（湘西州贫困人口实际报销比例达90%），而政策范围内城乡居民住院费用报销比例为75%，贫困户与非贫困户享受的教育和医疗方面的政策待遇差距很大，再加上易地搬迁、危房改造、兜底保障等方面政策资源投入，部分贫困户的家庭生活水平已超过非贫困户，造成了新的不平衡。

三　湖南打好精准脱贫攻坚战的对策建议

（一）加大政策倾斜力度，集中力量做好深度贫困地区脱贫攻坚工作

进一步加大对革命老区、民族地区、连片特困地区和水库移民安置区等深度贫困地区的政策、项目和资金支持，加大深度贫困地区基础设施建设投资力度，加快实现贫困地区贫困村网络全覆盖，制定出台加大支持深度贫困村脱贫的配套政策措施。要建立社会扶贫爱心信息平台，实现各类企业、社会组织和个人捐赠意向与贫困户脱贫需求无缝对接。对深度贫困地区老弱病残特定贫困群众，要全面纳入最低生活保障范围；建议规划建设针对智障、自闭、残疾等困境少年儿童的康复教育机构，减轻这部分特殊困难家庭的负担；针对智力、精神和重度肢体残疾等特殊群体，可探索由政府提供集中供养、免费康复训练、托养服务和辅助性就业服务，实现了帮扶一人、幸福一家、稳定一片的良好效果。

（二）强弱项、补短板，形成脱贫攻坚合力

一是扶持培育新型经营主体，提升其产业扶贫的可持续发展能力。培育

壮大农民专业合作社、龙头企业、种养大户、股份制农（林）场等新型经营主体，建议对与贫困村、贫困户建立稳定的利益联结机制的新型经营主体给予税收优惠和政策支持，继续推进产业扶贫扶持资金折股量化帮扶方式，鼓励贫困户将承包的山林、田地、水塘等折价入股合作社，扶贫资金监管使用上要重点检查产业扶贫资金是否按比例拨付使用。大力发展就业扶贫车间，力争扶贫车间吸纳贫困劳动力就业占比逐年提高。二是创新社会力量参与脱贫的模式。要结合精准脱贫制定全省残疾人救助、贫困儿童教育资助、孤寡老人救助、志愿者服务、贫困村支持项目清单，为大型社会组织和机构订制精准脱贫项目内容，采取"政府全程主导、社会资本支撑、专业团队运作、项目计划评估"的方式运作。三是大幅提升健康扶贫的经费投入占比。全面推开城乡居民基本医疗保险门诊统筹，逐渐提高政策范围内农民住院费用报销比例；建议进一步降低大病保险补偿起付线，由目前的50%降到40%，切实减轻困难群众负担；深入推进健康扶贫"三个一批"（"大病集中救治一批、慢性病签约服务管理一批、重病兜底保障一批"）行动，完善大病兜底保障机制，全面实施建档立卡贫困患者医疗费用"一站式"结算和先诊疗后付费，分类救治患有大病、重病和长期慢性病的重点人群。四是建立激发群众内在动力的机制。建立生产奖补、以工代赈、劳务奖补等正向激励机制，坚持扶贫与扶智、扶志、扶技相结合，将帮扶政策措施与贫困群众参与挂钩，培育贫困群众发展生产和务工经商的能力。

（三）做好脱贫信息系统的优化升级，高效运用和管理脱贫数据

精准脱贫是个系统工程，涉及海量数据信息，而且脱贫信息的时效性和准确性要求很高，客观需要一个便捷、高效的信息系统支撑。一是加强人员培训。脱贫数据维护管理工作需要具备一定数据管理专业基础、熟悉脱贫数据系统使用规范的专兼职人员，需每年进行集中培训，提升工作效率。建议脱贫攻坚期间，数据操作人员要保持相对固定，定期组织脱贫信息系统维护管理人员的培训提升。二是强化扶贫信息的精准和共享。进一步加强建档立卡工作，提高精准识别质量，完善动态管理机制，做到"脱贫即出，返贫

即入"。抓紧完善扶贫开发大数据平台，通过端口对接、数据交换方式，实现户籍、教育、健康、就业、社会保障、住房、银行、农村低保、残疾人等信息与贫困人口建档立卡信息有效对接。强化扶贫开发大数据平台共享使用，拓展扶贫数据系统服务功能，为脱贫攻坚决策和工作指导等提供可靠手段和支撑。按照国家信息安全标准，构建扶贫开发信息安全防护体系，确保系统和数据安全。要定期进行脱贫信息系统的技术升级改造，不断提升脱贫信息系统的平台支撑能力。三是建立脱贫信息监测系统。建立脱贫资金科学的监测评估系统，积极探索扶贫资金直补机制。建立完善扶贫目标个性特征突出的直补到户或人机制，如失学儿童救助、信贷贴息、易地扶贫等扶贫目标。建立分级财政直补机制。按项目性质，分为市级直补、区县直补、乡镇直补，强化区、乡镇、村社扶贫资金监督职责，减少拨付环节，解决扶贫资金层层流失的问题。如农业产业化大额信贷贴息资金可由市级直补到企业；特困村建设资金可以实行乡镇管账不管钱，区县直补到项目。加强扶贫资金管理与使用的全程公开与阳光化运作。

（四）加大对非贫困村贫困人口的帮扶力度，促进工作平衡发展

对于非贫困村、非贫困户以及非贫困村的贫困户的帮扶问题，需要进一步加强分析研究，尽快明确相关政策，避免诱发新的社会问题。建议：一是要把非贫困村贫困群众脱贫作为圆满完成脱贫攻坚任务的重要内容摆上重要位置，纳入考核体系，以推动工作落实。二是适当加大对非贫困村扶贫资源投入力度。对于贫困人口相对集中、基础条件较差的非贫困村，在人力、物力、财力等方面加强帮扶。进一步加强涉农资金整合力度，适度加大在交通、用电、饮水、通信、教育、医疗、产业发展、公共服务等普惠性工程方面的倾斜和支持。针对大部分非贫困村贫困人口不集中、不连片、点多面广的特点，重点研究针对性政策措施，确保非贫困村贫困人口享受均衡的扶贫政策。第三，建议进一步完善对率先脱贫"摘帽"贫困地区的后续帮扶政策，对率先脱贫"摘帽"贫困县给予更多政策倾斜以及项目资金上的奖励性支持。

解决扶贫资金"趴账"问题的几点建议[*]

左　宏

2016 年以来，湖南省扶贫资金"趴账"问题较为严重。据财政厅数据，截至2017 年4 月底，2016 年及此前年度的中央财政专项扶贫资金还有 2.6 亿元未完成支出。2017 年底，全省 2017 年财政扶贫资金结转结余率达到 2.3%，但据调研了解，实际上还有部分县区财政为减轻扶贫资金支出压力，将大量资金拨付到乡镇财政所、切块资金主管单位，以拨代支，没有形成实际支出。

一　扶贫资金"趴账"问题分析

扶贫资金"趴账"现象背后有着多方面的原因，主要包括以下四方面。

（一）一个关键难点：产业扶贫难是资金"趴账"的关键

调研中发现，产业扶贫难是各地普遍面临的问题，这一部分资金"趴账"最为严重。按规定，财政扶贫资金70%要用于产业，其中70%要落实到贫困农户。产业扶贫资金在全部资金中占到了五成以上，如2016 年全年省级财政扶贫资金中投入产业的占比60.18%。多地干部表示，有的产业门槛高，贫困户干不了；有的产业风险大，怕花钱打水漂。产业扶贫难的原因：其一，产业扶贫需要创造力和主观能动性。基础设施建设、教育、生态

＊　获得省委常委、省委秘书长谢建辉的肯定性批示。
　　本文系省社科基金智库专项重大委托项目"湖南经济发展补短板研究［17AWA29］"阶段性成果，财经大数据资产开发与利用湖南省高等学校 2011 年协同创新中心研究成果。

补偿等相对程序规范、操作简单；同时，贫困地区本来资源禀赋就差，产业扶贫更需要创造力和主观能动性。其二，产业扶贫要在区域发展背景下推进。产业扶贫根本上是贫困地区的经济发展问题，单靠对贫困户和村的扶贫是不够的，应放到区域经济发展大局中考虑。其三，产业发展与老百姓增收联动不够。很多贫困地区发展产业，带动了财政增收和重点企业发展，当地百姓却受惠不多。

（二）两个资金不到位：资金分配不到位和资金整合不到位

一是资金分配不到位导致"等米下锅"和"富余闲置"并存。根据湘政办发〔2016〕53号要求，85%的财政扶贫发展资金切块安排到贫困县，到县里扶贫资金大头也安排到贫困村，但现有分配方案跟贫困人口数量不成比例。例如，邵阳市非贫困村贫困人口占比高达68%，其中，邵东县虽然不是贫困县，但贫困人口还有3万多人，贫困村有77个，比有些国贫县的数量还大。湘潭市60%的扶贫资金投到贫困村，但贫困村的贫困人口仅占总贫困人口的10%左右。多地反映，部分贫困县、贫困村出现资金"富余闲置"情况，而很多非贫困县和非贫困村的贫困人口却在"等米下锅"。二是扶贫资金统筹整合不到位导致资金使用难。很多扶贫项目想要"落地生根"，亟须整合，但在实践中，上面出了政策，下面没有对接细则，各路资金都有自己的"婆家"，今年把"打酱油的钱来买醋"，明年可能会断了"酱油钱"的来路，由于涉及部门广、牵扯利益多，很多地方不愿主动整合，导致资金使用难。

（三）两种机制缺位：扶贫问责机制和容错机制缺位

一些干部在扶贫资金的使用上畏首畏尾、瞻前顾后，怕得罪人，又怕项目失败，导致扶贫资金"宁可不用"的状况。深究背后的原因，一方面是干部的责任担当意识不够，怕担责、怕风险；另一方面，更重要的是问责机制和容错机制的缺位。由于对扶贫资金闲置缺乏有效的监管和问责机制，导致有些部门在扶贫工作中，一旦遇到阻滞或者困难，抱着多一事不如少一事的思想，任由资金闲置也不想办法解决。同时，缺乏容错机制也导致基层扶贫干部"不敢作为"，基层干部"多做多错"的思想负担重。

（四）一套程序不完善：财务和项目管理程序有待进一步优化

调研中发现，"便于工作"和"便于监管"成为一个两难问题。上级部门总在强调如何抓好监管，严格各类报账程序；而基层部门则反映报账和监管程序过于复杂，影响了扶贫进度。有基层干部反映，扶贫项目审批手续繁杂、成本较高，所需费用要耗费整个项目 30% 左右的资金，直接影响项目资金的有效使用，一定程度上阻碍扶贫项目建设推进。有的扶贫项目在论证、立项、审批、招投标等程序过于繁杂，在预决算和检查验收等多个环节，时间跨度过大，导致项目资金无法及时拨付，造成扶贫资金闲置滞留。

二　应对扶贫资金"趴账"的几点建议

杜家毫书记在第四个全国"扶贫日"指出，脱贫攻坚如登山，越往后越艰难。当前，湖南省要坚持问题导向，多措并举提升扶贫资金使用效率，降低资金闲置和浪费情况，杜绝扶贫资金"趴账"现象的发生。

（一）从区域经济开发的角度系统推进扶贫工作

扶贫工作与区域发展是一体两面的问题，只重个体扶贫而忽视了系统的区域开发，将导致事倍功半。因此，产业扶贫要以"大扶贫"为主、"小扶贫"为辅。"大扶贫"就是指要从整个区域开发的角度布局产业，促经济发展，从而带动贫困户脱贫。一是重视规划引导，建立项目库，将区域发展规划、产业规划、城乡规划、就业规划和扶贫规划等"多规合一"，形成多领域统筹推进格局。二是明确产业扶贫的关键主体责任在县市级，县市级发挥统筹规划作用，而不能把关键责任推卸下移至乡镇、村。三是注重易地扶贫搬迁与小城镇建设联动，对于安置点的规划要纳入小城镇建设的大盘子下考虑。

（二）根据贫困人口等多因素做好资金的动态调剂工作

在当前扶贫攻坚取得初步成效的时候，要在全省进行摸底，进一步调整资金分配方案和其他政策。一是按照贫困人口比例进一步调整资金分配方案，在扶贫攻坚取得初步成效基础上，要将扶贫资金逐步向非贫困县和非贫困村的贫困人口倾斜，确保整体贫困率下降。二是建立精准的跟踪考核调整机制。对于资金使用情况和效果要动态跟踪，及时将富余资金向其他区域调整，向地方政府下放一定程度的资金调剂权。三是从树典型向铺全面转变。杜绝形象工程、面子工程，在打造"脱贫"典型的同时，进一步推进区域整体实际脱贫。

（三）出台和完善扶贫资金整合的细则

落实《国务院关于探索建立涉农资金统筹整合长效机制的意见》（国发〔2017〕54号），尽快出台湖南省资金统筹整合管理细则。重点要考虑扶贫资金"专款专用"和资金"统筹整合"之间的关系，建议以财政厅牵头建立厅际会商机制，沟通资金流向，为县级层面资金统筹使用创造条件。根据中央涉农资金管理体系调整，强化地方人民政府特别是县级人民政府统筹使用涉农资金的责任，不断提高项目决策的自主性和灵活度，允许统筹整合资金在贫困村和非贫困村间的调剂。

（四）建立完善扶贫项目快速审批绿色通道和财政报账制度

出台相关管理办法，建立扶贫项目快速审批绿色通道，实行"一站式服务"模式，打造便捷、高效、阳光的扶贫项目政府服务新机制，同时也要进一步简化扶贫资金的拨付手续。在扶贫项目论证方面，各级政府要加强统筹、多下功夫，相关部门要指导乡镇精准选定项目、申报项目、推进项目、实施项目等，解决乡镇上报项目无头绪、不科学、不精准的问题。

（五）建立扶贫问责机制和容错机制

一是建立完善扶贫问责机制。整改千家不如追责一个，要在省里印发的

《市县党政正职脱贫攻坚工作问责规定（试行）》（湘办〔2017〕41号）基础上建立一整套扶贫问责机制，对不作为、慢作为导致的"趴账"情况，严肃追究有关干部的责任。二是建立完善扶贫容错纠错机制。制定出台《湖南省党政机关容错纠错办法》，率先在扶贫领域试行，对敢于负责、敢于担当的基层干部予以免责处理，给从事精准扶贫的基层干部吃下了"定心丸"。

湖南打好污染防治攻坚战对策研究[*]

湖南省人民政府发展研究中心调研组^{**}

打好污染防治攻坚战不仅是党委、政府的重要工作，也是百姓关注的焦点。2018 年 7 ~ 10 月，湖南省政府发展研究中心调研组赴长株潭地区、岳阳、益阳、常德、郴州、湘西等市州就此开展专题调研。调研结果显示，湖南污染防治攻坚取得积极进展，但存在部分工作落实不到位、治理效果欠理想、后续防治任务重等问题，建议进一步提高思想认识，聚焦突出问题和重点难点，加强工作落实，增强治理能力，提升治理效果。

一 湖南省污染防治攻坚战取得积极成效

2018 年以来，湖南省制定出台《污染防治攻坚战三年行动计划（2018 ~ 2020 年)》等政策措施，强力推进污染防治攻坚战和"夏季攻势"，持续抓好中央和省级环保督察问题整改，取得了阶段性成效。

（一）"夏季攻势"取得明显成效

截至 2018 年 10 月 18 日，污染防治攻坚战"夏季攻势"10 项任务里的13 项分任务，有 7 项全部完成，4 项完成率达 90% 以上；1149 个整治项目

---

* 获得省委常委、省委秘书长谢建辉和省政协党组成员袁新华的肯定性批示。
本报告为国家社科基金重大项目"生态环境保护和两型社会建设研究"（批准号：2015YZD19）系列成果之一；湖南省社科基金智库重点课题"湖南'十三五'建设两型社会，推进生态文明思路对策研究"（16ZWB04）阶段性研究成果；湖南省社科基金智库专项重大课题"湖南打好三大攻坚战研究"（17ZWA30）阶段性研究成果。
** 调研组组长：卞鹰；副组长：唐宇文；成员：彭蔓玲、戴丹。

完成整改 1113 个。

污染防治力度明显加大。推进重点行业污染治理升级改造，关闭取缔制砖企业 2038 家；淘汰高排放公共交通车辆 2421 台；洞庭湖非法采砂、侵占湿地等违法现象大部分得到遏制，禁养区退养任务全面完成；完成 1000 家规模生猪养殖场标准化改造；完成 49 个县级及以上饮用水水源保护区内的入河排污口和 322 个县级饮用水水源地环境问题整治，140 个省级及以上工业园区污水集中处理设施完成整改 137 个，150 个黑臭水体整治主体工程全部开工、竣工 52 个；164 个进度滞后重金属污染防治专项资金建设完成验收 148 个。

（二）环保督察完成阶段性整改任务

2017 年中央环保督察组反馈湖南的 76 个问题已整改落实 57 个，按序时推进 17 个，至 2018 年 9 月底责令整改企业 4326 家。对于 2018 年中央环保督察"回头看"，湖南省边督边改，截至 2018 年 11 月 12 日，已责令立即改正 161 件，限期整改 91 件，限产停产整改 31 家，关停取缔拆除 46 家，查封扣押 26 家，立案处罚 82 人，责任追究 15 人。

（三）大气质量和洞庭湖水质得到改善

2018 年 1～9 月，全省 14 个市州城市空气质量优良率为 87.8%，同比上升 1.7%，PM2.5 平均浓度同比下降 7.3%；全省 345 个省控考核断面水质总体稳定为优，11 个洞庭湖湖体断面水质均达到Ⅳ类标准，除总磷外其他因子均达到Ⅲ类标准；洞庭湖总磷浓度降为 0.069 毫克/升，同比下降 2.9%。

二　存在的问题仍较突出

（一）"上热下冷"现象时有发生

1. 部分基层政府存在不作为、乱作为、敷衍塞责情况

部分市州对打好污染防治攻坚战的认识不到位，有的对环境违法不作

为、乱作为。如：岳阳云溪工业园违法填湖 92.5 亩，区政府将违法填出的地块划入规划建设用地范围，放任其蚕食湖泊。有的敷衍塞责。如："夏季攻势"中，岳阳市以私人运营为由，没有按时完成 56 辆高排放公交车的淘汰任务；湘潭市岳塘经开区第二污水处理厂一段长度仅 15 米的截污网管道久拖不建，导致经开区污水长期直排。有的避重就轻，蒙混过关。如：一些地方政府在申报黑臭水体整治项目时，将位于偏远农村的一些小池塘、小渠沟纳入整治清单，而真正需要治理的黑臭水体则未纳入整治范围。

2. 企业环保意识淡薄，存在虚假整改应付督查情况

如：以"假"停产应付督察，桃江县竹木胶板制造企业在督察期间全部停产，但在"回头看"时大部分企业已恢复生产，环境违法及污染问题依旧。也有部分企业环保设备督察组到现场时临时开启，一走就关闭。畜禽养殖户或中小企业普遍环保意识淡薄，大部分没有安装相应的环保设施。

（二）治理效果不平衡

1. 部分整治任务进度滞后

截至 2018 年 10 月 18 日，污染防治攻坚战"夏季攻势"任务中，还有 6 项没有按进度完成（见表1）。其中，超标排污垃圾填埋场整治项目完成率仅 61.1%，长江干流湖南段规模以上排污口治理完成率为 86.3%，部分工业园区污水处理厂项目主体工程建设和管网配套才刚刚起步。

表1　2018 年"夏季攻势"任务未完成情况（截至 2018 年 10 月 18 日）

单位：个

地区	进度滞后重金属污染防治专项资金建设	长江干流湖南段规模以上排污口、排渍（涝）口	尾矿库及采选、冶炼企业环境污染整治	高排放公交车辆淘汰	县级以上超标排污垃圾填埋场排查整治	省级以上工业园区污水集中处理设施建设
湘潭	4/9	—	1/2	—	—	2/8
衡阳	1/33	—	—	—	2/2	—
岳阳	—	7/51	—	56/111	4/7	—

续表

地区	进度滞后重金属污染防治专项资金建设	长江干流湖南段规模以上排污口、排渍（涝）口	尾矿库及采选、冶炼企业环境污染整治	高排放公交车辆淘汰	县级以上超标排污垃圾填埋场排查整治	省级以上工业园区污水集中处理设施建设
郴州	8/39	—	—	—	—	—
湘西	3/16	—	—	—	—	1/8
全省	16/164	7/51	1/132	131/2582	7/18	3/140

注：表中数据为未完成数/任务总数。
资料来源：湖南省生态环境厅。

2. 部分整治标准不高

养殖场退养改造不彻底。"夏季攻势"中完成的1000家规模养殖场标准化改造项目，部分为非规模畜禽养殖场；部分市州还存在退养不彻底、养殖场与居民区混杂、治污设施水平低等问题。黑臭水体治理缺乏系统性考虑。部分黑臭水体完成了下游水体的治理，但部分支流和上游未能同步整治到位，致使治理完成后的水体又出现返黑返臭。娄底、邵阳、永州等市个别黑臭水体整治项目只有前端收集工作，没有后端处理设施，没有从根本上解决问题。污水处理厂建设管网不配套较普遍存在。常德、张家界、衡阳、郴州等市工业园区污水处理厂进水量严重低于设计规模，无法正常运转甚至无法调试。饮用水源地整治标准不高。南县未建设取水口的一级饮用水源地保护区均未建设物理隔离栏。

3. 水环境质量出现波动

2018年1~9月水质略降。9月份，省控考核断面中，Ⅳ类和劣Ⅴ类水质断面同比分别增加1.2和0.3个百分点；国家考核断面中，未达标断面同比增加8个，Ⅰ~Ⅲ类水质断面同比下降3.3个百分点；1~9月，省控考核断面Ⅰ~Ⅲ类水质断面占比93.9%，同比下降0.3个百分点。其原因，一方面，2018年降雨量较历年同期均值少近1/4，导致污染物浓度增高；另一方面，监测数据2018年国家直接采样，消除了以往可能存在人为干预的因素。

（三）污染防治任重道远

1. 历史遗留环境问题累积严重

全省水环境质量仍有近7%的监测断面未达到Ⅲ类标准，洞庭湖水质仍为Ⅳ类，其中南湖和大通湖分别为Ⅴ类和劣Ⅴ类，总磷超标问题短时间难以解决到位。空气质量全省PM2.5平均浓度高于全国平均水平，长株潭平均优良天数比例低于全国平均水平；中央环保督察"回头看"举报最多的是大气污染问题，占1/3左右。局部地区土壤污染严重，据污染源污染地块调查数据，历史遗留超期储存危险废物达159万吨，有2215个疑似污染地块，约有200多万亩重金属污染地需要治理。农业农村污染严重，全省生猪年出栏量超过6000万头，规模化养殖不到40%，规模以下养殖粪污普遍直排；洞庭湖区70多万亩精养鱼塘投肥养殖问题突出；农村生活污水普遍直排，农村生活垃圾、污水处理设施建设才刚刚起步，乡镇污水处理设施覆盖率仅为15%左右。重金属历史遗留污染治理、乡镇农村污染治理等历史欠账较多。

2. "攻坚战"后续工作繁多

通过前一段时间的集中治理和"夏季攻势"，部分环境问题得到了整改，但还有一些需要持续推进，而这些问题多数难以整治，牵涉面广、资金需求大、治理周期长。主要有：①黑臭水体治理，污染源情况复杂，加上城乡污水处理厂欠账较多、管网建设不配套、雨污分流不彻底和项目资金配套不到位等多方面的因素，整治工作推进慢、难度大，目前任务竣工率仅34.7%，后期治理任务非常繁重。②进度滞后的重金属污染防治专项资金项目，还有16个未完成，部分任务所需时间周期长、涉及范围广、历史遗留问题多、治理技术存在瓶颈，短期内难以完成任务。③长江干流排渍（涝）口整治，部分涉及跨省、跨区域问题，整治任务重。

3. "回头看"整改任务较重

从中央环保督察组正在湖南省开展的"回头看"情况看，截至2018年11月17日，共向湖南省转办十九批群众信访举报件，累计2038件，其中涉及大气、水、噪声、生态、土壤、其他、辐射等污染的举报，分别占33.1%、22.9%、19.7%、9.5%、8.3%、6.0%、0.6%；涉及长沙的最多，占28.2%。与同批开展"回头看"的十省比较，前十九批交办件，湖南省日均为122件，在中西部七省中是最多的，湖北为82件，安徽为73件，湖南省整改的任务相对较重。

（四）支撑保障能力有待提升

1. 监管监测能力待提高

环境监管技术支撑不够，移动执法监测技术与环境管理要求差距很大。环境监测网络不健全，土壤、农用水、地下水等监测体系有待建立。污染防治相关标准体系不健全。环境管理不够精细，信息化水平不高。

2. 环境执法保障不足

一方面，人手严重短缺，湖南省级层面人员配备数量居全国倒数第3，基层环境执法人员编制少、人员不到位、执法车辆少等问题更是普遍存在。另一方面，缺乏必要的尽职免责依据和激励机制，环保部门问责压力大，工作的积极性、主动性受到很大影响。

3. 治理资金严重短缺

重金属污染治理工程，中央预算内投资比例小，地方财政难以承担项目资金缺口，如湘江流域重金属污染治理，国务院批复方案预算投资是595亿元，但要保证治理效果，需投入4000亿元以上。土壤污染治理、复杂水体治理等技术亟待突破，研发资金严重缺乏。黑臭水体无论是整治还是后期管理和维护都需要大笔资金。洞庭湖治理需要大量资金，目前主要依靠省里投资。而湖南省财力有限，2015～2017年省财政安排全省水、土、气、农村环境治理的资金分别为39.13亿、6.94亿、25.42亿、9.68亿元，三年总计仅81.17亿元，与治理需求比，杯水车薪。此外，在严控政府性债务增长、严防政府债务风险的背景下，各级地方政府融资筹资难度加大，资金压力巨大。

三 对策建议

（一）提高思想认识，增强治理合力

1. 强化党委政府使命担当

各级党委政府要切实把习近平生态文明思想贯彻落实到污染防治攻坚战各项行动之中，不断增强打好污染防治攻坚战的自觉性、紧迫性。忠诚履行职责，对待环境问题，不推诿、不打折扣、不姑息，更不能充当保护伞。坚决惩治敷衍整改、表面整改、虚假整改行为，提高县级考核中生态环保指标比重，以更严要求、更高标准，推动污染防治攻坚战各项工作落到实处、取得实效。

2. 强化企业环境治理主体责任

企业要增强环保意识和社会责任意识，加强自我学习、自我教育、自我提升，根据政府统一部署，主动实施关停、搬迁、转型，主动淘汰落后产能，积极实施清洁生产，采取有效措施治理污染，做到稳定达标排放。加大环境损害赔偿力度，增加环境违法成本，倒逼企业尽责。

3. 强化社会公众参与意识

广泛传播生态文明理念，深入开展环保知识宣传教育，大力推进环保知识进学校、进农村、进企业、进社区，健全公众参与机制，努力使每个公民成为环境保护的自觉参与者、贡献者、监督者。

（二）聚焦突出问题，加强整改落实

紧盯三类突出问题狠抓整改落实。一是"夏季攻势"进度滞后的六项任务，二是"夏季攻势"任务没完成和群众举报多的地区（主要是长沙、湘潭、衡阳、岳阳、益阳、郴州、湘西），三是中央环保督察"回头看"转交的问题。对短期内须完成的整改任务，挂账督办，确保按序时进度完成整改；对需要长期坚持的整改任务，常抓不懈，一抓到底。严肃追责问责，对环境质量持续下降、履责不到位、进度严重滞后的严肃追责问责，尤其是思想怠慢、虚假应付、执法不严、玩忽职守的，更要严厉追责，确保整改到位。

（三）突出重点难点，提升治理效果

1. 大气污染防治在形成联防联控机制上谋突破

切实推动形成长株潭大气污染联防联控机制。制定长株潭区域协同控制大气污染的统一规划、火电钢铁化工等行业污染物达标排放标准、区域产业准入目录等，完善大气环境联合执法危机处理、大气污染协调和会商、机动车排放污染控制以及区域内大气污染预警等跨域治理相关机制。建立重污染应急、监测预警、信息共享等工作制度。深入实施长株潭等地区大气同治工程，构建大气污染防治立体网络。

2. 水污染防治在改善水环境质量上促攻坚

以洞庭湖为重点，深入实施洞庭湖生态环境整治、长江岸线治理、黑臭水体治理、饮用水源地保护等专项整治工程。

洞庭湖生态环境整治，在加快实施《洞庭湖生态环境专项整治三年行动计划》的基础上，一要积极争取国家支持，将东洞庭湖国际重要湿地范围内及周边县市区纳入国家重点生态功能区范围；争取国家层面对洞庭湖流域的生态效益补偿。二要加大省级层面支持，在2018年洞庭湖32亿元奖补资金的基础上逐年加大奖补力度和范围。三要及时研究解决基层治理过程中的困惑，如制浆企业退出后大量芦苇烂湖造成新的污染等问题。

黑臭水体治理，一是鉴于黑臭水体面积大、成因复杂、治理难度大、周期长，建议将其列为专项，加强推进。二是调整治理思路，强化系统思维，加强源头治理，科学制定整治方案，以"水质改善＋污水处理厂负荷提升"双重数据复核整治成效。三是精准施治，对还未消除黑臭而且整治确有难度的水体，尤其是跨界河流，建议视具体情况适当延长整治时间。

3. 土壤污染防治在解决突出问题上下功夫

一是强力推进湘江流域重金属污染五大重点区域集中整治（株洲清水塘、湘潭竹埠港、衡阳水口山、郴州三十六湾、娄底锡矿山）。二是加大花垣等各方面高度关注的尾矿库及其采选、冶炼企业污染的整治。三是依托土壤污染综合防治先行区建设，加快土壤污染防治有效模式探索，加强土壤污染修复技术的攻关。

4. 农业农村污染防治在畜禽养殖和面源污染上求实效

一是尽快制定出台湖南的《农业农村污染治理攻坚战行动计划》。二是加大对农业污染防治的补贴力度。一方面，建议对规模以下畜禽养殖退出给予补贴，加大畜禽养殖和湖库网箱养殖退养奖补和转产转业的扶持力度，确保"退得出、稳得住、能持久"。另一方面，参照其他省做法，对有机肥替代给予奖补。三是探索建立农业生态补偿机制。对畜禽养殖废弃物综合利用、农业投入品废弃物回收利用、生物农药和生物有机肥推广使用，农业污染治理新技术研发与应用等，实行农业生态补偿。

（四）借力改革，提升治理能力

1. 加强统筹协同联动

一是统筹好污染防治攻坚战、夏季攻势、河长制实施、长江经济带大保护、环保督察等工作和政策，减少工作脱节，提高工作效率。二是在洞庭湖治理、湘江流域整治、长株潭大气污染防治等跨区域环境治理上，加快建立联合治理机制，统筹制定区域生态环保政策，促进区域间开展合作。三是进一步优化污染防治攻坚战具体方案，使各项任务安排和时间节点更符合污染防治规律和基层实际。不断完善整改及验收标准、环境影响评价和定损标准，使其更加科学合理。

2. 提升监管治理能力

一是强队伍。机构改革中进一步理顺省、市、县生态资源环境相关部门职责职能划分，人员编制适当向环保部门倾斜，确保环保监管人员数量与任务相匹配。加快推进省以下环保机构监测监察执法垂直管理改革。二是增动力。建立尽职免责机制，科学界定尽职免责情形，研究出台湖南省生态环保尽职免责规定和细则，对尽职者依法酌情免责、减责，激发环保队伍内生动力。三是上水平。提高生态环境监管的信息化水平，大力推行"互联网+

政务"，加快建设生态环境监测大数据和标准政策法规库，依托湖南省电子政务云平台，加快构建湖南生态环境大数据云，打造生态环境监测、监管、督察、执法、服务等应用平台，提高环境治理的效能化、智能化水平，提高环境执法的精准性和环境决策的科学性。

3. 增强资金保障能力

一是积极争取国家资金支持，紧盯国家政策导向，在长江大保护、乡村振兴、新型城镇化等重大战略中争取机会。二是提高省市县各级政府投入生态环保资金的比例，保证增速高于财政收入的增速。三是加大绿色金融创新，大力发展绿色信贷，创新绿色金融产品，精准匹配污染防治需求；通过机制创新，降低生态环保行业和企业融资成本，让高污染高排放企业融资难、融资贵。四是设立污染防治基金，如设立土壤修复基金等。

加快湖南从绿色大省向生态
强省转变的思路与对策[*]

湖南省人民政府发展研究中心调研组[**]

生态文明体制改革是新时代践行五大发展理念的重要举措。湖南省第十一次党代会提出了建设"生态强省"的发展目标。近年来，湖南大胆探索、先行先试，生态文明体制改革和生态强省建设取得了一定成果，但离实现生态强省的目标还有较大差距。基于湖南建设生态强省的SWOT分析，借鉴国内外生态文明建设的经验，加快湖南从绿色大省向生态强省转变要紧紧围绕一个核心，践行两型建设，打造三大基地，落实四项措施。

一 湖南建设生态强省面临的挑战

2016年，湖南森林覆盖率达59.64%，远高于全国21.63%的平均水平，居全国第6位，拥有长江第二大支流湘江和全国第二大淡水湖洞庭湖，形成了以洞庭湖为中心，以武陵—雪峰、南岭、罗霄—幕阜山脉为构架，以湘、资、沅、澧水系为脉络的"一湖三山四水"生态空间格局，生态资源禀赋丰富，绿色大省名副其实，但要建成生态强省仍面临四大挑战。

（一）生态恢复任务艰巨繁重

目前，湖南还有130多万公顷石漠化地和13万多公顷重金属污染地需

---

* 本报告系2016年度湖南省智库重点委托项目"湖南实现从绿色大省向生态强省转变的思路与对策研究"［16ZWB30］的阶段性成果。

** 调研组成员：谢坚持、张诗逸。

要治理，60多万公顷坡耕地需要退耕还林，50多万公顷宜林荒山、采伐迹地、火烧迹地等裸露山地亟须绿化，已有森林结构纯林化现象十分突出，生态系统低质化、生态功能低效化，既难以维护生态系统安全，更难以满足人们对森林生态的多功能需求，绿水青山没有变成金山银山。

（二）产业转型升级压力巨大

湖南主要污染物排放总量大、减排任务艰巨，产业重型化短时期难以根本改变。2016年，湖南三次产业结构为11.5∶42.2∶46.3，六大高耗能行业增加值占规模工业的比重为30.6%、能耗占比达70%以上。当前湖南产业转型已进入深水区，现有去产能的方式手段都不同程度地遇到"瓶颈"或"天花板"，未来发挥作用的空间日益受限，给工业绿色转型发展带来了巨大挑战。

（三）生态环保改革步履艰难

长期以来，生态文明建设和环境保护工作既要不欠新账，又要多还旧账，压力和挑战一直存在。一是责任与权力不匹配，环境保护部门因无监管权力，与其他部门难以形成合力。二是基层信息难以真实掌握，上级文件精神基层难以真正落实。三是社会治理结构不均衡，技术服务机构和社会组织的作用没有得到充分发挥。

（四）生态文明普及任重道远

生态文明建设不可能一蹴而就，其根本在于人们理念的形成和稳固。地方政府层面，发展与保护的矛盾依然突出，保护为发展让路的情况时有发生；企业层面，对于传统生产方式的路径依赖形成的巨大比较优势，致使其绿色转型的愿望不强、动力不足；社会公众层面，生态文明的认知还不够深入，节能环保、绿色消费、志愿宣传形成社会风尚仍任重道远。

二 加快湖南从绿色大省向生态强省转变的思路及对策

（一）围绕生态文明体制改革这一核心

生态兴则文明兴、生态衰则文明衰。湖南建设生态强省必须紧紧围绕生态文明体制改革这一核心，牢固树立社会主义生态文明观，将绿色发展、循环发展、低碳发展作为推进生态文明体制改革的基本途径和方式，推动形成人与自然和谐发展现代化建设新格局。

（二）深度践行两型社会建设

两型社会建设的深度实施为湖南建设生态强省探明了道路、打下了坚实基础，要在全省继续全面推进两型社会建设，将生态化、绿色化全面融入新型工业化、城镇化、农业现代化和信息化，以绿心保护和"一湖三山四水"治理为重点，筑牢生态安全屏障，以示范创建为引擎，带动全省建设两型社会升级版，加快实现湖南生态强省进程。

（三）打造全国生态文明示范区、绿色先进制造基地和生态扶贫示范基地三个基地

从两型湖南、绿色湖南到生态强省，湖南的生态文明水平不断提升，打造全国生态文明示范区是题中应有之义；生态强省的建设离不开技术创新和绿色产业的蓬勃发展，湖南坐拥长株潭自主创新示范区、湘南承接产业转移示范区和洞庭湖生态经济区，绿色技术创新和绿色先进制造在全国具有很强的竞争力，建设全国绿色先进制造基地是可行之举；湖南是绿色大省同时也是扶贫攻坚重点省份，生态扶贫不仅符合保护生态环境的要求，解决了开发和保护的矛盾，更能带动贫困地区农业、旅游业等产业发展，实现绿色惠民、绿色富省，打造全国生态扶贫示范基地是一举两得的重大举措。

（四）落实紧抓体制机制改革创新、结合扶贫攻坚盘活绿水青山、加快技术创新促进产业转型、全方位培育生态文明理念四项措施

一是紧抓体制机制改革创新。做好顶层设计。湖南省委、省政府要尽快成立领导小组，统筹推进全省生态强省建设，组织实施规划编制、方案制定、任务分解、督促考核等各项工作。压实生态强省建设责任。尽快建立党政领导生态环保目标责任制，形成纵向到底、横向到边的精准追责体系；推行环境监管网格化管理，敦促全省各市州制定环保监管体系实施方案，构建政府为主导、企业为主体、社会组织和公众共同参与的环境治理体系。夯实资金保障。要强化市场对绿色资源配置的引导优化作用制度设计；不断推进绿色金融服务创新，加快完善绿色市场交易平台，大力推动环境第三方治理，培育壮大环境治理和生态保护市场主体。

二是结合扶贫攻坚盘活绿水青山。建立市场化、多元化生态补偿机制。推进流域横向生态保护补偿，实现地区公共服务均等化；用活市场补偿机制，重点推进碳排放权交易市场下的林业碳汇交易，进一步探索和扩大湖南区域性林业产权交易、节能量交易、排污权交易、水权交易等市场化模式；强化对重点生态区域纵向补偿，积极争取中央财政逐步加大对重点生态功能区的转移支付和中央预算内投资对重点生态功能区基础设施和基本公共服务设施建设的支持力度。做强生态产业。培育壮大区域农业品牌，发展现代有机农业；挖掘地域文化，推进旅游扶贫；深化农旅融合，推进生态农旅特色小镇建设，拓宽农民致富发展路径。

三是加快技术创新促进产业转型。大力培育绿色技术市场。一方面，激活科技资源，加速技术成果转化，提升省内绿色技术创新整体水平；另一方面，建立多元化的绿色技术市场体系，建立统一的绿色产品标准、认证、标识体系，并辅以强有力的执行和动态更新机制，倒逼企业采用绿色技术，促进产业绿色转型。创新财税支持方式。整合各类财政性基金，探索建立政府公共引导基金，提高财政资金使用效率，健全多层次财政补贴体系；通过税收减免、贷款优惠、专项资金及财政补贴等公共投入，完善各类公共服务，

发挥杠杆效应以吸引各类社会资本广泛参与。加强绿色技术高端人才培养和引进力度。深化教育、科技和行政管理体制改革，提倡"工匠精神"，完善人才激励政策，强化无形资产保护，提升湖南顺应新一轮科技革命和产业变革、培育绿色发展的"软实力"。

四是全方位培育生态文明理念。强化政府绿色采购引导，培养大众绿色消费习惯。发挥政府表率作用，着力完善政府绿色采购制度的框架体系；规范绿色消费市场监管体系；大力开展绿色产品公益宣传，拉动社会绿色消费需求。重视知识普及教育，提升公众生态文化意识。在中小学深入开展生态文明教育；加强党政干部生态文明教育培训；广泛利用社会资源，开展生态文明实践活动和公民教育普及活动；在省内建设一批生态文明宣传教育基地，提高人民群众对生态文明的知晓率和满意度。

挖掘"缺油少气"省份的
"绿色能源宝库"

——关于湖南省浅层地热能开发利用的思考与建议

省人大环资委、省人民政府发展研究中心、省住建厅联合调研组 *

习近平总书记指出，发展清洁能源是改善能源结构、保障能源安全、推进生态文明建设的重要任务。长期以来，湖南省能源供需矛盾突出，耗能高峰期的"断电限气"现象时有发生，成为制约湖南省高质量发展的"瓶颈"。近年来，浅层地热能开发利用方兴未艾，正在引领清洁能源发展新方向。近日，省住建厅联合省人大环资委、省人民政府发展研究中心和相关教授专家组成调研组，先后赴长沙、株洲、常德、南京、常州、贵阳等地调研，考察了解国内浅层地热能利用情况，学习借鉴外地经验，为湖南省后发赶超、抢抓新能源结构调整和产业布局契机、抢占浅层地热能开发高地提供决策参考。

一　为何要加快开发浅层地热能？

（一）何为浅层地热能？

浅层地热能，是指地表以下一定深度范围内（一般为地下 15～200 米埋深），储存在岩石、土壤中，或者是地下水里面的，具备开发利用价值的地球内部热能资源。浅层地热能是一种可再生能源，温度恒定，一般为 10～

---

* 调研组组长：高东山、唐宇文；调研组成员：杨伟军、余志武、何小兵、周利、黄婕、言彦、欧建峰、袁建新、曾华林、周晋。

25℃，既可供暖，也可制冷。它是地热资源的一部分，也是一种特殊的矿产资源。

（二）浅层地热能有何特征？

浅层地热能具有清洁环保、安全可靠、供能稳定、再生迅速等特征。与传统能源相比，浅层地热能储量巨大、再生迅速、分布广泛、温度四季适中，取之不尽、用之不竭，是巨大的"绿色能源宝库"。与光伏、风能、生物质能等其他新能源相比，浅层地热能受季节和气候影响较小，受地域限制少，适宜地区广，可就近利用、规模化集中供能。与传统地热相比，浅层地热能具有投资及运营风险较小、易于回灌、可再生性强、对地下水影响小、地域局限性小等优势，并且浅层地能不属于国家矿产资源，不需要支付资源费用。

（三）如何利用浅层地热能？

浅层地热能一般用于建筑供暖、制冷。浅层地热能可替代化石能源用于供暖，避免了煤炭、天然气等燃烧排放的二氧化硫、氮氧化物、二氧化碳和煤尘等，减少温室气体的排放。在室内，浅层地热能可完全替代空气源空调，从而减少向室外环境中排放热量，降低"城市热岛"效应。

浅层地热能主要依靠地源热泵系统来进行供热制冷。地源热泵系统是以岩土体、地下水或地表水为低温热源，由水源热泵机组、地热交换系统、建筑物内系统组成的供热空调系统，它利用地下土壤巨大的蓄热蓄冷能力，冬季把热量、夏季把冷量从地下土壤中转移到建筑物内，形成冷热循环系统，实现节能减排。

（四）浅层地热能有何效益？

建筑是浅层地热能应用的主要领域。据统计，建筑能耗约占全社会总能耗50%，其中供冷供暖能耗占到20%。相比于其他传统能源，浅层地热能在节能减排、经济和社会效益上具有明显优势。

　　——节能减排效益明显。如长沙经开区职工之家项目使用地源热泵系统冬季供暖、夏季制冷及制备生活热水，与空调相比年均节省电量 78.48 万千瓦时、节省标准煤约 317.06 吨，年均减排二氧化碳 830.70 吨、氮氧化物 2.35 吨。地源热泵系统还省去了冷却塔、锅炉房等其他设备，既节约空间，又避免噪声、霉菌污染。

　　——建设运营成本较低。如在株洲云龙发展中心和长沙万国城项目中，一套建筑面积 100 平方米的住宅，采用浅层地热能集中供能相比其他三种不同供暖形式，其建设和运行成本具有明显优势（见表 1）。再如长沙滨江新城面积 212 万平方米，规划采用浅层地热能集中供能，总投资仅 4.04 亿元。

表 1　浅层地热能与其他方式集中供能成本对比分析

供暖形式	建设费用（元）	参考设备标准	月运行费用（元）	备注
浅层地热能集中供能	20000	住宅接入费 110 元/平方米 末端安装费 90 元/平方米 可供冷暖	500	45 元/平方米/年 全年运行 9 个月 可 24 小时运行
燃气式壁挂炉水地暖	25000	壁挂炉设备费 + 地暖安装费 150 元/平方米 只能供暖	1800	24 小时运行，实际运行中运行习惯会对费用产生影响
多联机（家用中央空调）	31000	设备选用 1 拖 3 可供冷暖	1500	24 小时运行，实际运行中运行习惯会对费用产生影响
分体空调	16000	1 台 2.5 匹 +2 台 1 匹 可供冷暖	1600	24 小时运行，实际运行中运行习惯会对费用产生影响

　　注：表中建设费用包括设备费用与安装费用，以上数据根据广泛实际应用统计估算得出。

　　从表 1 中可以看出，浅层地热能集中供能运行成本仅约为其他三种供能方式的 1/3，建设成本只比分体空调略高。在商业、办公、酒店等公共建筑上，浅层地热能的建设和运行成本优势更为突出。

　　——供能稳定安全可靠。浅层地热能供能设施一旦建成使用，供能稳定可靠，受气候季节影响小；且地热能无毒无害、不燃不爆，安全性强，无火灾、爆炸等隐患。同时，优化了能源消费结构，提升了居民生活质量和城镇品质。

二 湖南省浅层地热能开发利用现状与问题

（一）湖南省浅层地热能开发现状

总体上，湖南省浅层地热能开发利用仍处于试点示范起步阶段，但有条件、有基础、有市场，可大规模开发利用。

——有雄厚资源。据专家论证，湖南省浅层地热能资源分布范围广、储量大，是全国最适宜开发利用的区域之一。地热能资源在湖南省 14 个市州均有分布，主要以中低温地热资源为主，其中浅层地热能年可利用量相当于 14991.28 万吨标准煤。在浅层地热能中，地埋管地源热泵系统资源占可利用量 90% 以上，能满足湖南省 7000 万名居民日常生活用能需求。长沙、岳阳、常德、衡阳、郴州、永州和湘西等地均可就近开采利用。

——有技术储备。自 2009 ~ 2013 年，湖南省获批可再生能源建筑示范面积约 2177 万平方米。这些示范区建筑均应用了浅层地热能。其中，长沙滨江新城、万国城 MOMA、经开区职工之家、株洲云龙发展中心、常德富园小区等项目地源热泵技术成熟、示范效应明显，储备了一批专业人才、技术经验，可复制、可推广。

——有广阔前景。南方集中供暖的呼声越来越高，浅层地热能集中供能将是发展的新趋势。此外，随着三大攻坚战的纵深推进，尤其是围绕打赢蓝天保卫战，落实煤炭减量化、大气污染防治的要求，为湖南省浅层地热能开发利用提供了难得机遇和广阔发展空间。

（二）湖南省浅层地热能开发中存在的问题

湖南省在浅层地热能开发和推广利用等方面还存在诸多短板和不足，突出表现在推广机制、扶持政策和技术配套等方面。

——机制有待完善。在立项、规划、审批、设计、施工、验收、运维等流程上，湖南省浅层地热能开发缺乏统一监管和协调机制，一旦某个环节不通，整个项目难以推进。如长沙国际会展中心项目，由于取水许可办理困难，导致该项目水源热泵系统无法实施。

——政策有待补位。目前，湖南省尚无浅层地热能开发利用相关的地方性法规，以致个别地区和部门不认真执行国家部委和省里相关政策。如株洲云龙发展中心等项目未落实居民用电价格和取水优惠价格政策。且由于定价政策不完善，水、电费用较高，导致前期投入和后期运维成本较大，回收周期长。

——标准有待建立。湖南省在浅层地热能开发项目设计、施工、验收等方面仍无标准规范，致使勘探、钻井、设计、主机设备、施工、安装、运营各环节互不匹配，制约了行业发展。如常德富园小区、国际陶瓷交易中心等项目，设计、设备、施工安装由不同企业负责，各环节不匹配，导致系统运行效率低，监管运营成本增加。

三　当前我国浅层地热能开发利用形势分析

浅层地热能以其储量巨大、分布广泛、绿色环保、可循环利用等优势，在世界范围内备受关注，成为各国提高建筑节能效果的首选技术，也成为我国十大建筑节能新技术之一。

（一）我国浅层地热能开发相关政策及外省做法

2014年以来，我国浅层地热能应用迎来了发展新高潮。当年，华北首个地热供暖代替燃煤的无烟城——雄县诞生。继"雄县模式"之后，我国地热界正在打造"南通小洋口模式"和"广东丰顺模式"，以解决长三角和珠三角地区的冬季供暖/夏季空调制冷问题。截至2016年底，全国新增浅层地热能应用建筑累计达4.78亿平方米，其中当年新增建筑应用面积3725万平方米。

开发浅层地热能已成为新时代国家推进能源绿色发展的重要之举。2017年国家出台首个地热能发展规划——《地热能开发利用"十三五"规划》。

2018 年 1 月，六部委印发《关于加快浅层地热能开发利用促进北方采暖地区燃煤减量替代的通知》，为地热产业发展再添"一把火"。此前，浅层地热能已被列入《可再生能源法》中鼓励发展范围。系列利好政策出台，使得浅层地热能开发处于爆发前夕。

当前，外省开发浅层地热能的主要做法如下。

——政策法规强制。江苏、浙江率先在全国进行绿色建筑立法，颁布了《绿色建筑发展条例》《建筑节能管理办法》和专项规划考核等 10 余项政策，通过法规强制推进新建建筑执行节能、绿色标准，极大地推动了浅层地热能等可再生能源建筑发展。

——技术标准管控。江苏建立了较为成熟的浅层地热能建筑应用标准技术体系，率先在全国编制了《地源热泵系统工程技术规程》《地源热泵建筑应用能效测评技术规程》等标准，并在绿色建筑评价、设计等标准和课题中对浅层地热能应用提出明确要求，奠定了浅层地热能的推广应用基础。

——专项资金引导。上海、江苏、山东、浙江、深圳、重庆等地年均设立了超过两亿元的绿色建筑专项资金（江苏省年均达到 4 亿元），并在信贷、税收、电费、水费、行政审批等方面给予优惠政策和费用减免，有效促进了以浅层地热能为重点的绿色建筑推广示范。

（二）开发浅层地热能——新时代绿色发展的题中应有之义

开发利用浅层地热能是推进发展方式和生活方式绿色化的重要举措，是践行社会主义生态文明观的生动实践。

——从优化能源结构、解决能源发展不平衡不充分问题来看，开发浅层地热能"宜早不宜迟"。目前，湖南省主要能源是煤炭和外省输入的天然气，不平衡不充分发展问题突出。煤炭污染大，天然气供应受国家宏观调控影响、缺口大；而太阳能、风能等新能源受地理气候限制，且运行效率低，难以大规模推广。为有效弥补湖南省能源需求缺口，应尽早开发浅层地热能，提升能源自给率，有效解决湖南省能源发展不平衡不充分问题。

——从助力"三大攻坚战"、建设生态强省来看,开发浅层地热能"宜快不宜慢"。为加快建设生态强省、两型社会,根据"十三五"规划,湖南省能源消费总量目标须控制在 1.78 亿吨标准煤以内,节能减排任务艰巨。加快开发利用浅层地热能,能迅速大幅降低煤尘、二氧化碳、氮氧化物等排放,有效缓解雾霾问题。为实现湖南省"十三五"能源消费控制目标、打好污染防治战,应加快推广利用浅层地热能。

——从培育清洁能源新兴产业、实现高质量发展来看,开发浅层地热能"宜大不宜小"。当前,湖南省建筑业正处于高速发展、快速转型的关键期,保持着年均 15% 的增长率。浅层地热能是成长型的新兴战略产业,能带动科研、勘探、设计、运管等产业链发展,形成千亿级清洁能源新兴产业集群。抢抓建筑业转型机遇,引导规模开发利用浅层地热能,既能降低将来建筑节能改造的机会成本,更能培育壮大清洁能源新兴产业,夯实高质量发展的产业基础。

——从坚持以人民为中心、满足人民美好生活需求来看,开发浅层地热能"宜聚不宜散"。实践证明,利用浅层地热能集中供冷供暖,运行安全、稳定、安静,室内可达到恒温、恒氧、恒湿"三恒"效果,能满足人们对安全、舒适、健康的美好生活环境追求。在城镇以街区、居住小组区为单元实行浅层地热能集中供能,平均消费成本远低于空调挂机和燃气等传统方式,深受居民欢迎,将拥有巨大的消费市场。

四 加快开发利用湖南省浅层地热能的几点建议

种种迹象表明,国家正在大力推动浅层地热能利用,浅层地热能开发到了爆发的"窗口期",湖南省应抢抓机遇,顺势而为,趁势而上。建议从以下几个方面重点发力。

(一)抓顶层设计引导

尽快颁布《绿色建筑发展条例》《建筑节能管理办法》,把浅层地热能利用纳入建筑节能推广范畴。加速建立浅层地热能建筑应用标准技术体系，统一规范全省浅层地热能在立项、审批、设计、建设、验收和运营标准，破除推广技术障碍。将浅层地热能开发纳入新兴战略产业、城市规划，促进开发工作尽快落地。

（二）抓组织领导强化

提升可再生能源建筑应用工作领导小组规格，由省政府分管副省长任组长，省政府分管副秘书长为副组长，领导小组办公室设在省住建厅。领导小组负责统筹调度和推进浅层地热能建筑应用工作，指导全省浅层地热能项目开发利用，抓好有关政策的执行落实、运行监管工作。

（三）抓政策资金保障

设立"省级建筑节能专项引导资金"，统筹整合各部门涉绿资金，重点支持绿色建筑、绿色建材、建筑节能、浅层地热能等可再生能源建筑的基础设施投入、宣传培训、产业配套。落实四部委下发的《关于促进地热能开发利用的指导意见》和省内有关税费减免等政策，优先对浅层地热能项目减免水、电、税等费用。

（四）抓典型示范推广

在资源条件优越、建筑用能需求旺盛地区，如长沙、株洲、湘潭、常德等地，规模化推广利用浅层地热能，建设一批浅层地热能开发利用示范性项目，以点带面，逐步全面推广。加大浅层地热能应用的案例宣传，加大相关扶持的政策宣传，提高公众认识度，广泛吸引社会资本参与开发利用。

构建现代化经济体系

加快湖南省园区机构改革的对策研究

——以湘潭经济技术开发区大部制改革为例*

*湖南省人民政府发展研究中心调研组***

　　党的十九届三中全会作出了《中共中央关于深化党和国家机构改革的决定》，将机构改革推上了日程。园区作为经济发展的前沿阵地和主战场，也需要通过机构改革释放发展活力。调研组为此选取了已经先行先试、并取得一定成效的国家级园区——湘潭经开区为案例，总结其机构改革的好做法，剖析不足，为全省园区改革提出建议。

一　湘潭经开区机构改革基本情况

　　机构改革前，湘潭经开区面临着内设机构膨胀、部门设置不合理、社会

---

　　*　获得副省长陈飞的肯定性批示。

　　**　调研组组长：唐宇文；调研组成员：左宏（执笔）、闫仲勇（执笔）、张鹏飞。

事务繁杂、权限不足、体制不顺、不规范等诸多问题，导致了发展困境，2015 年园区产值增速一度低于全市 GDP 增速。2016 年 7 月湘潭经开区开始推进大部制改革等试点。改革前，湘潭经开区管委会总共设置 23 个局室，其中内设机构 13 个，按有关法律、章程和规定设立机构 7 个，直属事业单位 3 个。通过改革，设立 2 个委员会（组织人社和绩效考核委员会、纪律检查和监督委员会）为园区考核和监督的"两只手"、1 个中枢协调部门（综合管理部）、5 个职能部门（招商和项目建设部、经济发展部、财政和招采部、城市管理和公共服务部以及群众工作部）。8 个部（委）都由党工委、管委会班子成员兼任"一把手"，大部门通过召开部务会议的方式，研究落实具体工作。

（一）"精简"：精简近2/3机构、近半人员

湘潭经开区采用"大部制"的组织架构，对原有机构职能进行优化整合，将 23 个局室整合为 8 个大部门，机构设置精简了近2/3；机关人数从 600 多人精简到 300 多人，精简近半，大量管理人员将下沉到一线部门和服务岗位。

（二）"优化"：优化职能职责，大部职能形成"闭环"

根据工作内容、性质、特点，对相近职能进行了归并。例如，涉及项目招商落地的事项全部归入招商和项目建设部，从项目洽谈、签约、落地到手续办理、开工建设、竣工验收形成完整链条，一个部门提供整套解决方案；涉及企业经营和产业发展的部门并入经济发展部，负责建成投产后的后续服务工作等，基本上每个部都能实现业务"闭环"。

（三）"集中"：成立行政审批局，集中行政许可事项

改革成立了行政审批局，集中行政许可相关事项，承接行使发改、建设、城管、农业、水务等 100 多项行政审批权，所有审批事项做到"一窗接收，一站办理，限期办结"的精准服务，实现了行政审批的全链条下放和闭环运作。

（四）"规范"：规范办事程序，减少风险漏洞

通过调整部门职能，强化监督，进一步规范了办事程序，极大地减少了风险漏洞。如组建投资评审中心，规范了对政府投资项目预算控制价的评审，捂紧了政府钱袋子。此外，改革将招采办公室从财政局独立出来，专门负责政府采购和工程招投标管理，政府采购更加规范，避免了国有资产的流失。

（五）"提速"：创新"四个一"，纵深推进"最多跑一次"改革

改革通过创新"一窗受理、一套标准、一网通办、一站服务"等四大任务，推行办事"最多跑一次"，梳理了全区办事事项518项，公布第一批"最多跑一次"事项220项，涵盖行政审批、工商、税务、房产、不动产、公安、人社、民政等与企业群众密切相关的事项。通过改革，部分事项实现办理"最多跑一次"和"零上门"，极大提高了审批效率。

此外，采取六大改革齐头并进，形成系统配套改革。湘潭经开区的机构改革并非单兵作战，而是六个相关改革（机构、人事、绩效、投资管理、预算体制和平台公司）齐头并进，形成系统配套效果。

二 改革成效较为显著

湘潭经开区大部制改革实施1年半时间，总体上达到了预期效果，园区发展活力不断增强，效率得到提高。

（一）释放了"三个活力"

一是经济活力大幅提升。湘潭经开区技工贸总收入增速由2015年的1.31%提高到2017年的24.5%，连续两年保持20%以上的增速。2016年成为湖南第二个技工贸总收入进入全国前100名的经开区；2017年技工贸总收入突破2000亿元大关，位居全国50位左右，稳居全省园区前3强。二是

企业活力不断增强。2015 年，全区新签约项目仅 11 个，合同引资 68.15 亿元；2016 年、2017 年招商项目分别达到 23 个、46 个，合同引资分别为 513.25 亿元、405 亿元。三是人员活力有所提升。改革打通了员工晋升渠道，制定了人事改革等配套制度，人员活力逐步显现。

（二）提升了"两个效率"

一是对外服务企业效率提升较大。据行政审批局提供的资料，通过大部制改革，审批时限缩短 60% 以上，如社会投资项目在取得土地的情况下审批手续办理时限由改革前的 139 天下降到 87 天。二是对内效率有所提升。改革后，通过将职能相近的部门整合在一个大部下，大部内部部门协调更加容易，效率更高。

（三）降低了"三大成本"

一是降低"三公"经费。2017 年经开区"三公"经费为 284.16 万元，比预算数节约 163 万元，比 2015 年减少 101.79 万元，降幅超过 26%。二是减少了工资福利支出。2017 年工资福利支出为 7931.9784 万元，比 2016 年减少 3616 万元，降幅超过 30%。三是减少了财政资金支出。大部制改革后的 2016 年和 2017 年财政投资项目节约资金 5403 万元和 2.95 亿元。

三 改革面临的一些问题

调研中发现，园区开展机构改革中面临诸多具有普遍性的问题，包括自身改革不彻底不完善的问题，也包括了自身无法解决、需要上级政府才能解决的问题。

（一）"下动上不动，越动越被动"的改革难点

从下而上的机构改革往往会遇到"下动上不动，越动越被动"问题。湘潭经开区希望通过机构改革突出招商引资、服务企业等经济职能。但由于

上级部门机构设置不变，而园区又被当作区县政府或者市直单位对待，考核标准与政府部门相同，这使得机构精简难度增大。例如，湘潭经开区想要减少非经济部门的设置，但上级部门要求园区内设部门与之对应，甚至不允许一对多，否则考核就扣分。这导致改革效果打折扣，而且园区会随着上级机构增加而不断膨胀。

（二）关键权限下放不足降低了办事效率

市里下放了很多权限到园区，走在了全省前列，但一些关键权限仍然下放不足，效率有待提高。调研中，新云科技、湖南开启时代等多家企业反映在施工图审、规划许可证等阶段办理时间较长，影响了效率。

（三）配套措施未及时完善影响了改革效果

改革是一项系统工程，湘潭经开区在推进机构改革的同时，相关的配套改革没及时跟上，一定程度影响了改革效果。如，没有及时形成常态化的反馈调整机制，改革中形成的问题得不到及时解决；又如，没有及时实施新的薪酬制度，存在"一级员工拿五级工资、五级员工拿一级工资"等不合理现象；此外，新三定方案没有明确"部"的权责，导致"部"的权限不清，降低了决策效能。

（四）园区承担的行政职能增加了改革难度

湘潭经开区除承担经济发展职能外，还托管了一个街道和一个乡，承担了全区民政和农村工作、文教卫计生等大量一级政府行政职能。这些行政职能工作任务繁重，与其他部门相比，所需人数较多，精简难度大；但与其他县区的一级政府相同职能部门人数相比，园区承担行政职能的员工人数又远远不够。

四　对策建议

落实十九届三中全会精神，推进湖南省园区机构改革，主要有以下几点建议。

（一）适时启动全省园区机构改革，推广改革试点的成功经验

落实十九届三中全会精神，稳步推进党政机关机构改革的同时，将园区机构改革作为配套举措同步推进。按照《关于加快推进产业园区改革和创新发展的实施意见》（湘政办发〔2018〕15 号）要求，尽快出台湖南省《加快产业园区机构改革指导意见》。全面梳理全省各园区机构设置和体制机制存在的问题，总结推广包括湘潭经开区大部制改革在内的成功经验，给园区改革提出"必修" + "选修"指导性意见。

（二）强化园区经济职能，推进扁平精简的机构设置

园区管委会作为政府的派出机构，不能照搬政府管理模式，要强化其经济职能，以服务产业、服务企业为导向推行机构改革。一是修订各级政府园区考核办法。各级政府对于园区的考核要单列，与政府部门考核区别对待，突出经济职能考核。二是允许机构设置"一对多"。落实十九届三中全会精神，允许园区内设机构与上级部门"一对多"，可以一个部门多块牌子。三是归并优化职能形成"闭环"。园区进一步梳理内部机构设置，围绕招商引资、企业服务、公共管理等功能优化机构设置，形成服务"闭环"。四是逐步剥离园区社会职能。园区可依托所在地政府以政府购买或托管方式剥离社会职能，创新园区与当地政府的联动合作方式。

（三）围绕"放管服"改革，推行"集中审批 + 保姆式服务"

进一步在园区探索深化"放管服"改革。一是各园区设立单独的行政审批局和集中服务大厅，开设集中受理窗口，推行集中审批和"一站式办公"，探索"在线咨询、网上办理、快递送达"的"零上门"和"最多跑一次"服务模式。二是各级政府进一步下放审批权限。按照应放尽放的原则鼓励各级政府下放审批权限，特别是在国土、建设等领域进一步突破。三是探索保姆式服务模式，为企业定制"精准服务套餐"，做到企业服务全覆盖、定制服务全程跟进。

（四）完善相关配套制度，形成系统改革方案

园区机构改革需要相关人事、绩效、薪酬、管理等配套改革同步推进，否则会事倍功半。人事制度方面，推行全员聘用制度，根据个人能力确定职位职级，打通员工上升渠道；绩效考核制度方面，以服务企业和经济发展为导向，建立全面的部门和个人考核指标体系；强化绩效考核结果运用，将其作为部门和个人评先评优、工资定级、职位晋级的重要依据；薪酬制度方面，完善薪酬晋升通道、薪酬等级浮动调整机制，建立绩效与薪酬挂钩的薪酬制度；园区内部管理方面，制定部门权责和议事规则的规章制度，细化工作人员分工方案，明确部门和个人职责和权限。

（五）建立动态反馈机制，及时调整改革举措

改革很难一次到位，需要根据情况及时调整举措，改革动态反馈机制非常重要。建议推进园区机构改革时要建立：一是内部反馈机制，园区管委会内部通过设立信箱、定期召开专题会议等形式及时整理机构内部问题和建议；二是企业反馈机制，开辟企业反映问题和建议的途径，定期召开企业座谈会，及时了解改革出现的问题；三是对上反馈机制，建议市级政府与涉改园区建立改革动态反馈机制，形成上下联动的改革机制。

当汽车时代来临，我们准备好了吗？

唐宇文

又到一年春节时，大街小巷堵车日。游子返乡过年狂潮，年复一年地在广袤的国土上汹涌澎湃。2018 年狗年新春，中国的高速公路、二线以下的城市街道和几乎所有的农村道路，又一次被五颜六色的各式汽车填充起来。

然而，年年岁岁春相似，岁岁年年车不同。中国汽车工业协会发布的数据显示，2017 年全国汽车产销量分别达到 2901 万辆和 2887 万辆，连续 9 年蝉联全球第一。公安部发布的数据显示，截至 2017 年底，全国机动车保有量达 3.1 亿辆，其中汽车保有量达 2.17 亿辆，全年新注册登记的汽车 2813 万辆，均创历史新高；全国机动车驾驶人达 3.85 亿名，其中汽车驾驶人为 3.42 亿名，驾龄不满 1 年（新领证）的驾驶人有 3054 万名。

以私人汽车拥有量来看，2010 年全国私人汽车总计 5938 万辆，到 2016 年已达 1.633 亿辆，平均每年增加近 2000 万辆。

按照国际公认的标准，当一个国家每百户家庭汽车保有量达到 20 辆时，可以认为进入了"汽车社会"。其中，每百户家庭汽车保有量在 20 辆与 100 辆之间时，属于汽车社会初期；而每百户家庭汽车保有量达到 100 辆时，可以认为进入了成熟的汽车社会。

以年末我国居民平均每百户家用汽车拥有量来看，2014 年为 19.2 辆，2015 年为 22.7 辆，2016 年为 27.7 辆，2017 年可能超过了 30 辆。也就是说，2015 年上半年，我国即已进入汽车社会初期。汽车社会，就这样来到了中国。

"汽车社会"的概念从定性上来看，它是工业社会发展到一定阶段，特别是随着轿车大规模进入家庭后出现的一种社会现象。以机动车为主要交通工具以及与之相对应的生产、生活方式构成了"汽车社会"的主要特征。美国早在 1919 年就进入了汽车社会，当时的汽车产量超过 200 万辆，百户家庭汽车保有量达到 24.1 辆，轿车开始大规模地进入普通家庭。1929～1945 年，受经济大萧条和二战的影响，美国的汽车市场持续低迷，1943 年的汽车产量甚至低于 500 辆。二战后，美国汽车生产再次起步，普及率逐渐提升。到 1950 年百户家庭汽车保有量为 106.3 辆，进入成熟的汽车社会。由此可见，美国从进入汽车社会初期到进入成熟期，持续了 31 年之久。

日本在汽车社会的发展上，则明显表现出后发优势。1963 年，日本进入汽车社会初期，百户家庭汽车保有量为 20.6 辆。从那以后，日本掀起了汽车普及狂潮。到 1967 年，日本汽车年产量达到 300 万辆，赶超德国而成为第二大汽车生产国。1978 年日本百户家庭汽车保有量达 101.8 辆，进入了成熟的汽车社会。因此，日本汽车社会初期仅持续了 15 年。

中国的汽车社会来得比美日等国更为猛烈，甚至有些让人措手不及。汽车大规模进入中国家庭，这曾经被国人视为发达社会的标志，在当下却已司空见惯。汽车，不再是奢侈品，而是变为跟电视、电脑、手机一样的平常商品，它不再是地位和权力的象征，而是回归了其代步工具的本质。

当然，在汽车社会里，汽车不仅是一种交通工具，它更是社会的组成部分，是人的空间属性的扩展和精神的延伸，也深刻地改变着人们的生活方式，颠覆了某些既定思维与行为。事实上，汽车不单单是商品，还附加了很多意义。汽车普及，不仅是经济发达、收入提高的直接反映，而且还对人际关系、生活节奏、社会管理等都起到了潜移默化的改变作用。可以说，汽车带来了一种前所未有的社会形态。

看看汽车社会的形成对美国的影响，或许对观察中国的汽车社会不无裨益。

在刚进入汽车社会的初期，许多美国人就表现出了对汽车的疯狂喜好。曾经有人在印第安纳州曼西市做社会调研，两个艰难生活的女人对调查员说出了她们的心里话。其中一个女人是 9 个孩子的母亲，她说："我们宁愿没有衣服穿也不能放弃汽车。"另一个女人则说："除非没有饭吃我们才会放弃汽车。"在另外的地方，一个家庭主妇在有人对她家里没有浴缸的事情说三道四时，她的回答则唱出了一首颇为贴切的汽车革命主题歌。"没浴缸怎么了"，她说，"你总不能乘坐浴缸去镇上吧！"

美国学者弗雷德里克·艾伦在其所著《美国的崛起：沸腾 50 年》这本书里，勾画了 20 世纪上半叶汽车革命给美国社会带来的重大历史性变革。他说，汽车在身份上的变化，即从极少数人的奢侈品到绝大多数人的必需品的变化，是大势所趋，在这半个世纪里，这一变化逐渐改变了美国社会的习惯与观念。正是在 20 世纪 20 年代，人们越来越迫切地感受到了这种变化带来的冲击。

汽车对人们日常生活习惯带来巨变，也必定会产生深远的社会影响。弗雷德里克·艾伦总结了汽车对美国社会产生的七个方面的影响。

一是它发展出了汽车化的郊区。在很多地方，以前可以通过铁路到达郊区，但因为从任何一个距离铁路 1 英里以外的地方到达火车站都非常困难，郊区的发展规模因此受到了限制。而进入汽车社会后，公路和快车道大量兴起，郊区便以让人讶异的速度发展起来了，温暖的家与上班的地方相距 20 英里的美国人数量大大增加。

二是它导致了超大范围的商业、经济和社会圈的重要转移。即从铁路沿线城镇向远离铁路的城镇转移，从城市中心向边缘郊区转移。主街上沿街商店的生意，渐渐地输给了城镇边缘新建的、有宽敞停车场的商业连锁店。城市中心的百货商店，痛苦地认识到他们对顾客的吸引力正慢慢减弱，便主动开设郊区分店。到了 20 世纪中叶，购物中心开始在开阔的郊区发展起来，在那里，至关重要的停车位将不再困扰商家和购物者。星期五下午，各个通向不同的岬角、海滩和山顶的城外交通要道变得更加拥挤不堪。

三是汽车时代带来了停车问题。这个问题不断被解决，又不断地再一次出现。20 世纪 20 年代初期，一些上班族不得不把自己的汽车留在郊区火车站，后来修建了专门的停车场，不久后又需要一个扩建的停车场，直到最后，需要更大的停车场。停车场修建得越大，想要使用停车场的人就越多。到 20 世纪上半叶结束时，例如"我的车停哪儿"这样的问题，就像汽车出现之后的任何一个时期一样让人厌烦不已。

四是汽车引发的死亡事故。美国每年被汽车夺走生命的人数，从1922年开始增长，到1930年超过32000人。由于道路变得更直更平，汽车变得更强大结实，速度变得更快，每个周末骇人听闻的死亡人数直接导致了驾驶员许可和车辆检查更加谨慎；导致了路旁警示标语标识的增加，并使得诸如国家安全委员会和汽车安全委员会这样一些组织，专门对公路死亡的原因和对策进行调查和研究。因此，在20世纪50年代，你仍然可以比较有把握地预言：每个度假周末，总会有那么几百个男女老少被汽车带向无法预料的、血淋淋的鬼门关。

五是汽车革命终结了农民与世隔绝的状态。到20世纪20年代中期的时候，汽车、拖拉机在美国的广泛使用使农场更大了。农民正变得越来越不像一个用手劳作、只凭经验的劳动者，而是越来越多地成为一个土地生意人、机器操作者和技术专家。现在，当他去城里的时候，已经不再是一个乡巴佬了，他的老婆和女儿看上去也不再是以前那样穿着印花布衣裳的土里土气的村妇了。到了1939年，西尔斯—罗巴克购物中心一本正经地宣布："大都市中心和农场之间在接受新时尚上的传统落差，现在已经荡然无存。"

六是汽车拓宽了地理意义上的地平线。那些总是待在家里的家庭，在节假日可以去湖畔或海滨，甚至全国各地，看看新事物，遇到新朋友。到20世纪40年代，对于一个美国家庭来说，驾车前往15英里以外的地方去购物、看电影、看医生，已是常事。此外，汽车社会还削弱了让一个家庭落地生根的根基，汽车使美国人比以前更快乐地追随经济的潮汐。美国人一直是个流动的民族，汽车很适合这种秉性。美国人觉得，一个漂泊四方的人总是在积累着阅历、冒险，如果他幸运的话还很可能获得各种新机遇。

七是汽车革命引领了个人的自豪感。对美国人来说，即使他因为贫穷、种族身份，或者其他任何因素而低声下气地生活着，但是当他坐在一辆汽车的方向盘后面的时候，他就会获得一种权威感，这辆车对他俯首帖耳，准备把他带到他想去的任何一个地方。在某种程度上，这种自豪感影响了驾车上路的几乎每一个人。1950年美国的民用劳动力略少于5900万人，同年美国司机的数量为 5930 万人，略大于劳动力的数字。人类历史上，大概从未有过哪个国家有过这么高比例的国民懂得这样一个道理：自由行驶权能够带来精神上的提升。

进入 21 世纪，中国的汽车工业才开始爆发性增长。但不到十年，中国汽车市场规模就已跃上世界第一，并快速成为像美国一样生活在汽车轮子上的国家。21 世纪中国汽车工业的成功，还间接促进了其他工业的发展，如橡胶、玻璃、汽油、道路建筑和汽车教育，甚至包括房地产、饭店和各种"汽车旅馆"等，也扩大了城市商圈，加速了城市化进程。汽车工业及其相关产业的兴起，不仅使中国经济保持了繁荣发展，还助推许多中国人实现了自己的汽车梦。如今，无论是在城市还是乡村，汽车正成为越来越多中国家庭的一个必选项。

但是，汽车在给人们带来便利的同时也带来了烦恼，汽车社会的负面作用日益凸显，正如当年的美国一样，交通拥堵、停车困难、能源消耗、空气污染、驾驶陋习、交通风险……这些问题的叠加，成为中国进入汽车社会后不得不面对的难题。

系统分析，中国进入汽车社会后面临的矛盾，主要体现在三个方面：一是汽车与交通；二是汽车与环境；三是汽车与人。

从汽车与交通的矛盾来看，主要是目前我国城市路网落后，难以适应现代汽车交通的需要；道路建设的速度无法满足车辆增长的需求，无论是道路长度还是道路面积的增长率都远低于汽车保有量的增长率；公共交通的发展速度落后于私人汽车等。这些矛盾的存在，导致我国许多城市在进入汽车社会前后，都出现了交通拥堵问题。为缓解我国城市交通拥堵问题，应创新城市规划，大力调整优化城市空间，形成多中心的城市布局，大力发展智能交通系统（ITS）；优先发展公共交通，加快建设城市交通基础设施，尤其是快速路和大容量轨道系统，构建高密度、高覆盖、高水平的公共交通营运网络，大力实施公交优先战略；控制中心城区的交通流量等。

从汽车与环境的矛盾来看，主要是机动车尾气排放对城市空气的污染。目前，我国城市机动车排放的温室气体及主要污染物分担率较高，城市区域灰霾现象严重，部分城市能见度低等。机动车排放是导致臭氧超标的主要原因，机动车尾气中的氮氧化物和燃油产生的挥发性有机物，在日照充足和空气干燥的条件下，可在近地面产生臭氧，可导致光化学烟雾污染，其潜在健康危害比较大。从应对策略来看，为缓解汽车社会的到来对环境的不良影响，应不断提高并严格实施机动车污染物排放控制标准，重点加强重污染车辆的污染排放防治工作，大力发展新能源汽车等。

从汽车与人的矛盾来看，主要是人的素质跟不上汽车社会发展的步伐，由此产生了一系列不道德、不文明行为。例如，高速公路上，小轿车超速狂飙，低速行驶的卡车占据超车道"闲庭信步"，超载、超限车辆随时可见；城区内，汽车并线不打转向灯、随意变道、右侧超车、乱鸣笛、抢行、堵占右转弯道、长时间使用远光灯、非法安装使用氙气灯、过斑马线不减速、不避让行人、酒后驾车、开"斗气车"、乱停乱放……凡此种种，每时每刻都在我们身边发生着。

跟十年前我国每年因交通事故超过10万人死亡、50万人受伤相比，如今道路交通事故降幅明显，但依然高发，且近年来又有上升趋势。目前，我国道路交通事故年死亡人数仅次于印度，高居世界第二位，遏制道路交通事故高发、降低交通事故伤害任重道远。据统计，2016年我国涉及人员伤亡的道路交通事故212846起，造成63093人死亡、226430人受伤，很多人留下终身残疾；道路交通事故万车死亡率为2.14，同比上升2.9%。这些事故的80%以上，都是由前述各种恶习、陋习所引起。

文明的汽车社会，离不开高素质的驾驶者、人性化的交规和严厉的法律，离不开完善的汽车社会道德体系。要解决汽车与人之间的矛盾，必须采取多种措施，规范和引导交通利益相关者的行为。特别是要加快城市交通立法进程，完善法律法规，强化执法监督；加大交通法规宣传力度，真正让交通规则进千家入万户，增强广大驾驶人的交通文明意识，做到自我约束、自我管理；要将"车德"教育作为必修课纳入驾校培训内容，在机动车驾驶考核科目中，增加道路交通文明的内容，将现行的单纯技术考试改为对驾驶人综合素质的考试；加大交通管理和处罚力度，严惩违法不当行为；进一步强化交通安全服务，促进汽车社会与"互联网＋"融合发展，探索"互联网＋交管"模式，构建互联网交通安全综合服务管理平台，搭建"互联网＋车管所""互联网＋事故处理""互联网＋交通违章取证"等信息平台，通过多种方式提供在线服务；大力提倡绿色出行等。

车流的灯光宛如长河，流动在每一个回家的夜晚，闪耀着每一个中国人的汽车梦。在这繁荣与动人的景象之中，我们期待，进入汽车社会的每一个中国人，都要努力让文明素养早日跟上飞驰的车轮，满足自己和他人对美好交通生活的期盼。

加快打造湖南"从田间到餐桌"农业全产业链[*]

湖南省人民政府发展研究中心调研组**

全产业链是一种战略思维，也是一种经营模式。现代农业竞争已由企业和产品之争，转为产业链竞争。近日，根据省领导指示，我中心调研组先后赴长株潭、永州、郑州、漯河等地开展农业全产业链调研，并组织省农委、农开办、省粮食集团等相关省直部门和企业召开专题座谈会。调研表明：打造"从田间到餐桌"的农业全产业链是推动湖南农业高质量崛起的有效选择。

一 湖南农业全产业链发展现状

（一）农业全产业链发展初具规模

2017年，湖南农业全产业链产值约1.84万亿元①，从优势产业发展来看，畜禽、粮食、蔬菜全产业链产值均已突破2000亿元，水果、水产、茶叶全产业链产值均在600亿元左右，油菜、中药材、楠竹、油茶全产业链产值分别达到300亿元以上（见图1）。

---

* 获得省人大常委会副主任向力力的肯定性批示。

** 调研组组长：卞鹰；副组长：唐宇文；成员：袁建四、屈莉萍、曾万涛、刘海涛、周亚兰。

① 按省农委计算方法，农业全产业链产值＝农产品加工销售收入＋农业产值（1－加工转化率）。初步测算，2017年全省农业产值6269亿元，农产品加工销售收入1.5万亿元，农产品加工转化率48%。

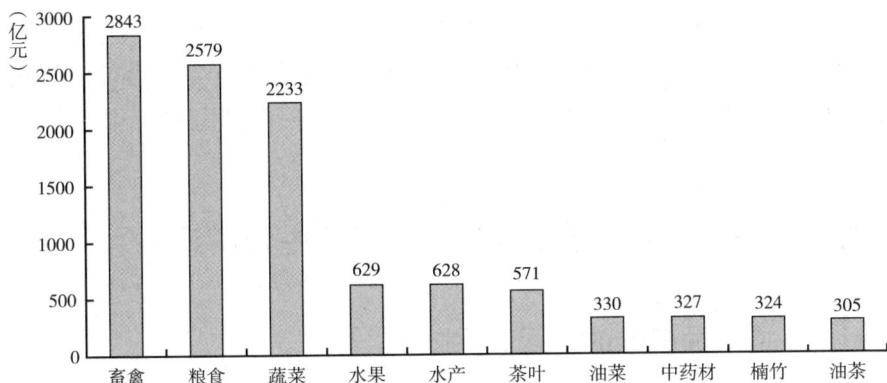

图1　湖南农业主要农产品全产业链产值

数据来源：湖南省农业农村厅。

（二）全产业链龙头企业相继涌现

唐人神、湖南粮食集团、省茶业公司、道道全、舜华鸭业等一批龙头加工企业率先开展全产业链经营，成效明显。湖南粮食集团2010年成立初，业务以仓储、物流、大宗交易为主，年销售收入不足10亿元。通过一系列资本运作，控股金健米业，收购金山粮油、金牛米业、银光粮油、华龙粮油，并相继将金霞、裕湘、银光、中意等收归旗下。与此同时，布局金健种业，涉足环保板材—万华板业，进军速冻食品和杂粮面条、米粉产业，短短几年，销售收入迅速增长到近百亿元。目前，湖南粮食集团已经成为集科研、生产、加工、销售、电子商务于一体的全产业链现代农业集团。

（三）农业新产业、新业态发展势头良好

休闲农业发展迅速。2012～2016年，全省休闲农业保持年均25%以上的高速增长，各类经营主体达到16700余个，经营总收入为320多亿元，带动相关产业产值约为380亿元；农村电商发展来势较好。截至2017年底，全省共有33县进入全国电子商务进农村综合示范县行列，共建成村级电商服务站12602个。全年农村电子商务交易额约为1800亿元，同比增长50%

123

左右；智慧农业公共平台建设有序推进。智慧湘农云平台，湘农科教云等一批 App 推广应用。湖南省国家农村农业信息化示范省综合服务平台建设取得阶段性成果，湖南新农村农业物联网、农业移动互联等应用服务不断完善。

二　湖南农业全产业链发展主要不足

（一）农产品加工企业多而不强

农产品加工企业是打造农业全产业链最重要的经营主体。湖南省农产品加工企业整体不强，主要表现在：一是规模不大。2016 年，湖南农产品加工企业达 4.81 万家，是河南 1.27 倍；农产品加工企业平均年销售收入 2769 万元，是河南（6084 万元）的 45.5%；规模以上农产品加工企业 4206 家，仅为河南（7779 家）的 54.06%、山东（约 1.3 万家）的 32% 左右。二是有影响力的品牌相对不足。截至 2017 年底，全省农产品加工企业获"中国驰名商标"多达 179 件，但在全国有影响力的品牌少。湖南稻米产量全国第一，"中国驰名商标"总量达到 60 件，在 2017 年中国大米十大品牌中，仅金健入围，且排名靠后。湖南油茶在全国占据四个第一①，在品牌排行网主办的 2017 年度中国茶油十大品牌评选中，湖南有金浩、贵太太、山润、中富入围，但无一进前三强。区域公用品牌也面临类似窘境。2017 年湖南地理标志农产品达到 72 个，仅华容芥菜、宁乡花猪、黔阳冰糖橙入围全国百强农产品区域公用品牌。三是管理水平不高。多数农产品加工企业采用家族式管理，市场主体意识弱，向上下游延伸动力不足，对现有金融管理体制与资本运作方式普遍存在不适应，与现代企业管理还存在不小差距。

（二）链条环节短板突出

一是标准化种养基地建设滞后。高档优质稻种植面积只占水稻面积的

---

① 2016 年，湖南油茶种植面积全国第一，达 2068.7 万亩；产量全国第一，达 23.4 万吨；产值全国第一，达 300.8 亿元；科技水平全国第一。

14%左右。大部分橘园为20世纪70~90年代建立，品种退化、老化严重。蔬菜以大宗菜、低档菜为主，设施面积占比不足10%。60%的茶园是20世纪80年以前建的，良种率不到40%，低于全国平均水平（58.6%），与福建（95%）、浙江（85%）相差甚远。二是农产品产地初加工欠缺。发达国家农产品在进入流通环节和精深加工之前，会经过净化、分级、干燥、预冷、储藏、保鲜、包装等初加工处理，避免农产品出现腐烂、变质、生虫或者发生价值减损等情况。湖南农产品产地初加工水平仍然较低。调研了解，很多鲜活农产品装车是在露天环境中进行，而不是按标准在冷库和保温场所下装车。三是精深加工不足。据省农委测算，目前全省农产品精深加工率只有30%左右。大多数农产品仍停留在初加工阶段，加工增值链条短，附加值不高。如，全省95%以上的稻谷加工产品为大米。绝大部分湘莲加工停留在磨皮、钻心、开边等低附加值阶段，作为原料出售给月饼、八宝粥生产企业。四是冷链物流发展滞后。多数生鲜农产品仍处在常温下流通，肉类、水产品及果蔬的流通腐损率分别达到18%、20%、30%，储藏、运输、销售等环节还存在断链现象。

（三）新型经营体系不完善

一是新型经营主体发展质量不高。2016年，全省家庭农场共25550户，83.93%的家庭农场年销售额在50万元以下，仅4.81%的家庭农场拥有注册商标，只有5.27%的家庭农场通过农产品质量认证；全省有农民合作社53571家、示范社6305家，占比仅11.77%。87.26%的合作社牵头人为农民，企业和基层农技服务组织作为牵头人的合作社占比仅5.84%。二是利益联结机制不健全。目前，农产品加工企业向生产环节延伸，多采取"公司+合作社（基地）+农户"的形式，加工企业与合作社、农户者是相互独立的利益主体，关系松散。龙头企业带动合作社、农户增收动力不足，合作社、农户也难以分享加工销售环节收益，受市场价格波动影响，易发生违约现象，各方利益难以保障。三是土地规模化经营程度低。2016年全省流转耕地面积2137.26万亩，占承包总面积的41.71%，仍有近6成的耕地处于分散经营状态。四是社会化服务体系不完善。一些县市、乡镇农业部门近年来新进专业技术人才少，现有的农业技术人员年龄偏大，公益性农技服务组织人员结构老化、技术力量弱化严重。经营性社会化服务组织数量较少，提供的服务有限，难以满足新型经营主体发展需要。

（四）人才、金融、信息服务等支撑不足

一是县域农业人才缺乏。农业产业相对弱势，一些年轻人认为从事农业条件艰苦，没有前途，不愿从事农业。加上人口向大城市流动的趋势没有改变，致使县域农业人才、先进技术缺乏。一些县域农业龙头企业在向精深加工转型和市场拓展过程中，受人才、技术掣肘明显，转型难以为继。二是金融服务欠缺。农业龙头企业、农民专业合作社等新型农业经营主体普遍存在抵押资产不足，融资难、融资贵现象突出。与一些产业面临去杠杆相比，农业领域金融抑制明显。三是智慧农业公共信息平台有待完善。全省大宗农产品生产与市场实时监测系统等公共平台建设进展缓慢。湖南省农业农村信息化综合服务平台（腾农在线）内容更新慢，万家企业等一些内容尚未做实，用户体验不佳。

三　对策建议

（一）加强顶层设计，优化农业全产业链体系

在工业领域，湖南已制定《湖南工业新兴优势产业链行动计划》，明确了"十三五"期间重点支持20条工业产业链。应参照工业新兴优势产业链，尽快出台相关方案，做大、做强、做精一批农产品加工产业链。一是做大优势产业。大力培育粮食、畜禽、蔬菜、油料、茶叶、棉麻、中药材、水产、水果、竹木十大优势产业，力争到2022年，十大优势产业全产业链产值达到1.8万亿元，油料、茶叶、中药材、水产、水果等产业全产业链产值均突破千亿元。二是做强2~3条在全国具有引领示范作用的农产品加工产

业链。在目前国内农业第一方阵中，河南优势主要在肉食、主粮加工，山东优势在海产品、果蔬和油料加工。湖南应在优势产业基础上，集中资源，围绕油茶、稻米、生猪、柑橘、茶叶等优势农产品，打造2~3条在全国具有引领示范作用的农产品加工产业链。三是做精一批特色农产品加工产业链。与平原农业相比，特色农产品丰富是湖南一大优势。要以地理标志农产品为主，按照"一县一特、一特一链、一链一策"思路，建设一批精致、优质、高效的特色农产品加工产业链。

（二）提质创新，发展壮大新型经营主体

一是培育壮大一批全产业链龙头企业。按照一个优势产业集中扶持2~3家全产业链龙头企业、一类特色农产品集中扶持1~2家农产品加工龙头企业，通过并购重组、交叉持股等方式，支持龙头企业对区域内同类农产品加工企业进行整合，扩大经营规模，提升经营管理水平，提高对产业链的掌控力，破解"谁也吃不饱、谁也做不大"的局面。力争到2022年，全省年销售收入过100亿元的全产业链龙头企业达到10家，50亿~100亿元的全产业链龙头企业达到20家左右，过10亿元的特色农产品全产业链龙头企业达到80家左右。二是提质发展农民专业合作社、家庭农场。加快示范合作社、示范性家庭农场建设，引导合作社、家庭农场提升经营管理水平。加强对小、散、弱农民专业合作社和家庭农场引导，推动其与强社、名社联合发展或兼并壮大。对一些有名无实的"空壳社""僵尸社"要予以取缔，改变"只进不出"，着力提升农民专业合作社的整体水平。三是创新发展农业产业化联合体。鼓励农户以土地经营权入股农民合作社，合作社按企业统一标准进行生产，并由企业负责回收加工，通过"保底收益+按股分红"等方式，让农户分享加工销售环节收益，三者形成分工明确、协作紧密、利益共享的农业产业化联合体。

（三）多途并进，积极探索全产业链发展路径

一是引导龙头企业开展全产业链经营。促进加工龙头企业向农业生产前

端延伸，通过农业产业化联合体方式建立农产品标准化生产基地，推动产前、产中、产后一体化发展。二是鼓励农民合作社、家庭农场向产业链后端延伸。鼓励农民合作社、家庭农场注册商标、建立品牌，开展农产品的加工，通过电子商务、农社对接、农超对接等方式销售农产品。三是以产业园区为载体，引导产业集聚发展。在现代农业产业园区基础上，辐射带动周边区域，延伸发展农产品加工、现代物流等关联产业，促进形成上下游协作紧密，产业链相对完善的农业产业集群。四是以专业市场带动全产业链整合。鼓励长沙高桥、红星、岳阳花板桥、邵东廉桥等专业市场中间商向产业前端延伸，通过"公司+批发市场+中间商+基地+农户"，把分散的、小规模的农户有效组织起来，实现种养加、产供销、贸工农一体化经营。五是全面开发农业多种功能。深入挖掘农业的生态、文化、旅游、教育等功能，积极发展休闲农业、创意农业，促进农区变景区、产品变商品，实现农业从单纯的生产向生态、生活功能拓展。

（四）补齐短板，全面提升全产业链发展质量

一是加快农产品标准化生产基地建设。围绕十大传统优势产业和特色农产品，结合农业园区建设，打造一批集中连片、优质高效的标准化种养示范基地，从源头上保证全产业链开发原料供给和农产品质量安全。二是加强农产品产地初加工、贮藏设施建设。重点围绕畜禽、果蔬等农产品产后分类分拣、分等分级、保鲜、包装等关键环节，建设商品化处理全产业链条，降低农产品产后损失率。加快补齐农产品产地"最先一公里"短板，加强预冷库、低温库等田头收贮设施设备建设，提升农产品产后贮藏保鲜能力。三是提升农产品精深加工能力。瞄准城乡居民食品消费升级，加大产品研发和技术改造，提升精深加工能力，实现产业链与价值链同步提升。四是加强品牌整合与营销推广。湖南主要是缺大品牌、强势名牌。当务之急是要大力整合现有品牌资源，通过电视、网络、户外媒体以及各类农博会、展销会等多渠道、多种形式扩大影响力，把"湘"字号农产品打出。五是加快冷链物流发展。大力培育、引进一批有实力的冷链物流企业，鼓励企业运用新一代信

息技术对冷链物流仓储、装卸、运输、配送实行全程信息化、可视化管理，提升冷链物流信息化水平。

（五）强化保障，完善农业全产业链发展支撑体系

一是强化人才保障。通过政府人才引进计划，引进县域农业紧缺高端技术人才。大力破除城乡二元结构体制机制障碍，加快形成新型城乡工农关系，促进大城市人才、技术等先进要素向县域、农村流动。加强"三农"工作队伍建设，选派熟悉"三农"工作的干部进入农业部门和乡镇领导班子，确保分管领导干部懂"三农"工作，并通过专家授课、视频教学等方式，加强农业部门领导干部对农业先进技术、新业态、新模式等前沿知识学习。二是深化体制机制改革。积极稳妥推进农村承包地"三权分置"，加快推进农村"两权"抵押贷款试点。积极推进水稻完全成本保险、收入保险试点和供销合作社综合改革。结合实际推广益阳赫山"九代、九化"、南县涉农资金整合等成功经验和典型做法。三是完善财政金融支持。设立农业全产业链发展专项资金，对农民和专业合作社购买农产品产后初加工设备设施、建设田头贮藏设施等予以普惠扶持。充分利用资本、债券市场，支持龙头企业上市融资，鼓励符合条件的企业发行公司债等。推动"财银保"向全省覆盖。四是加强智慧农业公共信息服务。加快全省大宗农产品生产与市场实时监测系统等公共信息平台建设。借鉴浙江、青海、河南等地平台建设经验，在原有湖南省农业农村信息化公共服务平台（腾农在线）的基础上，加快建设湖南农业产业互联网平台，采用政府主导、专业团队运营、年终政府考核的运行机制，确保信息准确、及时、可靠、有效。

做大做强湘莲产业的对策建议[*]

湖南省人民政府发展研究中心调研组^{**}

　　湘莲是湖南传统特色农产品，属于中国地理标志保护产品，至今已有3000多年种植历史，种植区主要集中在湘潭县。最近，我们到湘潭县进行了深入调研，实地考察了宏茂湘莲、莲冠湘莲以及花石镇万亩荷花基地、"寸三莲^①"原种场，召开了多个座谈会，掌握了大量情况，在此基础上提出了意见建议。

一　湘莲及湘莲产业值得高度重视

　　湘莲，原指湖南产的莲子，主要品种有湘潭寸三莲、杂交莲，华容荫白花，汉寿水鱼蛋，耒阳大叶帕，桃源九溪江，衡阳的乌莲等。其中湘潭"寸三莲"历来是进贡朝廷的珍品，享有"湘莲甲天下，潭莲冠湖湘""中国第一莲子"的美誉。2010年，"湘莲"获中国地理标志保护产品，保护范围为湘潭县全县乡镇和韶山市、湘乡市的部分乡镇以及株洲市荷塘区明照乡、衡阳市衡东县白莲镇等34个乡镇。至此，湘莲成为湘潭县一带所产莲子的专指。

　　湘潭县是农业大县，湘莲是全县五大农业主导产业之一。2017年，湘潭县湘莲种植面积为10.5万亩，总产量约为1.38万吨，加工量突破10万吨，加工产值达到51.2亿元。目前，全县有湘莲加工企业47家，其中规模

　　* 获得省政协党组成员袁新华的肯定性批示。
　　** 调研组组长：卞鹰；副组长：唐宇文；成员：袁建四、屈莉萍、曾万涛、刘海涛、周亚兰。
　　① 湘莲因圆壮顾长，去掉外壳，三颗莲子正好长一寸，故称"寸三莲"。

以上加工企业 17 家，有"宏兴隆""粒粒珍"等 2 个中国驰名商标和"莲美""莲冠湘"等 5 个湖南省著名商标，初步形成了"龙头企业＋中小企业＋个体工商户＋种植户"的产业发展格局，带动农民就业转移超 2.5 万人，为农民增收超 2 亿元。

二　湘莲产业发展基础夯实

（一）品质优良

湘莲粒大饱满，洁白圆润，肉质细腻，清香鲜甜。1982 年，国家商品检验局对湘莲进行测定，结论是：湘莲含粗蛋白 18.7%、粗脂肪 1.91%、总糖 55.8%、还原糖 6.43%，是低脂肪、高蛋白优质品种。1985 年，武汉市商检局把湘潭的"寸三莲"和福建的建白莲、江西的赣白莲、湖北的湖莲进行营养成分对比测定，在 10 项指标中，湘莲中糖分、淀粉、蛋白质、脂肪、磷、钙、粗纤维等 7 项指标均优于其他莲种。

（二）品牌名号响亮

优良的品质为湘莲赢得了良好声誉。1985 年，湘潭县在全国首届地方特色命名大会上，被正式命名为"中国湘莲之乡"。同年，湘潭"寸三莲"在全国首届食品博览会上勇夺桂冠，被誉为"中国第一莲子"。在国内市场上，一些消费者只认在湖南种植的"寸三莲"为纯正湘莲。在国际消费市场上，湘莲是唯一被接受的莲产品地方品牌。

（三）初加工技术领先

传统湘莲加工主要依赖于手工。近年来，一些湘莲加工企业、经销商与湘潭大学等科研院校积极合作，研究湘莲加工机械化技术，湘莲初加工技术发展迅速。目前，除莲子分级以人工为主外，去壳、磨皮、钻心、开边等已基本实现机械化、自动化，初加工技术在国内遥遥领先。

莲子日加工量也从过去的 5 公斤、25 公斤增加至现在的 50 公斤以上，加工效率大幅提高。

（四）市场网络完善

湘潭县已成为全国最大的莲子集散中心，花石镇、中路铺镇、易俗河镇是湘莲的专业市场，这 3 大市场占全国莲子销量的 80% 左右，主导着全国的莲子市场，并在国际市场上有较强影响力。其中花石镇交易量约占全县的 75%，成为全国最大的莲子加工交易市场。目前，湘莲已出口到美国、加拿大、马来西亚、新加坡、日本、泰国以及我国台湾、香港、澳门等 20 多个国家和地区。此外，近年来湘莲电子商务也发展迅速，粒粒珍、堂皇等企业在淘宝、天猫、京东、1 号店等电商平台上年销售收入已突破 1200 万元。

（五）多功能特点突出

湘莲全身是宝。除莲子、莲藕可食用外，湘莲从根到叶、从花到子，每个部分都可以入药。即便干枯的荷叶、荷梗、莲托、莲壳等也可用作有机肥，作为种植蘑菇的肥料。莲壳既可作饲料，也可经高压碳化作为活性炭。湘莲还具有良好的观赏功能。荷花花叶清秀，香远益清，沁人肺腑。自古以来，赏荷就是文人雅客钟爱的一大乐事。湘莲人文底蕴深厚。在中国文学里，与莲有关的诗词歌赋不计其数，莲花"出淤泥而不染，濯清涟而不妖"，是人们心中真善美的化身。

三 湘莲品牌亟待擦亮

（一）品牌保护不力

由于湘莲品牌强势，外地莲子大量涌入湘潭县进行加工（加工莲子部分原种来自湘莲），并作为湘莲出售。2017 年，湘潭县 80% 以上的加工莲子来自外地。这些加工莲子品质参差不齐，湘莲品牌风险隐患突出。此外，少数经营户只图眼前利益，不顾整体利益和长远发展，用工业原料代替食用原料加工莲子，缩短生产周期和降低成本，严重影响湘莲品牌声誉。2001 年、2004 年曾曝出用过氧化氢（双氧水）浸泡开壳的"红莲事件"，令湘莲品牌形象大打折扣。

（二）研发进程滞后

一是专门研究机构缺乏。从事莲子研究的技术人员十分稀缺，目前全国还没有一家省级以上的正规莲子科研单位。省内科研院所甚至没有研究湘莲的专门部门，大都是作为附带研究，难以满足市场需求。二是湘莲育种进展缓慢。从 20 世纪 60 年代至今，湘莲仅推出"寸三莲 65 号""湘潭芙蓉莲""寸三莲 1 号"几个新品种。三是病虫害有效防治难。近年来，湘莲腐败病、褐斑病、烂叶病频发，特别是腐败病，常导致减产 20%～80%，重者几乎绝收。目前对腐败病仍缺乏有效防治措施和药物。

（三）种植优势弱化

一是种植面积波动大。20 世纪 80 年代中期，湘潭县湘莲种植面积一度达到 10 万亩以上。1990 年以来，湘潭县湘莲种植面积逐渐萎缩，一度下降到 2 万余亩。近年来，湘莲种植规模在政府扶持下有所恢复，2016 年全县种植湘莲 4.5 万亩，2017 年种植面积扩大到 10.5 万亩。二是种植技术人才外流。90 年代中期，由于莲子市场疲软、腐败病等病虫害影响，湘潭县一些莲农逐渐开始到湖北、江西和洞庭湖区域租赁湖田种莲，秋后将莲子运回湘潭县进行加工、交易。据统计，湘潭县每年有 5000 多莲农带种藕和技术到湖北、洞庭湖一带种植湘莲，目前，湖北莲子种植规模已跃居全国第一①。

（四）加工企业不强

一是规模不大。截至 2017 年底，全县共有湘莲加工企业 47 家（其中规

---

① 据统计，2017 年湖北藕莲种植面积约为 120 万亩，子莲种植面积约为 60 万亩，藕带种植面积约为 30 万亩，莲子产量占全国七成。

模以上 17 家），年营业收入普遍在亿元以下。二是精深加工能力不强。绝大多数加工企业停留在磨皮、钻心、开边等初加工阶段，莲子初加工后销售给华美、娃哈哈、银鹭等食品加工企业，直接面向消费者的精深加工产品少。三是管理水平不高。多数农产品加工企业采用家族式管理，文化程度多为初高中学历，市场主体意识弱，现代经营管理理念缺乏。

（五）利益联结机制不完善

湘莲加工企业向种植环节延伸，多采取"加工企业＋基地＋莲农"的形式，企业与农户都是相互独立的利益主体，没有形成紧密协作关系和利益共同体。龙头企业带动合作社、农户增收动力不足，合作社、农户也难以分享加工销售环节收益，受市场价格波动影响，易发生违约现象，各方利益难以保障。

四 对策建议

（一）规范湘莲公共品牌使用，加强湘莲公共品牌资源保护

一要牢固树立湘莲品牌理念。湘莲品牌是湘莲产业的核心竞争力。要牢牢抓住"品牌"这个市场牛鼻子，建立完整的、科学的品牌发展策略，将品牌理念与湘莲产品融为一体，向品牌要效益、向品牌要市场。二要强化湘莲行业协会湘莲公共品牌权属职能。加快建立湘莲行业标准体系，明确湘莲验定分级标准，规范湘莲加工工艺，严格湘莲公共品牌准入和使用标准，不断规范经营主体市场行为，促进行业自律，提升品牌溢价效应。三要全员发动。湘莲公共品牌的打造，是湘潭县政府、企业、协会、个体户及至所有从业人员共同努力的结果，要发扬"长征精神"——人人都是宣传员，人人都是营销员。政府、协会不仅要积极承担起湘莲品牌传播、推广的，更应积极发挥组织作用，搭好台子，让企业唱好"品牌戏"。企业也不能为一时之利、一己之利而相互拆台，大打价格战。对不按要求使用湘莲品牌，扰乱市

场秩序的行为，特别是使用工业用双氧水洗白莲行为，要重点整治，严惩不贷。

（二）加快品种研发，巩固种植优势

一是加快建立完善的繁育推广体系。加强"寸三莲"原种和良种繁育基地建设，加大对湘莲科研人员奖励和人才引进力度，加强与省内外科研院所科研合作，加快培育适合本地种植的优良品种。二是加强腐败病等病虫害防治。要加大对湘莲病虫害防治的投入力度，开展湘莲病虫害防治课题攻关，重点破解湘莲腐败病这一阻碍湘莲生产和发展的种植技术瓶颈。积极推广标准化绿色栽培、病虫害综合防控等先进种植技术。三是大力推广湘莲良种连片种植，发展规模化、标准化种植基地。以花石、茶恩寺、白石、中路铺、易俗河、河口等乡镇为重点，在107线、韶茶干线、潭花线集中连片种植湘莲，打造一批集中连片，百亩方、千亩方、万亩方以上的绿色湘莲种植基地，力争全县湘莲种植面积稳定在20万亩左右。

（三）做大做强龙头加工企业

一是集中扶持宏茂湘莲、粒粒珍等3~5家龙头企业。引导企业建立健全现代企业制度，指导企业依法生产、规范内部管理和运营，增强市场主体意识，做大做强。二是大力发展精深加工。增强其产品研发和科技创新能力，鼓励院企合作。以湘莲的食用、药用为基础，开发科技含量高的湘莲系列产品和保健品，研发与之配套的加工技术、设备，加快推进湘莲精深加工。三是加强企业品牌宣传。积极参加各类展会、节会、博览会，通过网络、电视、报纸等各类媒介以及机场、高速公路、城市广场等特定地点，提升湘莲企业品牌知名度和美誉度。

（四）创新产业发展机制

一是创新利益联结机制。鼓励农户以土地经营权入股农民合作社，合作社按企业统一标准进行生产，并由企业负责回收加工，通过"保底收益+

按股分红"等方式，让农户分享加工销售环节收益，三者形成分工明确、协作紧密、利益共享的农业产业化联合体。二是积极推广莲田综合种植等农作新模式。积极推广"莲子—水芹菜—鱼"以及莲—鱼、莲—鳅共养等综合栽培模式，有效利用莲田的生长空间和莲子收获后的秋冬空闲季节，增加莲田经济效益。三是创新扶持机制。优化资金使用方式，扩大以奖代补的范围以及财政补贴方式，积极引导信贷资金和社会资金投入特色产业融合发展，使专项资金充分发挥"四两拨千斤"的引导和激励作用。

（五）大力促进湘莲三次产业融合

一是大力推进湘莲工业园区建设。依托湘莲特色小镇、湖湘田园村落等项目，加快推进湘潭县天易示范区湘莲产业园建设，将花石建成全省乃至全国最大的以湘莲种植、湘莲精深加工、湘莲交易集散中心为特色的湘莲产业园。二是促进湘莲文化与湘莲产业深度融合。深入挖掘湘莲文化，建设湘莲文化主题展馆。继续举办花石赏荷之旅系列活动，积极打造以湘莲为特色的乡村旅游产业。建设特色鲜明的莲文化建筑，加强以湘莲为主题的文艺创作，不断扩展湘莲产业新动能和新业态。

湖南风电冲刺千亿元产业的对策建议[*]

湖南省人民政府发展研究中心调研组^{**}

风力发电作为新型可再生能源的一种，已成为当今国际上最具规模效益及开发价值的新能源。虽然我国风电产业走在了国际前列，但国内风电行业恶性竞争已经引起行业高度关注。湖南作为国内风电的重要一极，如何迎难而上，以便在新技术革命中占领有利地位，值得我们深入研究。

一 当前风电产业面临的形势

（一）风电开发面临重大历史机遇

新能源技术革命是第四次工业革命的重要内容，21世纪各种新能源技术将深刻影响现有能源格局。2015年，全球可再生能源发电新增装机容量首次超过常规能源发电装机容量，欧美等发达地区每年新增发电装机60%以上来自可再生能源，特别是风能增长最快。2017年全球风电装机总容量约50gW（5000万千瓦），其中约20gW在中国，相当于每年新增一个三峡电站。根据国家"十三五"规划，未来3到10年，我国风电装机仍将保持年均20gW左右的增长速度，到2030年我国风电总装机将不低于全国用电总量的9%（目前约为4%）。随着装机规模效应的显现，南美、非洲和中东一些国家的风电项目招标电价与传统化石能源发电相比已具备竞争力，美

---

* 获得省委常委、省委政法委书记黄关春的肯定性批示。

** 调研组组长：卞鹰；副组长：唐宇文；执笔：李银霞。

国风电长期购电协议价已与化石能源发电达到同等水平，德国新增的风电已经基本实现与传统能源平价。

（二）风电制造企业正处于结构调整关键期

2005 年《可再生能源法》出台以来，国家对风电电价实行补贴政策，促进了我国风电装备企业的爆发式增长，也使我国成为国际风电装备生产和装机第一大市场。市场红利的下降，国内风电市场出现整机生产效益持续下滑，恶性竞争加剧，产业链制造环节大面积亏损。从整机看，资金回收期很长，不仅订单期备货期资金占用周期长，产品装机后还有 2 ~ 5 年的质保押金占用，整机企业资金链空前紧张。从全产业链分析，行业利润 80% 以上产生于制造以外的环节，行业领军企业利用风电开发和建设运营的收入，弥补生产环节亏损，保持全产业链的利润最大化。未来竞争，除了拥有核心技术和研发实力外，还需要拥有足够的利润空间或资金链维持，否则面临的将只有被兼并或退出的命运。近 3 年里，整机企业已经从 2015 年的 50 余家减少到 33 家，排名前 10 的企业市场占有率超过 80%，行业集中度明显提高，整个行业进入结构调整和战略重组的关键时期。

（三）地方政府对风电产业的扶持力度空前

目前国内各地方政府在本地风电市场的控制和支持上力度空前。政策支持上，部分省市出台了专项规划，并作为当地的战略性新兴产业加以培育。融资支持上，由于广东省政府的支持，明阳风电 2006 年以 3000 万元起步，2010 年在美国上市，实现产值和市值双百亿元，高速增长背后是地方有力的融资支持。此外，地方政府为本地风电企业背书，本地市场只留给地方风电企业，国内风机市场出现非本地品牌很难进入本地装机市场的行业潜规则。排名第一的金风科技，大股东是新疆自治区政府、新疆风能有限公司、中国三峡新能源有限公司，占据了新疆 85% 以上的风电资源及市场。上海电气风电在上海市境内获得绝对支持，上海市内所有陆上及海上风电市场都由其垄断；重庆海装在重庆、东方电气在四川、浙江运达在浙江无一不是获取本地支持，湖南省风电企业业务拓展艰难。

（四）风电产业蕴含万亿元规模的市场前景

风电产业链的中上游是风电整机装备制造及配套，下游是风场选址、设计、建设及运维。整机企业可以对上游配套产生 2～5 倍放大效应，下游则又对整机产生 5～7 倍的放大效应。以湘潭为例，2017 年总机企业湘潭电机在湘潭高新区实现产值 30 亿元左右，而湘潭高新区风电全产业链产值有 130 亿元，湘潭市风电产业链产值达到 230 亿元。下游的风场开发及运营环节，按照每 kW 装机成本 3000 元计算，每 kW 装机每年标准发电 2900 度（kWh），按照与火电相近的 0.4 元/kWh 的电价，每 kW 装机年发电收入都在千元以上；如果按陆上风场运营周期 20 年计算，单位风电装机将产生 5～7 倍产出效益。我国是当今世界最大的风机装机市场，具备最强大的装备制造能力。根据国家《可再生能源"十三五"规划》，到 2020 年，新增风电装机约 8000 万千瓦，新增投资约 7000 亿元，具备冲刺万亿元规模的市场前景。

二　湖南风电产业具备冲刺千亿元产业集群的基础

（一）产业创新实力居于国内第一阵营

湖南在风电装备制造全系列综合研发实力上，在国内风电技术领域具有独特优势。湖南是全球为数不多在风电装备上拥有产业链综合配套能力和三种技术路线研究及生产能力的省份。研发上，湘潭电机和中车风电整机企业各自技术方向互补，风电研究的技术全面，拥有直驱、半直驱、双馈异步三种风电技术开发能力，具备功率从 1.5mW 到 6mW 全覆盖、高低风速产品全覆盖和陆海风电研发能力。基础性核心零部件完全自主可控，拥有国内电机和电控领域的绝对技术优势。湘电拥有国家认定企业技术中心、国家能源风力发电机研发（实验）中心等 4 个国家级研发实验平台，先后自主开发我国重大技术成套装备 1100 多项，其中有 100 余项为"中国第一"。中车风电则完全掌握了叶片、控制器、IGBT 等关键零部件的自主创新和开发能力，实现了全国首个风能资源数值模拟高性能计算云平台和中尺度风能资源模拟及宏观选址平台建设，每年风电研发投资都在亿元以上，是省内风电智能化的潮流引领者。

（二）装备制造环节产业链条完善

湖南风电装备主机企业主要分布在长株潭地区，目前已经形成了规模在 500 亿元左右的风电装备产业集群，具有完整的产业链配套体系，主机企业的本地配套率在 90% 以上。如湘电本省配套企业有 74 家，中车产业链配套也实现了本地全覆盖。产业链涵盖向全国所有风电主机配套重要零部件的能力。如核心零部件电机、电控制器等，全国最好的电机和电控系统来自湘潭电机和中车电气，中车系统的电控技术和 IGBT 等电子元器件具有独特优势，排名前三的整机企业都有来自湖南的重要零部件。其他关键零部件如叶片，时代新材也是国内为数不多具有自主设计开发能力的优质配套企业。从全省来看，风电全产业链的技术创新没有明显的短板，是国内综合配套能力最强的产业集群之一。

（三）产业链整合的提升空间广阔

一是产业链的延伸将极大改善风电装备企业的效益。根据历史数据，目前内陆风场的投资回收期 7～10 年，是具有良好经济效益的市场换投资领域。但当前湖南风电企业集中于制造环节，处于微笑曲线的低端，必须加强产业链向下延伸才能充分发掘产业链利润空间。二是可以进一步提升基础技术和产业链配套优势。省内三家风电装备生产企业，企业间彼此独立开发，在新产品创新和设计过程中，很难共享各自创新成果。具体到单个整机企业，只有部分领域技术优势，对提升市场地位作用不明显，也无法凸显出湖南风电装备集群作为国内种类最多、品种最全的设计研发中心优势。利用国有企业改革机遇，积极整合两大风电龙头企业资源，可以减少内耗，并使省内企业拥有更厚的技术积累和更高的竞争起点，提升湖南风电产业链整体竞争力。

三 困扰湖南风电企业发展的主要问题

随着供给侧结构性改革的深入，风电企业的竞争形势恶化，湖南风电龙头企业的市场份额不断下降，湘电风能从市场第 5 降为第 7，中车风电从第 10 降到第 13，调研中发现省内风电龙头企业当前面临以下几大主要问题。

（一）省内风电龙头的发展亟待体制机制创新

风电装备生产是完全市场化竞争领域，湖南有两家国有龙头企业和一家民营企业在内部竞争；而在风电的装机市场，湖南省内风电装机市场全面开放，本地企业的市场控制力微弱。在完全竞争市场，国有企业重大投资决策周期长，用人机制不灵活，体制机制劣势明显。三一重能是省内进入风电整机市场最晚的企业，但 2017 年装机容量反超中车风电。国内风电装备龙头企业排名前五的全是民营企业，也反映出灵活的体制机制对风电制造企业很关键。

（二）省内风电开发市场控制能力薄弱

虽然我国风电市场空间较大，但国内风电装机市场的竞争激烈。一方面国际风电的老牌企业维斯塔斯、通用、西门子、三菱重工等企业均已进入中国市场。另一方面，国内市场壁垒存在，导致各地都利用风电风场开发资源支持本地经济发展，风场资源化成为各地潜规则目前省内风电市场已被国内"五大四小"发电企业瓜分，装备企业对风场资源的控制相对较弱，省内企业进入其装备选择范围需要经历残酷的竞争。省内专门从事风电开发的企业只有湖南投资集团控股的湘电新能源，注册资本小，相比国家电力巨头，开发实力较弱。2017 实现 3.3 亿销售收入，赢利 5000 多万元，但是手中 4 个项目没有收回成本，5 个项目在建，加上近两年国家拖欠新能源电价补贴

1.96 亿元，极大限制了其省内装备新电厂的能力。在风电开发和装机运营环节，省内缺少能够代表湖南风电开发市场的领军企业，省政府对省内风电的支持作用难于精准传递到本地企业。

（三）湖南在新能源时代风电创新能力后劲不足

由于技术创新能力是支撑市场开拓和企业走得更远的决定因素。从当前湖南风电研发看，多方面问题影响了省内风电创新能力：一是要打通风电全产业链，解决风电产业向微笑曲线的价值链高端延伸，向国际总承包商转变的问题。省内企业最缺乏的是大型的风电开发 EPC 和 BOT 建设开发能力，也缺乏打通企业技术壁垒的公共技术产业联盟。二是要保障风电智能化、系统化趋势升级，跟上行业创新需求的速度。湖南两大国有风电龙头企业的研发中心主要是从电机和轨道交通行业内派生出来的，相对国内金风和远景、阳明等风电龙头，对风电的创新研发独立性不强，可能导致对风电研发缺乏长远的、系统的统筹，影响重大创新研发投入后劲。三是发展人才匮乏问题。风电装备主机企业地处湘潭和株洲，都存在人才吸引难度大和人才流失压力大的问题，如何增强智能风电和智能网络关键核心技术掌控能力，成为加大创新投入的难点。

（四）部分政策调整给企业带来新的问题

近年来省内部分政策出现变化调整，也给企业带来新问题：一是省内风电市场开发暂时处于停顿状态，使省内装备企业受较大影响。湖南省作为两型试点示范省，对生态环境保护要求较高，由于前期风场开发没有进行科学的林业生态可恢复性评估，导致风场建设在难恢复的生态公益林区，加之部分企业没有严格按照国家林地风场建设标准作业，导致了部分林场生态环境问题，影响了风电项目的整体环境。二是风电装备运输普遍具有超大超限问题，国家"921"新政（"921"新政是指 2016 年 9 月 21 日同时开始执行的《整治公路货车违法超限超载行为专项行动方案》《超限运输车辆行驶公路管理规定》《车辆运输车治理工作方案》）之后，所有超限车辆上路运输都需要办理相关审批手续，由于不可解体大件运输审批跨省运输的手续都在网上办理，而省内运输审批需要在省交通厅的路政处线下办理，造成部分运输人员误以为省内运输不需要办理相应手续，并且线下审批手续办理时间和难度明显高于跨省运输的网上办理，大量业主反映湖南省省内风电设备运输在新政之后无法上路。

四　扶持湖南风电冲刺千亿元产业的对策建议

湖南是我国装备制造业的摇篮，已培育出轨道交通和工程机械两大千亿元产业，以及一个500亿元产值规模的风电装备产业集群。抓住当前风电产业调整和市场持续增长的重要机遇期，扶持风电产业链大发展，将为湖南装备产业带来第三个千亿元级的大产业。

（一）激发风电装备企业体制创新活力

加速风电装备生产企业改革，以国有资本为主体，选择性引入社会资本，建立一个以研发为核心，总部在湖南的国际化风电开发投资平台。一是实现湘电风能和中车风能在风电研发和制造业务板块整合。以吸收合并或者兼并重组、收购的方式，实现原国有制造业生产和设计能力整合，通过风电装备企业以各自拥有的风电专利、技术、开发平台、核心团队、产品产能等资源作价，折算为资产价值入股的方式，共同组建混合所有制企业。二是选择性吸收社会资本进入混合所有制企业，以增强新设立的混合所有制企业的资金实力，拓展下游市场。鼓励湘投控股、现代投资等具有新能源开发资质的国有金控平台作为战略投资人，让金融资本与省内风电制造能力相结合，开拓从风场选址、设计、开发、建设和运营的风电全流程业务，将业务从制造延伸向EPC和BOT风电及新能源开发业务，打通省内装备产业链下游市场，使企业具备总承包能力，不断提升企业效益。三是对新设立平台企业引入现代企业制度，改进传统国有企业管理体制机制，允许核心团队拥有期权和享有收益权，逐步建立允许混合所有制企业股份流转制度。促进国有资产管理的改革，加快从管资产向管资本转变，实现国有金控平台资本可进入可退出。

（二）打造新能源技术创新高地

一是建设新型创新研发机构，构建以风能企业为核心的新能源设计开发研发院或新能源技术产业联盟，以股份形式共享科研成果。利用湘电和中车风电业务整合机遇，推动省内研发资源整合，组建全省性的公共研发机构，共享风电开发的人才和技术，并可独立承接风电和新能源设计和研发外包业务。二是集中省内资源支持新能源产业创新联盟建设和发展，打造国际国内一流的风电技术创新中心，有重点支持省内风电和新能源关键技术和成果转化。三是鼓励湖南新能源的创新应用走在全国前列。探索新能源开发和应用模式，加大新能源网络和分布式能源开发应用投入。一方面出台具体措施解决风电上网问题，依据两型相应条例，对省内风电等清洁能源上网给予明确政策支持，推进分布式发电市场化交易平台建设；支持省内有条件的企业推进多能互补的微电网示范工程项目建设，引导能源管理模式进入园区，降低园区电价。另一方面鼓励企业开展多能互补示范工程等先进技术应用，加大分布式蓄能电站、各类专项风电综合应用等工程试点，开展分散式能源智能网络和能源管理的 PPP 项目试点，积极探索可再生能源体系在湖南省的应用。积极总结推广在建的渌口"微电网关键技术研究及示范建设项目"和常德"中车常德电动产业园综合能源项目"的成功经验，支持省内园区开展综合能源管理等试点，并积极推荐省内创新示范类应用进入国家试点示范行列。

（三）谋求外部市场拓展企业生存空间

如何突破市场壁垒和打破湖南风电企业的市场天花板，是湖南风电产业冲刺千亿元产值目标的关键和难点。由于风电整机运输的合理半径不超过1000 公里，湖南风电企业做大有在外部设立生产基地的需求，将先进技术和产能的输出与进一步扩大外部市场相结合，解决湖南风电企业"走出去"

的问题。一是建议鼓励湖南风电企业"走出去"，针对部分省份开展产能合作，重点突破没有本地风电装备整机企业和具有优势风场资源的省份和地区，以投资换市场，积极拓展外部市场。二是将湖南省风电"走出去"作为当前"强链补链"工作重点，开展产能换市场的高位协调，必要时请省领导出面签订战略合作协议，明确市场换投资意向，解决省内投资风场选址和风电上网等关键问题，为湖南风电开发平台公司拓展省外风电市场打开空间。重点突破具有海上风场资源的福建、广西、海南、天津、山东、辽宁等省区以及具有良好风场资源的"一带一路"市场。争取利用政府战略合作协议的形式，实现资源互利互换，尽可能多圈占风电资源，拓展产能合作空间，为省内风电开发打造千亿级企业奠定基础。

（四）加大产业政策支持力度

一是全面加大政策支持力度，从战略层面加大对风电的扶持。首先尽快出台本地产业集群的《湖南风电产业发展规划》以及《扶持风电产业发展政策意见》，给予风电企业明确的市场预期和政策信心。充分利用风电产业市场调整和技术升级的战略机遇期，多方面给予企业帮助支持，顺利度过转型升级的瓶颈期。此外，出台保障清洁环保新能源上网的政策措施，支持省内清洁和可再生能源企业发展。二是尽快设立省新能源产业创新基金，加大对风电创新投融资支持，加强风电体系内技术创新。根据风电企业创新投入状况，配套给予固定比例的财政资金扶持，形成鼓励创新和降低企业研发风险的有利政策制度环境。三是在政策制定中，适当提高市场准入门槛，加强本地市场控制力。在涉及智能制造以及信息安全的领域，应尽量使用省内流程可控的产品，必要时增加相应的国际安全审查及认证等。

（五）加强规划统筹和协调

建议由省能源局着手湖南省风电发展规划的编制，并统筹省内风场的审批。开展风电资源摸底调研，并协调林业、环保等部门严格做好生态评估，划定风场范围和可征用土地范围，再将论证可行的风场资源纳入规划。由省能源局发布风场开发项目目录，根据规划进行逐步开发。针对当前已经进入开发阶段暂停的风场，根据生态评估意见，履行相应手续，保障合法风场顺利推进，针对建设过程中出现违规毁林问题，出台配套惩罚机制，完善后续执法，及时清理违规企业。针对省内运输审批手续办理不畅问题，要加快网上审批，提高审批效率。对于手续不全的不可拆解大件超限物品运输，在省内业务网上审批开通之前，下放临时审批权，提供便捷的审批办理方式。监督基层改进执法方法，减少扣留和罚款，减轻企业负担。

湖南现代农业发展的
主要问题及对策建议 *

湖南省人民政府发展研究中心调研组 **

实现乡村产业兴旺，关键是要加快现代农业发展。湖南是农业大省，近年来农业发展成效显著，但农业现代化水平仍然不高。必须贯彻新发展理念，以市场为导向，加快构建现代农业产业体系、生产体系、经营体系和政策支持体系，推动湖南由农业大省向农业强省转变。

一 湖南现代农业发展存在的主要问题

（一）农业产业结构不合理

一是农产品结构失衡。在种植业结构中，粮食作物比重偏高。2016 年全省粮食播种面积达到 7336.5 万亩，占农作物播种总面积的 55.6%；在畜牧业结构中，生猪养殖一家独大。2016 年，生猪产值达到 1206.06 亿元，占牧业产值的 68.42%，而市场需求较好的牛羊产值合计为 109.05 亿元，占牧业产值比重仅 6.19%。二是区域布局仍需优化。全省初步确立了洞庭湖生态经济区商品粮产业带、长株潭核心区"两型"都市农业产业带、湘南丘陵山区特色农业产业带、大湘西地区生态休闲旅游农业产业带的发展格局，但区域农业产业、产品相似度仍然较高，特色优势不明显。如，长株潭

---

* 获得省政协副主席彭国甫、省政协党组成员袁新华的肯定性批示。

** 调研组组长：卞鹰；副组长：唐宇文；成员：袁建四、屈莉萍、刘海涛、周亚兰。

作为都市农业区，但其中不乏宁乡、浏阳、湘潭等产粮、生猪大县，蔬菜基地、茶园等更是遍地开花。三是农产品品质不优。农产品总体以大宗低档为主。截至 2017 年底，全省"三品一标"认证总数有 3500 多个，远低于湖北（4518 个）、四川（5142 个）、浙江等省份①；"三品一标"产品总产值达700 多亿元，占农业总产值比重仅 13% 左右。

（二）农业生产现代化水平亟须提高

一是农业科技进步贡献率偏低。2017 年，湖南农业科技进步贡献率达到 58%，而发达国家普遍在 80% 以上，如以色列科技对农业增长贡献率超过 90%。一些农作物良种覆盖率亟待提高。如，全省油茶林总面积达到2110 多万亩，其中有 1100 多万亩为低产林；茶园良种率不到 40%，低于全国平均水平（58.6%），与福建（95%）、浙江（85%）相差甚远。二是机械化水平不高。2017 年，主要农作物耕种收综合机械化水平达到 46.5%，比 2012 年提高了 20 多个百分点，但仍低于全国平均水平近 20 个百分点。一些薄弱环节亟待突破。如，水稻耕种收机械化水平 2016 年已达到70.6%，其中机耕、机收环节分别达到 93.5%、84.4%，但机插率只有26.2%，机械植保、机械烘干环节更是薄弱。三是农业生产绿色、集约程度较低。2016 年，全省农用化肥施用量达 836.97 万吨（按实物量计算），农药使用量达 11.86 万吨，亩均用量高出全国 20%。农膜使用量 8.47 万吨，回收率不足 80%。此外，重金属污染、农业面源污染等问题依然存在，农产品安全生产隐患较多。

（三）农产品加工能力有待加强

一是加工转化率偏低。湖南省农产品仍以鲜销为主，2016 年加工转化率为 38%，仍低于全国平均水平 2 个百分点，特别是蔬菜、水果，加工转化率分别仅有 10% 和 20%。二是加工企业规模偏小。2016 年，湖南农产品

---

① 截至 2015 年底，浙江省"三品一标"总数已达到 7762 个。

加工企业达 4.81 万家，加工企业平均年销售收入仅为 2769 万元，是河南（6084 万元）的 45.5%。过 100 亿元龙头企业中，只有唐人神集团属加工型企业，其余均为流通贸易型企业。唐人神 2017 年销售收入只有 138 亿元，与四川新希望集团（685 亿元）、河南双汇集团（539 亿元）、江西正邦集团（620 亿元）、湖北稻花香集团（550 亿元）、广东温氏食品集团（556 亿元）相比，差距明显。三是精深加工不足。大多数农产品仍停留在初加工阶段。据省农委测算，目前全省农产品精深加工率在 30% 左右。此外，一些农产品加工品种虽多，但成系列开发的少。如，湖南省茶叶产业多达 300 多个加工品种，但成系列开发的君山黄茶系列仅 10 多个产品。而"好想你"红枣开发出的系列产品达 600 多个。四是品牌数量众多，但有影响力的少。湖南省农产品品牌数量多，获"中国驰名商标"企业达 179 家。虽然有安化黑茶、临武鸭等一批知名品牌，但与河南、山东等农业大省相比，整体品牌影响力弱，市场占有率不高。如，河南的双汇、三全、思念等品牌家喻户晓，三全、思念速冻食品在全国市场占有率近 60%。

（四）新型经营服务体系仍需完善

一是土地规模经营程度低。截至 2018 年 6 月，全省共流转耕地 2489.9 万亩，占承包地总面积的 48.9%，仍有一半以上的耕地处于分散经营状态。二是新型经营主体发展质量不高。2016 年，全省 83.9% 的家庭农场年销售额在 50 万元以下，仅 4.81% 的家庭农场拥有注册商标，只有 5.27% 的家庭农场通过农产品质量认证。全省有农民合作社 53571 家、示范社 6305 家，占比仅 11.77%。80% 以上的合作社牵头人为农民，企业和基层农技服务组织作为牵头人的合作社占比仅 5.84%。三是利益联结机制不健全。龙头企业与合作社、农户之间的合作关系普遍比较松散，龙头企业带动合作社、农户增收动力不足，合作社、农户也难以分享加工销售环节收益。受市场波动影响，易发生违约现象，各方利益难以保障。四是社会化服务体系不完善。公益性农技服务组织人员结构老化，技术力量薄弱。经营性社会化服务组织数量较少，提供的服务有限，难以满足新型经营主体发展需要。农村金融产品、服务和贷款抵押方式相对较少，新型经营主体融资渠道狭窄，融资难、融资贵等问题仍然突出。全省大宗农产品生产与市场实时监测系统等公共信息平台建设进展缓慢，缺乏有效管用的农业信息监测预警体系。

二 加快湖南现代农业发展的对策建议

（一）顺应居民消费升级趋势，着力优化农业产业体系

一是优化农业产业结构。按照"稳粮、优经、扩饲、提养"方针，加快推动农业结构由"粮猪独大"向"粮经饲统筹、农牧渔结合"转变。贯彻落实"藏粮于地、藏粮于技"战略，强化粮食生产功能区建设，加快建设高标准农田，积极打造全国优质口粮基地；加快马铃薯、玉米等优质旱粮生产，满足市场多元化需求，重点推进优质品种更新换代，提升品质和产量；在稳定生猪养殖规模基础上，加快推进草食牛羊、地方特色家禽和特色水产品发展。二是完善区域布局。结合区域内农业资源禀赋、产业基础和市场特点，进一步优化四大板块农业功能区划战略格局，促进四大板块农业功能区与"一县一品""一县一特"战略衔接融合，加快区域化、专业化、特色化的农业生产力布局。三是提升农产品品质。突出抓好"三品一标"农产品发展，加快推进"三品一标"的认证申报、监督管理、基地建设、宣传培训、市场开拓等工作，大力提高"三品一标"农产品比重，提升农产品供给质量。

（二）狠抓农业绿色安全生产，提升农业机械化水平与精深加工能力

一是大力推行绿色生产方式。推进化肥农药使用量零增长行动，推广测土配方施肥，恢复发展绿肥生产，减少不合理化肥使用。结合不同动植物的生活习性和环境特点，加快猪—沼—果、稻虾共生、鱼藕共生等一批集约高效种养技术推广应用。二是结合不同农作物特点，着力突破一批机械化技术

瓶颈和薄弱环节。如水稻方面，继续围绕"为机育秧、大户购机、办点示范、技术指导"四大环节，大力推广机插秧技术，加大对新型经营主体购置无人植保飞机、节能高效烘干机等设施设备的扶持力度，加快推进水稻全程机械化；油菜方面，重点应加快油菜机械化高密度直播技术推广。三是提升农产品加工能力。加大产品研发和技术改造，提升精深加工能力，实现产业链与价值链同步提升。加强农产品产地初加工、贮藏设施建设。重点围绕畜禽、果蔬等农产品产后分类分拣、分等分级、保鲜、包装等关键环节，建设商品化处理产业链条，降低农产品产后损失率。

（三）大力培育发展新动能，加快农村一二三产业融合发展

一是培育壮大农业农村新产业、新业态。大力促进农业与旅游、教育、文化、健康养老等产业深度融合，借鉴北京农业嘉年华、江苏无锡田园东方、山东兰陵国家农业公园等典型经验，引入知名企业和行业领军人才，深入挖掘湖南农业农村特色资源，打造有湖湘特色的田园综合体、农业主题公园等新产业、新业态。二是促进休闲农业提质增速。按照"一心一区三带"的总体布局，加大区域内休闲农业资源整合力度，强化品牌，规范服务，加强营销，精心打造一批乡村旅游目的地和精品线路；积极开展星级农庄、休闲农业示范创建等活动，着力增强经营主体产业融合发展能力，培育一批经营管理规范、综合效益较高、带动效应突出的休闲农业经营示范主体。三是以"互联网＋农业"推动农业全产业链升级。推动互联网技术与农业生产、加工、销售等产业链环节结合，加速农业生产方式转变，实现农业发展的科技化、智能化、信息化。如，在生产环节中，利用大数据、物联网、地理信息等新一代信息技术与农业生产融合，开发建设现代设施农业智能监控系统，通过设施设备信息化管理、智能灌溉、精准施肥和生产要素智能监控，提高水、肥和农药的利用效率，增加产量，减少污染，建设优质农副产品供应基地；在生产管理环节中，将智能设施与互联网技术应用于农业测土配方、作物轮作以及农场生产资料管理，提高生产效能。四是加强农村电商平台和服务网点建设。大力推进电子商务进农村综合示范工程，着力加强贫困

山区农产品电商平台和乡村电商服务网点建设，确保乡镇、行政村电商服务网点全覆盖。

（四）提质创新，加快构建现代农业经营体系

一是促进新型经营主体高质量发展。加大龙头企业培育力度，通过并购重组、交叉持股等方式，支持龙头企业对区域内同类农产品加工企业进行整合，打造更强品牌软实力，破解"谁也吃不饱、谁也做不大"的局面，使龙头企业成为发展现代化大农业、开放型农业的核心力量。鼓励农村能人、专业大户、龙头企业等牵头发展合作社，加快示范合作社、示范性家庭农场建设，突出重点扶持培育一批示范合作社和家庭农场，提升合作社和家庭农场经营管理水平。二是积极探索发展集体经济。借鉴贵州安顺塘约村、广东清远叶屋村等模式，在全省各市州有选择地培养一批集体经济试点村，以加强村党支部建设为核心，依托集体经营、选贤任能、民主管理、政府扶持等方式，积极发展地方特色产业，打造充满活力的村级经济体。三是创新发展农业产业化联合体。借鉴长沙县慧润农庄等典型经验①，以产业链、要素链、利益链等为纽带，引导农民以土地、房屋、资金、技术等入股，通过保底分红、股份合作、生产托管、利润返还等方式，参与规模化与标准化生产、农产品品牌创建，促进新型经营主体与农户之间形成分工明确、协作紧密、互利共赢共享的产业化联合体，让农民成为现代农业发展的参与者和受益者。四是大力完善社会化服务体系。支持供销合作社、龙头企业、基层农技人员等领办创办各类专业化服务组织，扩大覆盖范围，确保实现乡镇专业化服务组织全覆盖；促进农业服务主体之间融合发展，形成农业社会化服务联合体，进一步整合农资供应、农机服务、技术咨询、农产品购销等服务资源，提高服务的

---

① 长沙县慧润农庄位于长沙县开慧镇，该农庄通过"统一规划、统一品牌、统一销售、分散投资、分散建设、分散管理"，引导农民以土地、房屋、资金、技术入股，通过建设规模化农业基地，发展乡村旅游，打造特色农产品品牌，实现了同农民的资源共享、优势互补，实现了快速发展。

专业化程度。坚持"对内不对外、分股不分息"原则，鼓励合作社内部开展金融互助。

（五）加强保障，完善政策支持体系

一是加大财政支农力度。贯彻落实新时代农业农村优先发展要求，完善财政支持农业政策体系，确保财政支农资金增长高于地区财政收入增长，确保农业各项优惠政策落地落实。充分利用资本、债券市场，支持农业龙头加工企业上市融资，鼓励符合条件的企业发行公司债等。二是大力支持农业科技、人才发展。加大农业基础性、前沿性和公益性科技研究投入力度。发展现代种业，抓好粮、油、果蔬、肉食水产等优质品种选育和推广。加强绿色安全生产技术研究，在重金属污染治理、病虫害防治、施肥节水等方面加快创新突破。加强"三农"工作队伍建设，选派熟悉"三农"工作的干部进入农业部门和乡镇领导班子，加大县域农业技术人才引进力度。完善新型职业农民教育培训体系，借助信息化平台，开展开放式新型职业农民教育和技能培训。三是深化体制机制改革。大力破除城乡二元结构体制机制障碍，加快取消户籍制度等限制，促进城乡之间人才、技术等先进要素自由、平等流动。积极稳妥推进农村承包地"三权分置"，引导承包农户通过转包、出租、互换、转让、入股等方式流转承包地。加快推进农村"两权"抵押贷款试点，探索宅基地所有权、资格权、使用权"三权分置"。积极推进水稻完全成本保险、收入保险试点和供销合作社综合改革。四是加强农业农村信息公共服务。借鉴浙江、青海、河南等地信息化平台建设经验，加快湖南省农业农村信息化综合服务平台（腾农在线）建设及应用。借鉴"益村"等典型经验，加强区域性农村互联网信息综合服务平台建设。

智能工厂：以系统集成应用
推进湖南智能制造崛起[*]

湖南省人民政府发展研究中心课题组[**]

长沙中低速磁浮列车作为系统集成应用带动上下游发展的成功案例，其模式理念也可以移植于湖南智能制造产业的发展。智能工厂是智能制造产业的基本单位，通过加大智能工厂在湖南省重点行业中的建设和推广，一方面能带动上游的智能制造产业链集成壮大，另一方面将推进传统产业转型升级，实现产业与应用的有效联动，培育形成智能制造产业生态系统（见图1）。

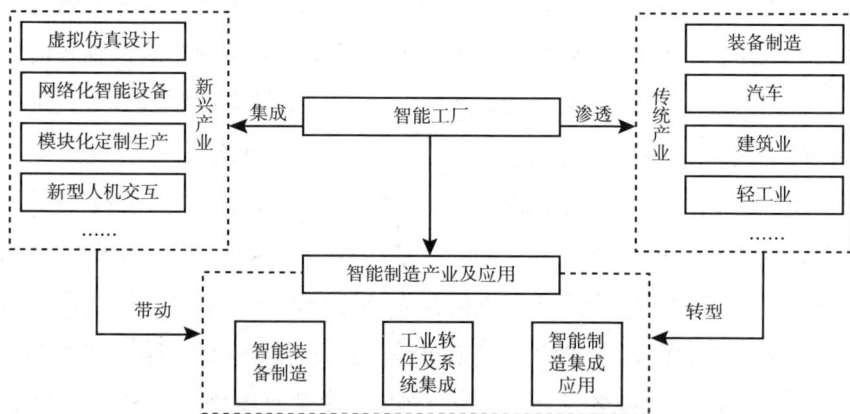

图1　智能工厂推进智能制造产业发展路径

* 本报告是2017年湖南省智库专项委托课题"湖南经济发展补短板研究"（项目编号：17ZWA29）阶段性成果，2015年度中国特色社会主义理论体系研究中心重大项目"生态环境保护和两型社会建设研究"（2015YZD19）阶段性成果，财经大数据资产开发与利用湖南省高等学校2011协同创新中心研究成果。

** 课题组成员：左宏、言彦。

一 推广布局智能工厂是湖南抢占先机的关键

智能工厂是实现智能制造的重要载体，主要通过构建智能化生产系统、网络化分布生产设施，实现生产过程的智能化，其核心理念是 CPS（信息物理融合系统）。

（一）智能工厂是中国制造2025、工业4.0、工业互联网的核心，是湖南推进智能制造的"牛鼻子"

当前，中、美、德三国制造业发展战略呈现殊途同归的特点。其中，德国是从机械化、电气化、自动化向工业4.0转型；美国是从信息化向工业互联网转变；中国是从两化融合向中国制造2025（两化深度融合）转变（见图2）。三者的交汇就是基于 CPS 的智能工厂，这说明智能工厂占据着核心地位，湖南在对接中国制造2025中要注意抓住智能工厂这个"牛鼻子"。

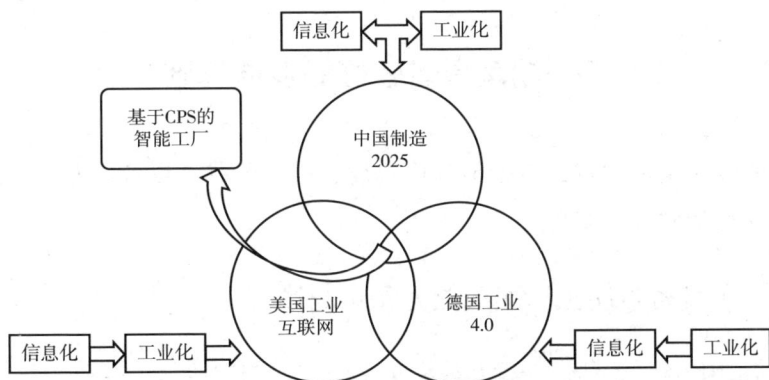

图2 中、美、德制造业发展战略交汇点

（二）智能工厂代表了智能制造的集成能力，带动产业生态发展

智能工厂本身就是一个内在自洽，外在联通的生态系统。分为五层结构，即物理层、信息层、大数据层、工业云层和决策层。其中，物理层包含

各种互联互通硬件设备；信息层涵盖业务各环节及各环节信息化后产生的众创、个性化定制、电子商务等衍生业务；在此基础上，大数据层和工业云层针对各类传感器提供的产品、运营、管理和外部数据进行储存分析服务，为决策层提供决策参考。由此能带动五大产业链发展：虚拟仿真设计、网络化智能设备、工业软件及大数据、工业机器人、智能物流。

（三）智能工厂是推动制造业升级的解决方案，从供给侧提升湖南智能化水平

湖南正处于工业 2.0～3.0 转型升级的关键时期。智能工厂集中体现了湖南省制造业的发展短板和发展趋势，是实现"2.0 补课，3.0 普及，4.0 示范"战略目标的最佳路径。一方面，智能工厂的建设可推动企业补齐信息化、自动化两大短板。另一方面，智能工厂的三个转换（数控装备替换为智能装备、人工作业替换为机器人、人机界面替换为 App 控制）让湖南省生产过程自动化迈上更高的层次。

二 湖南具备较好的发展基础

湖南作为制造大省，在智能工厂建设、相关产业、技术、人才和市场需求方面都具备较好的基础。

（一）具备智能工厂集成能力和示范样板

截至 2017 年 12 月，全省共获批 9 家国家智能制造示范企业、21 个国家智能制造专项，评选出 25 家省级智能制造示范企业和 20 家智能制造示范车间。德国博世在长沙设立了中部唯一提供智能工厂解决方案的企业；长沙格力智能工厂的自动化率达到 62%，是全国电器生产行业自动化程度最高、智能化技术最新的工厂标杆；三一重工 18 号工厂是亚洲最大的智能化工厂，形成了从生产到物流配送的全套智能工厂解决方案；宁乡加加酱油智能工厂达到生产工艺数据自动数采率 90% 以上、工厂自控投用率 90% 以上，生产

效率提高64.29%。中车株洲电力机车厂、泰富重装、长高集团、金浩粮油等企业已建成在行业内具有示范意义的智能工厂。

（二）相关产业要素基础较好

湖南省涌现了一批实力较强的智能制造企业，如宇环数控、一派数控、长泰机器人、华恒机器人、宇环智能、镭钼公司、开元焊接、华曙高科等。同时，湖南还涌现一批包括博世、长泰、金蝶—研华等在内的第三方智能工厂解决方案提供商。湖南大学、国防科大、中南大学的相关学科实力雄厚，能提供人才和技术支撑。此外，调研发现全国机器人相关产业的企业家中湘籍占到60%左右，回乡创业的人才基础好。

（三）制造业转型的市场需求较大

目前，湖南省在工程机械、3C、汽车、环境治理、烟花鞭炮等多个领域"机器换人"的临界点已临近或达到，"智能工厂"的市场需求强大。仅长沙市占全国工程机械行业产值的比重就超过1/4，规模以上工程机械企业32家。长沙有烟花鞭炮企业386家，位列全国第一。汽车制造业增加值增速在18%以上，成为中国汽车产业的"第六极"。烟草制品业、专业设备制造业产值位居全国前5，食品制造业、医药制造业等行业产值位居全国前10。

三　建设推广智能工厂的瓶颈

湖南建设推广智能工厂主要存在市场认知不足、基础薄弱、建设投入大等三方面的瓶颈。

观念意识落后。湖南省企业家对智能工厂认识有偏差，普遍认为智能工厂属于"高端装备"而非"大众产品"，对智能化的可靠性和工作效率认识不深，对智能化改造的方案信心不足，投入力度远远不够。长沙市智能制造成熟度调查显示，15.6%的企业认为智能制造与业务战略脱节；15.6%的企业认为智能系统无法满足企业特殊需求；10.0%的企业认为企业的组织文化与智能制造需求不匹配。

智能化技术和管理水平不足。目前，湖南企业的智能化程度较低，还面临自动化和信息化补课。以长沙为例，长沙仅16.2%的企业在生产中运用了信息管理系统。从长沙市试点示范企业（项目）的发展情况来看，工程机械、汽车、食品等优势产业部分企业的智能化水平处于较高层次，但仅存在少数企业的部分环节，其核心智能控制装置与部件产业基础仍较薄弱，高档和特种传感器、智能仪器仪表、自动控制系统、高档数控系统、机器人市场份额还较低，大型工程机械所需的核心部件以及智能化的重要基础技术和关键零部件主要依赖进口。

推广应用难度大。智能工厂建设前期相关机器设备以及技术学习的成本过高，直接导致企业投资智能化基础设施积极性不高。另一方面，智能制造与传统生产方式相比具有颠覆性，企业学习消化过程中也面临人、财、物等多方面的成本压力。根据长沙市智能制造成熟度调查统计，56.7%的企业认为发展智能制造面临科技类人才缺乏问题；40%的企业存在资金匮乏的问题。

四　几点建议

省委书记杜家毫多次强调，要推动"湖南制造"向"湖南智造"加速迈进。高度重视"智能工厂"在"湖南智造"体系的核心地位，以应用集成推进智能制造产业体系构建。

（一）高度重视"智能工厂"建设和推广

一是在战略性政策中将智能工厂发展提升到推进智能制造发展工作的核心地位，以集成化思维考虑智能工厂建设的重大价值，落实现有政策的同时，要在"两化融合"等部门性管理政策中要突出对智能工厂应用推广及上下游产业发展的有效支撑。二是正确认识"智能工厂"并加强宣传。清醒认识并向企业和全社会宣传建设智能工厂不是一蹴而就的硬件堆叠，而是以成本效益为驱动的持续演进过程，需要久久为功、持之以恒地推下去。三是相关部门牵头按行业类型制定并发布技术路线指南，为企业智能化改造提供参考。

（二）引入和培育一批"智能工厂"集成商

鼓励省内的三一重工、格力、长高集团等数字化车间和智能工厂示范企业将智能化改造业务独立出来，并向智能工厂集成商转型。鼓励企业一方面对上游智能制造产业进行集成，另一方面为下游传统制造业提供智能化解决方案，打造品牌智能化改造服务商。引进一批国内外有实力的智能工厂解决方案第三方服务企业来湖南发展。通过税费优惠等政策扶持，鼓励集成商尽量选择本地配套。

（三）按照行业分类，开展不同路径的"智能工厂"示范和推广工作

一是从生产过程数字化到智能工厂。在石化、钢铁、冶金、建材、纺织、造纸、医药、食品等流程制造领域，侧重从生产数字化建设起步，基于品控需求从产品末端控制向全流程控制转变。二是从智能制造生产单元（装备和产品）到智能工厂。在机械、汽车、轻工、家用电器和电子信息等离散制造领域，企业发展智能制造的核心目的是拓展产品价值空间，侧重从单台设备自动化和产品智能化入手，基于生产效率和产品效能的提升实现价值增长。三是从个性化定制到互联工厂。在家电、服装、家居等距离用户最近的消费品领域，企业重点在于满足消费者多元化需求的同时实现规模生产，通过互联网平台开展大规模个性定制模式创新。

（四）从产业链集成的角度，强化已有优势，突破关键环节

应该夯实"智慧工厂"基础，建立健全保障和引导机制，在出台宏观指导意见的同时，应结合湖南省制造业基地薄弱和网络实际情况出台系列有

针对性的改善基础设施和帮扶政策。然后推进"智能工厂"相关产业链的标准化，以此构建"智能制造"产业链生态系统，搭建高端协同创新和孵化基地，并完善人才引进、培养和留人机制。此外，完善资金扶持政策及金融服务平台。建议政府以更大的力度推出专项补贴、专项低息贷款、有针对性的减免税费以支持企业，特别是中小企业智能化升级改造。以政府产业投资资金为基础，吸引社会资本，以市场化管理方式运作投资基金，为具有成长潜力的研发初创型企业提供智能化改造风险投资。

湖南要尽快占领智能网联
汽车发展先机[*]

湖南省人民政府发展研究中心　　　　　联合调研组[**]
湖南师范大学

2018 年是湖南产业项目建设年，发展产业既要着眼当前，也要布局未来。智能网联汽车是 21 世纪人类财富最大的风口之一，湖南具备全国领先的技术和平台优势，要抢抓机遇布局产业，否则相关人才和技术外流，可能又现"墙内开花墙外香"的局面。建议将该产业纳入当前"五个100"项目重点，并作为未来的支柱产业加以培育，着力把湖南打造成为国家级智能网联汽车产业基地。

一　湖南发展智能网联汽车势在必行

智能网联汽车是融合现代通信与网络技术，具备复杂环境感知、智能决策、协同控制等功能，最终可实现无人操作的新一代汽车，代表了目前智能制造的最高技术水平和最大应用领域之一。

---

[*]　获得副省长陈飞的肯定性批示。
　　本报告为国家社科基金项目"基于模块化视角的战略性新兴产业组织创新研究"（13CJY057）成果，湖南省智库专项重大委托课题"湖南经济发展补短板研究"（17ZWA29）成果，湖南省社科基金重点项目"全球价值链视角下湖南战略性新兴产业国际化发展研究"（14ZDB013）成果，湖南省智库专项项目"新时代湖南经济发展新动能研究"（17ZWC09）成果。本文系财经大数据资产开发与利用湖南省高等学校2011协同创新中心研究成果。
[**]　课题组顾问：卞鹰、唐宇文；课题负责人：曹虹剑、左宏；课题组成员：闫仲勇、王子兴、李虹辰。

（一）潜力巨大：智能网联汽车是湖南不容错过的蓝海

麦肯锡预测无人车到2025年可以产生2000亿至1.9万亿美元的产值。波士顿咨询估计，智能网联汽车将在2021年前后实现商用，2035年全球智能网联汽车销量将达1200万辆，2050年其市场规模将超过40万亿元。工信部发布《汽车产业中长期发展规划》中指出："到2020年，汽车DA（驾驶辅助）、PA（部分自动驾驶）、CA（有条件自动驾驶）系统新车装配率超过50%，网联式驾驶辅助系统装配率达到10%。到2025年，汽车DA、PA、CA新车装配率达80%，其中PA、CA级新车装配率达25%，高度和完全自动驾驶汽车开始进入市场。"从驾驶辅助到完全的自动驾驶，每一步都蕴含巨大商机，湖南要高度重视这一蓝海市场，抢占先机。

（二）时不我待：智能网联车成为发展最迅速的领域之一

美国、日本、德国等国家推出了促进智能网联车发展的多项政策。我国2017年7月印发《新一代人工智能发展规划》，提出加快建设无人车的智能化基础设施、技术标准和知识产权体系。2018年1月，国家发改委公布正在起草产业专项发展战略。2018年4月，工信部发布《智能网联汽车道路测试管理规范（试行）》。从2015年起，北京、上海、杭州、重庆、深圳等相继建立智能网联汽车示范区（基地）。截至2018年3月，先后有北京、上海、深圳和杭州宣布对无人驾驶进行路测。谷歌、特斯拉、优步、大众、丰田、百度、腾讯、阿里巴巴、滴滴、华为等高科技企业和汽车厂商都已投入相关研发之中。据清华大学发布的《智能网联汽车技术全球专利观察报告》，2007～2016年中国在智能网联汽车领域的专利数量最多，占全球3万余件专利的37%。

（三）强势链群：智能网联车对上下游产业带动力强，与湖南产业契合度高

智能网联汽车已成为传统产业与新兴产业融合发展的巨大风口，是关联众多领域协同创新、构建新型交通运输体系的重要载体。其产业链上游涉及

到机械、钢铁、冶金、电子等基础性工业，中游涉及信息、材料、装备制造等工业，下游关联到销售、金融、保险，以及人工智能、智能制造、大数据、车联网等新技术。推动智能网联汽车发展，有利于传统产业优化升级，实现高质量发展。

二　湖南具备三大优势

湖南省智能网联车技术和测试平台均走在全国前列，制造业的基础雄厚，已具备发展智能网联汽车的良好条件。

（一）智能网联车技术走在全国前列

智能网联汽车四大关键技术是：定位导航技术、环境感知技术、规划决策技术和自动控制技术。国防科大贺汉根教授团队从事无人驾驶研究近20年，目前已突破了无人驾驶汽车复杂环境感知与识别、智能行为决策和自主优化控制等系列关键技术；国防科大作为国内卫星导航测试领域的主力军，掌握卫星导航系统、应用、测试和仿真等多项核心技术；中南大学蔡自兴教授是我国智能控制学科的奠基者之一及人工智能和智能机器人学科带头人之一，其团队中的唐琎教授是无人车视觉识别领域的资深专家；湖南大学机械与运载工程学院汽车自动化和设计领域全国领先。国防科大、中南大学、湖南大学团队多次获全国无人车竞赛冠、亚、季军，居全国第一梯队。

（二）测试平台具备全国领先优势

智能网联车技术成熟的关键在于测试平台。湖南首个智能系统测试区位于湘江新区，规划面积9.6平方公里，从2016年开始建设，将于2018年6月完工启用。可实施智能汽车的安全、效率、信息服务及新能源等四大类型测试。测试场分为高速公路测试区、城市道路测试区、乡村道路测试区、越野测试区、研发管理与调试区等主要功能分区，园区内测试道路里程达12公里，是目前国内已投入运营的封闭式测试区中测试场景复杂程度最高，测试道路总里程最长，研发办公配套最齐全的。此外，2018 年 4 月，长沙在全国率先出台《智能网联汽车道路测试管理实施细则（试行）》，部分方案在全国属首创，具有极强的行业规范和指导意义。

（三）产业集聚效应正在显现

湖南已集聚一批智能网联汽车领域的重点企业。长沙智能驾驶研究院。由香港科技大学李泽湘教授团队创建，专注于智能驾驶商用车研发，已与百度形成密切合作。2018 年 4 月，研发的智能驾驶物流重卡实现高速公路场景下自动驾驶。中车时代。2016 年开发了智能驾驶公交车，2018 年将在湘江新区开辟智慧公交示范线路。华诺星空。2013 年雷达生命探测仪 DN－Ⅱ获得国家重点新产品证书；2014 年成立汽车主动安全控制技术湖南省工程研究中心；2016 年建立院士工作站，与李德毅院士深入合作汽车自动驾驶系统。星思科技。致力开发具有深度学习能力的无人驾驶与先进传感技术，研发的无人飞行器等产品已在货运物流、旅游观光、公安警用等领域应用。北云科技。原国防科大北斗研发团队创建，专注导航定位设备。慧联智能。原国防科大天河计算机及机器人团队，产品主要是车载嵌入式计算平台、视觉传感器等。京东无人车产业基地。2017 年 12 月，计划超百亿元的京东无人车产业基地落户长沙经开区。

三　需要突破的四个"短板"

湖南在关键技术、成本、市场认可度、政策配套以及基础设施方面还存在着问题和障碍。

（一）关键技术未突破，短期内难以量产

智能网联汽车不仅需要突破车辆/设施关键技术，还有信息交互关键技术以及基础支撑技术，例如高精度地图、高精度定位等。目前，湖南省乃至我国在感知传感器、执行系统、激光雷达等领域还缺乏关键的核心技术，车

企应用的信息采集技术也较为单一。同时，自动驾驶所依赖的传感器、激光雷达等电子设备的成本很高，量产还比较难。

（二）缺乏龙头企业带动，与市场结合不足

湖南创新的"硬伤"是技术与市场的结合不够，很多技术"墙内开花墙外香"，这与湖南省商业氛围和市场发育不足有很大关系。目前湖南智能网联车发展也属于高校院所主导模式，缺乏龙头企业和市场参与，人才和技术只能跟外省企业合作，例如中南大学唐琎教授的无人车视觉技术被华为收购。其他省市则以企业为主导开发，例如上海以大众、上汽等主导；北京以百度、千方科技、乐视、北汽等主导；重庆中汽工程研究院联合了长安、一汽、中国移动、华为等参与。

（三）政策配套跟不上，发展环境亟待改善

智能网联车发展要涉及产业政策、交通规则、道路标准等系列制度配套，长沙市在路测等领域出台了一些制度配套，但还远远不够；而省级层面来看，出台的相关政策更少，支持力度小，与其他省市相比存在差距。例如，湘江新区测试区仅为市级平台，而上海、北京、重庆等地测试区都为省级、国家级平台。

（四）基础设施建设难以匹配，智能驾驶落地难

智能网联汽车上路对道路、网络的要求极高。湖南现有基础设施建设在无线电频率、5G技术研发、路面通信中断以及网络建设的第三方检验检测平台方面亟待改进和提升。此外，还存在数据信息交互平台的建设和维护问题、智能汽车上路的安全性问题等难题有待破冰。

四 对策建议

培育新兴产业必须有前瞻的视野，有"功成不必在我"的精神境界和

"功成必定有我"的历史担当。突破"关键点"，打好"组合拳"，建好"生态链"，助推产业发展。

（一）高度重视，将培育智能网联车产业纳入"五个100"项目重点，并作为未来的支柱产业提前布局

一是完善顶层设计，尽快出台湖南省支持智能网联汽车发展的政策与行动计划，比照移动互联网等产业，研究出台《关于鼓励智能网联汽车产业发展的若干政策》。二是在"五个100"中把湘江新区智能系统测试区二期、京东无人车基地等项目纳入重大产业建设项目，围绕智能网联车设立5~7个科技创新项目，引进3~5家重点企业和一批科技创新人才和团队。

（二）提升载体，打造国家级军民两用智能网联汽车与智慧交通示范基地

建议要以湘江新区智能系统测试区和京东无人车基地为核心，向工信部和交通部申请创建国家级示范基地。首先，建议省经信委授予湘江新区测试区为"湖南省智能系统测试技术创新中心"，并积极争取国家级的认定，同步加快开展半开放和全开放测试道路规划建设。其次，参照上海测试区的标准着力建设六大平台：前瞻共性技术研发平台，产品技术测试认证平台，标准规范研究制定平台，数据与信息安全评测平台，技术成果转化孵化平台，集成创新与应用示范平台。其三，以湘江新区测试区为载体举办全国性的无人车赛事和建立全国性的数据中心，不断扩大影响。

（三）市场主导，引入龙头企业，构建产业生态系统

一是吸引全国科技企业、大型车企以智能网联车为重点来湘设立"第二总部"，按照总部经济落地给予政策优惠。二是在湘江新区和长沙经开区规划全省智能网联汽车产业基地，鼓励相关企业孵化、集聚、壮大，培育研究开发、规划设计、生产制造、测试评价等整个生态体系。三是引入业内顶尖投资机构来湘联合设立智能网联车产业投资基金，重点投资技术领先的企业和创业团队来湘孵化，助推成果产业化。

（四）整合资源，搭建跨领域的智能网联汽车产业联盟

探索政企合力、省部合作、军民融合推进的模式，整合相关资源。一是搭建横跨人工智能、汽车工业、通信设备、信息技术等多领域的智能驾驶产业研发联盟。鼓励京东等科技企业、在湘车企等联合国防科大、中南大学、湖南大学等高校院所设立智能网联汽车协同创新实验室，联合相关职能部门建立产业研发联盟，联合攻克通信、软件、平台建设的技术和集成难点，开展制度创新。二是争取与工信部和交通部开展省部合作，签订智能汽车应用示范合作框架协议。工信部和浙江、湖北分别达成了基于不同领域的智能汽车、智慧交通应用示范合作框架协议，湖南也应争取。三是探索成立政企合作的智能网联车成果转化中心。借鉴美国、英国、以色列等国做法，设立专业化的技术成果转化中心。

（五）配套先行，重点在政策制度和基础设施上打造全国先行先试区

一是根据《国家车联网产业标准体系建设指南（智能网联汽车）（2017）》出台湖南省的标准体系。二是尽快出台《湖南省智能网联汽车道路测试管理实施细则》，从长沙市进一步推广到全省范围，对测试主体、测试车辆、测试人员、测试申请、违法及事故处理等方面都做出明确要求。三是探索修订和出台省级法规制度。组织法律界和产业界人士研究相关法律问题，并在省级层面推动道路交通法规的修订。四是继续推进半开放式和开放式路测基地建设，加快与智能网联车相关的智慧交通体系建设。

开 放 发 展

中美贸易摩擦与日本人的反应

唐宇文

最近一段时间，中美贸易摩擦雷声很大。美国总统特朗普秉持其推特治国作风，多次通过推特发帖，高调挑起中美两国在贸易、投资及知识产权等领域的冲突与争端；中国则通过商务部、外交部等部门的新闻发言人，给予有理、有利、有节的回应，不惧挑战，斗而不破。

改革开放四十年来，中美经贸关系中一直都有程度不同的摩擦。特别是中国加入WTO之前的20世纪90年代，一年一度的最惠国待遇审议，与贸易有关或者无关的人权问题，成为改革开放第二个十年里中美贸易关系特点的真实写照。2000年之后，虽然中国终于"入世"，中美两国经贸关系也得到了更加迅速的发展，但贸易摩擦出现的频率不减反增，美国成为与中国发生贸易摩擦最多、最激烈的国家。美国公司对海外竞争对手提出的倾销指控中，有20%以上涉及中国。

尽管庞大的美国市场和迅速崛起的中国市场，以及日益密切的经贸往来，使得这两个国家相互之间存在巨大的经济利益，但是如此激烈的贸易摩擦，不禁让人担心中美经贸关系的前景。多年的经贸摩擦也让世人发现，美国的贸易决策不是单纯的经济决策，而是经济利益和政治现实的危险平衡。

强势展现单边主义、保护主义和逆全球化特质的特朗普总统挑起的这轮中美贸易冲突，到底会是雷声大、雨点也大，还是高高举起、轻轻放下，抑或其他？笔者不想做过多的猜测。这段时间以来，国际国内许多有识之士，已经做出了很有见地的分析。我只想说，"沉舟侧畔千帆过，病树前头万木春"，让我们拭目以待吧！

而这段时间因为工作关系，笔者参加了在长沙举行的第 36 届中日经济知识交流会，跟一些日本经济界人士有所接触，他们中的一些人，就是当年与美国签署广场协议的亲历者。我很好奇的是，他们怎么看待当前的中美经贸争端。

20 世纪 80 年代初期，美国财政赤字剧增，外贸逆差大幅增长。到 1985 年，日本取代美国成为世界上最大的债权国，日本制造充斥全球，日本资本疯狂扩张，令美国人惊呼"日本将和平占领美国"。

美国许多制造业大企业、国会议员开始坐不住了，他们纷纷游说当时的里根政府，强烈要求干预外汇市场，让美元贬值，以增强产品的出口竞争力，改善美国国际收支不平衡状况。

1985 年 9 月 22 日，美日德法英五国财长和央行行长（简称 G5）在纽约广场饭店举行会议，达成了五国政府联合干预外汇市场、诱导美元对主要货币的汇率有秩序地贬值，以解决美国巨额贸易赤字问题的协议。

广场协议签订后，上述五国开始在国际外汇市场大量抛售美元，继而形成市场投资者的抛售狂潮，导致美元持续大幅贬值。1985 年 9 月，美元兑日元在 1 美元兑 250 日元上下波动，在其后不到三年的时间里，美元对日元贬值了 50%，也就是说，日元对美元升值了一倍。

纵观日本经济三十多年来的发展，1985 年的广场协议是一个转折点。尽管我们不能轻率地将日本"失落的十年"完全归咎于广场协议，但广场协议对日本经济确实产生了难以估量的影响。因为广场协议之后，日元大幅升值，对日本以出口为主导的产业产生了巨大影响。为了保持经济成长，日本政府不得不以调降利率等宽松的货币政策来维持国内经济景气。从 1986 年起，日本的基准利率大幅下降，国内剩余资金大量投入股市及房地产等非生产工具上，从而形成了 90 年代著名的日本泡沫经济。这个经济泡沫在 1991 年破灭之后，日本经济便陷入战后最大的不景气状态，且持续多年。

参加中日经济知识交流会的日方代表，谈起当年与美国人的谈判，都说那是一段痛苦的经历，往事不堪回首。当时的形势非常严峻，日本陷入了非常困苦的一个境地，最终日本在宏观政策方面做了很大的调整，结果导致了泡沫崩溃，产业不断衰退，到 20 世纪 90 年代中期以后，贸易摩擦才得以放缓，在这一历史进程中，日本付出了巨大代价。从现在的情况来看，美国当时对日本的攻势更强更凌厉，他们会讲很多复杂的问题，这些复杂的问题交织在一起，宏观的问题、微观的问题、政治的问题和经济的问题，都搅在一起。日本客人建议说，根据日本的经验，今后处理与美国的摩擦时，一定要把各种问题厘清、分开，然后分别用不同领域的逻辑去说服美国。美国是喜欢把所有的事情混在一起，然后一起朝你砸将过来，你一定要把它分开，宏观、微观、产业、金融、就业等，分成一块一块地去跟他谈，这是很重要的。

日方代表说，现在的状况对中国来说，跟之前日美谈判时的日本比较，中国很有利。因为日本在安保方面，是依赖于美国的保护伞的，而且当时美国的产业经济有很严重的问题，但现在美国经济很好，从这个意义上来说，谈判的时候中国的相对位置比日本要好。特朗普他是先打你一闷棍，把你打昏了然后再跟你谈，但中国被打了以后，有很强劲的打回的力量，这些我们很相信，但愿你们坚持到底。

日方代表还认为，特朗普施政以来，其政策没有规律性，他一开始就要脱离 TPP，要搞单边主义和保护主义。但 TPP 在特朗普总统签署退出以后，日本很快就主导召开了 TPP11 的部长会议，日本要抵制保护主义，回归自由贸易，推进多边关系。

再看看日本国内的舆论和日本网友的态度，你会发现，中美贸易摩擦升级过程中，很多日本人都希望中国获胜。这反过来说明，在经贸摩擦上，美国人有多霸道，日本人心里的积怨就有多深。

日本《东洋经济周刊》发文称，如果美中贸易战升级，日本以及其他亚洲国家肯定不能免受牵连。这个规律就叫老大和老二打架，老三肯定悲催。日本的《钻石周刊》也批评美国称，如果美国继续走强硬路线，只会加速被国际社会孤立，长远看来会削减美国的优势地位。看来美国的做法，连小弟都看不下去了。

而很多日本网友也纷纷表达了中国敢于和美国进行贸易对抗的羡慕，有些网友甚至为中国加油。一些很感性的日本网友说："拜托了！两国就在贸易领域解决问题吧，别把战火引到其他地方去了！""你们两国要相互拖死对方随你们便，别扯到我们就好。"

日本专家也发出了理性的声音。日本国际贸易投资研究所主任研究员江原规由认为，特朗普一直强调"美国优先"，其实是在追求个人利益最大化。2018 年是美国的中期选举，特朗普想借此提高人气。江源认为，如果中美贸易摩擦长期化，没有任何国家可以独善其身，"经济已经全球化，如果贸易战真的打下去，对世界经济产生重大影响将不可避免"。他还相信，作为具有一定实力的大国，中国一定能够处理好目前的局面。

如果看到这些信息，美国大哥会做何感想？我们不得而知。

高质量发展需要高水平营商环境来支撑

唐宇文

高速增长阶段转向高质量发展阶段，是新时代我国经济发展的基本特征。而实现高质量发展，需要多种因素合力助推。综观国际国内发展态势，可以说，营商环境既是促进高质量发展的重要基础和内在要求，更是我国实现高质量发展进程中的一个短板和弱项，亟须对照国际标准和水平，加大力度不断进行优化再造。

最近，世界银行发布了旗舰报告《2019 年营商环境报告：强化培训，促进改革》，对全球 190 个经济体的商业监管法规和产权保护进行分析与评估，以衡量监管法规是否有助于推动或是限制商业活动。该评价报告中营商难易程度排名包括 10 个指标：开办企业、办理施工许可证、获得电力、登记财产、获得信贷、保护中小投资者、纳税、跨境贸易、执行合同和办理破产。

根据该评价，全球营商环境总排名位居前十的国家或地区依次是：新西兰、新加坡、丹麦、中国香港、韩国、格鲁吉亚、挪威、美国、英国、马其顿。中国（大陆）营商环境总排名居第 46 位，这是中国首次跻身全球前 50。从 2013 年度到 2019 年度的世行报告来看，中国营商环境的世界排名前移了 50 位，反映了十八大以来全面深化改革、全面依法治国取得的实际成效。

从分项指标看，中国在"开办企业"和"获得电力"两个领域上取得的进步最为显著，显示近年来我国深化商事制度改革等方面成效显著。例如，在分项指标中，我国"开办企业便利度"排名前移表现亮眼，开办企业只需 9 天时间，从前一年的第 93 位上升至目前的第 28 位，上升 65 位。

电力接入全免费，全球范围内除中国外，能做到这点的只有日本和阿联酋，在该领域内全球排名已位列第14。世行认为，我国在开办企业、办理施工许可证、获得电力、登记财产、纳税、跨境贸易、保护少数投资者等7个类别的改革中取得了突出进展。由此也可看出，营商环境是可以通过系统性改革获得根本性改善的。

事实上，过去十六年来，全球各地区营商环境通过改革都发生了很大变化。例如，全世界开办新的中小企业平均耗时缩短为20天以下，而2003年时则为52天。此外，有65个经济体的创业者能够在网上完成至少一项公司注册手续，而2003年只有9个经济体能做到这一点。在其他营商环境领域也有类似的进步。

尽管近年来我国营商环境改善较快，但我们也要看到，与营商环境优越的先行国家相比，我国总体上仍处于中上游水平。从各项指标排名看，在企业开办、获得施工许可、纳税、跨境贸易以及投资者保护等领域差距仍然明显，这些领域是深化改革的重点领域，也是我国打造国际化营商环境、促进高质量发展需要重点突破的领域。

优化营商环境，必须坚持问题导向，聚焦群众反映集中、企业反映强烈、社会反映普遍的突出问题进行整改。在一些地方，手续烦琐、效率低下、遇事"推绕拖"等办事难现象依然存在；有的政府部门缺乏诚信，有的干部新官不理旧账，决策上"翻烧饼"、瞎折腾；有的部门不依法行政，随意执法、"小鬼难缠"；有的把企业当"唐僧肉"，个个得而尝之；有的市场准入门槛高，搞地方保护，各种隐性壁垒不同程度存在，等等。这些问题由来已久，群众意见不小，企业不堪重负，破坏了市场生态，已经成为发展的绊脚石，必须高度重视，采取有力措施加以解决，让营商环境有新的更大的提升。

2018年的第一次国务院常务会议，就把部署进一步优化营商环境作为重头戏来抓。提出优化营商环境就是解放生产力、提高综合竞争力，并要以此为重点持续激发市场活力和社会创造力。优化营商环境是一个系统工程，软硬环境都重要，既要改善基础设施等硬环境，更要在提高服务水平、营造法治环境等软环境建设上有新突破，更好发挥制度的支撑、保障和激励作用，让企业和群众更多受益。

要以简政减税减费为重点，进一步优化营商环境。公共服务是营商环境的试金石，要进一步做好简政放权的"减法"、做强监管的"加法"和优化服务的"乘法"，更好发挥政府作用，以主动服务、优质服务让群众舒心、企业顺心。对企业开办、纳税、施工许可、水电气报装、不动产登记等事项，大幅精简审批、压缩办理时间。进一步清理取消经营服务性收费和行业协会商会收费，降低通关环节费用。大力推动降电价。促进"证照分离"改革扩容提速。以"双随机一公开"为原则，积极推进综合监管和检查信息公开。加快建立以信用承诺、信息公示为特点的新型监管机制，制定失信守信黑红名单及管理办法并向社会公布。

要严格依法平等保护各类产权，加大知识产权保护力度。社会主义市场经济本质上是法治经济，要严格依法平等保护各类产权，坚持维护契约、公平竞争等基本导向，保障不同所有制企业在资质许可、政府采购、科技项目、标准制定等方面公平待遇，坚决查处滥用行政权力排除和限制竞争的行为，使市场在资源配置中起决定性作用，给各类市场主体吃上"定心丸"。政府要严守承诺，不能新官不理旧账、对企业不公平对待或搞地方保护。全面实施市场准入负面清单制度，在全国推行外商投资企业商务备案和工商登记"单一窗口、单一表格"。

要抓紧建立营商环境评价机制，抓住短板攻坚克难优化营商环境。目前，国家发改委法规司正借鉴国际经验，组织力量开展研究，计划从我国国情出发，研究构建我国营商环境基本评估体系，建立常态化评价机制，并逐步在全国推行。坚持问题导向、突出重点，对提升办理建筑许可和跨境贸易便利度开展专项行动。实行规划、消防、环保等部门并联限时审批，简化施工许可等手续。对跨境贸易建立跨部门一次性联合检查机制。打造国际化、法治化营商环境，为企业和群众提供办事便利，进一步激发市场活力和"大众创业、万众创新"深厚潜力。

迈进新时代，我国将加快形成推动高质量发展的制度环境，营商环境也将是其中一个重要组成部分。作为优化营商环境的最终执行者，各级地方政府应积极落实党中央、国务院对优化营商环境的要求，加快转变发展思路，着力完善与践行法治，革除与审批发证等相关联的寻租权力和不当利益，构建亲清新型政商关系，努力营造稳定、公平、透明、可预期的营商环境，在完善、提升和拓展"放管服"改革各项措施上狠下功夫，以更加高效便捷的政府公共服务，提升营商环境生产力和竞争力。

湖南加强对日本经贸合作的对策建议

湖南省人民政府发展研究中心调研组*

中日经济知识交流会第 36 届年会于 4 月中旬在湖南长沙召开。借此契机，湖南与日本经贸合作交流有望进一步加强。对此，调研组分析了湘日经贸交流的基础和趋势，认为在当前中美贸易战时期，湖南省应高度重视对日经贸合作，积极搭建平台，精准开展对日招商和贸易，助力湖南开放战略。

一　湖南与日本经贸合作有基础有潜力

日本对于湖南来说是不可或缺的经贸合作伙伴，现有经贸合作基础扎实，潜力较大。

（一）日本是湖南的第三大贸易伙伴

2017 年，湖南对日本进出口贸易总额为 17.8 亿美元，同比增长 38.13%。其中，出口总额为 4.8 亿美元，同比增长 14.49%；进口总额为 13 亿美元，同比增长 49.68%。日本是湖南排名第三的主要贸易伙伴，2017 年湖南对日进出口额占全省进出口总额接近 1/10，仅次于中国香港、美国。其中，日本是湖南第二大进口来源国（地区），2016 年对日商品进口额占全部商品进口额的 10.2%，仅次于美国（11.2%）；日本是湖南省第七大出口国（地区），2016 年对日商品出口额占全部商品出口额的 2.3%，仅次于中国香港、美国、韩国、新加坡、英国、德国（见图 1、图 2）。

---

* 调研组组长：卞鹰；副组长：唐宇文；执笔：左宏、李迪。

中国香港
25736万美元
3%

英国
6927万美元
1%

新加坡
5461万美元
1%

中国台湾
35050万美元
4%

德国
43065万美元
5%

韩国
65573万美元
7%

澳大利亚
77196万美元
9%

日本
89014万美元
10%

美国
97249万美元
11%

其他
425697万美元
49%

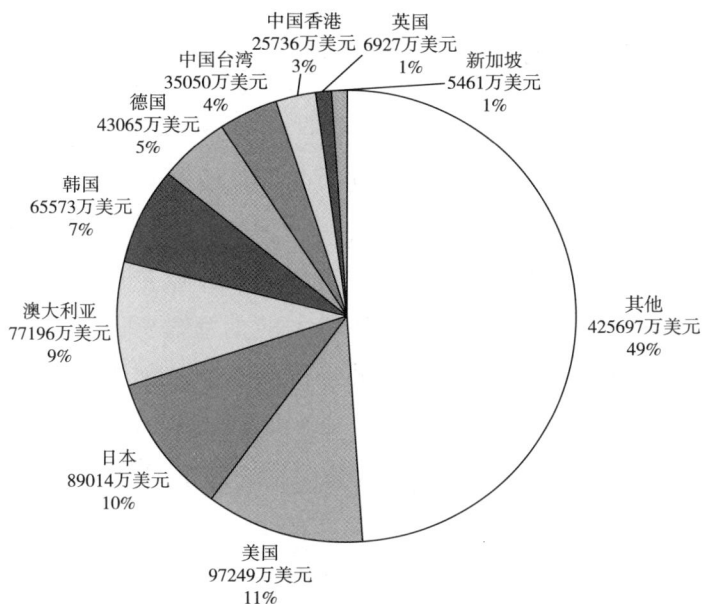

图1　2016年湖南商品进口来源地情况

资料来源：湖南省统计年鉴2017。

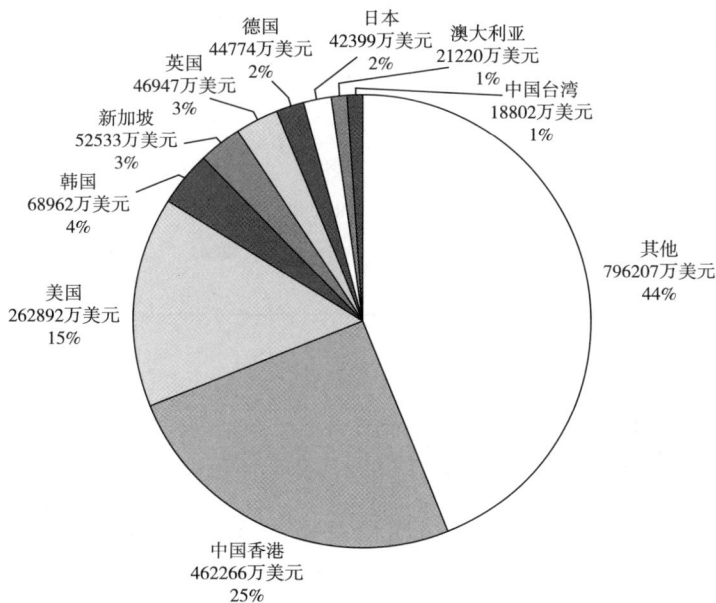

德国
44774万美元
2%

日本
42399万美元
2%

澳大利亚
21220万美元
1%

英国
46947万美元
3%

中国台湾
18802万美元
1%

新加坡
52533万美元
3%

韩国
68962万美元
4%

美国
262892万美元
15%

其他
796207万美元
44%

中国香港
462266万美元
25%

图2　2016年湖南商品出口地情况

资料来源：湖南省统计年鉴2017。

（二）日本是湖南第四大外资来源地

根据商务厅数据，截至 2017 年，日本企业在湖南共投资项目 310 个，占全省总数的 1.87%；合同利用外资 26.96 亿美元，占全省利用外资总额的 1.95%；实际利用外资 26.74 亿美元，占全省总额的 2.52%。虽然日本在全省的利用外资金额方面占比很小，但是排名依然是位于中国香港、中国台湾和维尔京群岛之后最大的外商投资国家。根据商务部门数据，可以看出日本在湖南的对外经济贸易中依然占据重要位置。目前在湖南省投资日本企业主要有广汽三菱汽车有限公司、平和堂（中国）有限公司、雅马哈摩托车有限公司等公司，这些公司投资额均在 3000 万美元以上。

表 1　外商直接投资签订合同情况

国别（地区）	项目（合同）个数		合同外资额（万美元）		实际利用外资（万美元）	
	2015 年	2016 年	2015	2016	2015	2016
中国香港	307	387	751502	1414909	678697	814111
中国台湾	88	77	123872	86756	83089	63480
维尔京群岛	12	15	26285	63657	40433	49091
日　本	23	26	37288	52031	35140	46685
美　国	28	34	36975	55599	25386	42469
英　国	5	6	14516	22337	15209	16535
澳大利亚	5	3	7416	3386	4707	1142

资料来源：湖南省统计局。

（三）服务贸易和对外经济方面不断升温

近年来，湖南省服务贸易进出口总额比重不断提高。2017 年，湖南省对日本新签劳务人员合同工资总额为 2581 万美元，劳务人员实际收入总额为 1467 万美元，外派劳务人员 1082 人，年末在外人数 3139 人。截至 2017 年底，湖南省经核准在日本设立的境外企业共有 11 家，从事汽车等运输机器及零部件、机械设备、机电产品、工艺品、日用品的设计、生产制造以及贸易，合同投资总额为 2556 万美元，中方合同投资额为 2479 万美元。

（四）湖南和日本在政治、文化等方面交流奠定了良好基础

从 1982 年起，湖南已与日本缔结了 11 对友好城市关系。其中，湖南先后与滋贺县、德岛县结为省级友好城市关系；同时，还缔结了岳阳市与沼津市、长沙市与鹿儿岛市、湘潭市与彦根市等 9 对市级友好城市关系。中日友好城市还形成了定期政府互访机制，带动民间经济合作交流。此外，2016年，日本来湖南旅游人数为 66575 人次，是第二大境外来湘旅游来源国，占总入境旅游人数的 5% 左右。

二 湖南与日本经贸合作的短板和问题

湖南和日本经贸合作存在总量小、趋势不稳定、贸易逆差不断增大等问题，都需要正视和应对。

（一）湘日双边贸易额和投资总量偏小、趋势不稳定

根据省统计局数据显示，2016 年，湖南对日进出口额为 13 亿美元，占全省进出口额总数的 4.9%，低于全国的水平（2016 年我国对日本双边贸易进出口总值 1.82 万亿元，占我国外贸进出口总值的 7.5%）（见图 3）。2016 年，日本对湖南实际投资 4.7 亿美元，仅占湖南实际利用外资总额的 3.6%，略高于全国平均水平（2016 年，日本对中国实际投资为 31.1 亿美元，占全国实际利用外资比例 2.6%）。从趋势来看，近年来湖南省与日本的贸易和投资情况处于触底回升的状态，2011 年达到最高值之后，一路下滑，到 2015 年低谷后，呈现上升态势，但一直处于不稳定状态。

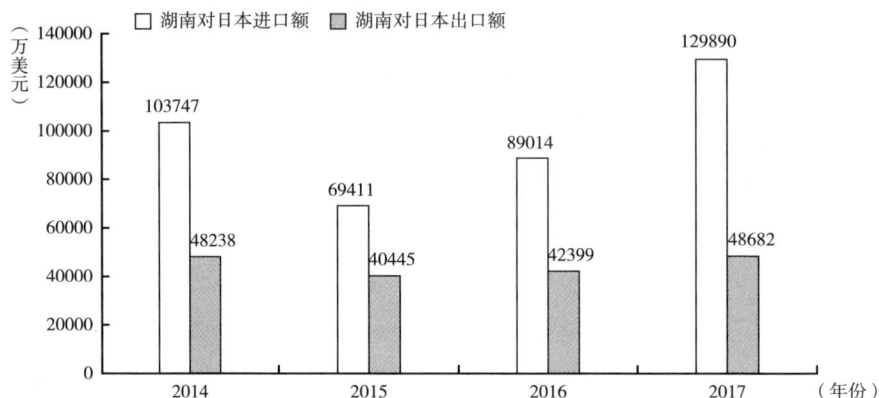

图3 湖南与日本进出口贸易情况

资料来源：根据湖南省统计年鉴和商务厅数据整理。

（二）湘日贸易逆差不断扩大，出口产品处于产业低端

湖南与日本贸易进口近年来一直处于贸易逆差状态，近年来，湖南省与日本的对外贸易进口与出口额大于2∶1，贸易逆差呈扩大趋势。长期以来，湖南向日本出口的产品主要以低附加值的劳动密集型及资源密集型产品为主，国际竞争力弱，可替代性强。湖南主要以进出口加工贸易为主，垂直加工体系未改变，仍处于贸易的低端；而从日本进口的产品主要以高附加值的电子产品及资本密集型产品为主，附加值高（见表2）。

表2 湖南与日本进出口主要商品情况

湖南出口主要商品	湖南进口主要商品
化工产品、纺织品、鞋类产品、塑料制品箱包、蔬菜及罐头、钢材、电动机、有色金属、石墨、玩具	汽车及零部件、发动机、机床等加工器械、电子电器零部件、仪器、医疗器械及设备

资料来源：湖南省商务厅。

（三）日本贸易壁垒过高，贸易摩擦将不断增加

湖南与日本贸易存在关键问题之一是日本的贸易壁垒过高。日本对农产

品等商品采取高关税、价格补贴和流通管制相结合的保护政策，同时还有严厉复杂的法律法规和标准等非关税壁垒逐步提高外国产品进入日本市场的门槛。同时，知识产权领域也存在较为严重的摩擦问题，日本是个版权意识很强的国家，这对于湖南省对日出口提出了更高要求。

（四）湖南与日本经贸受到政治因素影响较大

湘日贸易受到政治及外交因素影响较多，例如，2012 年 9 月 15 日，大批市民参与了长沙市雨花区东塘"平和堂"商场前的聚集游行，打砸日系车和平和堂等事件。受到这些因素影响，日本来湖南旅游人数呈现断崖式下跌。2013 年来湖南旅游的日本游客人数下降了近 7 成，虽然在 2014 年又有所回升，但是近几年来湖南旅游的日本游客还一直低于 2011 年的人数；贸易上也体现出不稳定的增长状态，一直没有恢复到 2011 年的数额。

三 几点建议

建议从五个方面入手，加强与日本经济贸易合作，进一步提升湖南的对外开放水平。

（一）在中美贸易战不断升级的背景下，高度重视与日本的经贸合作

近期，中美贸易战在不断升级，对于湖南进出口也将造成影响。在这一情况下，湖南要高度重视与日本的经贸合作，寻求替代方案，减少贸易战对湖南外贸的冲击。同时可以与日本企业合作，在"一带一路"沿线国家联手合作，通过"中资开路，日企配套"的模式实现迂回的对美出口的目的。

（二）搭建合作机制，利用城市交往带动经贸合作

要通过友好城市加强与日本经济、文化、社会等方面交流，搭建湘日经贸合作的平台。一方面，通过举办经贸洽谈会、投资说明会、产品展销会、

经贸合作论坛等，形成湖南与日本企业交流了解的平台，为湖南的招商引资牵线搭桥；另一方面，应该充分调研，寻求符合双方利益的项目，找准突破口和切入点，促进推介会项目合作成功。

（三）优化产业结构，提升湖南出口产品的竞争力

湖南与日本贸易目前仍然存在互补性，今后一方面巩固劳动密集型产品和资源型产品的优势，另一方面要努力向资本技术密集型产品转移、开发，扶持高新技术产业，继续调整产业结构，逐步加入更高层级的国际分工中去。

（四）精准招商引资（技），引导日本对湖南投资

因势利导，精准招商引资，加强外资与本土产业的匹配度。一是建立对日招商项目库。重点围绕工业新兴产业链发展，根据建链、补链、强链的措施，针对性的在装备制造、新材料、电子信息、汽车、节能环保等领域建立对日招商引资（技）项目库，精准引入日本的产业、资本和技术。二是制定优惠政策鼓励日资企业在湘建立研发机构，采取多种措施引导其向产品研发环节投资，强调技术在引资中的重要性。鼓励外资流向高新技术产业，发挥出引资的技术外溢效应，不断提高生产效率，改进产品质量。三是优化发展环境。特别是减少政治因素对经济的冲击，引导民众理性对待中日关系。

（五）完善应对机制，减少日本贸易壁垒阻碍

湖南应加强对日本法律法规的研究，建立和完善贸易壁垒预警机制，加强收集、咨询和管理贸易壁垒信息的能力，建立专门的贸易信息发布平台。时刻关注中日贸易发展动向，并将日本相关信息及时发布。另外要加强对日本产品进口和出口相关标准与要求的了解，推进标准化战略，及时指导企业调整生产，将湖南的产品纳入法制化、标准化的轨道。

三向发力化解政府失信风险

——推进湖南省招商引资领域政府诚信建设的对策*

湖南省人民政府发展研究中心调研组**

家毫书记在全省优化发展环境现场会上强调，要让湖湘大地成为投资创业的福地。但目前湖南省招商引资领域政府违约失信问题仍较突出，已成为影响经济发展环境的一个主要痛点。据省优化办统计，2015～2017 年，每年来湘企业投诉政府涉嫌违约失信的案件 50 件左右，其中招商引资领域约占 40%。为此，我们通过省长电子信箱来信分析、部门座谈、企业问卷调查、现场访谈等方式，对招商引资领域各级政府存在的失信问题进行了调查分析，并从建立一套制度、建好一个平台、营造一个环境三方面提出了建设诚信政府的对策建议。

一 辨清症状：三大政府失信风险点

我们向省内 14 个市州 18 个园区发放企业调查问卷，在回收的 130 份有效问卷中，有 24.6% 的企业遭遇过政府不诚信行为，按照发生概率从高到低依次为规划调整、财政补贴和奖励、税收政策、土地政策及项目合作等领域。具体来看，湖南省各级政府在招商引资领域主要存在三大失信风险点。

（一）领导换届产生的政府失信风险

超过一半的被调研企业认为，领导换届对政府守信履诺有重大影响，换

---

* 获得省委常委、省纪委书记傅奎，省政协党组成员袁新华的肯定性批示。

** 调研组组长：卞鹰；副组长：唐宇文；成员：李学文、张诗逸、田红旗、黄玮。

届的影响主要表现在两个方面：一是"新官不理旧账"，新任领导不愿处理前任领导遗留的麻烦问题；二是地方政策延续性不强，一任领导一套思路，随意更改规划，不兑现承诺，随意变更、中止或解除合同，导致出现短命工程、烂尾工程。如湘南某市粮油物流中心项目，在企业预交土地征地费并获批用地的情况下，市政府在换届后突然决定停建该项目，尽管在企业依法投诉后，该市又同意该公司在原址上建设粮油物流中心，但随着省督察组撤回，市里又取消了该重点项目，并将一期用地转为其他用途；这一事件不仅使得企业损失惨重，更严重损害了政府信誉，对当地投资环境造成了难以修复的伤害。

（二）基层推进不力产生的政府失信风险

超过 2/3 的被调研企业认为，基层政府较易发生不诚信行为，其中，高达 67.7% 的企业认为乡镇级政府较易发生不诚信行为，35.4% 的企业认为区县级政府不诚信行为风险较高；有 40% 的企业反映基层部门在办理行政审批过程中有不作为、不落实政策的情况。基层推进不力，一是来自各部门之间协作不畅，政府在招商引资时做出了与其他部门政策相冲突的承诺，吸引投资后不能兑现，如有的项目根据土地规划指标根本批不下来；二是由于部分基层干部观念落后、墨守成规，用"土政策"应对上级政策，导致上级政府新政策到市县部门落实困难；三是由于工作人员服务意识不强，对企业诉求敷衍塞责、拖延逃避，不能予以及时有效的回应。

如大湘西地区某市国土资源局违反国家、省、市文件规定，将出让地价评估指定给某中介机构垄断经营，并要求投资者只能找指定中介提供服务，在投资者多次反映该中介机构服务态度恶劣、存在强买强卖行为后，该市国土局却回应称："这个问题还没有进行开会研究，无法给出答复"；在这一案例中，市国土局对上级政府发出的文件不落实、不执行，导致改善投资环境的好政策成了一纸空文，造成了政府对社会的重大失信；而且对于质疑不给予正面回应，引发公众对政府部门不满，对政府声誉造成了严重损害。

（三）宏观政策变化产生的政府失信风险

近年来，为适应产业结构转型升级的需求，在推进供给侧结构性改革、去产能、去库存的大背景下，产业发展政策发生较大变化，导致以往出台的部分招商引资优惠政策与现行政策相违背，使得一些尚未落地的签约协议难以履行。如近年来加大对环境的保护力度，以前地方政府能够引进的部分工业项目，现在有可能因为生态功能区保护而无法落地。

二 找出病因：待完善的政府诚信全流程管理

在社会资源的群体性分配过程中，政府往往凭借自身权力占据主导地位，在没有规则约束的情况下，就会使政府走向失信之路。三大政府失信风险点背后是全流程政府诚信管理的缺失，主要原因来自四个方面：

（一）事前：政府决策不科学

各级政府在制定决策时存在程序不规范、过程不科学等问题，对决策责任缺乏有效的约束机制，为政府失信行为发生埋下伏笔。一是没有严格按照规范程序进行决策，尽管各级政府都制定了决策的规范程序，但在实践过程中，在不小范围和程度上存在着非程序化甚至是违法的决策，谁权大谁说了算，"一言堂"现象广泛存在，集体讨论决定等有关决策的规则、程序成为纸上空文，使得决策很容易被不同的领导变更。二是决策的专业化水平不高，部分决策没有专家客观公正的咨询论证，或者专家咨询论证成为形式主义，"拍脑袋"的情况屡见不鲜，使得"政策一出台，问题跟着来"，不得不在执行过程中进行更改。三是决策的民主性公开性不充分，很多地方的公示和听证制度流于形式，没有及时、认真地吸纳群众意见，群众监督的缺乏也降低了决策更改的阻力。四是对政府决策缺乏责任约束机制，即便决策失误也没有有效的追责、惩戒体系，放纵了地方政府在变更决策上的无所顾忌、任性作为。

（二）事中：公共信息不对称

行政审批流程标准不一、政府内部条块分割下，湖南省公共信息的不对称现象广泛存在，在政策执行中难以避免会产生随意变更申请要求、部门之间推诿塞责、办事效率低下和借机寻租等问题，公众信任危机也随之出现。一是政府部门和公众之间存在信息不对称，政府掌握着大量的公共信息，处于信息强势地位，社会公众是信息弱势群体，这种信息不对称使得政府有机会为了自身利益而影响决策的制定和执行。二是政府内各部门间存在信息不对称，由于各部门都有各自规定且信息沟通不畅，严重影响了政府的办公效率和履诺落实。三是地方政府间存在信息不对称，受行政区划的限制和地方政府间利益的博弈等因素的影响，同一项政策在不同的市州给予的诠释和落实的措施都不尽相同，直接影响了湖南省政策落地的整体效力和公信力。

（三）事后：监管追责不到位

目前湖南省针对政府失信行为的监督制约机制不健全，纵容了政府不诚信行为的发生。一是从对政府的监督看，省人大、省纪委对政府诚信的监督存在诸多缺陷，如规定不够具体、可操作性不强等，导致监督乏力、流于形式。二是从政府内部监督看，省优化办、省信用办对于各地政府的失信行为，仅能依靠绩效考核扣分的方式进行惩戒，监管效力与效果很不理想。三是从社会监督看，其主体的监督意识以及监督的积极性与主动性有待提高。四是从失信惩戒来看，对于政府失信行为的惩戒力度不强，失信责任主体没有受到惩罚，或是惩罚力度太弱，更加扩大了失信行为的发生。

（四）环境：政府信用文化缺失

一个讲诚信的政府离不开良好的信用文化氛围，信用文化缺失是导致各类政府不诚信行为的深层因素。一是公务员个体的诚信教育不足，受"官本位"思想支配，部分干部认为政府权力不受制约，有的甚至认为政府为了公共利益行使职权，有不讲信用的特权。二是在政绩考核体系中，缺乏对诚信建设的考量，既没有对地方政府失信行为的考核及惩罚机制，也没有对守信行为和主体的激励机制，导致各级政府及部门对诚信建设重视不够。

三 防治结合、对症下药：建立一套制度，建好一个平台，营造一个环境

为从根源上规避防范招商引资领域各级政府的失信风险，必须从制度、平台和环境三向发力（见图1）。

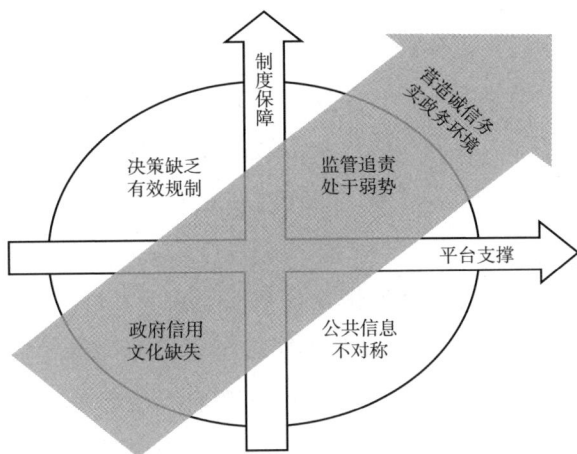

图1 诚信政府建设：三向发力

（一）制度规范约束：政府诚信建设的保障

制度的约束是防治政府失信的核心，政府诚信全流程监管制度应包含事前的科学决策、事中的履诺监督与追责以及事后的失信危害补救。

一是进一步落实科学决策机制，保障地方政策延续性，预防失信行为发生。其一是规范并严格按照程序进行决策。建立审议会制度，组织有官、产、学等各方人士参加的审议会，由政府、专家及利益相关方对决策草案进行审议；完善听证制度，畅通民众建言参与渠道；严格按照"集体讨论、

民主集中、会议决定"的程序进行集体议事；通过严格执行科学决策程序，从源头预防和减少政府失信问题的发生。其二建立决策追责惩戒机制。建议由第三方机构对政府决策进行公正、客观、全面和准确的评估；建立健全重大决策终身责任追究制度及责任倒查机制，明确责任主体，坚持"谁决策，谁负责"；实行责任承诺与目标对接，倒逼决策主体妥善处理新旧政策衔接，保持政策的连续性、稳定性和协调性。

二是建立政府守信践诺的监督与追责机制，有效杜绝失信行为。首先要加强内部监督。省信用办、省优化办要加快建立地方政府及公务员诚信档案，完善政务信用评级制度，将政府诚信作为绩效考核等评价的重要内容，将失信核查纳入领导干部离任审计中。其次要畅通社会监督渠道。在信用湖南设立政府失信投诉举报平台，定期向社会公开发布举报平台统计，支持第三方社会机构对各地、各部门开展政务诚信评价评级并及时公布结果。最后要加大纪检监督。在纪委设立专门机构对政府失信行为进行调查追责，对于干部队伍中的不担当、不负责、不作为、慢作为、乱作为行为造成的政府失信问题，坚决严肃处理并公开通报处理结果。

三是建立危害补救机制，着力修复政府公信力。首先要通过废除不适应市场经济发展的政策法规，终止错误的政府行政行为，弥补由于决策不科学、政出多门导致的政策缺乏公信力。其次要通过限制政府权力和控制公共资源的随意流动，弥补由于滥用权力、狭隘政绩导致的决策缺乏权威性。第三要通过政府经济补偿、资产置换等方式，弥补由于政府不履行合同和长期政府债务导致的政府信誉缺失。最后要通过公共媒介和社会舆论，对各种形式的政府失信进行批评，并对补救措施公开责任承诺，修复政府信誉。

（二）政务平台建设：政府守信践诺的基础

建设高效规范的政务平台是破除公共信息不对称的关键，应全面推进政务服务标准化建设，试点设立政策兑现窗口，提升政府办事效率，打通政府守信践诺的"最后一公里"。

一是全面推进政务服务标准化建设，打破政府内部条块分割，提升政府履诺效率。在全省范围内全面推开"一口受理、一张表单"服务模式；对地方招商引资政策进行全面系统梳理，结合"互联网＋政务"思维对"一口受理"业务办理模式进行升级，做到跨部门"分类选办、智能导办、全程通办、多证联办"的"1＋X"智能登记模式，企业只需在系统选择将要投资发展的行业和经营范围后，由系统自动识别许可经营类别，生成一套材料清单及一套申请表格，真正解决企业办理证照"部门多次跑、资料重复交、办理时间长"问题，方便企业"快入准营"。

二是试点设立政策兑现窗口，提供政策咨询兑现一条龙服务，压实政府履诺责任。一方面，依托现有电子政务服务平台，在政府门户网站开辟"政策兑现"服务专栏，及时发布各项便民利企的优惠政策、申报优惠政策指引和问题解答，拓展网上政策兑现申请功能，深化政策兑现自主服务，确保政策兑现业务流程透明、按时办结、档案可溯。另一方面，在实体政务服务中心设立政策兑现窗口，组建一支专业高效的政策兑现服务团队，为申请者提供政策类业务咨询、兑现、跟踪督办、信息主动推送反馈等全过程一条龙服务。通过构建"线上一网式、线下一窗式，线上线下一体化"的政策兑现服务体系，将工作人员全流程的服务记录纳入部门诚信档案，压实政策落地每个环节的履诺责任。

（三）营造政务诚信环境：建设诚信政府的重点

建立制度和平台的最终目的，是为引导广大干部由"他律"走向"自律"，形成诚信务实、风清气正的政务环境，因此要加强干部诚信教育，对守信主体予以鼓励，提升政府守信践诺的主动性。

一是加强公务员诚信教育，增强干部守信的主观能动性。一方面以社会主义核心价值观为引领，通过编制公务员诚信手册，将信用建设纳入公务员培训和领导干部进修课程，深入开展公务员诚信、守法和道德教育。另一方面围绕公务员诚信和职业道德举办大讲堂，组织开展公务员集体签名承诺、岗位诚信标兵推选及模范先进事迹巡回宣讲等诚信主题教育实践活动，提升公务员信用意识，切实增强公务员诚信行政的自觉性和主动性。

二是建立守信激励机制，强化诚信维护意识。调整完善各类评优评先办法和各类推选推荐工作，开展诚信单位评选活动，将诚信档案和相关信用评价结果纳为重要考量因素，在授予荣誉、职位晋升等奖励中优先考虑守信主体，增加政府守信收益，进一步提升政府守信践诺的积极性和主动性。

湖南对非投资前景、挑战及对策建议[*]

湖南省人民政府发展研究中心调研组**

今年是"一带一路"的"非洲年"。9月3~4日在北京召开中非合作论坛峰会，9月6~8日在长沙召开第四届对非投资论坛。加强中非合作是构建人类命运共同体的伟大实践，加强湖南与非洲的合作是实施开放崛起战略的重要内容，为此，中心调研组进行了深入调研，认为湖南省对非投资前景广阔，但还需从五方面下功夫，提高湖南企业在非洲的竞争力，实现更高效益的"走进非洲"，促进湖南省经济高质量发展。

一　湖南对非投资前景广阔

近年来，湖南与非洲经贸往来不断增加，发展势头良好。2017年1~12月，湖南对非洲进出口额为20.79亿美元，同比增长52.02%，其中出口额为12.05亿美元，进口额为8.74亿美元。截至2017年12月，湖南在非洲地区投资设立企业112家，中方合同投资额为7.6亿美元。2017年1~12月，湖南在非洲对外承包工程新签合同额为20.3亿美元，完成营业额15.7亿美元，在全省对外工程营业额占比超过50%。

（一）从软硬条件来看，湖南对非投资基础良好

从软实力来说，中非友谊的建立与毛泽东主席等老一辈领导人密不可

---

[*] 获得省委副书记乌兰的肯定性批示。

该报告系2018年度湖南省智库专项课题（第一批）重点项目"新时代湖南加强财源建设的对策研究"（18ZWB09）阶段性成果。

[**] 调研组组长：卞鹰；副组长：唐宇文；成员：左宏、龙花兰、闫仲勇、李迪。

分。湖南是毛主席的家乡，非洲与湖南有着深厚的感情。如尼日利亚驻华大使在考察韶山时，非常激动，他说从小就读过毛主席语录，毛主席是他的英雄。1982 年，长沙市与非洲刚果（布）布拉柴维尔市缔结了中非第一对友好城市。从硬件条件来看，湖南产业结构与非洲需求非常契合。非洲作为发展中地区，对农业、能源、基础设施、医疗等需求很大。湖南省在这些方面具有优势，例如杂交水稻和农业机械产业；三一重工、中联重科等工程机械产业；光伏、风电、动力电池等电力能源等，都与非洲发展需求极为契合。

（二）从投资价值来看，非洲投资回报率高

近 10 年来，非洲的投资回报率是全球最高的地区之一。非洲有 3020 万平方公里土地，相当于三个中国，人口约 12 亿，人口普遍年轻，土地和资源丰富。根据中国国际经济合作学会的统计数据，非洲大陆的发展速度比经合组织国家快，在非洲的资本投资回报比在中国、印度、越南等国要高出约 2/3。目前，中国成为非洲前三大投资国。

（三）从经贸交流来看，已建立了良好的互动关系

一是高层互访频繁。湖南连续四年组织大型经贸代表团赴非洲国家进行调研和项目对接。2018 年 6 月 21~29 日，省委副书记、省长许达哲率团访问乌干达、埃塞俄比亚、尼日利亚三国，取得了丰硕成果。湖南还先后邀请了埃塞俄比亚总理顾问、莱索托驻华使节、卢旺达驻华使节等国多位部级官员到湖南考察访问，与省内企业进行专题对接。二是举办专题经贸活动。近三年来，举办了"2015 非洲大使湖南行""2016 湖南·非洲国际产能合作暨工商企业跨境撮合对接会""2017 湖南—非洲地方产业合作对接会"，宣传推介了湖南产业和企业，推进了重点项目，达成了一批合作意向，形成诸多合作共识。

（四）从合作前景来看，已形成多个合作示范模式

组建"湖南走进非洲产业联盟"，已经形成中地海外、三一集团、衡阳

特变电工、北汽福田、长沙经开区等"装备制造联盟"共建埃塞·湖南工业制造合作园区模式，成为湖南省政府推动在非洲的首个境外合作园区；袁氏种业、省有色地质勘查局、省内农机农资及农产品加工企业等组建"农业产业联盟"走进尼日利亚模式；湖南有色地勘局、省地矿局、湖南黄金集团等"矿业联盟"合作勘探开发莱索托矿业模式。正在积极推动和形成湖南路桥、远大住工、泰富重装等组建"基础设施联盟"走进卢旺达模式；泰富重装、三一重工等组建"港口建设联盟"走进南非模式。

二 湖南对非投资面临的五大挑战

当前，对非投资竞争越来越激烈，湖南企业对非投资面临诸多挑战。

（一）对非投资规模有待提升

从新设境外企业来看，2016 年湖南在非洲地区新设境外企业 11 家，占全省的 6.4%，排第三，排在亚洲（120 家）、北美（23 家）之后。从中方合同投资额来看，2016 年湖南在非洲地区的中方合同投资额 2.07 亿美元，占全省的 6.2%，排第四，排在北美（13.21 亿美元）、亚洲（12.55 亿美元）、南美（4.17 亿美元）之后。从对外承包工程看，2016 年湖南在非洲市场完成对外承包工程 17.31 亿美元，占全省的 50.3%。

（二）非洲基础设施建设相对落后

近年来，非洲国家取得较快发展，但道路、电力、水利等基础设施配套不足，例如非洲的陆路交通仍旧以公路运输为主、铁路为辅，其中公路大约有 130 余万公里，铁路仅有 7.8 万多公里。非洲国家供水供电、交通运输的困难，是投资开发企业面临的最大问题之一。每一个开发项目往往都需要企业自己修缮公路、建造发电厂，由此产生巨额的基础设施建设成本。埃塞俄比亚水资源丰富，号称"东非水塔"，但水利资源也仅开发了 5%，电力行业相对落后，无法满足制造业快速发展的需求。

（三）非洲劳动力素质普遍不高

非洲国家教育水平普遍偏低，除英文外还有多种地方语言，造成中非双方语言沟通不畅，导致当地员工无法掌握更加复杂的劳动技术和使用更精细的生产设备，劳动效率低下。再加上文化习俗不同，非洲当地员工宁肯少收入也不愿意多加班，也不注重质量标准。如埃塞俄比亚教育事业发展较为落后，文盲率为 57.3%。埃塞俄比亚普通员工工资虽然只有 600 元人民币，但工作效率也只有中国员工的 50%，且产品返工率较高。

（四）非洲营商环境有待改善

非洲有 54 个国际和 6 个地区，面积广阔，投资环境尤其复杂，非洲的工业化刚刚起步，基础相当薄弱，非洲很多国家政策环境不健全，政府办事效率不高，很多外国投资项目引进之后，执行和监管部门施行不同的标准，个别政策随意变动时有发生，部分官员有法不依、执法不严、贪腐程度高等，这些都大大增加了投资企业的经济成本和时间成本。

（五）对非投资风险不低

当前，全球经济形势复杂，非洲经济增速有所下降，政治和金融等因素亦将增加对非投资风险。一是政治风险。在未来相当长的一段时期，非洲未来的政治风险依然处于高位。二是劳动法律风险。非洲国家法律制度比较复杂。湖南省企业一定要熟悉东道国法律，避免不熟悉当地法规导致的负面后果。如投资南非首先要了解南非的 BEE 政策（"黑人经济振兴政策"），有的企业因为不熟悉相关政策，导致业务长期无法正常开展。三是外汇风险。包括汇率风险和汇出风险。汇率风险指因外汇市场变动引起汇率的变动，致使以外币计价的资产上涨或者下降所带来的风险。汇出风险是指湖南企业将资本金、利润等汇回国时遭遇外汇管制。如埃塞俄比亚外汇紧缺，采取严厉外汇汇出管制。

三　加强对非投资合作的建议

对非投资既要胆子大，又要步子稳，既需要企业的冒险精神，又需要政府、社会力量的大力支持，亟须从五方面着手，助力湖南企业"走进非洲"。

（一）政府支持：加大政府支持力度，提供信息指导和协调各方关系

一是争取在湖南设立国家级永久性中非经贸合作平台。争取国家明确将"中非经贸博览会"永久性落户湖南，打造高规格的中非经贸交流合作平台和经贸成果对外展示窗口。二是建立湖南对非投资信息服务平台。整合中国（湖南）与非洲国家政府、商（协）会、企业、金融机构、中介机构等信息服务资源，发布非洲国家投资政策、统计数据、市场动态、风险预警、营商指南、投资商机和文化习俗，为企业"走进非洲"提供全方位的信息支持和服务。建立企业"走进非洲"数据库，强化对重点企业的跟踪服务机制。三是推动相关部门与对非投资智库联盟合作，加强对非洲地区和国别研究，提供国别指南和投资指南支持，制定出台《湖南省对非投资合作国别地区产业指南》。四是搭建湖南与非洲国家友好省州的友谊桥梁。借助展会论坛平台，促进企业合作对接。借助"中非产能合作论坛""对非投资论坛"等，促进企业赴非洲投资。充分利用省政府或部门出访的机会，推进湖南企业赴非洲有关国家开展投资贸易考察合作，积极引导、协助企业跟进合作项目。五是加大政策支持力度。针对湖南企业"走进非洲"面临的困难，制定有效的促进政策和专项管理办法。争取"中小企业国际市场开拓基金""中非发展基金"等支持，积极争取世界银行、国开行等国际性金融组织的资金支持和政治风险担保。

（二）夯实平台：加快产业园区等平台建设，强化企业抱团发展

一是加快共建合作园区。产业园区是中非产能合作的重要载体和平台，

加快建设"埃塞俄比亚—湖南工业园"等合作园区，加强规划合作，对合资园区的交通、资源、供应链、产业特色、市场覆盖率等进行深入研究，明确发展定位，形成产业集聚配套和企业结伴投资，促进园区早出成效，争取早日通过商务部的确认考核。二是充分利用非洲现有园区开展合作。加入非洲国家已有的特殊经济区域，享受相对优良的投资环境及各种便利化措施，解决基础设施投入不足、上下游产品不配套及社会治安影响生产经营等问题，更好地降低成本。三是引导企业抱团投资。以产业链形式抱团投资，是规避风险的有效途径之一。积极引导民营企业和国有企业抱团出海，产业上下游协同作战，集群式"走进非洲"，构建全产业链战略联盟，形成综合竞争优势。充分发挥行业协会作用，引导境内外同行业企业团结合作，良性竞争，在更大范围、更广领域、更高层次上推进国际产能合作。

（三）发挥优势：发挥湖南在装备制造、矿产勘探开发、基础设施、农业、医疗等方面的优势，突出投资重点

一是以承包工程为重点，加强湖南对非洲基础设施投资。充分发挥在装备制造、建筑业的优势。加大对装备制造、建筑业等企业对非投资的支持力度，积极引导风电、水电、太阳能等企业投资非洲，特别是再循环资源的开发与利用。二是以技术为纽带，加强湖南对非农业合作。非洲国家的农业仍沿袭粗放型经济模式，生产和管理技术仍有待提高。湖南可以与非洲国家共享在农业产业化、品牌化、特色化、科技化方面的成功经验，提高当地农业技术和管理水平。建设农业生产示范项目，与世界银行一起，在非洲建设农业生产示范项目，重点开展农业基础设施建设、粮食生产技术转移示范、环境治理与改善等活动。三是同步培养各领域技术和管理人员。将湖南成熟的技术和管理模式推广到非洲国家，为非洲各领域培养不同层次的技术和管理人员，夯实对非投资基础。

（四）风险防控：多措并举，建立对非投资风险防控体系

一是鼓励企业实施本土化战略，实施人才、采购等方面本土化战略，增

加与当地居民、企业、政府和媒体的互动，真正融入当地，实现互生共赢，建立有利于企业发展的公关生态系统。弱化企业的国家标签，强化其世界公民和本地公民的特征，像德国西门子那样打造一家完全的非洲公司。二是承担社会责任树良好形象。根据企业持续经营战略，各类国际自愿性倡议、非洲国家法律法规等因素，关切非洲当地政府和人民的利益，把自愿履行社会责任作为提升企业核心竞争力的重要措施。三是积极向保险机构投保，善用双边或多边投资保护协定，投保包括商业财产保险和海外投资保险，化解和转嫁境外投资过程中产生的各类法律风险及其他风险。四是依靠国家外交力量。充分利用我国政府渠道获取拟投资的非洲东道国信息，为投资决策提供参考；争取我国政府双边和多边的税收和融资安排，为投资项目提供足够的资金支持；借助驻外使领馆、商会、银行和保险机构等提供的服务，为投资项目保驾护航。五是规避汇率风险。积极使用套期保值等财务手段避免汇率损失，设置专门的外汇专家成员对外汇操作进行设计，重大项目委托专门机构进行外汇操作，以保证投资的保值和增值。

（五）整合资源：积极利用外部各方面的资源，实现合作共赢

积极利用当地企业、国际组织、中介机构等各方力量，助力对非投资。一是坚持合作共赢的理念。目前非洲部分国家建立了投资促进机构，向企业提供投资环境和法律等方面的信息，要加强与非洲当地专业机构的合作，更快更充分融入当地"圈子"。加强与当地有实力的企业合作，规避政治风险、法律风险、经营风险、治安风险等。二是加强与相关的国内国际机构合作。加强与世界银行、亚洲基础设施投资银行、中非发展基金、国家开发银行、国家进出口银行、中国信用保险部门的沟通和联系，及时了解国家对非投资的政策，扩大融资渠道，降低投资成本，规避金融风险，助力投资决策。三是加强与会计师事务所、律师事务所、投资银行以及征信、评级机构等中介机构的交流合作，充分发挥其在国际合作中的作用，为企业"走出去"提供相关服务。

湘非农业合作现状、问题和对策研究[*]

湖南省人民政府发展研究中心调研组^{**}

9月初，第四届对非投资论坛在湖南长沙举办，省委书记杜家毫在会上表示，要更好地把"湖南优势"与"非洲禀赋"结合起来。农业是湘非合作最为重要的领域之一，非洲多数国家以农业为主，对中低端农业机械、粮食进口需求量大，与湖南省农业互补性较强，合作潜力巨大。本报告分析了湖南省和非洲在水稻种植、农业机械等方面的农业合作情况，并指出当前农业合作面临的挑战，提出了针对性建议。

一 湘非农业合作现状

湖南与非洲农业合作起步较早。早在2000年湖南省选派专家在埃塞俄比亚开展农业职业教育培训项目。近几年来，与非洲的农业合作范围不断拓展，农机、种业、农业援建都在非洲建立了良好口碑。

（一）农产品进出口

根据长沙海关提供的数据，2013年以来，湖南和非洲存在贸易合作的农产品商品有117个品种。2018年1～8月，湖南和非洲进出口涉及的农产品商品有48种，进出口总额为1.5343亿元，同比增长37%。其中，出口金额为0.8369亿元（占进出总额的55%），同比下降15.7%；涉及的商品有

** 调研组组长：卞鹰；副组长：唐宇文；成员：左宏、闫仲勇、龙花兰。

41 种，排在前三位的商品分别为绿茶（内包装每件净重≤3 千克）、绿茶（内包装每件净重＞3 千克）、其他植物液汁及浸膏，分别占出口金额的62%、17%、5%；进口金额为 0.6975 亿元（占进出总额的 45%），同比增长 449%；涉及的商品有 9 种，排在前三位的商品分别为饲料用鱼粉、主要用作香料的植物及其某部分、冻去骨牛肉，分别占进口金额的 40%、28%、24%。

（二）水稻种植

湖南省积极在非洲开展杂交水稻制种、育种和种植，并取得巨大成功。据统计，已经在非洲 16 个国家取得试种成功。2014~2017 年分别向非洲出口种用籼米稻谷 243.1 万元、91.4 万元、0.0054 万元和 20.9 万元。目前，湖南省袁氏种业在马达加斯加开展杂交水稻种子本土化生产技术开发和推广项目，已实现杂交水稻育种、制种、种植、加工及销售的全产业链覆盖，马达加斯加成为非洲第一个也是唯一实现了杂交水稻商业化的国家；同时在尼日利亚、肯尼亚、津巴布韦等开展杂交水稻试种和示范种植工作。近几年来，隆平高科加大了在非洲国家的杂交水稻技术推广力度，在利比里亚建立了农业科技研发中心，在塞内加尔开展水稻种子改良。

（三）农业机械

湖南农友集团、中天龙舟等多家农机生产企业积极开拓非洲市场，已经进入埃塞俄比亚、尼日利亚、刚果、肯尼亚、南非等多个非洲国家市场。如湖南省农友集团产品出口到埃塞俄比亚、刚果等 8 个非洲国家，近三年出口额达 280 余万美元，并计划在埃塞俄比亚湖南工业园投资建立组装厂和服务点，解决非洲地区农机产品售后服务问题。中天龙舟致力研发适用非洲农作物机械化耕作和机收的农机产品，同时在当地设立售后和技术服务中心，及时解决客户需求；自 2012 年承担援非项目以来，中天龙舟主要向莫桑比克、南非、埃塞俄比亚、尼日利亚等非洲国家出口收割机和旋耕机，至 2018 年共创外汇收入 100 余万美元。此外，湖南劲松农机生产的米机出口到尼日利亚、乌干达等国，仅 2018 年出口额已经达到 20 多万美元；湖南富瑞机电生产的玉米脱粒机出口到赞比亚等国，2018 年出口额 17 万美元。

（四）农业援建

截至 2018 年 9 月，湖南省农业集团承担国家下达的农业技术援外培训工作，已承办 57 期援外培训班，培训 1685 名非洲农业官员和技术人员；隆平高科作为国家确定的杂交水稻援外培训基地，已举办 148 期培训班，为非洲国家培训农业官员和农业技术人员 2600 多名。湖南杂交水稻研究中心自 2000 年开始联合湖南袁氏种业高科技有限公司等单位承担了商务部、科技部、农业部下达的多项杂交水稻对非洲援助项目，在马达加斯加、利比里亚、塞拉利昂、马里、几内亚等国家建立了杂交水稻试验、示范、新品种研究基地，取得了很好的援外效果，将彻底解决马达加斯加等国家的粮食自给问题，其援建示范效应直接辐射整个非洲，帮助非洲改善粮食安全问题，得到中国政府和受援国政府的高度评价和充分肯定。

（五）农业合作平台

一是组建"农业产业联盟"。袁氏种业、省有色地质勘查局、长沙润川、省内农机农产品加工企业等组成"农业产业联盟"，深度开发尼日利亚农业项目；袁氏种业、依稻公司、通源公司牵头组织湖南农业产业联盟，与莫桑比克政府共同开发农业一体化项目等。二是搭建 FAO 参考中心。2014 年联合国粮农组织（FAO）参考中心落户湖南省农科院，为非洲等地区提供杂交水稻技术培训。截至 2018 年，参考中心培训了来自非洲及其他地区 10 多个国家共计 90 余名学员。三是完善中国—FAO 南南合作知识分享网。湖南省农科院与农业部合作，定期维护中国—FAO 南南合作知识分享网站信息，通过与 FAO 和东道国合作开展研究和能力建设，为非洲等国家分享粮食安全和农业领域的信息、知识、技术和经验。

二 湘非农业合作面临的四大挑战

当前，湖南省和非洲在农业合作方面面临合作范围较窄、合作规模较小、合作波动较大、合作效率较低等诸多挑战。

（一）非洲经济结构单一导致农业合作范围有限

非洲大部分国家为单一的商品经济，主要依靠生产和输出一种或几种农产品来维持国民经济，导致湖南省和非洲在农业方面的合作范围有限，主要集中在一种或几种农产品方面。长沙海关提供的资料显示，2013 年至 2018 年 8 月，湖南省向非洲出口的农产品主要是绿茶，分别占农产品出口额的87%、76%、80%、85%、86% 和 79%；湖南省从非洲进口的农产品主要集中在饲料用鱼粉、未梳的棉花、冻去骨牛肉、主要用作香料的植物及其某部分等四种产品。2013 年湖南省从非洲进口的农产品主要是未梳的棉花，占进口农产品的 96%；2017 年从非洲进口的农产品 72% 以上为饲料用鱼粉和冻去骨牛肉；2018 年 1 ~ 8 月份从非洲进口的农产品 92% 以上为饲料用鱼粉、冻去骨牛肉和主要用作香料的植物及其某部分三种农产品。

（二）非洲农业政策的不健全导致农业合作规模较小

农业研发投资大，回报周期长，需要完善的政策保证长期合作。独立之后的非洲，为快速发展经济，政策上重视工业忽视农业，轻视粮食作物生产。如作为全球第 2 大稻米进口国，尼日利亚禁止非本地生产种子在国内销售，也未签署《国际植物新品种保护公约》，知识产权保护体系不健全，阻碍了杂交水稻进入。农业政策的不完善，导致非洲传统的农业部门劳动力逐步向新兴的制造业和服务业转移。仅 2000 ~ 2010 年，非洲从事农业生产劳动力人口减少 10%，制造业和服务业劳动力人口分别增加 2.15% 和8.23%[①]，这也使得湖南省与非洲的合作主要集中在工业等领域，而农业合

---

① AfDB, OECD, UNDP, African Economic Outlook 2017, p. 31.

作空间有限。2018 年 1~8 月，湖南省与非洲农产品进出口额 1.534 亿元，不足湖南与非洲进出口总额的 1.5%。

（三）政治风险大导致农业合作波动较大

一方面，非洲多数国家贪污腐败严重，行政效率低下。麦肯锡调研报告发现，贪污腐败和个人安全是中国企业在非洲最担忧的两个问题[1]。另一方面，非洲大部分国家政权不稳定，政策多变。现在的执政党鼓励某项农业发展政策，可能到下一任就被搁置或者变为反对。这就导致农业外资企业不敢或者谨慎对待在非洲的投资，造成湖南省与非洲农业合作波动较大。湖南省出口非洲的农产品 2014 年增长 46.7%，2015 年则下降 2.1%，2016 年又增长 5.8%，2017 年则又下降 10.5%，波动性较大（见图 1）。

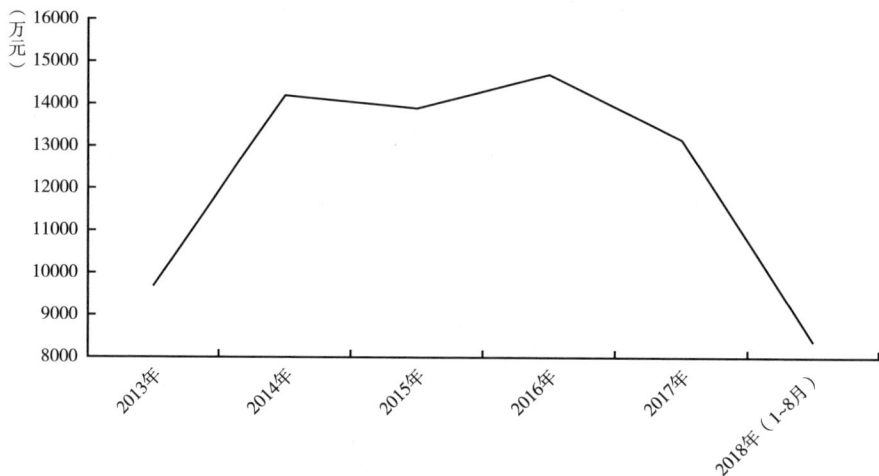

图 1　2013~2018 年（1~8 月）湖南省出口非洲农产品变化趋势

资料来源：长沙海关。

（四）湘非多方面差异导致农业合作效率较低

湖南省与非洲国家之间在制度、语言、管理、人文等方面存在较大差

---

[1]　2017 年 6 月麦肯锡报告《龙狮共舞：中非经济合作现状如何，未来又将如何发展》。

异，没有双方政府的大力支持，湖南省与非洲农业合作的影响力、规模及发展前景存在瓶颈。麦肯锡调研报告发现，非洲领导人认为语言和文化障碍是中非合作最大的问题①。非洲国家除英文外还有多种地方语言，造成中非双方语言沟通不畅，导致当地员工无法掌握更加复杂的劳动技术和使用更精细的生产设备，劳动效率低下。再加上文化习俗不同，非洲当地从事农业的员工宁肯少收入也不愿意多加班，也不注重质量标准，合作效率较低。

三　加强湘非农业合作的建议

湖南省与非洲农业合作关键要找准需求，把握好非洲农业发展的走势，认清合作形势，求同存异，加强双方政府支持。

（一）找准需求，重点加强农机和水稻种植合作

一是建立农业机械装配与展销推广中心。依托湖南农机企业雄厚技术与产品优势，采取与中地海外农业发展有限公司等中国海外企业以及非洲国家农机、农商部门合作经营的方式，紧贴非洲当地需求和实际情况，打造包括农业机械装备车间、农机展销场所及辅助配套设施等农业机械装配与展销推广中心，在非洲对湖南农业机械设备进行组装、展销与推广。二是打造水稻全产业链示范基地。依托袁氏种业、湖南杂交水稻研究中心等湖南种子企业较雄厚的资金和技术实力，在非洲推广"中资龙头企业＋本土小额信贷公司＋国际组织援助＋农户"的组织方式，充分利用当地土地和劳动力资源，发挥本土小额信贷企业、国际组织的资金优势和湖南省种子企业的技术与管理优势，通过品种选育、试种、大面积推广实现非洲国家水稻种植全产业链的建设，逐步建立水稻种植的生产推广体系及相应的粮食收储加工销售体系，将提供良种、肥料、技术服务与产品收购结合起来，开展大规模培训、示范与推广。

---

① 2017 年 6 月麦肯锡报告《龙狮共舞：中非经济合作现状如何，未来又将如何发展》。

（二）把握趋势，瞄准农业服务业领域

一是建立农业合作信息服务平台。加强对非洲农业的调研和研究，制定出台《湘非农业合作国别指南》，按国别分类提供相关信息服务，如当地农业发展情况、农产品和农业技术需求、投资政策（包括优惠政策、鼓励政策和限制政策等）、招商项目等，提供相应的投资分析报告，为企业到非洲进行农业合作开发提供国别指南和农业合作指南支持等基础性服务。二是推广建立现代农业经济园区。依托湖南省优势农业，在有条件的非洲国家建立集种子种苗研发及栽培示范、农资农装销售服务、园艺设施农业、休闲观光农业、种子加工、农产品流通加工、农业装备开发制造、农业技术培训与服务、农业保险、农业援助、农业贷款等为一体的现代综合农业经济园区，在非洲推动附加值较高的现代农业的发展。三是加强农业科技合作。支持和鼓励湖南省业科技成果在非洲交易转让，鼓励湖南省农业研发机构与非洲相关机构建立长期的战略合作伙伴关系，支持和鼓励湖南省农业研发机构在非洲建立海外技术基地和产业基地，重点在水稻种植技术、育种技术、农产品加工与储存技术、农业机械技术、农业气象技术、农业能源开发利用和农业环境保护技术等方面开展合作。

（三）认清形势，多措并举规避合作风险

一是借助已有平台规避风险。加强与中地海外集团、中—埃农业技术示范中心等中国在非洲已经建立的平台，世界银行、中非发展基金、世界粮食计划署、全球杂交水稻发展联合会等国内国际机构以及非洲当地专业机构和当地有实力的企业合作，及时了解对非投资的政策、非洲投资环境和法律等方面的信息，规避政治风险、法律风险、经营风险、金融风险、治安风险等。二是引导企业抱团出海降低风险。以产业链形式抱团投资，是规避风险的有效途径之一。积极引导湖南省农业企业和其他企业抱团出海，产业上下游协同作战，集群式"走进非洲"，构建全产业链战略联盟，形成综合竞争优势。三是向保险机构投保转嫁风险。利用双边或多边投资保护协定，包括

农业保险（主要集中在南非）、商业财产保险、海外投资保险等，化解和转嫁境外合作和投资过程中产生的各类风险。

（四）求同存异，加强双方政府支持

一是成立湘非农业产能合作委员会。建议成立湘非农业产能合作委员会，加强双方协调和沟通，通过建立合作协调机制、落实双边协议、设立合作基金、加强政策扶持等措施，引导湖南省有条件的企业与非洲开展农业合作开发。二是加强双边联系与交流。借助"中非产能合作论坛""对非投资论坛"等平台，充分利用省政府或部门出访的机会，通过官方互访、技术交流、人员培训、经贸洽谈等形式，深化湖南与非洲的农业交流合作关系，推进湖南企业赴非洲有关国家开展农业考察合作。三是加大政策支持力度。加大出口非洲的农产品出口退税力度，加大对出口非洲的种子、化肥、农药、农机出口补贴力度，提供低息信贷。争取"中小企业国际市场开拓基金"、"中非发展基金"以及世界银行、国开行等国际性金融组织的资金支持。

湖南打造"第二总部"
集聚地的对策建议*

湖南省人民政府发展研究中心调研组**

今年 4 月，省委书记杜家毫在 2018 年岳麓峰会上明确表示，欢迎国内外知名互联网企业将第二总部落户长沙。近年来，随着数字经济的兴起，很多以互联网为主的新兴经济企业将第一总部布局在一线城市，而将"第二总部"放置在离市场近、要素成本相对较低的准一线城市。当前，要抢抓机遇，将以长沙为核心的长株潭城市群打造成为中部"总部经济"和"第二总部"集聚地，助推湖南高质量发展。

一 "第二总部"兴起正在改变区域竞争版图

一个城市是否有大企业总部，被视为城市竞争力的重要组成部分。目前"第二总部"的兴起又成为各地竞争的重点。

第一，设立"第二总部"已成为企业强化竞争的重要手段，湖南不可错过这一机遇。"第二总部"不是中国特色产物，更早之前，跨国公司设立"双总部"或"多总部"架构，已是国际上惯例。像花旗集团、IBM、沃尔玛、联合利华、通用电气等超大型企业，为了增强全球市场竞争力，早就开始在全球设立 RHQ（Regional Headquarter）——也就是地区总部。过去，北

---

* 获得省政协主席李微微，省委常委、统战部部长黄兰香，省委常委、省委秘书长谢建辉的肯定性批示。

** 调研组组长：卞鹰；副组长：唐宇文；执笔：左宏、李迪。

京市汇聚了大量的央企总部，上海汇聚了金融总部，深圳、杭州市电子信息和互联网总部。而如今以民营科技为代表的新经济成为一个现象级，这些企业在全国各地设立第二总部，从2012年到2018年6年间，共有72家公司公布了"第二总部"的选址决策。湖南要紧密关注这一趋势，抓住机遇，打造中部的总部经济（第二总部）集聚地。

第二，设立"第二总部"的企业以TMT行业为主，第二总部承担的职能不断扩大。据不完全统计，设立第二总部的企业当中，TMT（Technology Media Telecom，指科技、媒体和通信等）行业占比最多，约为70%。其次是金融、地产建筑、制造、批零、旅游、能源等多个领域（见表1）。一个值得注意的趋势是，当前，第二总部已经不仅是承担了传统的制造、运营、结算功能，越来越多的企业也有将研发中心、孵化中心、业务中心作为第二总部的趋势，比如小米科技公司2017年将"第二总部"搬至武汉后，将小米上百家生态链公司和研发中心搬至武汉，致力打造中国互联网第四极。

表1　2012年以来全国设立"第二总部"的行业分布（不完全统计）

行业	数量	企业名称
信息技术服务业	60	阿里巴巴、苏宁、联众、科大讯飞、携程、天涯、小米、慕声科技、小红书、摩拜单车、OFO小黄车、跟谁学、尚德机构、猿辅导、东方梦幻、猪八戒、中国电子、海康威视、思贝克、神州优车、猎豹移动、丰巢科技、盒子鱼英语、火花思维、极客学院、来画视频、依图科技、荔枝App、诸葛IO、极豆车联网、58企服、旷视科技、去哪儿、小站教育、好巧网、考虫、滴滴、字节跳动、中兴通讯、联想、腾讯、华发集团、青藤云安全、易酒批、金山、奇虎360、木仓科技、易点租、找钢网、掌门1对1、一起作业、学霸君、美菜网、唯品会、1号店、当当网、精锐教育、阿卡索外教网、51 Talk、越疆科技
金融业	8	建设银行、农业银行、中国银行、华夏保险、国家开发投资、民生信用卡公司、顺为资本、中信资产
建筑业	5	中国核建、一方集团、华侨城、中骏置业、中交股份
制造业	3	三一重工、山东如意、广汇集团
批发零售业	3	康师傅、华润集团、苏宁投资
旅游业	1	中青旅
能源	1	中国华信

资料来源：调研组根据网上资料整理。

第三，各重点城市都在抢夺"第二总部"，成为招商引资的主战场。"第二总部"也成为各地争取的重点。2017年，亚马逊宣布将在北美选址设立"第二总部"后就收到北美三国共计238份申请，美国本土只有7个州没有提出申请。国内来看，武汉、成都、南京、西安、长沙等准一线城市都成为第二总部争夺战中的区域。据不完全统计，截至2017年底，武汉是"第二总部"的最大赢家。武汉收获"第二总部"12家，上海11家，成都、北京各有4家，深圳2家，海南、天津、银川、昆明、广州、福州分布有1家。另外，还有两家企业去国外设立第二总部。2018年武汉又新添了19家"第二总部"公司，分别是丰巢科技、盒子鱼英语、火花思维、极客学院、来画视频、依图科技、荔枝App、诸葛IO、极豆车联网、58企服等企业。截至目前，武汉已聚集60余家知名互联网企业"第二总部"。

第四，"第二总部"的兴起和知识经济、高速交通网络的形成密不可分。第一，知识经济的兴起，分工进一步细化，设计、生产、营销等环节独立出来，形成"总部 + 研发基地 + 制造基地 + 营销中心 + ……"模式。如企业将研发等知识密集型的总部设置在一线城市，将制造、后台营运、营销等中心放在二三线城市降低要素成本。这种分工使得要素配置进一步优化，这是"第二总部"兴起的经济学基础。第二，高速交通网络的形成，缩短了空间距离，全国绝大部分地区可以通过高速交通网络实现当日达和隔日达，企业可以在更广的范围内优化布局，为"第二总部"的发展提供了物理空间条件。

二 湖南打造"第二总部"集聚地的基础

发展"总部经济"是湖南必然选择，可重点考虑长株潭地区。总部经济依赖五大条件：其一，高素质的人力资源和科教资源。其二，良好的区位优势和交通运输网络设施。其三，便捷的信息获取及沟通通道。其四，高效的法律制度环境和多元的文化氛围。其五，专业化服务支撑体系。

优势：长株潭城市群的区域辐射半径、产业基础、科教创新资源、人才资源、宜居宜业条件等方面都具备打造"第二总部"集聚地的有利条件。以长株潭城市群为圆心,半径 500 公里范围内,是中国人口、产业最密集的区域之一,离客户市场近,与"第二总部"布局要求相符。目前,58 集团、映客的第二总部都已经落户长沙。同时,长株潭的教育、医疗资源众多、房价低。长沙作为省会城市中的"房产洼地",多次被评为"最具幸福感的城市"。数据显示,长沙已成为近年人口争夺战中最大的黑马,2017 年新增 27.29 万人,仅次于深圳、广州和杭州,也是武汉同年新增人口的两倍。湖南的信息服务业从业人员数量,居中部前列。在信息技术领域的院士数量处于全国第四、中部第一。目前在全国移动互联网领域精英人士中,近 1/3 是湘籍企业家,如微信、快手、映客、58 同城、世纪佳缘等的创始人。

挑战:区域竞争日趋激烈成为长株潭城市群打造"第二总部"集聚地最大的挑战。类似武汉、成都、南京、西安这样的新一线城市,争夺"第二总部"的竞争趋于白热化。以武汉为例,近年,武汉光谷在硅谷、伦敦、北京、上海、深圳等发达地区,举办了 10 场引资引智面对面专场。武汉市东湖高新区直接率政务服务局、公安分局、招才局、市场监督管理局等多个职能部门,在北京搭起"光谷政务服务大厅北京服务站",商事登记、3551人才引进、人才公寓、人才落户等各个窗口一应俱全。武汉自 2012 年启动一把手挂帅的"楚才回家"大型招才引智活动,截至 2018 年 10 月,引进60 余家互联网企业第二总部落户。

短板:认识不到位、配套不完善、部分要素成本偏高成为长株潭城市群打造"第二总部"集聚地的短板。首先,各级各部门还未充分认识到引进"第二总部"的重要性。部分人还走入了总部经济只适合在特大城市的误区。其实,在企业的分工精细化和全球产业转移的大背景下,在准一线城市甚至二线城市发展总部经济前景巨大。如美国亚特兰大市也不算出名的城市,但是也集聚了可口可乐和 UPS、CNN 等总部企业。第二,与总部经济相关的配套不完善。例如,总部经济的规划功能区缺失,与总部经济相配套的生产和生活服务不足。各国家级平台和园区重办公及生产的功能,而忽视了人的需求。第三，部分要素成本偏高。如电价居高不下、劳动力成本上升过快、用地短缺、供水供电压力大等。

三　湖南打造"第二总部"集聚地的对策建议

湖南省要落实杜家毫书记指示精神，以移动互联网等新兴产业为重点，把以长沙为核心的长株潭地区打造成为中部总部经济（第二总部）集聚地。

——强化认识，加快开展总部经济（第二总部）发展的顶层设计。总部经济（第二总部）具有稀缺性，一旦武汉等地聚沙成塔，势必对长株潭和湖南未来的发展造成影响。一是深刻认识打造总部经济（第二总部）集聚地的重要性。将引进总部经济（第二总部）作为各级各部门招商引资引智中的重点方向和关键环节。二是从省级层面出台《推进总部经济（第二总部）集聚区发展实施意见》。力争在总部企业评价、重点领域扶持、财税、用地、人才等方面形成推动总部经济发展的政策体系。三是着力打造以湘江新区为核心载体的总部经济功能区。高标准、前瞻性编制总部集聚区分区规划，打造以"中央商务区＋园区"模式的总部经济聚集区。四是将打造"第二总部"集聚地与"培育新兴工业优势产业链""芙蓉人才计划"及"引进500强企业项目"四大举措深度融合，突破部门各自为政的局面。

——精准招商，迅速行动抢占先机。一是建立省领导挂帅的高规格招商机制。深入贯彻落实省市领导联系产业链制度，以链长带头对接"第二总部"招商，关键企业建议由省市领导带队敲门拜访，根据企业个性化需求定制引进方案。二是按照"产业目录＋产业地图＋产业生态圈"模式，分类对接目标企业。梳理与湖南省新兴产业链相关的重点企业名录，建立详细产业目录和产业地图，紧密关注其投资和业务动态，主动对接相关"第二总部"落地。三是按照"未落户的积极引进，轻落户的扩资升级，重落户的培育生态"原则，分级对接目标企业。对于尚未落户的企业，列入各级政府及商务部门重点外访计划，主动上门对接引进；对于轻度落户企业，鼓励机构升级，引导设立研发中心、采购中心、结算中心等为主要功能的

"第二总部"。对于总部（第二总部）落户的企业，重点培育产业生态圈，围绕产业生态引进上下游企业，强化总部功能。四是建立"互联网＋招商"大数据平台。借助大数据爬虫技术爬取国内外目标企业动态，实现实时跟踪；同时，整合省、市、区县（园区）三级招商信息资源，借鉴企业 CRM（客户关系维护系统）模式，完善政企互动、项目对接和信息库对接等功能模块，解决传统招商过于依赖"人脉"的模式。

——完善配套，形成与总部经济相契合的配套体系。一是做好总部经济服务配套。大力发展高端服务业，加快完善金融、保险、会计、法律、商贸、物流、旅游、教育等专业化服务体系，注意引入行业协会总部，打造对总部经济的服务体系。二是积极发展高端载体。按照建设一批、提升一批的思路设计规划一批多功能、规模化、标志性的商务楼宇或商务楼宇；规划建设满足总部企业生产需求的便捷性、专门化、生态型的产业园区。三是针对高层次人才落户强化配套。借力湖南芙蓉人才计划和长沙人才新政22条，加大对高层次人才的服务力度。夯实和提升教育和医疗方面的优势。认真研究新税法，在高层次人才所得税减免方面落实政策。

——优化环境，建立良好的总部投资环境。总部经济所在的区域离不开良好的营商环境。一是建立"总部经济"落地绿色通道。专设总部落户"一口受理"＋"一张表单"＋"一套机制"的审批程序，为企业总部和"第二总部"落地实施全程服务。二是对接北上广深等发达地区，建立一批异地政务大厅。借鉴武汉做法，在北上广深等地设立全流程的政务服务大厅，建立宣传、政策咨询、商事注册、人才引进等一条龙服务。三是推进政务服务由"现场办、线下办"向"线上线下一体化"转变。推进全流程网上办理，完善政务服务事项清单，将企业生产经营和居民生活密切的服务事项尽可能上网。四是着力建设诚信政府。进一步落实科学决策机制，保障地方政策延续性。试点设立政策兑现窗口，提供政策咨询兑现一条龙服务，压实政府履诺责任。

湖南实施开放崛起战略的
关键环节及对策建议 *

湖南省人民政府发展研究中心调研组**

开放崛起是湖南省第十一次党代会提出的重要战略，对于建设富饶美丽幸福新湖南具有开创性的重大意义。在当前和今后一个时期，必须准确把握新时期开放发展的趋势和特征，抓住制度创新和强化企业主体作用这两个关键环节，加快建设内陆开放新高地。

一　湖南实施开放崛起战略的优势

（一）"一带一部"区位优势使湖南有条件成为国家推动新一轮全面开放的重要内陆腹地和战略支点

一是区位交通优势日益突出。湖南位于承东启西、连接南北的中部腹地，拥有"一带一部"的区位优势，目前已形成高铁、空港、公路、水运等构建的立体交通体系和"一电、二空、三水、五公、六铁、七区"组成的口岸开放体系，综合交通枢纽地位凸显。同时，对外通道逐步畅通，湘欧快线线路不断增多，部分线路实现双向常态运营；"跨境一锁"湘粤港直通快车开通；长沙—越南胡志明、长沙—北美定期洲际全货机航线相继开通；常德—岳阳—上海"五定班轮"航线、岳阳至东盟、澳大利亚接力航线开通运营等，将湖南与国家"一带一路"战略重要经济走廊、支点和门户有效联通。

---

　* 获得省政协党组成员袁新华的肯定性批示。

　** 调研组组长：卞鹰；副组长：唐宇文；成员：彭蔓玲、刘琪。

二是在国家新一轮全面开放战略中的地位日益凸显。党的十九大提出我国要构建全面开放新格局，形成陆海内外联动、东西双向互济的开放格局，意味着我国开放的重心将从东部沿海地区转向全国各地均衡开放，中西部地区与东部沿海地区将在同一条起跑线上起跑，在公平的体制政策资源下竞争，使湖南完全有机会通过制度创新，大力优化营商环境，变"政策洼地"为"制度高地"，变主要提供人力、资源性产品的开放"大后方"为直接参与国际经济合作与产业分工的"前沿阵地"，成为国家新一轮全面开放的重要战略支点。

（二）四大板块各具特色各有侧重的区域发展新格局有利于湖南在新时期开放合作中谋求更大发展

目前湖南已初步形成长株潭核心带动，四大板块联动发展的区域发展新格局。其中长株潭地区拥有众多国家级试点示范平台和开放型功能平台，在充分发挥湖南开放崛起核心增长极作用的基础上，完全可以建设成为中国腹地直通国际的交通物流枢纽和内陆开放新高地。大湘南地区是国家承接产业转移示范区，在国家大力推进"粤港澳大湾区"建设的背景下，完全可以立足自身区位、资源等优势，引领湖南与粤港澳和东盟地区的对接，打造中西部地区承接沿海产业转移的"领头雁"。环洞庭湖地区是湖南对接长江经济带的前沿阵地，其中岳阳拥有"一区一港四口岸"的平台资源，完全可以打造长江中下游国际水运枢纽，加强湖南与长江经济带乃至21世纪海上丝绸之路国家的对接。大湘西地区2018年新获批国家承接产业转移示范区，具有承接产业转移的独特优势，是湖南加强与成渝城市群及广大西南地区产业分工协作的主阵地，同时还可以依托沪昆高铁、沪昆高速公路打通湖南与中国—中南半岛经济走廊的联系。

（三）相对完备的产业体系有利于湖南在新一轮"引进来"和"走出去"中占据主动

产业是区域开放合作的基础，也是最重要的领域。2017年湖南规模工业增加值突破 1 万亿元，规模工业 38 个大类行业中除石油和天然气开采业外，各个大类行业均有企业分布，较完备的产业体系有利于湖南承接国外和沿海省份的产业转移。为了抢抓新一轮技术革命的机遇，湖南精准施策，重点推动 20 个工业新兴优势产业链发展。同时，通过多年的发展，湖南轨道交道、工程机械、产业化住宅、节能环保、文化创意、现代农业、能源勘测开发、工程建设等领域基础扎实，特点和优势明显，有条件积极对接国家"一带一路"战略，通过"走出去"加强与"一带一路"沿线国家的国际产能合作。近年来，伴随着埃塞俄比亚—湖南工业园、波兰湖南产能合作园、北欧湖南农业产业园等境外工业园相继建成，湖南产业开放合作与融合发展取得积极进展，将有力助推湖南开放崛起。

二　湖南实施开放崛起战略面临的主要问题

（一）开放理念和开放意识有待进一步提升

目前开放崛起正逐步成为全省上下的共识，但不论各级政府机关还是企业开放型专业人才还比较缺乏，仍有部分干部存在封闭保守思想、近视短视倾向和畏难情绪，不想开放、不敢开放、不懂开放，缺乏改革担当和制度创新的勇气，重申报轻建设、重引进轻服务、重外资轻外贸、重出口轻进口等不利于开放的观念仍然普遍存在。招商引资过程中仍然更多的是拼资源、拼政策，而不注重优化政务服务和营商环境。部分干部缺乏合作共赢精神，担心实施开放崛起战略导致资源和利益的重新分配，担心肥水外流。很多企业也还没有树立国内国外两个市场、两种资源的意识，习惯于老做法，主要立足点还是在国内。

（二）开放水平和质量有待进一步提高

一是开放型经济规模仍然偏小。2017 年湖南进出口总额为 360.3 亿美元，仅居中部第 5 位；外贸依存度只有 7%，位居中部末位。2017 年全省进出口总额仅为中部排名第一位河南省的 46.5%，与安徽、湖北、江西三省差距也较大。湖南内联引资规模在中部六省中也仅居第 5 位，2017 年湖南实际到位境内省外资金 5097.9 亿元，与安徽、湖北、河南等省差距巨大（见表 1）。

表 1　中部六省 2017 年部分外向型经济指标

省份	进出口总额		实际到位境内省外资金	
	金额（亿美元）	排名	金额（亿元）	排名
河南	776.3	1	9106.8	3
安徽	540.2	2	10954.8	1
湖北	463.4	3	9106.9	2
江西	443.4	4	6630.3	4
湖南	360.3	5	5097.9	5
山西	171.9	6	4945.3	6

资料来源：2018 年中国统计年鉴、各省 2017 年商务运行情况快报。

二是开放的质量有待进一步提升。首先，产业外向度不高，虽然目前湖南已有 11 个千亿元产业，但除工程机械外，节能环保、生物医药等过千亿元的新兴产业尚未真正开拓国际市场。其次，招商引资项目中小项目居多，投资额度大、科技含量高、产业关联度强的好项目、大项目偏少，2017 年末，在湘投资的世界 500 强企业为 193 家，而湖北达到 265 家；安徽 2017 年新设及增资过亿美元以上项目 32 家，而湖南实际到位资金 3000 万美元以上外资项目只有 8 个。再次，跨境电子商务、市场采购、内外贸融合等贸易新兴业态才刚刚起步，同处中部的合肥、郑州 2016 年获批全国首批跨境电商综合试验区，而长沙 2018 年 7 月才刚刚获批；武汉汉口北市场 2016 年获批国家市场采购贸易试点，湖南高桥大市场 2018 年 10 月刚刚获批。

（三）开放发展环境有待进一步优化

一是行政审批事项偏多、时限偏长。在企业投资项目审批中，仍存在不同部门之间简政放权不同步导致效率低下问题；省内不同地方间企业投资平均审批时间差异较大，江华县 150 天内实现从项目引进到投产，但大部分地方与此差距较大；教育、医疗等公共服务领域虽然市场和投资准入都已基本放开，但在实际中民营企业难以享受与国企同样待遇。

二是各级政府中存在的"承诺兑现难、政策落地难"问题亟待解决。根据我中心一项关于政府诚信建设的企业调查问卷统计，超过 2/3 的企业认为基层政府较易发生不诚信行为，主要涉及领域包括规划调整、财政补贴和奖励、税收政策、土地政策等。40% 的企业反映基层部门在办理行政审批过程中有不作为、不落实政策的情况。

三是企业运营成本与邻省比仍然偏高。如，企业反映湖南企业用工社保基数相比广东明显偏高；江苏南京、苏州，江西九江，湖北宜昌等地对进出口岸的集装箱车辆免收或者减半征收高速公路通行费，贵州、重庆等地设立产业专项扶持资金用于补贴企业设备搬迁、物流运输、厂房装修等，湖南均无此类政策。

四是通关环境仍有待进一步优化。企业反映，湖南海关与税务、海关与商检、本地海关与异地海关之间的协调仍需加强，海关、检验检疫、国税等部门不同程度存在政策执行的灵活性不够、执法尺度不一致的现象。

（四）开放主体作用有待进一步发挥

一是外贸经营主体数量不多，规模不大。2017 年湖南有进出口实绩企业为 4100 家，其中进出口 1 亿美元以上企业 49 家。而同期安徽省有进出口实绩的企业达到 7071 家，进出口 10 亿美元以上企业达到 51 家。河南、湖北两省有进出口实绩的企业分别达到 6751 家和 5341 家。

二是海关特殊监管区域平台功能不强。数量虽多，但整体发展水平不高，布局和功能定位不够科学，产业方向和业务形态同质化较突出，与省内口岸资源缺乏联动，缺少带动力强的龙头企业和大项目，对全省开放型经济的带动作用不大。湖南海关特殊监管区域进出口额占全省进出口总额的比重只有 10% 左右，而河南新郑综保区、成都高新综保区 2017 年进出口额占本省进出口总额的比重分别超过 65% 和 45%。

三是产业园区作为集聚要素主阵地的作用有待进一步发挥。2017 年，全省省级以上园区实际使用外资 72.52 亿美元，占全省总额的 50.1%，实际到位内资 1916.25 亿元，占全省总额的 37.6%。全省 139 家省级及以上产业园区，2016 年实际使用外资为零的达 58 家，实际使用内资为零的 30 家。

（五）外部环境变化带来的冲击需要高度重视和跟进关注

当前，国际环境正在发生深刻复杂变化，世界经济在动荡中调整，传统自由贸易主流价值观受到冲击，国际经贸环境不确定性增加及经济金融风险波动加剧，尤其是 2018 年爆发的中美贸易战更将对中美两国乃至国际经济走势产生巨大而深远的影响。美国是湖南第二大贸易伙伴，2017 年湖南与美国进出口额为 43.29 亿美元，同比增长 20.72%，占全省进出口总值的 12%。从目前来看，中美贸易战对湖南的直接影响较小，但也要做好应对摩擦升级以及打持久战的准备，对直接影响的外贸进出口企业和重点行业、沿产业链和价值链上下游逐步转嫁可能波及的企业和行业、物价波动、就业、对外投资和吸引外资等方面的情况密切做好跟踪研判。

三　现阶段制度创新对湖南开放崛起的深刻影响

创新体制机制，推动开放型经济加快由要素驱动向创新驱动转变，是我国新一轮全面开放的重要特征和关键环节。湖南正在实施的开放崛起战略，迫切需要制度创新的支撑，同时也是对制度创新的倒逼，这就要求我们必须加大改革力度，最大限度释放制度创新的红利。

（一）优化营商环境，提升开放崛起竞争力

一是精细、精准推进放管服改革。进一步精简涉企审批事项，清理取消经营服务性收费和行业协会商会收费，降低通关环节费用。推进"最多跑一次"行政审批制度改革。围绕"最多跑一次"，大力简化审批程序提升审批效率。借鉴浙江、江苏等地做法，推进外商投资企业设立商务备案与工商

217

登记"一口办理"，探索推行重大外资项目行政审批委托代办制。针对企业反映强烈的能评环评审查繁杂问题，探索开展"区域能评＋区块能耗标准"改革试点；在省级以上开发区、产业集聚区等，探索开展"区域环评＋环境标准"改革试点。推进线上"一网通办"和线下"只进一扇门"的"一门一网式"政务服务改革，实现"集成办理、一次搞定"。大力推动实体办事大厅与虚拟办事大厅深度融合，加快推进"互联网＋政务服务"改革，拓展网上办事广度和深度，延长网上办事链条，大力推动"最多跑一次"向基层延伸。加强监管，全面推开跨部门"双随机一公开"监管信息共享，积极探索"互联网＋监管"模式，建立部门间政务信息资源共享规则，出台省级信息系统整合共享目录、标准。

二是加强知识产权保护。建立方便、快捷、低成本的知识产权举报投诉与执法维权"一站式"服务平台，加快建立跨部门、跨区域知识产权立案协作、委托取证、案件协办、联合执法、案件移送与结果互认机制，开展侵权问题集中整治。

三是加强社会诚信建设。全面清理处置政府违约失信问题，严格兑现向投资者及企业依法做出的政策承诺，维护政府公信力。完善社会守信激励和失信惩戒机制，对守信企业推广以承诺制加快审批检测认证进度，对失信行为加大联合惩戒力度。

（二）放宽市场准入，拓展开放崛起空间

一是全面推行市场准入负面清单管理和外商投资准入前国民待遇加负面清单管理。认真落实国家《外商投资准入特别管理措施（负面清单）（2018年版）》在22个领域的开放措施，进一步放宽外资市场准入。认真执行国家关于放宽银行业、证券业、保险业和汽车等制造业企业外资股比限制等规定。全面清理省内与市场准入相关的法规条例，及时修订不合理的限制性条款。

二是按照国家部署，加快取消汽车行业外资股比限制及整车厂合资数量等的限制，积极争取外资新能源汽车项目落地湖南；取消或放宽交通运输、商贸物流、专业服务等服务领域外资准入限制。

三是保障民营企业、外资企业同等享受省内企业减负担降成本等各种涉企优惠政策。

（三）适应贸易规则创新要求，提高开放便利化水平

一是积极复制推广自贸试验区改革试点经验，使省内企业能及时享受"先放行、后改单"作业模式、跨部门一次性联合检查、海关特殊监管区域"四自一简"监管创新、海关特殊监管区域及保税物流中心（B型）"先出区、后报关"等制度创新带来的好处。

二是加快推进国际贸易"单一窗口"国家标准版及中国（湖南）国际贸易"单一窗口"在全省的推广普及，依托"单一窗口"应用体系，真正实现"一次申报、一次查验、一次放行"。进一步提升通关公共服务平台的智能通关水平，拓展平台"一次录入生成报关、报检申报数据，分别完成向海关、质检申报"的"一单两报"、通关信息查询等功能，简化企业报关报检流程，提升通关效率。

三是依托电子口岸平台，推动口岸管理相关部门各作业系统横向互联，健全信息共享机制，最大限度实现口岸作业各环节的全程无纸化，推进贸易领域证书证明的电子化管理。

（四）提升开放平台，释放开放崛起潜力

一是积极争取国家各类试点。加强高位推动，以湖南省委省政府名义向国家层面争取自由贸易试验区、开放型经济新体制综合试点试验区等平台尽早获批，积极推进长沙跨境电商综合试验区试点并争取各项政策创新能在全省范围内推广复制，积极争取郴州综保区开展的企业增值税一般纳税人资格、内销选择性征税等政策试点在全省各海关特殊监管区域落地实施。

二是加强口岸与海关特殊监管区域以及海关特殊监管区域间联动发展。加强全省口岸建设的系统谋划和布局，以共享共用为目标，整合口岸监管设施资源和查验场地，提升口岸功能和效能，推进各海关特殊监管区域与口岸联动发展，探索推进国际多式联运业务，提高保税货物流转效率。加快推进

省内海关特殊监管区类型、功能、政策和管理整合，明确各区域的产业和功能定位，在重大项目布局、重点试点申报等方面有针对性地突出地方资源禀赋和特色。

三是探索园区建设和运营新模式。创新"飞地经济"合作机制，优化利益分配，探索实行区域股份制，在政府内部考核中，关于 GDP、工业产值、税收、环境等指标，允许合作双方考虑权责关系、出资比例、能源消费、污染物排放等因素进行协商划分。积极与发达省份共建"飞地经济"园区，承接产业转移，推动省内市域之间相互结对，促进省内资源更优配置。

四 充分发挥企业在开放崛起中的重要作用

产业是区域开放合作的基础，企业是区域开放合作的主力军。湖南要围绕"招大、引强、培优"做文章，真正推进"引进来、走出去"两条腿走路，提高企业国际化经营能力和水平，充分发挥企业在开放崛起中的重要作用。

（一）着眼强链延链补链，加强"引进来"

一是围绕重点产业链招大引强。加强产业政策和开放崛起政策的对接，把握国家放宽外资准入机遇，重点围绕湖南省委省政府确定的 20 条新兴优势产业链对接国际 500 强、国内 500 强、民营 500 强企业，跟踪研究相关产业国内外主要企业的发展布局和投资动态，创新招商方式，精准制定引进方案，引进一批能带动产业链提升的企业和项目，围绕龙头企业开展需求产品调查，建立配套产品项目库，组织配套对接活动，培育上下游配套产业。

二是积极发挥商会作用，推动以商招商。充分发挥商会的桥梁纽带作用，制定统一的组织管理办法，建立有效的引导奖励机制。积极通过商会会员向外界宣传湖南环境和政策，了解其所在地行业、企业的发展思路、投资意向等信息，实现信息资源共享，促进招商引资项目顺利推进。

三是大力推进企业开放融合发展。着眼新兴优势产业链培育，实施"制造＋互联网＋服务"工程专项行动，鼓励有条件的企业通过互联网开展柔性制造、定制化生产等先进制造模式，提升医疗健康、养老服务、文化教育、旅游交通、金融物流等现代服务业企业的网络化和智能化水平。

（二）着眼实现全球资源配置，鼓励企业"走出去"

对接"一带一路"沿线国家基础设施建设和市场消费需求，围绕湖南国际竞争优势明显的重点产业和企业，统筹谋划产业升级和有序转移，实现省内境外联动发展。

一是健全境外投资管理服务体系，建立完善国别研究、行业调研报告、风险预警等信息服务平台，培育面向企业境外投资和跨国经营的信用评级、国际谈判、法律、会计、税务、咨询服务机构。

二是鼓励有实力的企业建设境外经贸园区，吸引上下游产业链转移和关联产业协同布局，带动一批配套中小企业和上下游产业"抱团"出海。鼓励和引导省内企业以资本或业务为纽带，联合央企"借船"出海。扎实推进一批具有影响力的大工程、大项目，实现市场分布、行业领域新突破，通过境外重大投资项目带动产品出口。对投资新区域和新领域、带动相关产业"抱团"出海的重点企业，给予政策和资金支持，对重点"走出去"企业实行"一对一"帮扶政策。

三是鼓励湖南工程机械、轨道交通、资源勘探开发、路桥、产业化住宅、生态环保、现代农业、文化传媒等优势产业的龙头企业开展跨国经营活动，支持龙头企业通过兼并、重组、收购、控股等方式组建具有国际竞争力的大型跨国集团。支持省内有区域特色和产业优势的中小企业，依托大企业带动，参与配套生产和服务，扩大在东南亚、南亚、中亚、非洲以及中东欧等地区的产业投资。推动对外承包工程和装备制造业出口有机融合，深度开发"贷款换资源""工程＋融资""工程＋投资"等特色模式，推动湖南工程承包企业转型为综合承包服务商。

（三）着眼抢抓新机遇，加大扶持新业态

一是重点发展跨境电商。建立适应跨境电商特点的政策体系和监管体

系，促进跨境电商产业园区建设，构建跨境电商通关等公共服务平台，鼓励传统制造和商贸流通企业利用跨境电商平台开拓国际市场。全力支持企业发展 B2C 零售出口、B2C 直购进口、网购保税进口及海外仓等多种业务模式。

二是促进市场采购贸易发展。培育"多品种、多批次、小批量"内外结合的专业市场，扎实推进高桥大市场全国市场采购贸易试点。支持企业建立集产品展示展销、品牌营销、物流配送等于一体的专业化采购中心，鼓励在海外设立批发展示中心、"海外仓"等国际营销网络。

三是加快外贸综合服务体建设。加快推进外贸综合服务中心在全省重点产业园区和重点县域的布局，支持培育和引进外贸综合服务企业，鼓励综合服务企业积极创新服务、产品和商业模式，不断增强综合服务信息平台功能，提高服务企业报关、报检、信保、融资、退税、物流、融资、结汇和国际市场开拓等水平。

（四）着眼接轨对标创牌，提升企业国际竞争力

一是建议建立湖南国际化成长型企业资源库，进行重点孵化培育，建立商务、海关、经信等部门与该类企业常态化联系机制，加强对其分类指导。鼓励中小企业开展国际化经营，引导中小企业进行制度和管理创新，树立国际规则意识，建立与国际接轨的现代企业制度、管理模式和服务规范。

二是鼓励和引导企业按照国际标准组织生产和质量检验，建立国际认可的产品检测和认证体系，构建质量倒逼机制。引导企业增强运用优惠贸易协定的意识，加强与澳大利亚、东盟、韩国等国家与地区的贸易往来，鼓励企业通过办理各类区域性优惠原产地证书（FTA），享受关税减免待遇。

三是大力培育区域性、行业性品牌，在品牌建设、产品研发、市场开拓等方面给予政策扶持，以品牌建设、质量安全为重点，引导企业增强研发设计能力。鼓励有实力的企业收购境外品牌，支持企业开展商标和专利的国外注册保护。

穿出你的风采：服饰消费的机遇与趋势

唐宇文

寒冷的冬日，我漫步在星城步行街五颜六色、川流不息的人潮中，一群反季节美女擦肩而过，一帮英俊潇洒的绅士在街头店铺前表演时装秀，不禁感叹人世间的美丽无处不在，也从衣着的变迁上读到了一个国家翻天覆地的历史。

纺织服装业是我国国民经济的支柱产业，也是吸纳就业、确保千家万户安身立命的重要产业，还是穿出人生风采、满足人民对美好生活向往的创意产业，更是我国参与国际分工的特色优势产业。改革开放四十年来纺织服装业的发展，折射出中国人传统服饰消费观念与爱好的巨大变化——即从多年不变的单一款式、单一颜色、千人一面的着装，到跟随季节千变万化、千姿百态、风采纷呈的巨大转变。

与其他民生产业一样，服饰产业的繁荣和发展也是消费结构不断升级的产物。日本经济学家三浦展有个消费四周期理论，他把日本的消费历史划分为四个周期，不同周期阶段的大众消费心理、消费行为有着显著的差异。

第一周期是启蒙化时代（1912~1944年），主要借鉴模仿欧美消费和生活方式，服饰上的欧派美风不断流行；

第二周期是大众化时代（1945~1974年），服装开始进入工厂批量化生产，价格大幅下调，成衣消费快速普及；

第三周期是品牌化时代（1975~2004年），消费者倾向品牌化消费、炫耀式消费；

第四周期是简约化时代（2005年~至今），消费行为呈现本土化、简约化和环保发展趋势，追求个性化、网络化、休闲化及去品牌化的消费理念，这个时代具有代表性的品牌正是朴素却大受欢迎的优衣库和无印良品。

日本的服饰消费周期与中国服饰消费周期形成有趣印证，四周期理论同样适用于中国。20世纪80年代，中国流行的灯笼裤、喇叭裤是对西方时尚潮流的首次呼应；到90年代，全国遍地开花的服装市场和服装工厂，实现了工厂制衣的快速普及；2000年后海宁皮草、晋江运动装等国内品牌的崛起，以及国外奢侈品牌在中国市场的火爆，是品牌消费逐渐兴起的时代；而近年来，小米、网易严选、名创优品等简约风的新国货重新流行，使中国的服饰消费开始进入一个新的时代。

不同之处在于，中国市场容量和区域消费差异极大，四个消费时代在不同区域间长期共存。总体来看，一、二线城市率先进入第四周期，而大多数低线城市尚处于第二、第三时代，消费习惯从杂牌过渡到有品牌，消费频次由低频转向高频，对服饰品牌和质量有更高的要求。

更深入地分析，改革开放以来，特别是21世纪初期正式加入WTO以来，我国消费周期迭代提速，服饰生产与消费也得到了飞速的发展。随着我国改革开放进入新时代，国民经济跨入追求高质量发展的新阶段，未来我国服饰产业也将遇到许多新的发展机遇。

一是消费结构升级的机遇。改革开放以来，随着人民生活水平不断提高，我国消费群体分层化趋势日益明显。发展到今天，服饰消费市场已呈现出典型的M型结构，即高端奢侈消费与平价消费共存，高端消费市场稳定，大众消费市场扩容、集中度提升，25~40岁的年轻消费群体迅速崛起。随着人民生活质量的不断提高，未来更多的人群将跨入品牌化和简约化消费交叉融合的时代。

二是境外市场拓展的机遇。我国加入 WTO 以来，纺织服装业迎来迅速发展的机遇期。当前，欧美等成熟市场已基本瓜分殆尽，非洲、南美、中东和其他"一带一路"沿线国家和地区还存在不少市场机会。近年来，虽然受中美贸易摩擦、汇率波动等多重因素影响，服饰出口市场不确定性有所增加，但服饰产业"走出去"的空间依然很大。2018 年"双 11"期间，最受欢迎的五大出口商品——连衣裙、毛呢外套、裤子、卫衣、针织毛衣，都属纺织服装类。未来随着"一带一路"开放格局的不断深化，我国服饰产业扩大开放的前景将日益广阔。

三是线上线下融合的机遇。2018 年"双 11"全网实现交易额 3143 亿元，其中天猫交易额达到 2135 亿元，服装服饰交易过亿的品牌达到 77 家。近年来，服饰产业线下渠道受到线上渠道冲击，传统经营模式难以为继。在电商平台发展初期，大多数传统品牌将线上业务仅作为处理过季存货的渠道，随着电商平台发展，线上占比迅速提升，传统服饰品牌开始通过开设线上旗舰店、开发线上专供款，与电商平台进行战略性合作等方式，抢占线上流量，线上业务成为传统服装业绩增长的新引擎。随着电商平台的发展趋于成熟，线上获客成本提高，线上流量红利时代基本结束，线上业务收入占比趋于稳定。在这个过程中，服饰品牌的供应链能力得到全面提升，渠道多元化得到初步实现。预计将来，服饰产业发展仍将继续保持融合发展的态势，线下实体店的体验感与网上购物的便利感，相互交融，相互补充，全渠道的零售模式将成为主流。

四是产业布局调整的机遇。近年来，受各项成本上涨的压力，服饰产业正逐步从长三角、珠三角等沿海地区向外迁移。在这个过程中，东南亚国家积极出台产业承接政策，成为最大的获益者。东南亚国家以其廉价的劳动力成本、税收优惠、日益完善的配套设施等，吸引了越来越多的纺织服装企业前往。据波士顿咨询发布的数据，东南亚国家制造业的劳工成本占总成本的比例大多在 5% 以下，远低于中国的 12% 和美国的 14%。此外，随着海外资本，尤其是中国大型纺织企业的投资，东南亚服饰产业链短板正在逐渐补齐。我国广大内陆地区在承接沿海服饰产业转移的过程中，需要加大招商引资力度，不断改善营商环境，重视构筑新的竞争优势。

最近，我去湖南的时尚之都——株洲芦淞的服饰产业集群进行调研，进入了一家著名的株洲本土品牌服饰公司的智能量衣间，站在里面不到一分钟，智能机器人就自动完成了对我的数据采集，半个小时后考察完该公司的生产车间，一条漂亮得体、做工精细的男裤就交到了我的手上，让我感受到了芦淞服饰产业智能量衣、智能制造的神奇。

而这仅仅只是服饰产业走向智慧发展的一个开始，未来基于科技创新驱动的服饰消费，将呈现以下趋势：一是技术创新引领服饰消费形态变革，AR 试衣镜、虚拟衣柜、3D 互动、智慧门店将兴起；二是供应链改造带来更极致的服饰消费体验，大数据、机器人、智慧物流将蓬勃发展，而商家将通过大数据分析和数据挖掘，判断客户群体特点及消费趋势变化，精准捕捉消费者的长尾需求，抢占细分市场；三是新制造将满足更加个性化的服饰需求，C2C、B2C 将转向智慧化、个性化的 C2B。

愿你在新消费时代，追随服饰潮流，尝试个性定制，穿出人生风采，享受生活美好！

湖南省义务教育大班额问题现状及化解对策*

大班额问题是我国义务教育发展中的一大难题,是促进教育均衡发展、提高义务教育质量亟待解决的重要问题。最近,根据吴桂英副省长的指示,省政府发展研究中心调研组前往省教育厅及邵阳、衡阳、长沙等地市就湖南省大班额问题开展了专题调研,与各地相关部门及学校代表进行了深入沟通交流,并在省政府门户网站上同步进行了问卷调查,全面了解湖南省义务教育大班额问题现状,深入分析大班额形成的原因,研究提出了化解大班额的政策建议,供领导决策参考。

一 湖南省大班额问题现状

根据教育部门的有关规定,小学、初中标准班额分别为 45 人和 50 人,但一些地方出现了班级学生数超过标准班额的现象,教育部将 56 人及以上的班称为大班额,66 人及以上的班级称为超大班额。

湖南省教育厅数据显示,2017 年湖南省义务教育阶段共有 184426 个班,其中大班额班级比例达 22.4%,超大班额占 8.6%,两个比例均为全国最高。据我中心开展的湖南义务教育大班额情况问卷调查,85.35% 的调查者反映本人或子女所在学校存在大班额现象,可见大班额问题比较突

---

* 获得副省长吴桂英的肯定性批示。
** 调研组组长:卞鹰;副组长:唐宇文;调研组成员:唐文玉、王颖。

出。调研组在进行数据分析及实地调研时发现，湖南省大班额呈现以下几个特点。

（一）大班额在城镇学校较为严重，农村小班额现象突出

2017 年，全省小学城镇大班额比例为 33.05%，农村为 5.18%，城镇小学大班额占比比农村高出近 28 个百分点；初中阶段，城镇、农村大班额占比分别为 36.60% 和 18.90%，城镇初中大班额比例比农村高近 18 个百分点（见表 1）。与此同时，农村普遍存在小班额现象，许多农村学校学生大幅流失，甚至一个学校仅 10 多名学生。

表 1　2017 年全省义务教育大班额情况

单位：个，%

学段	小学				初中			
地区	农村	城　镇			农村	城　镇		
		总数	城区	镇区		总数	城区	镇区
班级总数	50636	72145	27855	44290	10728	34957	12258	22699
大班额数	2621	23844	8159	15685	2028	12796	3902	8894
大班额比例	5.18	33.05	29.29	35.41	18.90	36.60	31.8	39.18

数据来源：教育厅数据。

（二）大班额在初中阶段非常严重，且近年来未得到根本改变

2017 年底，全省小学 56 人及以上的班级有 26465 个，占小学总班级数的 21.55%，约占 1/5；初中阶段大班额班级数 14824 个，占全省初中班级总数的 32.45%，占比近 1/3（见图 1、图 2）。虽然相较于 2013 年小学、初中大班额 24.52%、39.32% 的比例有所下降，但未得到根本性改变，问题依然严峻，且初中大班额问题更为严重。随着二胎人口的增加、小学升学延续大班额问题的影响，在现有承载能力下，未来初中大班额问题会越发突出。

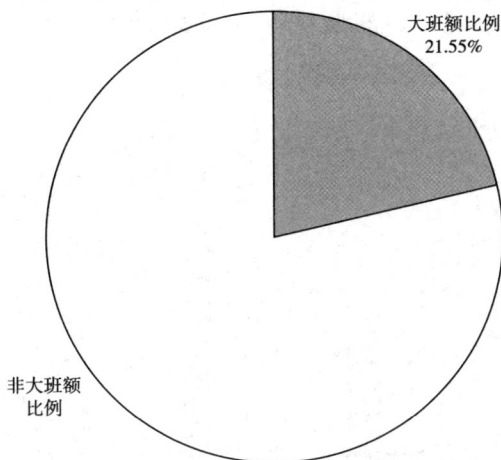

大班额比例
21.55%

非大班额
比例

图1　小学大班额情况

数据来源：教育厅数据。

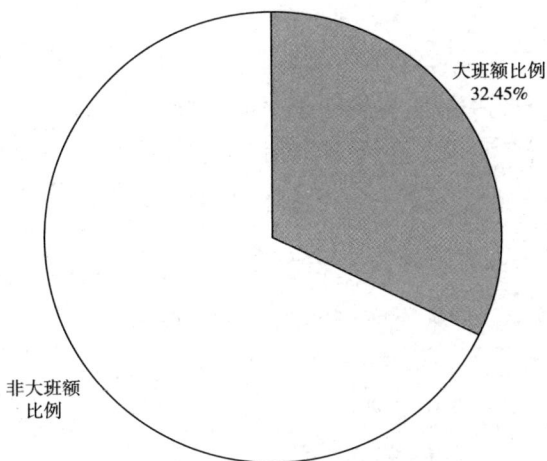

大班额比例
32.45%

非大班额
比例

图2　初中大班额情况

数据来源：教育厅数据。

（三）大班额存在地区差异，湘中问题较为普遍

2017 年全省大班额区域数据分析显示，湘中地区小学大班额比例最高，达到 28%；其次是湘西和湘南，分别为 27.4% 和 21.11%（见图 3 和

表2）。城镇方面，湘中、湘西城镇大班额比例偏高，达到了48.8%和44.82%。

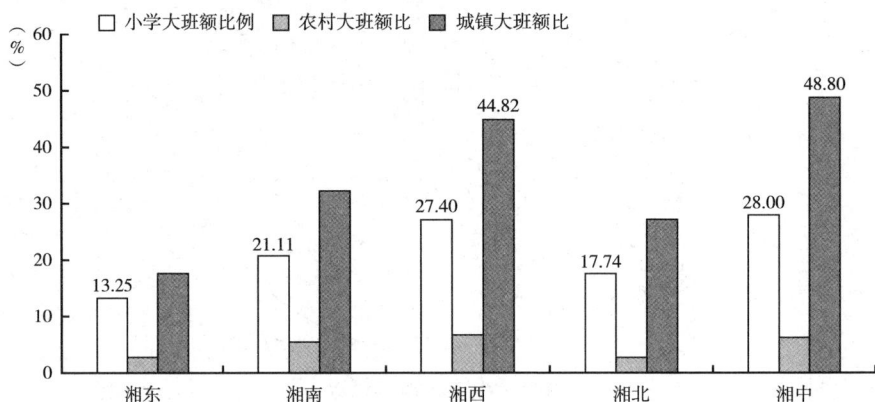

图3　各区域小学大班额比例情况

数据来源：教育厅数据。

初中阶段，湘中地区大班额问题非常突出，达到了44.93%（见图4和表2）。城镇方面，湘中、湘南大班额分别为51.29%和47.13%。农村方面，与小学农村大班额不足10%不同，湘中、湘南初中大班额占比分别达29.57%和27.51%。

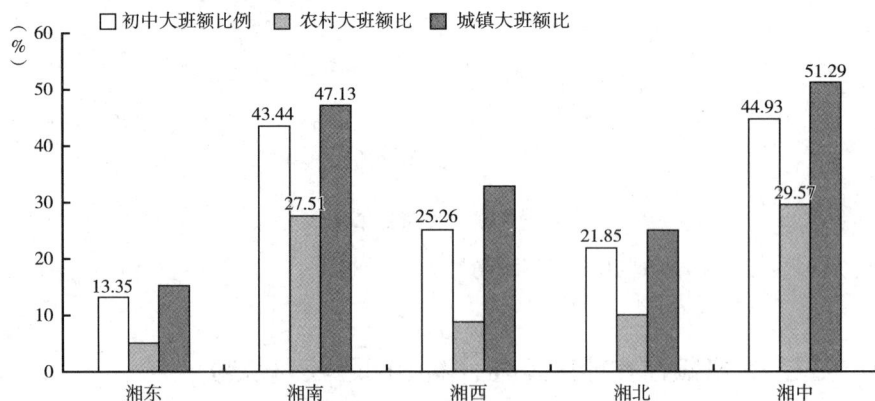

图4　各区域初中大班额比例情况

数据来源：教育厅数据。

表2 各区域义务教育大班额情况

单位：%

地区	小学					初中				
	小学大班额比例	农村占比	城镇			初中大班额比例	农村占比	城镇		
			总占比	城区占比	镇区占比			总占比	城区占比	镇区占比
湘北	17.74	2.79	27.35	40.75	21.59	21.85	10.20	25.26	31.72	23.10
湘南	21.11	5.47	32.30	25.64	35.76	43.44	27.51	47.13	46.44	47.42
湘西	27.40	6.55	44.82	49.67	43.32	25.26	8.86	32.98	45.26	29.74
湘东	13.25	2.71	17.68	15.40	21.54	13.35	5.28	15.13	12.89	18.24
湘中	28.00	6.48	48.80	50.12	48.18	44.93	29.57	51.29	43.02	55.23

数据来源：教育厅数据。

（四）镇区超大班额问题严重，湘西南须重点关注

全省超大班额问题主要集中在镇区，其中小学、初中镇区超大班额比例达到17%、14.42%，分别比城区高出6.38和6.74个百分点（见表3）。分析14个市州，最严重的三个地市分别是永州、邵阳和郴州，比例分别为18.65%、16.52%和14.29%。课题组在邵阳大祥区调研发现，该区城镇超大班额问题非常突出，最大班额达90个。

表3 全省超大班额情况

单位：个，%

类型	小学					初中				
	小学总数	农村	城镇			初中总数	农村	城镇		
			总数	城区	镇区			总数	城区	镇区
班级总数	122781	50636	72145	27855	44290	45685	10728	34957	12258	22699
超大班额数	11199	713	10486	2958	7528	4649	433	4216	942	3274
超大班额比例	9.12	1.41	14.53	10.62	17.00	10.18	4.04	12.06	7.68	14.42

数据来源：教育厅数据。

二　大班额形成的原因

（一）城镇化不断推进的结果

近年来，随着加快推进城镇化战略的实施，大量农村人口涌入城镇，为了切实保障进城人员的合法权益，我国不断完善基本公共服务，在教育上主要是解决随迁子女就学升学问题。但是，由于城镇教育建设滞后于经济社会发展及学龄人口频繁流动，出现了城镇中小学校数量不足、学位有限、师资短缺等问题，而农村义务教育学校却在不断拆并。据统计，2017年湖南省人口城镇化率为54.62%，同期在城镇就读的义务教育学生比例却高达76.49%，高出城镇化率近22个百分点。在此背景下，扩充班额成为解决教育资源紧张问题的通用之策。湖南省义务教育大班额情况问卷调查显示，16.53%的投票者认为城乡差距大、乡村人口涌入城市是导致大班额现象的主要原因。

（二）重视程度不足

部分地方政府不重视义务教育的均衡发展，未尽到义务教育的法定责任，导致教育基础设施建设的专项教育经费得不到全力保障，一些地方政府忽视中小学校布局规划，不经过法定程序违规改变教育用地用途，或不预留足够教育用地，造成学校数量只减不增，教育资源远远满足不了需求。

（三）优质教育资源分配不均

受经济发展、公共资源分配等因素影响，湖南省区域之间、城乡之间及校际教育发展水平存在较大差距，加之缺乏正确升学观引导的家长存在认识偏差，择校现象愈演愈烈，导致了城镇学校或优质学校的大班额。据调研组对邵阳、衡阳等地的实地调查，大部分存在大班额问题的学校超过1/2的在读学生为流动人口，且学生主要集中在教育资源较好的城镇学校。湖南省义务教育大班额情况调查问卷显示，14.11%的投票者认为优质教育资源分配不均衡是导致大班额现象的主要原因，43.5%的投票者认为目前优质教师资源不能满足需要或者缺口很大。

（四）监管不到位

因缺乏有效的监管措施，学校受利益驱动违规招生，也是造成大班额的重要原因。部分学校盲目追求规模效应，不断扩充班额人数；或谋取私利，收取择校费、赞助费；或受不良社会风气的影响，接受各种"条子生"，使得大班额问题持续恶化。

三　化解大班额问题的对策建议

大班额问题，是教育发展不平衡、不充分的突出表现。湖南义务教育大班额调查问卷显示，92.21%和93.36%的被调查者认为，大班额影响着学生学习质量和教学质量；23.26%、18.03%的被调查者认为，应该扩大义务教学学位供给和加大资金投入。因此，有效治理大班额现象，实现义务教育的相对公平，促进教育机会均等，推动义务教育事业持续健康发展，有着非常重要的积极意义。调研组建议从重规划、扩供给、提质量、强监管四个层次入手，着重做好四个方面的工作。

（一）积极应对，统筹规划

一是科学预测，统筹规划义务教育学校配套建设。加强学前教育、义务教育资源的预警预测和前瞻规划，制订义务教育学校建设规划和年度实施计划，强化责任意识。城镇方面，认真落实《关于统筹推进县域内城乡一体化改革发展的若干意见》中关于城镇义务教育学校教育用地预留、教育用地联审联批等制度，并细化相关立法规定。农村方面，整合现有教育资源，优化资源配置，最大限度实现以生为本的科学布局，重点办好乡村小规模学校和乡镇寄宿制学校，降低农村学生上学成本。新城区规划时，政府要根据人口容量、流动人口的数量以及其他影响因素，科学预测学生人数，做好义务教育学校建设配套规划，严格落实。

二是加强部门合作，严肃追责。明确各有关部门消除大班额工作的责任，并充分发挥市州政府的统筹协调作用，督促各县市区教育、财政、国土、住建等部门相互协调形成合力，具体落实实施义务教育学校建设规划和消除大班额行动的工作责任，完善追责机制，对不履行或不按规定履行职责的单位和个人，依法依规追责问责。

三是完善招生指标分配的改革，加强对择校的引导。首先，完善优质高中招生指标分配到初中的改革措施，将高中招生的大部分指标分配到升学区内各校，增强薄弱学校和农村学校的办学吸引力，均衡初中学校生源。其次，加强义务教育均衡化发展宣传，弱化"升学率"等硬性指标的影响，鼓励学校突出特色，引导家长树立正确的教育观，降低择校的需求热度。

（二）扩大城镇学位供给，强化投入保障

一是多措并举增加城镇学位供给量。首先，积极推进新建以及改扩建义务教育学校，及时扩充城镇学位，缓解就学压力。其次，通过资源整合调整现有闲置富余教学场地，增加义务教育学校学位。同时，也可采取租赁、购买社会场地等方式，补充解决大班额问题。最后，充分发挥民办学校在扩大城镇学位中的积极作用，鼓励、支持社会力量办学，缓解公办义务教育学校大班额的压力。

二是细化及落实小区配套建设学校的相关政策。依法落实《湖南省中小学校幼儿园规划建设条例》，确保学校规划建设与城镇化进程同步。研究制定《条例》实施细则，细化小区按规模配套学校建设的具体要求，根据各区县市学位情况确定小区配套学校建设的规模。建立现有住宅小区学校配套追查机制，测算教育用地欠账情况，探索教育用地归还机制。

三是扩大资金支持及引导作用。建议教育、财政尽快出台消除大班额学

校建设资金筹措的指导性意见和奖补方案，对于消除大班额成效突出的应给予奖补资金的倾斜，有效化解地方政府消除大班额资金压力，调动地方消除大班额问题的积极性。

四是完善城镇教师补充工作。充分发挥地方能动性，按学生规模和教学需要，核定义务教育学校教职工编制，统筹协调编制调配。积极探索教师"区管校聘"管理体制改革，加强教师流动。通过政府购买服务的方式，加大对优秀教师的招聘力度，并提高薪酬待遇。

五是推行集团化办学或学校联盟办学方式。对于优质教育资源集中的学校，可通过实施名校集团化办学或校际联盟的形式，扩大优质教育资源的覆盖面，缩小城乡学校质量差距。

六是探索建立消除大班额的试点。建议将邵阳大祥区、湘西龙山县、岳阳临湘市作为湖南省推进义务教育均衡发展、消除大班额试点区，加强预警预测，因地制宜制定化解城镇大班额、农村小班额的政策措施。如针对邵阳大祥区改革试点的情况，理顺义务教育管理体制，消除化解大班额的体制障碍。

（三）提高农村学校教育质量，开展名师网络教学行动

一是加快推进农村学校标准化建设。要强化兜底思维，补齐教育短板，全面改善农村义务教育薄弱学校的办学条件，加快寄宿制学校建设、农村初中校舍改造等工程。

二是多途径优化农村教师队伍结构。进一步创新农村教师激励机制，不断提高偏远地区农村教师的奖励津贴，同时实施"差别化绩效考核"，按照贡献率确定梯度奖幅，以激励农村教师安心在农村从事教育工作。继续推进特岗教师计划、乡村教师支持计划等利农教育政策，加强乡村教师定向培养，鼓励通过网络培训、本地院校培训以及城镇学校进修学习等方式，提高农村教师专业水平。促进城镇与农村学校、农村中心学校与教学点建立帮扶联盟，加大校长、教师轮岗交流力度，盘活存量优质教育资源，建立以强扶弱的共建机制。

三是开展名师网络教学行动。在全省选拔一批优秀教师，开展名师网络教学，利用网络教育平台，将优质课程引入乡村学校，共享优质资源。

（四）规范办学行为，加强监管督查

一是推行划片招生。各县市区应认真制定切合本地实际的招生计划，合理确定区域内各中小学生源范围和在校生规模。对于生源紧张的片区，严禁招收片区外的学生，对未经允许而擅自招收者，停止拨付生均公用经费；对于外来务工子弟进城就学或者困难无房户居民子女入读，要求提供监护人两年及以上该区域缴纳社保证明，或工作单位、社区开具家庭困难证明和监护人户口转入该区域两年以上的证明，有效杜绝跨区域就学、租房读书的现象，缓解生源紧张局面。

二是加强学籍管理和转入学制度。严格学籍管理制度，严控新入学班级人数，杜绝大班额。切实规范转入学手续，严格控制择校行为，禁止城区内公办小学之间相互转学；严格控制插班生，对于班额已达到大班额人数的班级，禁止接收插班生。

三是规范民办学校招生。将义务教育民办学校招生统筹纳入当地义务教育阶段招生管理，与公办学校享受同等待遇，在招生计划核定等方面实行统一管理、统筹组织，依法依规进行。

四是改革以生源数量为主要或唯一标准的资源配置机制，实行班级学生数未超标情况下，"两免一补"和生均公用经费基准定额资金随学生流动携带制度，破除大班额超标学校的资源和利益削减机制，杜绝"学生越多，大班额越多"的规模利益效应。

五是加强督查。加大大班额民生实事重点项目督查力度，并实现常态化管理机制，责任细化落实到各市州区县目标任务的绩效考核中，严格处理利用信息系统或其他方式瞒报、漏报大班额问题。同时，探索大班额复发追责机制。

新形势下增加湖南省农民
收入的对策研究[*]

湖南省人民政府发展研究中心调研组[**]

生活富裕是国家乡村振兴战略总要求的重要内容，也是农村经济发展的出发点和落脚点。近年来，受宏观经济下行影响，湖南省农民收入增速持续放缓，如何以新思路、新举措推动新形势下农民收入增长，成为湖南省实施乡村振兴战略、决胜全面建成小康社会的关键环节。最近，根据省领导指示，我中心调研组先后赴浙江、江西等省及长株潭、怀化、湘西等市州农村就农民增收问题进行了调研，现将调研及思考汇报如下。

一　当前湖南省农民收入增长呈现新特征

2017 年，湖南省农民人均可支配收入 12936 元，居全国第 13 位、中部第 3 位，但收入增速从 2014 年的 11.4% 降至 8.4%，与全国的收入差距从 2014 年的 429 元上升至 496 元，有拉大趋势。从农民收入的构成来看，湖南省农民收入增长呈现以下新特征。

（一）工资性收入占主导地位，但增速和贡献率"双降"

2010 年以来，工资性收入成为湖南省农民收入最主要的来源，2014 ~ 2016 年，湖南省工资性收入占农民收入的比重分别为 40.5%、41.1% 和

---

* 获得省委常委、省委秘书长谢建辉，副省长隋忠诚的肯定性批示。

** 调研组组长：卞鹰；副组长：唐宇文；调研组成员：李学文、黄玮、张诗逸。

41.5%，呈逐年上升趋势，但2017年小幅下降至41.1%。工资性收入增速逐年下滑，2017年降至8%，低于当年农民可支配收入增速0.4个百分点，较2014年回落3.3个百分点。从工资性收入对农民收入的贡献率看，2014～2016年分别为40.4%、45.8%和46%，2017年大幅下降至39.3%，尽管仍对农民增收起主导作用，但表明务工对农民持续增收的拉动作用正在减弱。

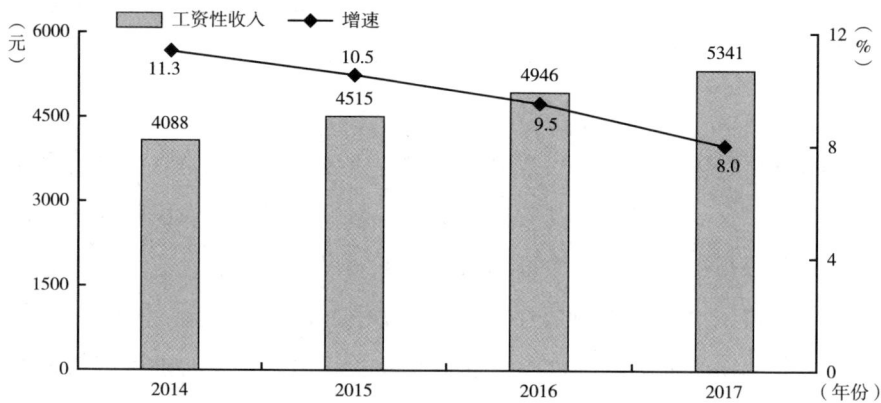

图1　2014～2017年湖南农村居民工资性收入及增速

（二）经营性收入"短板"明显，但有较大挖掘潜力

湖南省农民可支配收入低于全国平均水平，主要差距体现在经营性收入上，2017年，湖南省农民人均可支配收入比全国少496元，其中经营性收入差距达659元。而且近年来经营性收入增速和贡献率持续下降，2014～2017年，湖南省农民经营性收入增速从11.8%降至5.6%，回落幅度比全部收入高3.2个百分点；占总收入的比重由36.2%下滑至33.8%，尽管仍是农民第二大收入来源，但重要性不断降低；尤其是经营性收入对农民收入的贡献率从37.2%大幅下降至22.9%，贡献率不仅低于工资性收入，也低于转移性收入。另外，作为传统农业大省，湖南省水稻产量全国第一，生猪出栏量全国第三，蔬菜、水果、茶叶等经济作物面积和产量居全国前列，在农民经营性收入增长方面大有潜力可挖。

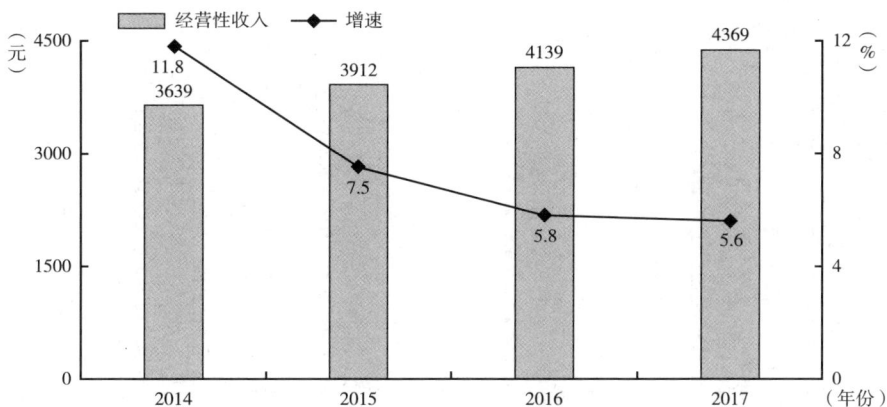

图 2　2014～2017 年湖南农村居民经营性收入及增速

数据来源：湖南统计年鉴，本文下同。

（三）转移性收入贡献率显著提升，但可持续性存疑

随着惠农政策和扶贫工作力度加大，湖南省农民转移净收入增长显著加快，2017 年全省农民人均转移净收入 3078 元，是 2013 年的 1.56 倍，年均增长 11.8%；转移净收入在农民人均可支配收入中的比重不断上升，2017 年达 23.8%，较 2014 年提高 2.2 个百分点；转移净收入对农民人均可支配收入的贡献率大幅提高，2017 年为 37.4%，较 2014 年提高 18.3 个百分点，仅次于工资性收入成为拉动农民收入增长的第二大力量。但从国内外经验看，转移性收入到达一个较高比例后将基本保持稳定，再加上财政收入增速不断放缓，未来转移性收入长期保持快速增长的可能性减弱。

（四）财产性收入贡献非常有限，但存在较大增长空间

湖南省农民财产性收入总量很小，2017 年为 148 元，不到全国平均水平的一半，而且增速波动较大，2014 年增速高达 26.7%，2016 年却下降到 -17.8%，2017 年增速仅为 3.6%。财产性收入占比不高且呈下降趋势，2017 年财产性收入占总收入的比重为 1.1%，较 2014 下降 0.5 个百

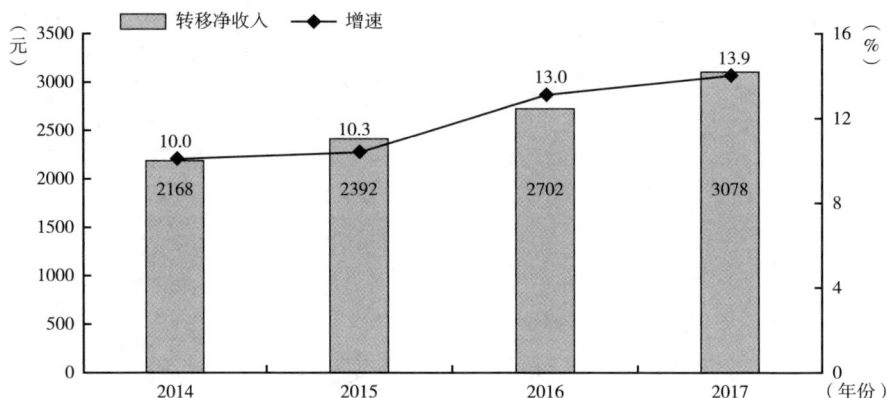

图3　2014～2017年湖南农村居民转移净收入及增速

分点；财产性收入对全省农民收入的拉动作用微乎其微，2014～2017年
贡献率分别为3.4%、0.9%、－3.3%和0.5%。事实上，农民财产性收
入增长潜力巨大，以省内株洲、湘潭市为例，2017年农民财产性收入分
别达到666元和517元，远高于全省和全国平均水平，随着农村宅基地、
集体用地和土地流转等方面改革的深入推进，未来全省农民财产性收入存
在巨大增长空间。

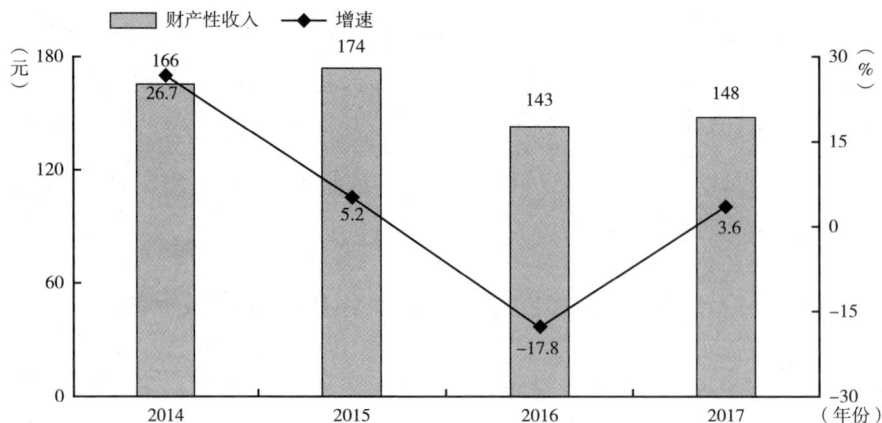

图4　2014～2017年湖南农村居民财产性收入及增速

二　新形势下促进农民收入增长要有新思路

通过省内外多地调研发现，促进新形势下农民收入增长，必须抢抓新机遇，突出增收重点，充分调动经营主体积极性。

（一）必须抢抓乡村振兴和脱贫攻坚两大发展机遇

一是必须牢牢把握乡村振兴战略全面实施机遇。乡村振兴战略促进农民增收是全方位、多层次、长期性的，产业兴旺是乡村实体经济的核心和农民收入增长的基础，生态宜居的乡村通过发展生态经济带来实实在在的收入效益，乡风文明通过让人"记得住乡愁"增强对旅游、资金等方面的吸引力，治理有效能够保障广大农民在公共服务、社会保障等方面的切身利益，生活富裕更是以收入增长为前提。全省各地都要以实施意见为指导，做细做实并加快出台乡村振兴规划，将振兴战略落实在农业示范园、农产品基地等具体的项目建设上，推动乡村振兴战略落地生根，在推动农民收入增长方面早日取得成效。

二是必须抓住打好精准脱贫攻坚战的有利机遇。脱贫攻坚对增加贫困地区农民收入成效显著，产业扶贫、就业扶贫、金融扶贫、托底保障等都能从不同的方面提升贫困农户收入水平，进而拉长全省农民增收中的收入群体短板，如邵阳绥宁县黔邵花猪产业扶贫项目为农民增收726万元，怀化市就业扶贫车间吸纳贫困人口就业1000余人，长沙望城区乔口镇金融扶贫贷款实现半年每户分红1200元。精准脱贫是决胜全面建成小康社会阶段三大攻坚战之一，产业扶贫、就业扶贫、教育扶贫、健康扶贫等都需持续发力，推动贫困农户收入继续保持快速增长。

（二）必须深入挖掘经营性收入和财产性收入增长潜力

一是突出抓好农民经营性收入增长。作为农业大省和劳务输出大省，在农民工工资增速放缓的大环境下，提高农民经营性收入尤为重要也大有可为。首先要以农业供给侧结构性改革为主线进一步调优产业结构，由"擅长种什么"向"市场需要什么"转变，在做大十大特色产业规模的同时，进一步提升产业效益，如进入总理座谈会的浏阳孔蒲中农场"稻田＋"生态养殖、湘潭华绿清泉大米都因为紧跟市场需求，做到了产销两旺。其次要在转变农业经营方式上实现突破，努力做到三个结合：单一品种适度规模农业模式与小规模精致型农业模式相结合，农业示范基地示范园区与大面积种养推广相结合，传统生产销售模式与以"互联网＋"为主导的新兴生产销售模式相结合，如娄底涟源市桥头河蔬菜基地形成的"适度规模经营＋多元化经营主体＋全程社会化服务＋紧密利益联结"的农业经营方式，带动周边上万农户增收；常德桃源县 2017 年实现农副产品网上销售超过 2.2 亿元。

二是突出抓好农民财产性收入增长。当前农民的不动产主要是承包地、宅基地和本村集体的经营性建设用地，随着农村各项改革的深入推进，通过转包、出租、互换、入股、转让、抵押、担保等多种市场交易形式，农民财产性收入有望进入高速增长轨道。首先要进一步完善农村承包地"三权分置"制度，推动农村承包土地经营权流转以及向金融机构融资担保、入股从事农业产业化经营，如湘潭市通过规模土地流转增加农民租金收入 4.5 亿元。其次要完善农民闲置宅基地和闲置农房政策，探索宅基地所有权、资格权、使用权"三权分置"，结合发展乡村旅游、新产业新业态、下乡返乡创新创业等，探索盘活利用闲置宅基地和农房增加农民财产性收入，如浏阳市 2017 年底累计发放农房抵押贷款 33.38 亿元，惠及 1.68 万户农户。最后要深入推进农村集体产权制度改革，把集体的经营性资产确权到户，实现农民对集体资产的占有、使用和收益分配的权利，推动资源变资产、资金变股金、农民变股东。

（三）必须充分发挥工商企业、新型经营主体和农户各自的优势特长

一是充分发挥工商资本、龙头企业的市场引领作用。利用其在项目开发、精深加工、市场开拓、品牌建设等方面的优势，发挥主导带动作用，更多地组织合作社和农户进行生产而不是直接从事农业生产，让农村新型经营主体和农民更多地分享生产、加工、销售等环节的利益，如江西绿能模式造

就了 100 多个收入过百万的农民，受到习总书记的肯定；长沙开天新农业科技有限公司提供种苗并保底回收，带动农户每户获经营净收入 1 万元左右。

二是充分发挥专业合作社、生产大户和家庭农场等主体的生产运作优势，使其成为联结工商资本与小农户的纽带和载体，既能有效推进适度规模化、专业化生产，又能有效规避土地"非农化""非粮化"问题，减少对农村环境、文化和普通农户利益的损害，如湘潭春静水稻种植合作社带动 4000 多农户种植水稻超过 3.5 万亩。

三是要充分发挥小农户的日常管理和精耕细作优势，小农生产是全国和湖南省农业生产的重要特征，短时间难以改变，必须把小农生产、小农户引入现代农业发展轨道，积极调动农户的主观能动性，提升农户的收益水平。

三　新形势下农民增收需要新举措

遵循农民增收的共性规律，针对湖南省农民收入构成的实际情况，需要内外结合出台具体举措，以保障农民持续增收。

（一）推进结构调整，增强特色产"金"能力

一是调优生产结构，在品种上求"特"。坚持以市场需求为导向，在水稻方面积极发展优质稻、功能稻、无公害水稻、有机稻、再生稻和粳稻，做优做强湘米；在经济作物方面重点发展蔬菜、水果、茶叶、棉麻丝、油茶等高效经济作物；在生猪、牛羊和特种水产品方面推广口感更好、更受市场欢迎的优质品种，通过发展优质高效农业提高农民收入。二是调优绿色生产方式，在品质上求"特"。深入推进绿色生态农业发展，采用"稻田＋"等生态循环种养模式，注重生产过程的有机化、绿色化、生态化，提升产品品质和附加值。三是调优销售模式，在渠道上求"特"。积极发展订单农业、定制农业；大力发展农村电商，积极引进国内知名互联网平台，努力打造全省性农产品电子商务平台，通过减少销售环节增加农民收益。四是调优品牌结构，在品牌上求"特"。推进农产品品牌整合，加强品牌宣传，打造一批全

国知名的区域公用品牌、企业品牌和农产品品牌，提升品牌价值，发挥对农民增收的乘数效用。

（二）推动接二连三，增强产业出"金"能力

一是加快实施农产品加工业提升行动，开展农产品初加工示范基地建设，因地制宜统筹推进粗加工、精深加工、综合利用加工和主食加工协调发展，重点提升禽畜、水产、粮食、蔬菜精深加工水平，通过拉长农业产业链条，优化农户在产业链上的增值分享机制，让更多普通农户参与到产业高附加值环节。二是立足农业多功能性，加快发展乡村旅游观光、农家休闲度假、农耕文化体验等农村服务业，增加农民第三产业收入；大力开发农业旅游观光、文化传承功能，构建集生产、经济、生态、文化功能于一体的新型农业，促进多环节增值，增加农民收入。

（三）鼓励洗脚离田，增强土外刨"金"能力

一是通过就业创业拓宽增收新渠道。要提升农村务工人员技能水平，顺应产业结构升级需要，设电工、焊工、育婴师等多种技能培训班，加快推进农民工群体向产业工人转型，扩大农民工就业领域，提高就业收入水平；要鼓励农村能人率先创业，引导和扶持农民工返乡创业，发展小微型企业，通过创业带动就业进而增加工资收入；要积极引导农民进入新形势下产生的务工新领域，如基层社会治理转型带来的公益性就业岗位，及电商经济、休闲产业等蓬勃发展带来的新岗位，增加本地吸纳农民就业的能力；要积极拓展就业空间，一方面继续加大农村劳动力向广东、浙江、江苏等发达地区转移的力度，另一方面通过对外承包工程、对外劳务合作、对外投资等带动农民工境外就业。二是鼓励支持农民通过依法投资、入股、互助信用合作等参与经营活动，促进农民闲置资金转变为资本、股金，增加农民红利、利息等金融性、投资性收入。

（四）不断深化改革，增强产权生"金"能力

一是进一步深化农村产权制度改革，深入推进农村承包地"三权"分

置，全面完成农村承包地确权登记颁证，加快建立省、市、县三级产权交易中心和土地流转管理服务平台，保障农民土地流转收益增加。二是推进"物业富民"。继续推进农村土地征收、集体经营性建设用地入市、宅基地制度改革试点；发展房屋租赁产业，对城中村、城郊村、镇中村，靠近工业园区农民利用宽余房屋及其他资产出租，或通过政府统一规划、农民自愿出资、集中建造统一出租的形式，因地制宜建设各具特色、种类多样、风险较小、回报较高、前景看好的物业载体，从而增加农民租金收入。三是深化农村集体产权制度改革，发展壮大农村集体经济。抓好农村集体资产清产核资、产权登记和管理，推行"保底收益＋按股分红"分配方式，使农民分享集体资产股份分红收益。

（五）持续加强保障，增强制度护"金"能力

一是公共财政进一步向"三农"倾斜。一方面要加大支持力度，增加对沟、渠、道路和电力等农业基础设施的投入；加大各类政策性补贴力度，落实惠农补贴政策、扩大补贴种类、提高补贴额度，增加农民转移性收入。另一方面要创新支持方式，如在支持对象上加大对企业、新型经营主体等法人的支持力度；在工业反哺农业方面，可由财政出资在工业园区建立标准厂房并由园区代管，但厂房出租收益归村集体所有，为村集体经济提供稳定的收入来源。二是加大金融支农精准度。推广"政府＋银行＋担保公司"的农信担保模式，设立涉农贷款风险补偿基金，有效解决农业农村经营主体现金流紧张、贷款难的问题。扩大农业政策性保险覆盖面，引导和鼓励涉农保险公司开发新的涉农保险产品，扩大保险覆盖面；落实农业保险保费补贴政策，通过"普惠保险＋商业保险"模式，提高农业经营的抗风险能力。三是加快健全农村救助体系和扶贫帮困机制，分类施策促进贫困户持续增收。通过公益性岗位优先录用、扶持特殊群体就业劳动组织、长效动态帮扶、逐步提高补贴标准等方式，让贫困地区及低收入农户自己有"造血"功能，实现稳定的收入增长和脱贫收入保障。

新时代湖南人民对美好文化
生活新期盼的调查研究[*]

湖南省人民政府发展研究中心调研组^{**}

党的十九大报告前所未有地强调了"文化"的重要性，满足人民对美好生活的新期盼，必须提供丰富的精神食粮。省政府发展研究中心调研组对14个市州开展了大型问卷调查，涉及文化活动、文化设施、文化产品、新期盼四大方面内容，共回收有效问卷34963份。其中，"您对文化生活有何期盼"的开放型问题收到留言24786条。在此基础上，调研组进行了深入研究、提出了对策建议，供决策参考。

一 公众文化生活^①的现状

34963份问卷中，从地域分布来看，全省各市州都参与了本次调查，有8个市州参与调查人次超过1000；从年龄结构来看，被调查人年龄主要分布于成年后至退休前（18~59岁）；从学历层次来看，被调查人群主要为本科及大中专学历，两者之和占比达86.67%；从居住地域来看，被调查人群主要居住于城镇，但也有3197人居住于农村；从职业情况来看，参与调查最多的为事业单位人员，但即便占比最少的私企外企人员，也有257人参与调查；从收入情况来看，被调查人群中绝大部分年收入在10万元以下，占比达93.6%。

---

* 获得省委常委、省委宣传部部长蔡振红的肯定性批示。

** 调研组组长：卞鹰；副组长：唐宇文；调研组成员：袁建四、屈莉萍、陈琨。

① 指阅读、写作、文娱、体育及其他艺术方面的活动。

（一）文化活动以看电视、读书看报等为主

从各职业主要开展文化活动情况来看，从事较多的为"看电视（均＞50%）""读书看报（均＞39%）""上网（均＞29%）"。除公务员开展最多的文化活动为"读书看报"外，其他职业均为"看电视"。各职业对不同文化活动也表现出不同的偏好，例如，最喜欢"喝茶、喝酒、聊天"的是个体经营业主（占31.71%），比重最低的是农民（17.6%）；最喜欢"打牌"的是个体经营业主（占14.32%），比重最低的是公务员（6.54%）；最喜欢"逛街"的是私企外企职员（占32.68%），比重最低的是农民（11.85%）；最喜欢"待着，什么也不干"的是进城务工人员（占9.01%），比重最低的是公务员（4.81%）。

从各受教育程度者主要开展文化活动情况来看，受教育程度不同，人们对文化活动开展也有不同偏好。相对而言，受教育程度越高，越喜欢"读书看报""健身""上网""玩电子游戏"，例如，学历为博士的人群"读书看报"者占比69.77%，而学历为小学及以下的"读书看报"者占比仅37.25%。此外，受教育程度越低，各项文化活动参与程度都相对较低。

从各年龄段主要开展文化活动情况来看，年龄对人们文化活动偏好有明显的影响。相对而言，年龄越大，越喜欢"读书看报""看电视"这类传统的文化活动，例如，60岁以上的人群"读书看报"占比59.63%，而18岁以下的"读书看报"占比为43.1%。年龄越小，越喜欢"上网""玩电子游戏""旅游""健身"等新潮、需要较多体力的文化活动，18岁以下人群"上网""玩电子游戏"比重较低则可能由于处于读书阶段，这类活动受到一定程度限制。

（二）"免费电影放映"是最主要的公益文化活动

从不同居住地点人群对公益文化活动的了解来看，约9成至少举办过"免费电影放映""文艺演出""书画摄影展"文娱活动中的一种以上。其中，"免费电影放映"是最主要的公益文化活动。

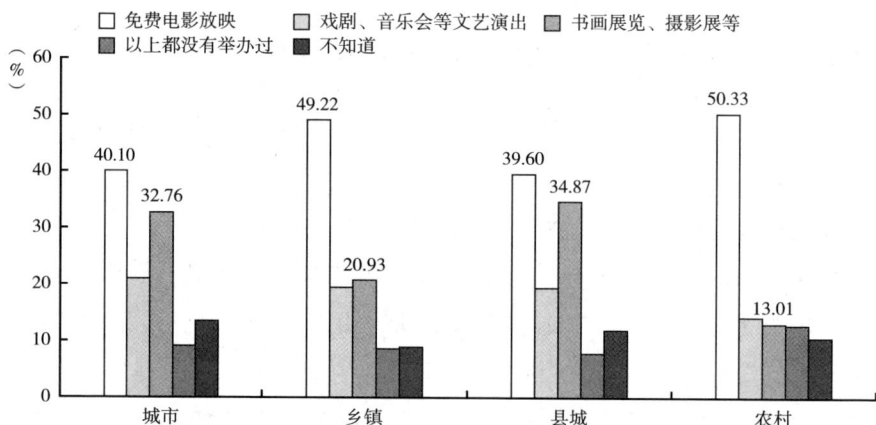

图1　公益文化活动开展情况

（三）每月文化支出大部分在100~500元

从各职业每月文化支出来看，私企外企职员相对文化支出最高，仅20.23%的人每月支出在100元以下，农民文化支出最低，高达52.96%的人每月支出在100元以下。此外，每月支出在2000元以上占比最高的人群为个体经营业主，但占比仅有3.58%。

从各年龄段每月文化支出情况来看，年龄与文化支出呈"倒U形"关系。即18~59岁人群支出较高，18岁以下、60岁以上人群支出较少。支出最高的人群是30~39岁，这可能是由该年龄段人群收入与精力都处于相对高位所造成的。

（四）每天文化活动时间约7成在30分钟以上

从各职业每天用于文化活动时间情况来看，最为闲适的是公务员，仅12.83%的人每天少于30分钟；最忙碌的是进城务工人员，30.99%的人每天少于30分钟。

从各收入段每天用于文化活动时间情况来看，收入与花费时间呈"倒U形"关系。年收入在11万~20万元的最为注重文化活动，仅9.68%的人时间在 30 分钟以内。但是，随着收入的提高，每天用于文化活动的时间在 3 小时以上的人群比例也在提升，说明随着收入提升，特别喜爱文化活动的人群比例也在提高。

从各年龄段每天用于文化活动时间情况来看，整体而言，年龄越大，用于文化活动时间越长。18 岁以下每天用于文化活动时间少于 30 分钟的比例高达 29.31%，到 50～59 岁该比例下降到 8.27%。

（五）约八成公众对当前文化生活感到满意

从各职业对文化生活的态度来看，对文化生活感到最为满意的群体是事业单位人员，"满意"与"较满意"占比之和达 89.64%。相对最不满意的群体是私企、外企职员，占比之和为 77.05%，但这一数据也接近 8 成，表明各职业群体大部分人对文化生活感到满意。

从各收入段对文化生活的态度来看，对文化生活感到最为满意的年收入段是 21 万～40 万元的人群，"满意"与"较满意"占比之和达 90.29%。相对最不满意的群体是年收入 80 万元的人群，占比为 78.85%，这说明一定的物质条件是享受文化生活的基础，但并非越有钱就对文化生活越满意。

从各年龄段对文化生活的态度来看，整体而言，年龄越大，对当前的文化生活越满意。对文化生活最为满意的是 50～59 岁人群，"满意"与"较满意"占比之和达 94.68%，相对最不满意的群体是 18 岁以下人群，占比之和为 82.76%。

二　当前文化生活中存在的问题

通过问卷调查以及走访各级文化部门，我们发现如下问题。

（一）公共文化基础建设水平不高

一是人均文化投入不够。全省人均文化事业费、人均群众文化业务活动专项经费、文化事业费占财政支出比重 3 个指标都排在全国后 20 名。各地投入不均衡，有的图书馆、文化馆基本靠中央转移支付运转，个别地方文化投入出现负增长。二是公共文化设施不足。图书馆、展览馆、美术馆等场馆设施离国家标准差距较大。2017 年全国县级以上公共图书馆评估表明，湖南省有 8 个等外馆，27 个县级馆建筑面积达不到国家最低标准，还有张家界市、永州市、娄底市及 5 个县暂未建好本级公共图书馆。一些公共文化机构服务效能有待提升。

（二）公众对公共文化活动场所①了解程度较低

无论是从各市州还是从不同居住地点的人群来看，对各类文化活动场所的了解程度都不高，大部分在 50% 以下，其中，美术馆、规划馆、音乐厅这类文化设施在县城、乡镇、农村的了解程度大多低至个位数，可能在这些地区没有建设。但县城大多设有博物馆，而博物馆在县城的了解程度仅为 11.61%，说明存在宣传方面的问题。而从不同居住地点人群对公共文化活动场所到访情况来看，有 2 成到 3 成人没有去过任何文化设施，说明设施利用率仍有一定提升空间。

（三）部分娱乐文化有害社会风气

不少公众认为"娱乐明星八卦丑闻，成为文化的领头羊""一些电视台娱乐至上，过高、过度追捧明星，忽视了在科技和教育上做出贡献的人"；留言反映"目前国内明星待遇过高，远高于其日韩同行，造成社会不公平加剧"，甚至影响下一代培养，"全民追星造星不良风气盛行，且功利性、目的性、逐利性太强，对孩子们的培养产生了不良影响"。

（四）农村文化设施落后、文化活动贫乏

留言反映"偏远农村真是文化生活落后，空巢老弱病残，留守儿童妇女基本没有文化生活质量可言""村里的人除了看电视、打牌、打麻将就无所事

---

① 指公立的图书馆、博物馆、美术馆、规划馆、音乐厅等设施。

事了""部分村里的文化室大都是过时的盗版书，很多村民也不知道有文化室的存在，文化室沦为了应付上级的摆设，发挥的作用不大""有的乡镇名义上设有专门的文化站，有的则由一人主抓文化工作但并没有独立的部门，职能发挥不突出。村里就更没有人抓文化工作了，农村文艺人才的培训工作一直撂荒，因此，乡镇、农村的文化工作处于无人组织、无人辅导的瘫痪状态"。

（五）改革创新手段较为欠缺

一些传统的文化管理理念、方法和手段与现实要求相比，还存在不小差距。艺术创新还不够，艺术创作有数量缺质量的问题尚未彻底改观。文化展览展示方式比较传统，互联网手段、VR 等新技术在文化事业上运用较少；文化宣传推广仍然多沿用老的模式，较少使用微信、微博等推广，"互联网＋文化"还不丰富。

三 公众对文化生活的新期盼

通过分类分析公众就开放型问题"您对文化生活有何期盼"所做的回答，有如下发现。

（一）超过2.4万人认为应多设立或改善公共文化设施

一是改善已有文化设施，留言反映县级以下文化设施缺乏，如"图书馆图书陈旧，文化馆地方老、旧、小""小城镇没有展览馆、博物馆、音乐馆，图书馆地处偏远且没有宣传"，希望"改造老旧的文化馆、图书馆、群艺馆、博物馆，新建高标准的城建规划馆""建设高标准的文体活动中心"，对于已有图书馆等文化设施，还可以"增加适合小朋友的儿童图书馆""增加小型公共图书馆，可配置于孩子比较喜欢玩的游乐场附近"。二是改善文体设施管理制度，留言反映"图书馆关门时间太早，想下班后过去结果已经关门"，一些地区"体育馆开放的时间是星期一到星期五的上班时间"，希望"推迟关门时间，在晚上和节假日开放"，甚至"建立 24 小时开放的公共图书馆和自习室"。

（二）超过2.3万人希望丰富除广场舞外的公共文化生活

目前，各级特别是县以下公共文化活动以广场舞为主，难以满足群众越来越多样化、多层次的文化需求，留言反映"广场舞占据文化场地和资源过多"，而"青少年喜欢的模式与场所较少""针对25～40周岁的可适用的健身器材、乒乓球、羽毛球、篮球等推广不普遍，场地也较为稀少，参与广场舞觉得年轻了点"，建议"提供不同层次的文化活动，满足不同人群需求""顾及每一个年龄层次的感受，广场舞主要针对的是中老年，应更有针对性地针对儿童、青少年、成人、老年人，还有小家庭、大家庭开展不同类型的活动"。

（三）超过1.6万人建议加强对公共文化资源的宣传

留言反映"很多基层老百姓根本就不知道社区街道或者市里举办的文化活动""不太清楚周边有什么文化设施以及其开放时间"，希望采取一些现代化的信息手段，如"文化部门能够开发一款App，让民众免费下载，然后将资源、信息通过该软件共享""手机短信提醒告知本月的活动""组织的活动在微信群里推送""结合网络信息宣传，开设网上图书馆、音乐厅"。此外，对于一些特殊人群，"家里有老人的，要进户宣传"。

（四）超过1.5万人要求多组织送文化进社区、农村活动

留言反映"基层特别是农村、偏远地区文娱活动少"，希望"开展丰富多彩的公共文化惠民活动""多组织有影响力的人下基层开展活动"，在时间上，可以"多举办巡回展""每个季度要有专门的送戏到村"，在形式上，可以"送戏，送电影，送书法，送科技""开展免费艺术展览和讲座，多请各方面名家前来讲座""组织农村老人参观省内博物馆等""重新开设公益性的'夜校'或'周末课堂'，学习插花、制作手工艺品或其他文艺活动"，在组织上，"小时候还看到省花鼓剧团、省京剧团下乡演出，期盼高水平的省级文化团体多组织下乡慰问演出"。

（五）约1.5万人表示要加强基层文化人才的培养

留言反映"基层文化人才较少，大多是干部兼任，没有专业的吹、拉、弹、唱等方面的人员，即使是一知半解的'土八路'也很少""名义上都配备了文化站管理人员，但只作为兼职，工作事务繁杂，无暇重视文化工作""开展文体活动时，没有专业的体育裁判，也没有专业的文艺辅导员，对繁荣基层文化生活造成了很大阻碍"，建议"重视对文艺人才的培养和支持""加强大城市与小城市之间的文化交流，避免高素质人才全跑到大城市去，而小城市特别是农村却是文化沙漠的现象发生""加大基层文化设施基础建设，配备专职工作人员，落实员工福利待遇，让乡村图书室发挥应有作用"。

（六）超过1.3万人期盼多出影视文艺精品

留言反映目前影视作品"抗日剧、谍战剧虚构成分太多""满频道都是无厘头的打打闹闹"，希望"有高质量的电影电视及书籍"，建议"基于基本史实来讴歌领袖、英雄""多制作一些正能量的综艺节目与电影电视剧"，既"要有接地气的作品，如《战狼》""多出一些具有感染力的电影电视作品，如《摔跤吧，爸爸》"，又"希望有更多的高雅艺术作品展示，电视、网络可以收看到更多的高雅音乐、舞蹈等节目""适当降低高雅艺术的价格，能经常观看交响乐、音乐剧、话剧等"，对于传统及湖湘特色文化，"开展苗族侗族银饰展、本土文化遗产展、书画展，汉服展等，传承传统文化，突出当地特色文化"。

四 满足人民对美好文化生活新期盼的对策建议

（一）完善文化基础设施，提升惠民服务水平

一是加大投入力度。对照国家基本公共文化服务保障标准和省级实施标准，坚持缺什么补什么，填补市州级"两馆一中心"空白点；采取"以奖

代投"方式，推动县级文化馆、图书馆等外馆全部达标。加快建设布局合理、运行高效的基层综合文化服务中心，2018 年实现民族县全覆盖；按照"七个一"标准提质改造一批村和社区基层综合文化服务中心，使之成为基层群众求知、求富、求乐、求美的重要阵地。二是出台配备相关文化设施的硬性政策，建议楼盘配建小型阅览室/图书馆，作为楼盘获准出售的前提条件，政府予以适当补贴，可便于群众利用闲暇时间阅读，提高文化素养。三是开放设施共享盘活存量，大型国企、机关事业单位现有活动场所与设施存在利用率不高的问题，应该登记造册，在不影响正常工作的情况下对外开放，有关管理费、维修费由财政补贴，缓解群众活动需要和设施严重不足之间的矛盾。

（二）大力加强文艺精品供给，不断提高服务公众能力

一是多出打动人心的影视作品，政治教育建议以生动形象来代替空洞说教，如习总书记的系列微视频；传统文化可以多元化展示，如《国家宝藏》《朗读者》《中国诗词大会》等；爱国教育要更接地气，如《红海行动》等。二是大力推广公益活动，重新开设公益性的"夜校"或"周末课堂"，加强与相关社会文化组织的合作，组织一批擅长唱歌、跳舞、书法、绘画、烹饪、国学的专业人士开展公益讲座。借鉴上海街道社区文化中心成立专门场所，用于定期组织讲座教授剪纸、插花、京剧、放电影、展览、读书等活动，丰富大众业余生活。三是积极开展文艺下乡活动，充分利用文艺下乡弥补基层难以欣赏优质演出的缺陷，包括但不限于文化活动，组织演艺、国学、农艺、健康、交通知识等充分满足人民需求，例如，鼓励湖南省花鼓剧团、京剧团等省级文化团体慰问演出，医疗机构开设一些健康讲座，交通部门开展安全知识讲座等。

（三）积极创新工作方法，不断增强宣传与监管实效

一是与时俱进创新宣传方式，建议开发一款 App 或者通过微信公众号、手机短信等方式进行宣传。此外，通过专用 App、微信等"互联网＋文化"

的手段，为相同、相似文化层次、社会识见或关注问题相似的群体提供学习交流的渠道。二是完善文化管理制度，较多意见反映广场舞音乐存在扰民问题，建议出台制度合理规划广场舞区域和加强执法限定广场舞时限。部分图书馆、体育馆等公共活动场所开放时间与上下班时间较为一致，导致下班后无法开展活动，建议延长晚上和节假日开放时间，甚至可以设置为 24 小时开放。三是加强文化监管，建议强化对抗日"神"剧等扭曲、歪曲历史作品的监管，引导创作者尊重基本历史事实。对于过度追捧明星及给予他们过高待遇的现象，一方面需要有关部门采取措施及时引导社会风气，另一方面也要严格审核是否存在近期舆论反映的通过"阴阳合同"偷税漏税的不法行径。

（四）加强基层文化工作，繁荣群众文化生活

一是加大文化精准扶贫力度。以农村、偏远、贫困地区为重点，进一步推动文化文物类资金项目向这类地区倾斜，新建一批基层综合文化服务中心，配备一批流动文化车、流动舞台车，购置一批村文化活动室设备，县市级以上政府，每年要按行政村（小组区）安排财政资金建设预算，建设乒乓球、羽毛球、广场舞、篮球场等场地。二是加强区域合作，加强先进地区与落后地区之间的文化交流，通过组织农村、偏远、贫困地区人群去省会城市、附近大中型城市的博物馆、图书馆、文化馆等参观学习，这不仅使得这些人群充分享受到高水平的文化生活，同时也提高了设施的利用率。三是鼓励社会力量加入，农村文化建设不能单靠财政拨款，还要依靠社会力量来建设，建议以"谁投资，谁受益"的原则，吸收多种资金投入，形成政府、社会、个人共同投入的格局，达到"政府主办、市场运作、农民受益"的目的。四是加强基层文化人才队伍建设，强化基层文化人员的培训，不断提高其思想、业务素质和工作能力，重点解决其待遇问题，在基层建立一支熟悉业务、专兼结合的群众文化和图书馆业务骨干队伍。鼓励和引导社会各方面人士积极参与到公益文化建设中来，建设一支服务社会公众、弘扬人文精神的高素质志愿者队伍，提升公共文化服务水平的整体性。

（五）广泛开展公共文化服务，满足群众多层次需求

建议根据不同年龄、细分群体等广泛开展公共文化服务，主动适应群众文化需求的新变化，着力提升公共文化服务的供需适配度。例如，对于儿童、少年，组织进行有科学性、知识性的科教类活动；对于年轻人，推广乒乓球、羽毛球、篮球等活动，并根据人口比例保证相应场地的配备；对于老年人，可以适当开展一些健身活动，恢复在一些地方被占用的门球场。针对不同细分群体建立多种形式的文化自治组织或团队，不仅有从事社会公益事业的，有读书讨论会沙龙，还有美术、插花、茶艺等兴趣小组，把大部分人发动并组织起来开展活动。通过健全群众评价与需求反馈机制，以及菜单式、订单式服务让群众享有更多获得感。

湖南省居民消费的现状、问题及对策研究

湖南省人民政府发展研究中心 *

近年来，湖南省居民消费有了新的变化和特点，对经济的拉动作用逐渐增强，但也存在发展不平衡、结构不合理等一些比较突出的问题。长期来看，只有通过各方共同努力，坚持综合施策、精准施策，形成共同富裕的收入分配和财富配置格局，才能更好地满足人们的消费需求，促进居民消费持续健康发展。

一　现状分析

（一）消费总量持续增加，城镇消费占绝大部分

2010～2017 年，湖南省社会消费品零售总额由 5952 亿元增加到 14854 亿元，保持了持续稳定的增长态势，年均增长 14%。其中，商品销售额占比 87% 左右，餐饮消费额占比 12% 左右，占比关系保持稳定。居民消费占比由 77% 下降到 74%，近三年稳定在 74% 的水平。从城镇和乡村消费份额看，多年来，城镇消费一骑绝尘，占比稳定在 90%，广大的乡村消费仅占 10%。

（二）居民消费支出持续增长，消费结构不断升级

2010～2017 年，城乡居民个人消费支出有较大增长。2017 年，城镇居民人均消费支出 2.32 万元，自 2010 年以来，年均增长 10.1%，农村居民人均消费支出 1.15 万元，年均增长 15.1%。

---

* 执笔：徐涛。

2010～2017年，全省城镇和农村的恩格尔系数均下降显著，在30%左右有稳定的趋势。特别是农村地区，恩格尔系数由2010年的48.4%下降到2017年的30.5%，和城镇的差距由2010年的12个百分点缩小到2个百分点。

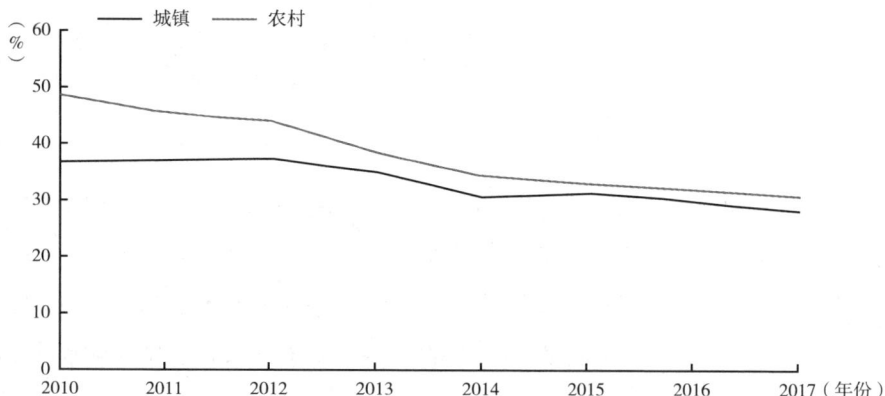

图1 湖南省城镇和农村的恩格尔系数

数据来源：湖南省统计年鉴，本文下同。

在消费构成上，发展型、享受型消费占比显著增加，生存型消费占比下降。一是居住和教育消费增幅较大。城镇居民的居住支出增幅更大，农村教育支出增幅更大。城镇居民消费构成中居住支出占比2017年比2010年提高了8.8个百分点，教育支出占比提高了5.2个百分点。农村居民居住支出占比提高5.5个百分点，教育支出占比提高7.5个百分点。二是食品支出是占比下降最大的项目。城镇下降8.1个百分点，农村下降17.9个百分点。三是交通通信和医疗保健方面，城镇占比基本保持稳定，农村有所提升。

表1 2010～2017年湖南省城乡人均消费支出构成对比

地区	项目	食品烟酒	衣着	居住	生活用品及服务	交通通信	教育文化娱乐	医疗保健	其他用品和服务
城镇	2017年值(元)	6585	1682	4353	1493	2905	3973	1693	479
	比2010年增加(元)	2263	405	3171	589	1364	2554	916	76
	占比差距(百分点)	-8.1	-3.5	8.8	-1.2	-0.5	5.2	0.7	-1.3

地区	项目	食品烟酒	衣着	居住	生活用品及服务	交通通信	教育文化娱乐	医疗保健	其他用品和服务
农村	2017年值(元)	3521	527	2562	643	1235	1710	1172	163
	比2010年增加(元)	1433	317	1843	399	891	1394	878	67
	占比差距(百分点)	-17.9	-0.3	5.5	-0.1	2.7	7.5	3.3	-0.8

(三)消费观念持续更新，消费方式出现很大变化

居民消费更加追求多样化、个性化和便利体验，网络消费、定制消费、体验消费、智能消费、时尚消费成为消费新热点，旅游、文化、体健、养老服务、教育培训、家政等服务消费成为消费重点领域，城市商业综合体发展较快。以网络交易平台为中介的网络商品交易增长较快，2017年，其市场主体已达51万家，个人店铺占99%，交易总额为1100亿元人民币，同比增长46%。网络商品交易从实物商品向生活服务、金融服务扩张。同时，传统实体店面零售形式全面萎缩。

(四)消费贡献率止跌回升，消费作用更加重要

自2004年以来，投资和消费是湖南省拉动经济的两驾马车，净出口对经济的拉动一直呈负值。2000年以来，以大规模基础设施和房地产投资为特征的投资拉动成为经济增长动力，投资贡献率不断提升，从2000年的23.1%提高到2013年的64%左右，消费贡献率由68.7%下降到2013年的39%左右。以2013年为拐点，消费贡献率开始回升，消费对经济的拉动作用稳步提升，2016年再次超过投资贡献率，2017年到达53.4%，差距继续扩大。

(五)收入和保障水平不断提高，消费基础不断夯实

2017年，城镇居民人均可支配收入3.4万元，七年来年均增长9.8%，

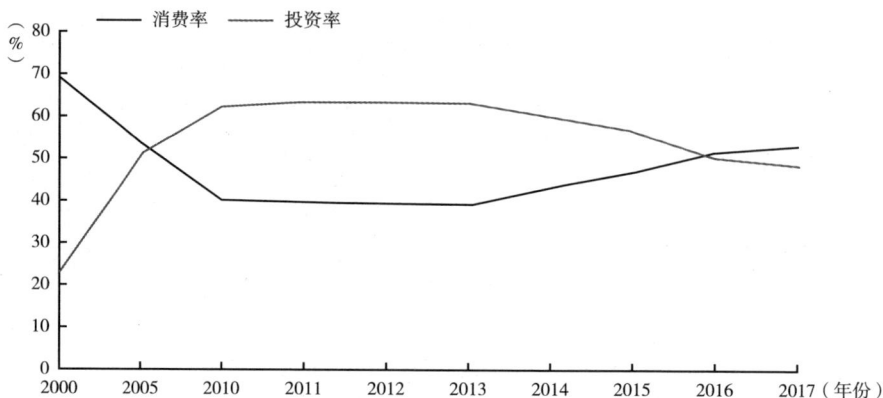

图2　2000年以来湖南省投资率和消费率变化

农村居民人均可支配收入1.3万元，年均增长12.6%（见表2）。城镇居民收入中，工资性收入和转移净收入占比较大；农村居民中，工资性收入、经营收入和转移净收入占比较大。城镇居民财产净收入增长较快，城镇居民的财富净收入远大于农村居民。

表2　湖南省城乡可支配收入情况

单位：%

项目	农村		城镇	
	2010~2017年年均增幅	2017年的占比	2010~2017年年均增幅	2017年的占比
人均可支配收入	12.60		9.80	
工资性收入	10.50	41.30	8.20	55.30
经营净收入	8.50	33.80	13.60	13.60
财产净收入	5.50	1.10	28.90	9.40
转移净收入	33.80	23.80	7.50	21.70

同时，全省的各项社会保障水平不断提升，社会保障能力日益增强。基本养老保险和基本医疗保险实现城乡全覆盖，连续13年调整提高企业退休人员基本养老金，城乡基本医疗保险参保率稳定在95%以上，工伤、失业、生育保险已覆盖全体职业人群。向欠发展县域财政转移支付力度持续增强，

扶贫攻坚取得重大进展，社保就业、教育卫生、环境保护、交通水利、住房保障等多个民生实事项目不断推进，公共服务均等化水平不断提高。

二　主要问题

（一）不均衡状况仍然严重存在

一是地区间的不均衡。从消费总量来看，2017 年，长沙市常住人口占全省的 11.5%，社会消费品总额占比达 30.6%。其他市州，消费额占比均不过 10%。从人均消费额来看，2017 年，长沙市达 5.7 万元，其他市州最高的也只有 2.6 万元，最低只有 1 万元。从收入水平来看，2017 年，长沙的城镇居民人均可支配收入 4.7 万元，农村居民人均可支配收入 2.7 万元，而湘西州城镇居民收入只有 2.3 万元，农村居民收入 0.8 万元。二是城乡间的不均衡。消费额中，城镇消费占比达 90%，农村占比不过 10%。城镇居民和农村居民在人均消费水平和收入水平上至少有 2 倍的差距。三是财富积累上的不均衡。2010 ~ 2017 年，城镇居民的收支差呈扩大趋势，但农村居民的收支差基本保持不变，并且城镇居民收支差要明显高于农村居民收支差，城镇居民的财富积累要大大快于农村居民。另外，从粗略计算的基尼系数来看，湖南省城镇和农村内部的居民基尼系数约在 0.3 ~ 0.4，城镇和农村内部的收入差距未超过警戒线。

（二）消费品有效需求相对饱和

随着经济发展和收入水平提高，人们的消费需求日益得到满足。电视、电脑、空调、洗衣机、4G 手机、家厨用品已相当普及，2017 年，私人汽车拥有量已从 2000 年的 179 万辆增加到 634 万辆，互联网宽带家庭用户数覆盖率已达 56%，通过互联网，人们的消费需求得到了更大满足。当前，部分有实力消费群体的消费倾向已由实物消费向服务或更新消费转换，旅游、装修类、体健类和教育类消费品增长较快，但对于大多数的以够用为标准的普通收入者而言，其购物需求已相对饱和。当前，以 5G、物联网、人工智能、电动汽车、自动驾驶为风口的消费科技发展风头正劲，但何时能形成一个较大规模的消费及更新浪潮，还有待时间和消费者的检验。

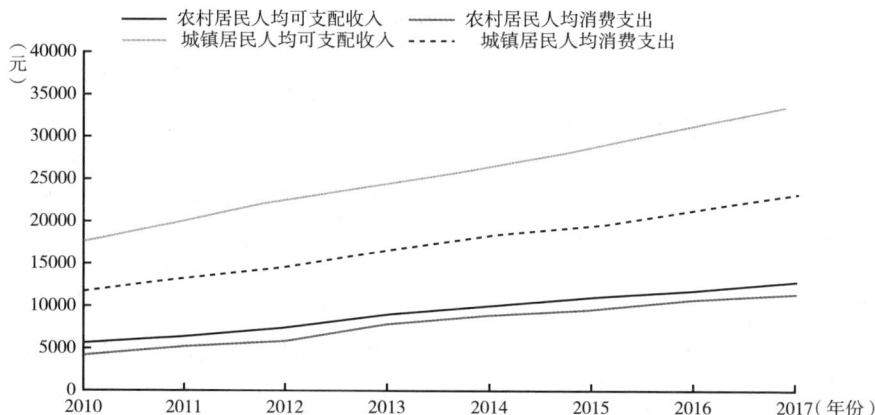

图 3　湖南省城乡居民人均收支比较

表 3　2017 年湖南省城乡居民五等份收入分组

类别	低收入（元）	中低收入（元）	中等收入（元）	中高收入（元）	高收入（元）	基尼系数
城镇居民	14221	23894	31435	41572	69754	0.28
农村居民	4276	8304	11955	16590	27252	0.32

＊ 由于高收入者倾向于隐瞒真实收入，实际的基尼系数可能偏高。
＊ 根据国家统计局的统计，2017 年我国基尼系数为 0.4670。

（三）多数群体所获收入依然较低

在国民收入的初次分配中，社会管理、社会服务、文教卫、金融部门人均劳动者报酬较高，占全部从业人员的比例为 12%，而包括农业、批发零售、住宿餐饮在内的多数群体人均劳动者报酬较低，这些部门的从业人员占全部从业人员的比例达到 57%，近十年来比例几乎没有变化。虽然从农业部门转移走了一些从业人口，但年均转移量仅 15 万人。从产业方面来说，湖南省多数企业发展水平不高，产业附加值低，劳动者报酬普遍较低。

（四）投资对消费有挤出效应

从人均收支差来看，湖南省居民财富在逐年积累。但由于城市房价高，一些家庭需要负债购房，一些家庭需要储备大量资金以备今后或子女购房，存在"六个钱包买房"的状况。在高负债或高房价预期不变的情况下，财富更多以房产或储蓄形式存在，消费能力必然受到制约。这种状况，实质上也是以投资促增长方式对以消费促增长方式的挤压。

表4　2016年湖南省国民收入初次分配各行业人均劳动报酬

部门	农业	工业	建筑业	交通运输仓储邮政业	信息传输、软件和信息技术服务业	批发和零售业	住宿和餐饮业	金融业	房地产业
人均劳动报酬（万元）	2.2	5.6	4.5	5.0	2.1	2.2	2.3	7.9	3.2
部门	租赁和商务服务业	科学研究和技术服务业	水利、环境和公共设施管理业	居民服务、修理和其他服务业	教育	卫生和社会工作	文化、体育和娱乐业	公共管理、社会保障和社会组织	
人均劳动报酬（万元）	3.4	5.1	6.7	13.0	7.9	6.5	6.8	14.6	

从住房自有率和汽车拥有率来看，我国的住房自有率要高于西方发达国家，但汽车拥有率又远低于西方发达国家。有研究表明，我国住房自有率已超过90%，空置率也高，房屋投资性较强，美国住房自有率为60%。在汽车保有量上，美国百人汽车拥有量是79辆，日本58辆，俄罗斯28辆，我国14辆。高房价还制约了人口从农村至城镇转移和不同城镇间的人口转移，导致实际上的区域分割和分层。

表5 2016年湖南省各市州每百人汽车拥有水平

地区	长沙市	株洲市	湘潭市	衡阳市	邵阳市	岳阳市	常德市
汽车拥有量（辆/百人）	25	10	10	6	6	7	7
地区	张家界市	益阳市	郴州市	永州市	怀化市	娄底市	湘西州
汽车拥有量（辆/百人）	7	7	7	6	6	7	5

以投资促增长的发展方式，对过去十多年我国经济增长起到了关键的作用。但发展到现在，面临的问题也不小，主要是建设空间缩小和过度透支债务手段。目前政府、企业和个人负债水平普遍高企，如果债务风险大面积爆发，会吞噬居民财富，这不仅会降低居民消费能力，更会引发全社会的重大危机。

（五）消费品质需要进一步提高

当前，人们的消费品位日益提高，对消费品的要求日益多样化、个性化和时尚化，对消费品的质量、品牌、安全、绿色和服务过程的贴心、享受等主观感受更加看重。但我们在消费品质量安全保证、质量监督、网上交易监管、诚实守信经营、消费者权益保护等方面还存在一些不足和欠缺，需要加以完善。

三 对策建议

（一）保证各类企业和个体经济稳步发展

要支持、保护和规范各类企业发展，特别要对冲中美贸易战的冲击，将稳定企业发展放在首要位置。要落实国家有关举措，特别是税费减免政策和降成本措施，引导全社会资金向实体经济流动，重视满足中小微民营经济较低成本融资需求，多渠道保证企业发展的现金流稳定。要积极推进产业结构转换升级，增加科技投入，鼓励创新，鼓励企业走出去。要支持个体经济持续发展，通过优质服务、减少干预、给予扶持，不断提升个体经济发展活力。

（二）坚持抑制房价的政策取向不变

要坚持"房子是用来住的，不是用来炒的"，抑制投机性房产需求，警惕房产租赁市场逐利资本对房源的大规模控制，改变居民的房产支出增长预期，降低储蓄倾向，提高居民收入中的消费比重。在城镇发展中，保持政策定力，保证抑制高房价政策取向的稳定性。平衡投资和消费关系，提高以消费促发展的认识，更加重视发挥消费对经济的拉动作用。

（三）为年轻消费群体适度负债消费提供条件和渠道

年轻消费群体具有较大消费潜力，但往往即期收入不能覆盖消费需求。要建立和完善个人消费信贷体系和全社会征信体系，降低信贷双方交易成本，为适度负债消费提供条件和渠道。要鼓励金融机构增加信贷消费品种，扩大信用卡消费、汽车、大额耐用消费品、教育助学、旅游、医疗、个人综合消费等方面的信贷规模，稳健发展互联网个人消费信贷平台。

（四）确保全社会债务安全

政府、企业和个人都要敬畏信用，认真履行偿债义务，杜绝赖账和恶意逃废债。政府要保护债权人的合法利益，强化债务管理，谨慎处理债务问题，防止出现债务危机，确保良好的财金环境。

（五）积极挖掘消费潜力

有两个方向，升级及扩大规模。一是要努力促进新型消费品供给出现。特别是对物联网、5G通信、人工智能、电动汽车等新科技支持下的新型消费品产业发展给予扶持，创造新供给，推动消费品的更新换代。二是着力培育消费热点。要适应消费新趋势，着力扩大网络、交通通信、旅游、文娱、体健、装修方面的消费规模，推动第三产业发展，为养老等服务性消费发展提供更多的政策支持，促进假日消费、便利消费、绿色消费、体验消费、品牌消费。三是确保高质量消费。要提升消费品的标准和质量，完善消费品标准体系，落实企业质量主体责任。要不断强化消费品质量监管力度，加强对易出问题领域的监管，打击制售假冒伪劣消费品行为。要加强消费者维权保护，充分发挥 12345 等投诉热线的作用，畅通质量投诉和消费维权渠道。

（六）形成共同富裕的财富配置格局

一是要均衡地区和群体间发展水平。要完善欠发展地区的水电路网等基础设施，创造较好的消费条件。对不同地区的产业发展建议实行差异税收政策，鼓励企业落户欠发展地区，政府资源分配向这些地区倾斜，特别是推进教育、医疗资源配置均衡化，推动这些地方的企业数量扩张和质量提升，扩大就业，提高城镇化水平，提高收入水平。二是提高城乡居民的工资收入和社会保障水平。在国民收入初次分配三主体中，改变劳动者的弱势地位，通过比例调整，切实提高劳动者报酬所占的份额。建立国民收入再分配向劳动者倾斜的体制机制，建立覆盖全社会的保障制度。杜绝企业对劳动者工资和保障性支出的剋扣、拖延和欠缴，维护广大劳动者的经济权益。三是形成合作共赢的财富配置模式。从国际上来看，我们的人均 GDP 水平仍然较低，经济仍有较大发展空间。政府和企业要主动调整收入分配，提高低收入者收入水平，使财富配置格局向均衡方向发展，提高整个社会的边际消费水平，保持全社会经济的流动性，释放潜在的消费潜力，使经济和企业发展有更广大的发展空间。

湖南省殡葬改革的现状、
主要矛盾及对策建议

湖南省人民政府发展研究中心[*]

殡葬改革是一项移风易俗的社会改革。湖南省有 3000 多万农民,如何在充分尊重农民的情感、意愿,保证农民利益的基础上,进行科学、有效、合理和符合民族传统的殡葬改革,在快速进入老龄化社会、全面推进乡村振兴的今天,具有重要的现实指导意义。

一 看现状:湖南省殡葬改革工作呈现的"三大特点"

(一)推动进程缓慢

我国殡葬改革工作始于 20 世纪 50 年代,而湖南省起步较晚,直至 1986 年初,省政府才颁布了第一个全省性文件——《湖南省殡葬管理实施办法》(以下简称《办法》),将全省 12 个市(州)68 个县市区划为火葬区。《办法》划定的火葬区范围虽不小,但实际效果并不理想,直到 10 年后(即 1995 年),全省的火化率也仅为 5.4%,列全国倒数第 2 位①。2002年,湖南省将火葬区范围扩大到 103 个县市区,火葬区面积扩大后,火化率随之提高,到 2014 年,全省火化率为 15.5%,但仍低于全国 47% 的平均水平。2015 年始,全省 122 个县市区都划为火葬区,到 2017 年,全省火化率

---

* 执笔:彭丽。

① 数据来源于 1995 年 12 月省民政厅《关于加强全省殡葬管理工作的报告》。

提高到24%，列全国第26位。

由此可见，湖南省殡葬改革工作起步晚、火化率低、推进缓慢，在全国一直处于较低水平。

（二）区域差异明显

虽然湖南省所有县市区都为火葬区，但仍存在着明显的区域差异。这种区域差异既表现为发达地区与欠发达地区之间的差异，也表现为城市与农村之间的差异。

首先，湖南省发达地区与欠发达地区差异较大。像长沙、株洲、湘潭、郴州等经济发展水平较高的地区，殡葬设施较为完善，火化率较高；而像湘西、怀化、永州等经济发展欠发达的地区，殡葬基础设施建设薄弱，火化率也低。产生这种现象的原因不难理解，经济发达地区的政府对殡葬事业投入较大，人们对火葬制度更易接受；而经济欠发达地区，尤其像湘西地区，本身划为火葬区的时间就不长，再加上政府投入有限，基础设施建设滞后，以致殡改工作推进艰难。

其次，湖南省城市与农村之间差异很大。虽然湖南省所有县市区都划为了火葬区，但火葬还未推广覆盖到农村。事实上，在湖南省广大农村地区，不管是殡葬类单位还是火葬率，都几乎为零。

总之，湖南省殡葬改革工作呈现非常明显的区域差异，殡葬事业发展不平衡的矛盾十分显著。

（三）现代殡葬文化普及滞后

随着经济发展、社会进步，不仅火葬成为湖南省大多数城市居民自主、自愿的选择，甚至树葬、河葬、遗体（器官）捐献等新型葬式也渐渐为广大群众所接受。但与此同时，在湖南省很多地方，尤其是农村地区，不良葬俗依然存在。除了视"火葬"为"有悖伦理""不可接受"之外，大操大办、盲目攀比，大修豪华墓、活人墓，操办低俗表演等现象屡见不鲜。这意味着，虽然湖南省的殡葬文化开始呈现现代化的倾向，但离普及现代殡葬文化还有很长一段距离，文明程度与经济社会发展速度不相适应。

据以上分析，湖南省殡葬事业整体发展水平较低，发展不平衡不充分问题在农村最为突出。

二 查问题：湖南省农村殡改工作面临的"三对矛盾"

（一）农民对现代殡葬服务的需求与农村殡葬事业发展不平衡不充分之间的矛盾

殡葬设施的供给存量、设施分布等情况，会直接影响农民享受殡葬服务的程度。"十三五"期间，湖南省省级层面扶持建设的农村公益性治丧场所为49个、农村公益性公墓52个，除长沙市外，绝大多数地区的农村、乡镇在殡葬基础设施建设方面几乎是空白，湖南省农村地区殡葬服务供给和保障严重不足。

随着城市化发展，农村人口尤其是青壮年劳动力大量流失，依靠乡邻乡亲互助、自助的传统殡葬服务模式越来越难以满足农民的殡葬服务需求。2018年湖南省下发了《在全省开展文明节俭操办婚丧喜庆事宜的工作方案》，要求成立村（居）红白理事会，"一条龙"承担丧主的丧事服务。虽然目前村级红白理事会收到了一些效果，但服务质量和服务水平离群众的期望还有不小的差距。因此，当下农村办理丧事的互助服务和市场服务都十分匮乏，农民难以就地就近享受现代殡葬服务。

（二）农民对文明殡葬文化的需求与落后的社会文化之间的矛盾

当前农村操办一场丧事，开支繁多、花费巨大，鞭炮礼花、戏班乐队、法事道场、风水造墓、宾客宴请等各项费用加起来，至少也要五六万，"豪华型"丧事开支更可高达十几万元。2017年湖南省农村居民人均可支配收入约为1.3万元，一个农村家庭年收入也不超过6万元，这就意味着一个家庭要倾尽整整一年甚至更多的收入才能操办一场"过得去"的丧事。农村人普遍存在攀比心理，都想自己家葬礼比别人风光，生怕花钱少了，背上

"不孝"的骂名,甚至有些人不惜借钱也要搞"风光大葬",如此一来,某些地方出现因丧致贫、因丧返贫的现象也就不足为怪了。大操大办之风愈演愈烈,给农民带来了沉重的经济和精神压力。调研走访中发现,绝大多数农民都希望能够简化丧葬仪式、减轻丧事负担。因此,"文明办丧"有着较好的群众基础,也符合农民的根本利益。

(三)农民对节地殡葬方式的需求与农村乱葬散葬之间的矛盾

据调查,农民在进行土葬时,最多的是选择将遗体葬在田地,其次是村庄附近的山坡上。这种散埋乱葬既占用了良田沃地,又造成了区域性的视觉污染,导致墓区周围土地大片荒芜,土地闲置严重。随着城市化的发展和殡葬改革在农村地区的推行,农民开始意识到土葬占地会激化人地矛盾、制约村庄发展,影响村庄土地规模经营和全域旅游、美丽乡村建设,所以,农民希望建有墓区进行节地式、规范化安葬,希望政府能够对散葬乱葬、"青山白化"现象进行规范化整治。但目前农村殡葬基础设施用地没有保障,大部分地方没有规划预留出殡葬改革基础设施建设用地,导致在建设农村公益性墓地时,还需要征收林地和土地,进一步推高了建设难度和建设成本;同时,由于现行的《殡葬管理条例》对违纪违规丧葬行为没有明确具体的处罚措施和办法,致使殡改执法部门采取的监督执法方式单一、成效轻微。

三 谋提升:提高湖南省农村殡改工作 水平的"四种对策"

(一)以推行供给侧结构性改革为主线,促进殡葬基本公共服务均等化

一是强化资金支持,加强基础设施建设。各级财政要持续加大对农村殡葬公共投入力度,大力推进农村公益性公墓、公益性治丧场所等殡葬基础设施建设,提质增效殡葬公共服务供给水平,确保殡葬设施种类、数量、服务规模与当地群众殡葬服务需求相匹配、与殡葬改革推行相适应。二是强化政

策支持，完善惠民殡葬制度。在省、市（州）实施惠民殡葬政策的基础上，各县市区要结合实际，制定基本殡葬服务由政府供给的惠民殡葬政策，增加惠民殡葬项目，提高补助标准，扩大补助范围，推动惠民措施从救助型向适度普惠型转变，从阶段性服务向全程性服务延伸。三是强化市场支持，吸引社会资本参与。坚持"放管服"改革方向，鼓励、引导、规范社会资本以出资建设、参与改制、参与运营管理等多种形式参与农村殡葬服务行业，破解长期制约殡葬领域投融资的体制机制瓶颈，补齐农村殡葬服务质量供给短板。

（二）以推广绿色环保葬式为重点，促进土地资源利用可持续化

一是全面推行火葬，实现"源头节地"。火化不仅可实现遗体的无害化，还可实现遗体体积的大幅度减量化，当前仍是最合理、也是国家积极倡导的遗体处理方式。湖南省农村地区要尽快实现由"保存遗体—保存骨灰"的革命性转变，切实提高遗体火化率，真正取得"源头节地"实效。二是大力推行集约化安葬，实现"集约节地"。集约化安葬包含两方面内容，一方面是墓区的集约化，另一方面是墓穴的集约化。墓区的集约化，即埋葬地的集中，要加紧规划和建设农村公益性墓地，严禁散埋乱葬，逐步推进农村安葬集中化、规范化；墓穴的集约化，即减少墓穴的占地面积，要通过推行小型墓，杜绝大墓、豪华墓，禁止硬化墓地等方式来防止墓区土地消耗过快，确保墓区在循环周期内仍有地可用。三是积极倡导不占地葬式，实现"生态节地"。目前，在我国北京、上海等发达地区，植树葬、花坛葬、草坪葬、壁葬、海葬甚至"生命晶石"葬等不占地葬式越来越得到群众的认可和接受，但目前在湖南省农村地区还难以推广实施。我们不妨采用折中的方式作为过渡，如采用可降解骨灰盒盛装骨灰，深埋不留碑头，这些方法不仅能达到节约土地的目的，也更容易为农村群众所接受。

（三）以推进殡葬文化创新为抓手，促进殡葬文化建设现代化

一是要创作融于时代的殡葬文化精品。深入挖掘中华传统殡葬文化精华，结合新时代要求，创作出更多思想精深、艺术精湛、制作精良的殡葬文

化精品，引导群众自觉抵制落后殡葬文化侵蚀，形成文明节俭绿色办丧新风尚。二是要开展丰富多彩的殡葬文化活动。依托农村新建墓区，大力开展集体追思、为逝者送行、集体祭扫等生命文化教育活动，震撼人的灵魂，帮助人们深刻理解生命的意义，树立正确的生命价值观，更好推进农村殡葬改革。三是要建设富有特色的殡葬文化设施。在建设农村公墓时，要注重融入文化元素，加强文化建设。比如上海的福寿园竖立了遗体捐献艺术纪念碑，成为倡导遗体捐献的重要文化设施；松鹤墓园将道路两侧为壁葬的千米长廊建成千米影雕文化长廊，运用非遗文化影雕展现了中华松鹤文化，成为我国公墓内最大的影雕文化设施。这些做法都为湖南省殡葬改革做出了良好示范、提供了宝贵经验，值得我们研究、学习、效仿。

（四）以推动政府主导责任落实为核心，促进殡葬改革工作高效化

一是强化法治理念，划明依法治丧底线。省级有关部门要加强殡葬法制的建设与研究，推进立法工作，完善地方法规和部门规章制度建设，在农村殡葬改革的政策制定上给予重点关注和支持；各级政府要以法制理念贯穿殡葬改革工作的全过程，确保依法行政、文明执法。二是聚力监督执法，推动改革常态长效。各级政府要针对农村存在的散埋乱葬、"青山白化"、殡葬用品市场混乱、殡葬陋习等违法违规现象，整合殡葬执法力量，强化监管，从源头上遏制农村殡葬活动中不合法、不规范、不文明行为。三是加大宣传引导，树立文明殡葬新风。各级有关部门要坚持正确的舆论导向，综合运用政策宣传、思想教育、乡规民约、道德约束、矛盾调处等多种手段，注重发挥村（社区）、红白理事会、基层老年协会等基层组织的作用，采取群众喜闻乐见、易于接受和行之有效的方式，引导、动员广大群众自觉参与殡葬改革，确保殡葬改革工作顺利推进并取得实效。

他 山 之 石

德国电子政务建设经验及启示

卞　鹰

2017 年 10 月下旬，我有幸随国家信息中心培训团赴德国学习考察电子政务发展经验。在德期间，我们参访了德国联邦统计局、黑森州政府、巴伐利亚洲财政部、慕尼黑居民管理局、黑森州数据中心、吉森大学、曼海姆大学、罗兰思想研究所等单位和机构，与德国电子政务领域的有关官员、专家、企业家进行了专题研讨交流。通过学习和考察，对德国电子政务的规划、策略、现状有了比较深入的了解；对联系本省实际，学习借鉴先进经验，贯彻落实省委省政府决策部署，推动湖南省电子政务健康发展有了初步思考。

20 世纪末期，德国各级政府都面临机构臃肿、效率低下、行政成本过高、财政赤字严重等问题。这是他们启动电子政务建设的主要原因。德国电子政务建设大体经历了"政府网上信息发布、政府与用户单向互动、政府与用户双向互动、网上事务处理"4 个阶段。

早在 1999 年联邦政府就制定了"德国 21 世纪的信息社会"行动计划，

并通过 18 个"试点项目"来探索富有创新的电子政务解决方案，联邦政府还建立了自己的门户网站，发布了电子政务手册，为电子政务建设提供全面支持。2000 年，德国联邦政府发布了"联邦在线 2005 计划"，它的目标是联邦政府实现网上办公，以便公民方便、快捷、有效地获取各种服务。至 2005 年底，"联邦在线 2005"项目收到预期效果。联邦政府在线提供服务 440 项，州政府在线提供服务 300 项，全国超过 30% 的公众通过互联网享受在线服务。绝大多数企业都能利用电子政务与政府打交道。

2006 年，为打破各类"信息孤岛"，德国各级政府加大了统筹力度。联邦政府制定了"e-Government 2.0"计划（实际是德国 2006～2010 年电子政务总体发展框架），该计划以"提升德国电子政务水平，加强公民、企业和政府之间的电子沟通，促进政府部门间的系统办公"为目标，确定了公民管理、税务、社会组织等重点领域的 57 个示范项目。

2014 年，联邦政府制定了《2014～2017 年数字议程》，提出了"以数字化创新驱动经济社会发展，打造未来数字强国"的战略方向，涵盖发展数字化经济、构建数字化生活、开展数字化研发、打造数据化环境基础等各个方面。

2017 年，联邦政府发布了 2017～2021 年 IT 战略，提出了政府 IT 的整合策略：统一标准、应用整合，服务整合。截至目前，德国已在联邦、州、市、地区、城镇五级推行了政府对政府、居民、企业、社团五大类至少 7500 项在线服务，少数州的在线公共服务项目占比达到 75%。

德国电子政务建设经验主要有以下几个方面。

一是强化顶层设计和法律保障。联邦政府把电子政务建设上升为国家战略，构建了以《基本法》为基石、以两部条款法为支撑、以三部传媒法为核心的一整套法律框架。2013 年，联邦政府又专门制定了《电子政务法》，并于 2017 年进行了修改和完善。这些法律与《2014～2017 数字议程》《德国 ICT 战略》成为德国电子政务建设的主要依据和基本遵循。

二是加大统筹协调力度。2013 年联邦政府专门设立首席信息化官（相当于部长），下辖精干管理团队和 1～2 家非营利性国有 IT 公司，总揽联邦政府电子政务工作，直接对总理负责。其主要职责是制定信息化标准，横向打通部委之间、纵向打通联邦与州之间数据互联互通，实现数据共享。各州和地方政府也设立了相应的机构，明确了相应的职责，总揽州政府和地方政府电子政务工作，直接对行政首长负责。

三是完善项目建设管理模式。2002 年以前，联邦政府下属每个部委都有自己的 IT 公司。到 2017 年，联邦政府整合成了 2 家公司。这 2 家公司都是非营利性国有企业，为联邦政府提供 IT 服务时无须履行相关招投标手续。如果由于业务和技术原因，需要引入外部企业提供服务和产品时，必须通过这 2 家公司履行招投标手续。大多数州和地方政府也是实行这种模式。他们认为，要促进电子政务健康发展，必须具备两个条件：一方面要统一标准、统一服务，另一方面要安全可靠、企业可控。而只有与专门国有公司合作，才能满足上述要求。

四是坚持以公众需求为导向。施罗德启动"联邦电子政务 2005 计划"时就提出"让数据而不是公众跑路"。德国各级州政府在推进电子政务中，也非常重视公众对政府的评价，这与各州行政长官争取民众支持率密切相关。凡建设新的电子政务项目，都能最大限度地征求民众的意见，提高民众的满意度与参与度。此外，德国电子政务服务还非常强调对弱势群体的支持。比如，在充分应用心理、生理以及虹膜集中度测试的基础上，为老人打造了专门的网站。又比如，在考虑行为、视觉或听力残疾的基础上为残疾人打造了专门的网站，受到了广泛的好评。

他山之石，可以攻玉。毫无疑问，德国的经验值得借鉴和学习，但我们绝不能囫囵吞枣、照抄照搬；必须紧密联系湖南实际，在吸收消化的基础上，有所取舍，有所提高。

湖南省电子政务建设起步晚、发展快。2015 年，时任省长杜家毫提出并启动"五个一工程"，即"一套班子""一个文件""一个平台""一个互联网出口""一个网站"。"五个一工程"最大亮点和核心要义是加大统筹力度。经过两年多的努力，我们建成了全省电子政务外网统一云平台，即 1 网（政务外网）、2 中心（云计算中心、大数据中心）、N 朵应用云。2016 年 11

月正式上线运行。截至 2017 年 11 月底，已有 27 个省直单位 50 多个业务系统迁移到云平台上，分配了 740 台云主机，CPU 使用率总体超过 75%。电子政务外网已实现了省市县 100% 全覆盖，共有 11000 多个单位接入网络平台：包括 220 家省直单位及二级机构，14 个市州和 123 个县市区，并有 94 个县市区外网已延伸至乡镇街道。纵向专网、互联网出口和政府网站分别整合了 13、73 和 51 家省直部门单位。"互联网＋监督""互联网＋政务服务"等应用平台建设取得实质性进展。但我们也必须清醒地看到，湖南省电子政务建设还存在体制机制不完善、资源共享不充分、应用服务不平衡、法律法规不健全等问题，必须下大气力加以解决。

一是要坚持高位统筹协调。如果说近年来湖南省电子政务建设取得了长足进步，一个很重要的原因就是省委、省政府领导高度重视、亲力亲为。家毫书记亲自提出并主抓"五个一工程"、"互联网＋监督"、自然人数据大平台等重大项目建设。达哲省长在 2017 年 9 月至 12 月，3 次研究和部署"互联网＋政务服务"工作。陈向群常务副省长、谢建辉常委等省领导对这项工作也是大力支持、有求必应。在 2017 年 12 月 26 日全国电子政务外网工作会议上，我介绍了这方面的情况，引起了较大反响。我们要继续坚持和完善省委省政府统一领导，党政信息化领导小组具体负责，各部门各单位协调配合的领导体制和工作机制，为推进电子政务建设提供坚强组织保障。

二是要精准发力突破关键难题。由于部门自成体系现象严重，形成了一个个信息"孤岛"，成为阻碍电子政务发展的顽疾。在当前和今后一个时期，要集中精力抓好自然人信息库建设。这件事办好了，信息"孤岛"的其他问题就会迎刃而解。同时，要对照"放管服"改革要求，推进服务事项梳理，优化服务流程，提高全程网上办理率，为公众提供更加便捷优质的政务服务。

三是要优化项目建设与管理模式。我们现在所有电子政务项目都实行了招投标，多个公司提供产品和服务，产生了许多意想不到的后遗症：包括电子政务的高可靠、高标准与可持续性不能保证，信息安全要求难以满足，等等。今后我们可以参照德国各级政府的做法，试行确定长期合作企业或单一采购服务企业的方式，运用控制预算与成本核销管理机制，真正实现政府与企业双赢。

四是要完善法规规章。尽快出台电子签章、电子文件、电子证照相关法规规章，为深化网上办事，推进系统整合和数据共享提供法律和政策支撑。

借他山之石，助长株潭
一体化发展新突破
——基于我国城市群发展的经验启示

湖南省人民政府发展研究中心调研组 *

在城镇化的进程中，城市群是推进新型城镇化的主体形态。多年来，国家和各区域高度重视城市群战略，统筹规划城市群发展格局，不断强化城市群的发展动力。2016 年 3 月，全国人大批准的《中华人民共和国国民经济和社会发展第十三个五年规划纲要》系统阐述了我国城市群发展蓝图。根据这一蓝图，我国将逐步形成东中西部协调布局的 19 个城市群发展格局①。从全局看，我国城市群发展总体水平仍然不高，在科学规划、体制机制、市场一体化、协同发展等方面仍处于探索阶段；但一些起步较早、发展水平相对领先的城市群，如长三角、京津冀、珠三角城市群等，在推进城市群发展方面创造和积累了不少成功经验，可为各地提供有益借鉴。

一　他山之石：我国城市群一体化发展的经验

（一）推进建立政府协同、市场主导的统筹协调机制

市场决定性作用下，城市之间有序协同的跨区域合作机制，是长三角城

---

* 　调研组组长：卞鹰；副组长：唐宇文；执笔：周亚兰。

① 　优化提升东部地区城市群，建设京津冀、长三角、珠三角世界级城市群，提升山东半岛、海峡西岸城市群开放竞争水平；培育中西部地区城市群，发展壮大东北地区、中原地区、长江中游、成渝地区、关中平原城市群，规划引导北部湾、陕西中部、呼包鄂榆、黔中、滇中、兰州—西宁、宁夏沿黄、天山北坡城市群发展，形成更多支撑区域发展的增长极；促进以拉萨为中心、以喀什为中心的城市圈发展。

市群发展的突出特征。长三角城市群已基本形成层次分明、分工合理的四级区域合作与协调机制。第一层是每两年举办一次的沪苏浙皖等省市主要领导出席的定期会商机制，决定区域合作方向、原则、目标等重大问题；第二层是常务副省（市）长主持的"沪苏浙经济合作与发展座谈会"机制，负责落实主要领导座谈会的部署，协调推进区域重大合作事项；第三层是长江三角洲城市经济协调会和市长联席会，以专题合作的形式推进城市之间不同领域合作；第四层是部门间及行业间的合作机制。这种从宏观到微观的会商—决策—协调—执行四级联动、有机协调的合作机制成为长三角一体化逐步深入的最重要基础和制度保障。

（二）将建立健全规划政策体系作为城市群发展基础工程

习近平总书记指出，规划科学是最大的效益，规划失误是最大的浪费，规划折腾是最大的忌讳。我国城市群均注重规划的引领作用，以统一的城市群规划作为城市群设立的标志，构建由城市群规划、各领域专项规划以及内部城市（经济圈）规划等组成的全面、多层次的城市群规划体系。如京津冀编制全国首个跨省级行政区"十三五"规划，出台产业、交通、科技、生态环保等12个专项规划和一系列政策，落实《京津冀协同发展规划纲要》的"四梁八柱"基本建立；珠三角在《珠江三角洲地区改革发展规划纲要》及五个专项规划基础上，进一步编制了广佛肇、深莞惠、珠中江等三个经济圈总体规划或合作规划以及多个专项规划。

（三）以跨区域园区共建作为区域产业协同的强力引擎

通过园区共建，推动城市群产业协同发展向更高层次迈进，在部分城市群已显成效。

长三角城市群以园区共融共建为主要模式，创新"联盟"合作方式，稳步推进产业转型升级。主要采取股份合作、"总部经济、异地生产、统一经营"模式建设生产基地、管理与品牌输出等方式实现园区合作共建。如江苏的苏宿工业园区等成为"飞地经济"典型案例；浙江的嘉兴有 15 个省级以上开发区与上海重点平台签订合作协议；以张江高科技园区和漕河泾工业开发区为代表的先进工业园区与江苏、安徽合作，把上海园区合作经验推广到长三角区域。截至 2016 年底，四省市参与合作共建园区已逾 200 个。此外，积极探索建立政府、市场和企业资源之间新的合作机制，以"联盟"方式搭建产业一体化合作新平台，如成立园区共建、文化产业发展、企业服务等联盟，减少区域产业政策和沟通障碍。

京津冀打造产业转移承接合作平台，注重产业转移利益共享，产业协同成效突出。一是加快产业转移承接。北京市制定全国首个新增产业的禁止和限制目录，搭建产业疏解合作平台，将一批一般性制造业企业、商品交易市场疏解出京。河北积极承接京津产业转移，筛选确定 11 个省级重大承接平台。天津与京冀联手共建产业园区，19 个园区纳入京津冀产业对接整体布局，建成 9 个国家新型工业化产业示范基地，打造了天津滨海—中关村科技园等承接载体。二是通过直接财税收入分配和共建基金模式，加快产业转移利益共享。如财政部与国家税务总局印发《京津冀协同发展产业转移对接企业税收收入分享办法》，明确协同发展中财税分成、利益分享等问题，对符合政府主导迁出且达到一定纳税规模的企业，将在迁出地和迁入地进行三大税种的分享。

（四）以优化区域创新资源配置构筑协同创新网络

长三角坚持"不为所有，但为所用"的协同创新理念，以企业为主体，以推动创新资源跨区域配置为抓手，建设协同创新网络。长三角共同推进大型科学仪器、科技文献、专业技术服务、资源条件保障和技术转移系统等五个科技资源共享平台建设。截至 2016 年底，四省市有近 1500 家单位、17000 多台（套）大型科学仪器设施入网，有效减少科研设备购置的重复投入。此外，积极探索"创新券"在区域内的通用通兑机制。目前，上海与浙江的湖州长兴、嘉兴海宁、江苏宿迁、无锡高新区等，已实现"创新券"通用通兑。

京津冀强化协同创新平台、技术成果转移等机制建设，推动三地协同创新。一是共建协同创新平台。目前，三地联合组建多个高校协同创新联盟；在多个产业领域成立 76 家产业技术创新战略联盟或产业承接协同创新中心，以及一批创新创业孵化平台；成立京津冀众创空间联盟，至 2016 年底共建众创空间 200 余家。二是建立成果转化对接与技术转移转让绿色通道，完善科技创新投融资体系，支持三地科技成果转移转化。科技部与京津冀采取"1 + 3"模式，共同出资建立京津冀成果转化引导基金，成立京津冀技术转移协同创新联盟。河北与中国技术交易所、北京国际技术转移中心等建立贯通河北的创新创业综合服务体系，石家庄科技大市场与京津实现了信息共享、实时发布和标准统一；京津共建滨海科技成果转化基地，将北京的新技术在天津集中展示。

（五）强化人才交流合作以推动人才一体化

人才一体化发展是城市群协同发展的智力支持和重要保障。京津冀加快人才一体化，为城市群人才合作提供了参考蓝本。一是加强人才一体化发展顶层设计。京津冀三地联合发布我国首个跨区域发展的人才规划《京津冀人才一体化发展规划（2017～2030 年）》，以打造"世界高端人才聚集区"为总目标，提出全球高端人才延揽计划、京津冀人才创新创业支持工程、"圆梦京津冀"菁英计划等 13 项重点工程，明确了推进京津冀人才一体化发展的具体抓手。二是加强人才政策措施协同。京津冀努力在职称评审、中介服务、社会保障、学术环境和发展机遇等方面实现标准和政策有序衔接。实现专业技术人员资格证书、职称评审证书、继续教育证书互认；签订《外籍人才流动资质互认手续合作协议》，加快三地外籍人才流动政策互通进程；京冀两地人力社保部门在全国率先签署了跨省医保直接结算协议，京津冀养老服务协同发展已启动试点。三是拓展人才交流合作深度。共同开发京津冀高级专家数据库平台，为人才资源融合共享打下基础；开展京津冀三地干部人才双向挂职，有效发挥桥梁纽带作用；启动全球高端人才延揽计划，面向全球发布京津冀 2017 年度高层次人才和急需紧缺人才引进目录，统筹引进国外专家人才；加强高端人才协同创新创业载体建设，如"首都国际人才港"、京津冀技术转移人才实训基地等；全面推进三地企业、园区、高校等人才培养交流，如举办京津冀招才引智大会、区域人才交流会等。

二　对长株潭一体化发展的启示

他山之石，可以攻玉。近年来，我国城市群发展积累的先进经验，对长株潭进一步推进一体化提供了深刻启示。

（一）把握城市群发展大趋势

世界经济史表明，工业化和城镇化进程中，城市群的形成和发展势所必然。党的十九大胜利召开，中国特色社会主义进入新时代。在新时代中国特色社会主义现代化进程中，城市群将继续担当发展的强力引擎。十九大报告指出，要"以城市群为主体构建大中小城市和小城镇协调发展的城镇格局"；2017 年 12 月中央经济工作会议强调，要"提高城市群质量，推进大中小城市网络化建设"。党中央的方针政策，为城市群发展提供新的动力。长株潭一定要顺应这一大势，继续大力推进一体化进程，全面推进改革创新，推动长株潭城市群高质量发展。

（二）强化市场决定和政府协调双动力

从长三角等领先的城市群看，城市群发展两大动力至关重要。一是市场的内生动力。区域经济发展由市场起决定性作用，城市群要素的聚集、共同产业体系的打造、公共服务水平的不断提升，是市场机制作用下不断深入的过程。二是政府积极有为。政府要发挥组织、协调、推动作用，在科学规划、市际事务协调管理、争取上级政府支持、基础设施建设以及基本制度架构等方面积极作为，为城市群发展创造良好环境。

（三）夯实协调推进机制基础

建议借鉴长三角、京津冀协调机制经验，完善统筹协调机制，实现省级统筹有力、三市良好沟通和利益共享。一是落实"决策—协调—执行"三级长效协调机制。第一级是省主要领导牵头的一体化领导小组会议，决定一体化战略思路、行动计划等重大方向原则问题；第二级是三市分管领导协调会，负责落实领导小组会议确定的各项工作，交流工作进展、协调解决问题、协商合作计划等；第三级是部门合作执行机制，各市对口部门组成的推进专项合作的专题工作组，具体负责落实领导小组会和协调会布置的工作。二是强化规划统筹实施。积极推动"多规合一"。根据需要修编完善部分规划，加强长株潭区域规划、绿心规划、三市城市总体规划、土地利用规划和基础设施专项规划的衔接和融合。尤其注重统一三市基础设施规划实施标准和时序，确保区域规划与项目建设的无缝对接和同步实施。三是建立利益协调分配机制。三市的利益矛盾主要体现在政绩考核和短期利益等方面。建议根据一体化总体目标设置政府政绩考核指标，充分调动各级政府及部门推进一体化的积极性。短期利益协调方面，通过政府、企业、协会、学界等各类协商议事平台，积极探索权责明晰、利益共享、互利共赢的合作机制。

（四）探索产业协同多元化路径

一是支持培育区域企业集团。将建立大型企业集团作为区域内产业整合的重要途径。发挥长株潭产业同构的正面效应，推动城市群内的企业以多种方式进行跨区域的兼并重组，支持一些同构化程度较高且规模效应明显的重点行业，通过横向并购，形成发展合力，提升区域的产业竞争力。二是完善产业合作利益分享机制。借鉴长三角、京津冀实行产业园区合作共建、利益共享的方式，立足在产业链延伸、共同承接外来项目转移、促进产业提档升级方面创造双方利益契合点，建立科学合理的跨市投资、产业转移、园区共建、科技成果落地等项目的收益分配机制，推动三市产业分工协作。三是探索区域工业云平台建设。总结推广长沙工业云平台建设等成果，以政府搭台、企业参与的形式，加快构建长株潭三市产业云平台，推动政务资源、企业资源、金融资本、人才智库、大众创新等共建共享，提升智能制造和协同制造水平。

（五）突出协同创新的基础工程

以国家自主创新示范区建设为龙头，实现三地协同创新。一是联合建设"科技资源共享区"。整合区域科研创新资源，采用"市场化手段＋政府补贴"的方式推进重点实验室、大型科学仪器设备等创新资源向社会开放。促进不同区域高校及科研机构之间的互动与合作，通过合作申报完成重大科研项目、共建协同创新中心等多种形式，实现各高校及科研机构之间创新资源的优势互补。二是完善科技协同创新服务平台。引导建立跨区域产业技术联盟，协调解决跨区域产业技术整合过程中出现的各种技术、经济、财务和法律问题，形成完善的产学研一体化科技推广机制。搭建科技创新公共服务平台，推进三地技术转移、成果转化、科技金融、检验检测等科技服务业发展。

（六）抓好人才一体化的关键

一是完善人才支持体系。试点建立与国际规则接轨的人才管理、股权激励、成果转化、离岸创新创业等政策体系，通过政策、制度、环境、产业等优势留住人才。建立高层次人才"湖湘人才绿卡"服务制度，对持卡人按标准提供住房、配偶就业、子女入园入学、医疗、出入境和停居留便利、创业扶持等服务保障。二是大力发展人力资源服务产业。申报建设国家级长株潭人力资源服务产业园，积极培育各类专业社会组织和人才中介服务机构，吸引国内外高端人力资源服务机构入驻，大力发展人力资源服务产业，为各类企业和人才提供全方位、多层次、精细化服务。三是完善三地人才流动机制。打通机关、企事业单位人才流动渠道，推动长株潭三地干部人才双向挂职。探索三地高层次人才以兼职或科技成果转化以及创业的方式在互相地域依法创新创业，实现人才柔性双向流动。

他山之石　可以攻玉

——推动党中央和省委重大决策部署落实落地的外省经验借鉴*

湖南省人民政府发展研究中心调研组**

新一届党中央治国理政有两个鲜明特征，一方面高度重视总体谋划、顶层设计，另一方面高度重视总体谋划和顶层设计的落实落地。不同于改革初期中央鼓励各地"摸着石头过河"，进入改革攻坚的新时代，习总书记强调，"各地区要切实把思想和行动统一到党中央改革决策部署上来。"习总书记反复强调"一分部署、九分落实"和"崇尚实干、狠抓落实"。党的十九大报告将"增强狠抓落实本领"列为八大执政本领之一。为进一步抓好中央和省委重大决策部署在湖南省的落实落地，我们到上海、浙江、福建等地进行了调研，获取了大量第一手资料，学到了可供复制的宝贵经验，受到了深刻的启示。

一　外省狠抓落实的典型做法和经验

（一）以上率下，头雁效应促执行

为贯彻中央关于绿色发展的新理念新战略新部署，山西省借力环保督察，以领导包案的方式狠抓落实。该省省委书记骆惠宁要求各级党政领导带

---

* 获得省委常委、省委秘书长谢建辉的肯定性批示。

** 调研组组长：卞鹰；副组长：唐宇文；调研组成员：禹向群、李银霞、文必正、贺超群。

头领办重点环境整改事项，省、市两级党政主要领导、分管环保领导要领办1~2件整改事项。省委、省政府主要领导率先垂范，各市领导奋力争先。该省11市全部建立了党政主要领导领办督办机制，"党政同责、一岗双责、权责一致、失职追责"等机制逐步健全。由于省委、省政府以及各市、县党政主要领导亲自督办，中央环保督察组交办的群众反映事项事事有落实、件件有回应，半个月内办结率就超过95%。

党中央高度重视人才和人才工作。江苏省为落实中央关于人才强国的重大决策部署，把人才工作纳入一把手考核，把人才指标纳入地方发展指标，形成党委、政府、组织部门三个"一把手"共抓的工作格局。党委"一把手"抓战略、抓规划，把人才工作摆在经济社会发展全局中的优先位置谋划、推动；政府"一把手"抓投入、抓保障，确保人才引进、培养、使用、激励等各项资金落实到位，确保人才发展环境不断优化；组织部门"一把手"抓协调、抓落实，切实履行好牵头抓总的职责，增加工作合力。江苏淮安以"市领导结对支持创新创业人才机制"为核心，构建服务人才的绿色通道。留美博士熊鹏去淮安创业后，短短半年内，时任淮安市委书记刘永忠与他进行了3次"一对一"座谈，了解其个人和企业的发展状况，帮助协调处理遇到的种种难题。

（二）挺责于前，自觉主动抓落实

山东省将落实党中央决策部署上升为重要政治纪律，把责任挺在前面，以责任制促落实、保成效，形成自觉主动抓落实。该省完善分工协作责任机制，各项目标任务分解到单位、具体到项目、落实到岗位、量化到个人，确定责任、分解责任、实化责任，形成人人有责任、层层抓落实的工作格局。健全人人负责、层层负责的工作责任制，成为该省抓落实的鲜明特色。新一届省委成立以来，省委出台的重要文件中，任务都明确牵头负责人和责任部门，任务分工非常清晰。该省工商局副局长郭际水表示，以往部门间"信息孤岛"现象一直难以解决，自确定由省政府办公厅具体落实后，工作进度大大加快。

党中央决定全面深化改革后，四川省建立起落实全面深化改革的"清单制"＋"责任制"信息化平台。该平台联结起四川省委深改组领导成员、9个专项小组、所有省直部门和21个市州，把改革工作系统化集成，形成责任具体、任务到人、环环相扣的"责任链""机制墙"。"清单制"＋"责任制"就是用信息化手段列出清单，实行"挂图作战、分兵把守"。列出清单才能权责分明，挂图作战才会功过清晰，严格以"不落实之事"倒查"不落实之人"、追责"不作为之人"。在平台上，只要轻点鼠标，每项具体改革事项的责任部门、联系人以及工作进度就会及时显现。如果没有在规定时间完成，或者没有按质量要求完成，平台上都会显示出来，干得不好，全省都知道。

（三）正向激励，一线振奋争实干

为落实国务院有关激励真抓实干的文件精神，福建省推出正向激励配套政策。2017年，该省出台了促进有效投资八条措施、扩大对外开放积极利用外资若干措施、工业稳增长调结构若干措施等多项正向激励政策。其中工业稳增长正向激励后，2017年1～10月，该省693项省级工业新增长点项目提前两个月完成年度计划，超时序进度18.6个百分点。莆田市获得6～10月正向激励奖金1830万元（规模工业增加值增速比正向激励实施前提高了0.4个百分点），漳州市1540万元，南平市1200万元。在正向激励取得显著成效的基础上，该省进一步拓宽正向激励领域，扩大政策覆盖面，出台了《福建省人民政府办公厅关于对促进经济社会发展和落实有关重点工作成效明显地区给予激励支持的意见》。

福州市摸索出"一线考察干部"的成功经验。该市各级党委组织部机关选派三分之二的干部、投入三分之二以上的时间参与一线考察工作。考察中通过收集"责任清单"、掌握"问题清单"以及核实"成绩单"的办法了解掌握考察对象相关情况。考察组根据任务责任清单，建立台账，按时间节点逐项核实比对，实时了解项目进展和干部作为情况，把考察结果作为干部培养、使用和奖惩的重要依据。一批实干型干部得到提拔重用，"指挥棒"效应迅速显现，福州全市上下的干事创业激情高涨，创造出一项项

"福州速度"。南安市实行干部调配常态化,采取分期分批动态调整机制,及时提拔项目攻坚工作中成绩突出的干部。

福建沙县、安溪等地探索出台容错纠错的具体办法细则,依据当地实际,对哪些属于改革先行先试出现的失误和错误、哪些属于探索性试验中的失误和错误、哪些属于为推动发展的无意过失加以界定,明确政策界限等,为敢于担当的干部卸包袱。浙江省也宽容改革失误,下发了《关于完善改革创新容错免责机制的若干意见》,鼓励基层干部大胆改革创新。2016 年,浙江省诸暨市有 4 名干部根据相关免责办法被从轻或免责处理。

(四)督察考评,绩效管理出实效

习总书记强调,督察是抓落实的重要手段。贵州为促进中央和省委重大决策部署落实,强化督察工作机制和问责制度、创新督察方式。在习总书记提出"三督三察"不久,就出台了《中共贵州省委全面深化改革领导小组关于开展"三督三察"推进改革落实的意见》。时任省委书记陈敏尔强调要聚焦改革抓"三督",提高改革精准度;盯紧领导干部抓"三察",增强改革自觉性;突出督察长效机制建设,确保改革工作有序推进。一是建立了督察考评办法、督察工作制度、省委改革督察员制度等,为督察工作提供了比较系统完备的重要遵循。二是综合运用了日常督察、专项督察、重点督察、半年督察和年度督察等方式,改革督察体现了求深、求细、求实、求活的特点。三是督察内容既突出重点又覆盖全面,着力对历次中央和省委深改领导小组会议审议通过的改革事项,贵州省改革和法治规划、"十三五"规划,以及每年改革和法治工作要点进行督察。

杭州将绩效考核作为破解庸官懒政、推进工作落实的重要举措。该市绩效管理在综合考评制度化、指标体系科学化、工作流程规范化、日常管理精细化、绩效管理法制化、干部队伍专业化多个方面积累了成功经验,综合考评和绩效管理工作走在全国前列。2015 年 9 月,《杭州市绩效管理条例》获批,通过立法将制度设计和实践经验法制化,形成一套完整的、实操性强的制度,成为破解民生问题的指挥棒和督促机关转变作风的撒手锏。2017 年

11 月，《杭州市"十三五"绩效管理总体规划》发布。在 25 项关键绩效指标上，规划通过列表，把关键绩效指标和重点专项考核目标，分解为可量化、可考核的年度目标，并明确责任单位。点开"杭州考评网"，社会评价意见、实事项目进度浏览等内容系统而详细，每个单位的绩效考核目标和进度都一目了然。群众当"考官"，将生活中遇到的糟心事直接出成考题，有关部门根据社会评价意见做出整改，以回答好群众的"点题"。

（五）倚重智库，深入调研解难题

抓落实需要深入调研了解实情，需要深入研究提出对策。面对复杂疑难问题，往往当局者迷，而政府智库在此方面有着天然优势。例如，贵州省政府智库牢牢把握"吃透上情、把握省情、掌握外情"的方法论，聚焦党中央和省委各项重大决策部署展开调查研究，形成了一批高质量研究成果。如《贵州省供给侧结构性改革研究》"1＋9"系列研究，提出以"四促四育"为突破口精准施策，着力补齐"产业发展、要素配置、供需协同"三大短板，提升贵州在全国产业链、价值链和创新链的影响力，为该省各地各部门推进供给侧结构性改革提供了参考；《贫困地区发展村级集体经济的成功逆袭——务川县"三统筹一捆绑"发展村级集体经济的经验与启示》，为贫困地区发展村级集体经济提供了有益借鉴；《加快推进国家大数据综合试验区建设研究》提出该省大数据产业产品发展的路线图以及制定统一的数据安全定级和管理办法、做大贵州大数据产业发展基金、建立大数据人才保障体系等七个方面的建议，相关对策建议被该省大数据局和贵阳市在实践中采纳；《贵州大生态业态创新研究》提出着力挖掘自然生态优势、人文优势，培育开发"山地气候疗养、中医药和民族医疗旅游、民族生态文化创意旅游、现代天文科普和宇宙探秘旅游、水上旅游"等 13 个新业态，为贵州省生态文明建设开阔了思路。

（六）重塑政府，贴近群众赢民心

推动党中央和省委重大决策部署落到实处，要把党委决策部署化为政府职责，把政府工作的重点放在抓落实、抓执行上。浙江以"最多跑一次"改革提高政府行政效率，极大促进了中央和省委各项决策部署的落实落地。该省以"一窗受理、集成服务"改革为主抓手，推出"四张清单一张网"，加强政务办事标准化建设，全面推行"前台综合受理、后台分类办理、统一窗口出件"的政务服务模式，实现受理与审批分离、审批与监督评价分离，政务服务"就近能办、同城通办、异地可办"。该省以电子化归档为突破口，政务数据共建共享、电子材料在线流转，推广电子签章，全面开启"无证明时代"，让数据真正"跑"起来，形成"最多跑一次"事项在线归档、保存、移交、利用的长效机制。在推进系统对接和数据共享方面，结合大数据、云政府平台等新理念，依托浙江政务服务网推进流程再造，实现部门间规章制度对接、流程整合和信息共享。通过大数据平台建设，开展数据共享需求梳理确认，推进条块系统互联互通，打破"信息孤岛"，实现省级、市县各部门自建系统与"一窗受理"系统整合对接，实现省级部门非涉密办事项目、市县两级事项网上申请渠道全覆盖。在基层推广应用"四个平台"智慧协同系统，很多便民服务事项能够在乡镇受理或代办。在加快投资项目审批改革上，制定全省相对统一的企业投资项目审批事项标准化清单、办事指南；创新环境影响评价、安全等评价审批管理方式；建设全省统一的网上"中介超市"；推进实施项目测验合一、联合踏勘；推进行政审批集成式改革试点；加强重点项目全过程全方位监管；实现除负面清单外企业投资项目全流程、多层级、多部门"最多跑一次"。

二 湖南省抓好贯彻落实的对策与建议

湖南省推进中央和省委重大决策部署落实落地也有很多创新务实举措，如湘潭市为推进项目建设，借鉴"河长制"经验，推出了产业"链长制"，市领导担任链长。全省各级党办系统对内深化改革、优化调整职能、再造业务流程，对外构建大协调、大调研、大信息、大督查工作格局，抓落实工作积累了很多经验。针对省内调研座谈了解到的不足，借鉴外省经验，提出四点建议。

（一）正向发力，激励有为

当前，在全面从严治党和全面深化改革双重大背景下，迫切需要运用正向激励来疏导干部畏难情绪、激发干事激情。建议省委从物质、精神等方面入手，加强正向激励，营造"只要想干，就有舞台；只要敢干，就有支撑；只要干成，就有奖励"的干事创业氛围，调动基层一线干部抓落实的积极性、主动性和创造性，提振干部队伍精气神，正面引导干部奋发有为。第一，要旗帜鲜明地提出正向激励。开展正向激励，有利于激发党员干部干事创业的热情，有利于发挥先进典型的示范引领作用，有利于把各项重大决策部署落到实处。应专门出台干部正向激励指导性办法，对工作表现突出，有显著成绩和贡献，或者有其他突出事迹的要及时作出正向激励，合法合规地给予一次性奖金。激励要重点向基层一线倾斜，同时杜绝把正常激励当成奖励，把择优搞成普惠，把破格变成越格。第二，树立"有为才有位，实干得实惠"的用人导向。注重对领导干部落实改革任务的实绩进行评价，提高领导干部实绩评价中推动改革工作的权重，激励领导干部争当改革促进派、实干家，旗帜鲜明地为那些敢于担当、踏实做事、不谋私利的干部撑腰鼓劲。完善干部考核评价机制，建立激励机制和容错纠错机制，使崇尚改革、狠抓落实的领导干部得到重用。第三，科学理顺各种激励维度及其内在关系。坚持"正向为主、负向为辅，正向为先、负向在后"的原则，妥善把握尺度和频次，努力使负向激励发挥出正向效应。考虑不同干部的个性化需求，积极运用关爱帮扶、谈心谈话、人文关怀、教育培训、轮岗锻炼、心理疏导、职业规划等有针对性的激励手段，分层分类分岗位开展多元化激励。正确处理短期激励与长效激励的关系。把握干部诉求的阶段性变化，综合运用政治激励、精神激励、物质激励等激励机制，发挥正向激励的长效作用。

（二）严肃问责，惩治无为

十八大以来，在强势反腐、整治"四风"的大背景下，有的干部奉行

"宁可不作为，也不犯错误，宁可少干事，也要不出事"。据抽样调查，73%的受访者认为目前干部队伍中存在"为官不为"现象。一是加强跟踪督查巡视。近年来，中央专项督察工作力度不断加大，湖南也应加强常态化督促检查工作。密织监督网络，充分发挥党委监督、纪委巡视监督、"两代表一委员"（党代表、人大代表、政协委员）监督、群众监督、媒体舆论监督等监督方式，构筑监督"为官不为"的"天罗地网"。综合运用检查、通报、改组和诫勉、组织调整或组织处理、纪律处分等方式，让失责必问、问责必严成为常态。二是用好用实考核"指挥棒"。要构建分工明确、职责清晰的责任体系，明确岗位职责、落实责任清单、晒出负面清单，梳理归纳领导干部岗位不作为的具体表现，引导干部随时"自我体检"，及时"自我修复"。要建立政绩"台账"，重点记录干部贯彻落实上级部署的态度和措施、执行的力度、创新的方法和具体的成绩，尤其是重大事件中的表现和群众的满意度，重大决策实施效果等情况。三是建立不合格干部正常退出机制。科学合理设定不称职干部具体认定标准和流程，通过降职、降级、待岗、免职、辞退等措施，使工作上不作为不担当或能力不够、作风上不实在的领导干部下得去，在干部"能下"上下功夫，真正实现干部"能上能下"。四是强化执纪问责，严惩为官不为行为。对决策执行不力、工作落实不到位，不认真纠正整改存在问题的，要依据《中国共产党问责条例》、《中国共产党纪律处分条例》等有关规定严肃问责。问责不能感情用事，不能有怜悯之心，要"较真""叫板"，真刀真枪地处理干部，发挥震慑效应。五是深化政府绩效管理。构建系统化、规范化、精细化、信息化的绩效管理系统，与监察体制改革相结合，注重规范绩效管理流程和环节，纠正"重考核、轻管理"的倾向。学习借鉴杭州市政府绩效管理的"3+1"的模式，从社会评价（50分）、目标考核（45分）、领导考评（5分）和创新创优（加分项）4个维度实施制度化考核。

（三）用好智库，大有可为

习近平总书记在党的十九大报告中提出，"加强中国特色新型智库建设"。政府智库聚焦抓落实中的难题、梗阻，围绕领导决策进行多学科、跨领域的集体研究，可提升和改进应用研究的深度、高度，拓展解决问题的视野，使问题更加明晰，对策更加务实、接地气。一是加强省委政研室、省政府研究室、省政府发展研究中心等党政机关智库作用。发挥熟悉省情、善于调研、信息丰富、渠道通畅等优势，强化政策研究、决策咨询、政策解读、决策评估等功能，有针对性地研究湖南落实中央重大决策部署过程中面临的困难和问题。建立健全沟通协调机制和重大决策的智库参与制度，实现智库参与决策制度化、规范化、程序化。全面完善智库运行机制、人才培养机制建设，建立适应智库发展需求的职称考核、评定机制、专家咨询劳务报酬制度、旋转门机制等。二是搭建决策机构和政策受众之间的桥梁。通过深入调查研究，对群众智慧进行集中储存、梳理加工、提纯转化，真实反映民意，广泛集中民智，为党和政府决策提供新视角，打开新路径，提出解决问题、推动发展的"最佳方案"；通过对党和政府重大决策内容与背景的深度认知，面向社会公众，正确阐释重大决策，做好公共政策话语的转换工作，增强社会公众对重大决策的信任感和理解度，进而自觉地贯彻落实。三是加强传播习近平新时代中国特色社会主义思想。十九大要求智库在"建设具有强大凝聚力和引领力的社会主义意识形态，使全体人民在理想信念、价值理念、道德观念上紧紧团结在一起"过程中，充分发挥舆论引导、社会服务的重要作用，特别是推动习近平新时代中国特色社会主义思想深入人心。作为智库，应该在深入学习和研究的基础上，深入群众进行解读，答疑释惑，满足广大群众对掌握新思想的需求，并对人民群众如何贯彻落实这一思想提供咨询和建议。

（四）两个贴近，知无不为

习总书记提出，"靠深入调查研究下功夫解难题，靠贴近实际和贴近群众的务实举措抓落实，确保党中央决策部署落地生根。"其中"两个贴近"要求我们深入实际、深入群众，倾听群众呼声，掌握真实情况，广泛调研，潜心研究，这是以人民为中心的发展思想的集中体现。一是全面推进"互联网＋政务服务"建设。电子政务可避免政府以往"文山会海"造成的浪费，提高政令层层下达的效率，让信息传递变得更容易、便捷，使越来越多的问题在比较低层级的政府就得以解决，能大幅提升政府行政效率和治理能力现代化水平。湖南省可学习浙江的"互联网＋政务服务"典型经验，以"最多跑一次"改革来一场自我革命，打破信息孤岛，实现数据共享，撬动各领域改革，建设人民满意的服务型政府。二是把建设"五个强省"工作导向落实到具体举措中。推动创新引领、开放崛起战略中，突出抓好"五个强省"重点任务的深化细化具体化，拿出目标值、进度表、路线图，培育发展新动力，增创发展新优势，拓展发展新空间。参考江苏的基本现代化指标体系，建立一套湖南"五个强省"的指标体系，以供给侧结构性改革为主线，突破发展中的阻碍和难题，坚定不移贯彻新发展理念，努力实现湖南高质量发展的新突破。三是结合实际创造性地贯彻执行上级决策部署。坚决杜绝"假沸"式表态，坚决杜绝"不怕群众不满意，就怕领导不注意"的表面文章。要善作善成，盯着问题改，敢啃硬骨头，善解疑难杂症，不达目的不罢休。越是面对制约发展的瓶颈和障碍，越要因地制宜谋高招，越要拓展视野想办法；越是面对工作的关键点和紧要处，越要盯紧具体的事，越要抓牢具体的人；越是面对前进道路上的难关和险阻，越要集中优势兵力打"歼灭战"，越要早杀出一条"血路"。

对接粤港澳大湾区　创造良好营商环境

——广东南沙自贸区政务服务创新调研[*]

湖南省人民政府发展研究中心调研组[**]

粤港澳大湾区是继纽约湾区、旧金山湾区、东京湾区之后，世界第四大湾区，是国家建设世界级城市群和参与全球竞争的重要空间载体。家毫书记提出，要以泛珠合作为契机，抢抓"一带一路"、粤港澳大湾区建设等重大历史机遇。对此，中心赴广东专题调研粤港澳大湾区建设。调研发现，广东自贸区南沙新区（下称南沙自贸区）不断推动政务服务改革，着力营造市场化法治化国际化营商环境，对湖南省很有借鉴意义，湖南省应主动对标，加快推动"四个转变、一个行动"。

一　南沙自贸区政务服务创新的主要做法

南沙自贸区对标国际，深入推进"放管服"，在四个方面的做法成效显著，营造了贸易投资便利化的营商环境。

（一）"一口受理"：建设高效审批服务平台，确保群众"好办事"

企业和群众通过一个窗口递交一套材料、填写一套申请表格，后台部门分类审批，统一窗口出件，解决企业和群众"部门多次跑、资料重复交、

---

[*] 获得省委常委、省委秘书长谢建辉的肯定性批示。
本报告为湖南省长株潭两型试验区管委会项目"全国各地重点改革经验对长株潭试验区启示研究"阶段性成果。

[**] 调研组组长：卞鹰；副组长：唐宇文；成员：左宏、龙花兰、闫仲勇、李迪；执笔：龙花兰、左宏。

办理时间长"的问题。

1. 企业登记："一口受理、多证联办"，提升商事登记服务水平

2015年率先推行企业登记"一口受理"模式，企业通过一个窗口递交材料，24小时内可领取涵盖市场监管、标院、国地税、公安、海关、检验检疫等部门的"二十证六章"，具备开业条件（食品经营许可证、企业投资项目备案证、开户许可证除外）。2017年企业设立登记22736户，企业登记总量与2014年相比增长了近15倍，窗口数量减少了1/2。

2. 行政许可等事项的"一口受理"：实现集成服务

2015年率先完成区、镇（街）两级政务服务中心综合窗口建设工作，整合建设工程类、经营管理类、社会管理类行政许可等事项业务，6个综合窗口代替原来21个部门的24个专类窗口。全面推行"前台综合受理、后台分类审批、审批限时办结、统一窗口出件"的综合窗口模式，每个窗口均可受理全部721项业务，打破了部门从受理到出件全权包办的局面，实现"受理、审批、监管三分离"的行政审批机制体制创新，建立健全政务服务监督流程，如图1所示。

（二）首创跨省跨境业务一站式企业服务平台及"香港通""商事服务跨境通"服务平台

企业通过各地行政服务中心或银行网点跨省跨境完成落户南沙的手续，实现营业执照跨省双向异地通办，方便境内外资源双向流动。

1. 开展跨省业务合作

2017年3月，南沙自贸区与黑龙江大庆市行政服务中心签订政务合作协议，颁发了全国第一张跨省协同办理的《营业执照》，随后陆续与四川龙马潭、江西龙南、贵州贵定、青岛胶州等地签订政务合作协议，实现营业执照双向异地通办。

2. 开展跨境业务合作

通过与中国银行、中国工商银行、创兴银行等金融机构合作，推出"香港通""商事服务跨境通"服务平台，将企业办证"一口受理"服务等延伸至港澳地区及海外，提供商事登记、政策咨询等外商投资一站式服务。

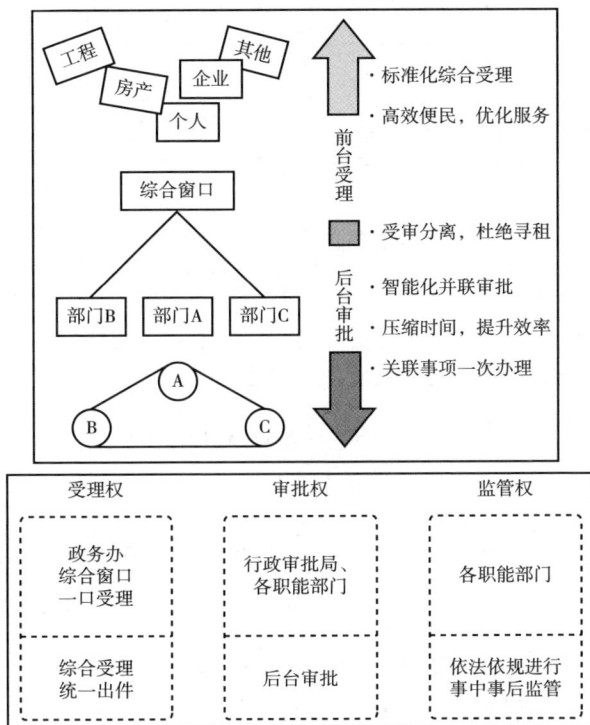

图1　综合窗口模式

（三）构建政策兑现服务体系，确保政策落实到位、发挥引领作用

1. 在区政务服务中心设立政策兑现窗口

组建一支专业高效政策兑现服务团队，为申请者提供政策类业务咨询、兑现、跟踪督办、信息主动推送反馈等全过程一条龙服务。

2. 实行"统一受理、分类审批、限时办结、集中拨付"

《广州南沙区"1＋1＋10"重点产业促进政策体系》所有政策兑现事项，都在政策兑现窗口办理，区内各政策业务主管部门不再直接受理申请者的政策兑现申请。

3. 建设南沙自贸区政策兑现系统，以信息化手段对政策兑现业务进行实时跟踪监管，确保政策兑现业务流程透明、按时办结、档案可溯

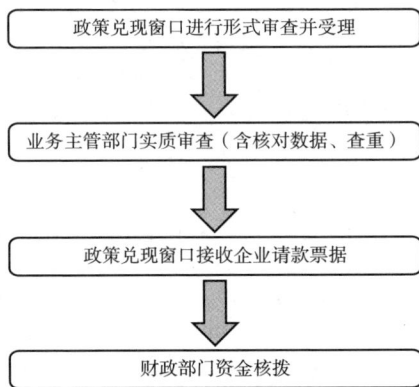

图2 南沙区政策兑现服务流程

（四）推出"互联网＋政务"2.0版，由"最多跑一次"向"零跑动"转变

建设"线上一网式、线下一窗式，线上线下一体化"的"互联网＋政务"2.0版。

1.推进全流程网上办理事项

3月12日，南沙片区推出63项全流程网上办理事项，服务事项涵盖建设工程、经营许可、社会民生等领域，涉及区行政审批局、区建设和交通局、区人社局、区文广新局、区民政局等13个部门，推动政务服务由"最多跑一次"向"零跑动"转变。

2.企业专属网页：将传统的"企业找政府"，升级为主动服务式"政府找企业"

企业专属网页入选商务部最佳案例。2015年广东率先为自贸区内每一家企业法人都提供一个独有的专属网页。以企业专属网页为载体，将网上办事大厅、各省直部门业务申办受理系统等现有的电子政务平台进行系统对接、技术整合、事项集成，企业信息数据在多个政务平台实现共享共用。据统计，通过企业专属网页进行整合优化的行政审批事项，企业到实体窗口跑动次数在2次以下，其中70%以上事项到现场跑动次数在1次以下，60%

以上事项可全程在网上办结。企业专属网页还有助于实现事中事后精准监管。

二　对湖南的启示

对标先进，湖南省亟须借鉴南沙经验，从"四个转变、一个行动"下功夫，营造良好营商环境，促进湖南省经济高质量发展。

（一）推进"政务大厅"模式向"一口受理"模式转变

湖南省部分地区已经试点推行"一口受理"，如浏阳市。建议在全省范围内全面推开一个窗口提供综合服务。一是设立综合服务窗口。整合各部门和各市政公用单位分散设立的服务窗口，设立企业登记、行政许可、公共服务等综合服务窗口。建立完善"前台受理、后台审核"机制，综合服务窗口统一收件、出件，实现"一个窗口"服务和管理。二是"一张表单"整合申报材料。实行"一份办事指南，一张申请表单，一套申报材料，完成多项审批"的运作模式，牵头部门制定统一的办事指南和申报表格，每一个审批阶段申请人只需提交一套申报材料。不同审批阶段的审批部门共享申报材料，不得要求申请人重复提交。三是"一套机制"规范审批运行。建立审批配套制度，明确部门职责，明晰工作规程，推动审批流程再造。建立审批协调机制，协调解决部门意见分歧。

（二）推进"省内解决"向"跨省协同"转变

一是开展跨省跨境异地业务协同办理。在湖南省没有获批自贸区的情况下，由商务厅牵头加强与广东自贸区的合作，为入驻自贸区内的湖南省企业提供信息服务。长株潭、郴州等主动与南沙自贸区对接，签订政务合作协议，逐步在企业注册、税务办理、银行开户、后续许可证照办理等领域推进异地协同办理。与香港、澳门加强业务对接和信息共享，推动湖南品牌海外推广，建立企业信用联合奖惩机制等。二是加强与粤港澳大湾区在创业孵化、科技金融、国际成果转让、产业、人才等领域的深度合作。与粤港澳地区建立知识产权保护与运营合作机制，支持和鼓励高校、科研机构同粤港澳相关机构共建国际化创新平台、联合实验室和研究中心，加快创新成果转化。

（三）推进"企业找政府要政策"向"政府找企业兑现政策"转变

有的企业反映，"不要特别政策，只要兑现政策"。鼓励部门、市州建立政策兑现体系，解决政策落地"最后一公里"问题。一是积极试点政策兑现窗口，将优惠政策审批涉及的各种表格简化合并为一张申请表，并对申报材料进行精简。企业只需要提交相关资料给窗口，窗口一经受理将进行统一办理，真正做到让企业和群众在申请政策优惠时不再奔波于各个部门，不再进行多次申请。实现"一个窗口进、一个窗口出"，为企业申请政策兑现提供"一门式"服务。二是运用"互联网＋"思维，在政府网站显著位置开辟"政策兑现"服务专栏。专栏及时发布各项便民利企的优惠政策、申报优惠政策指引和问题解答，拓展网上政策兑现申请功能，深化政策兑现自主服务，减少企业往返次数，降低申报优惠政策成本。

（四）推进政务服务由"现场办、线下办"向"线上线下一体化"转变

2017 年 11 月 29 日，家毫书记调研"互联网＋政务服务"平台建设情况指出，当前湖南省电子政务建设还相对滞后，要认真学习借鉴兄弟省市成功经验，努力实现后发赶超。一是推进全流程网上办理，按照国务院"凡是能实现网上办理的事项，不得要求必须到现场办理。"的要求，完善政务服务事项清单，将企业生产经营和居民生活密切的服务事项尽可能上网，成熟一批、上网一批，推进政务服务全程网上办理。二是加快政务服务标准化。加快推进行政许可和公共服务事项标准化，实现全省"一盘棋"。统一规范各市、县市区行政许可事项，制定行政许可事项名称、受理范围、设立依据、实施机关等要素的标准规范，细化量化裁量基准。完善公共服务事项目录清单，基本实现"同一事项、同一标准、同一编码"。三是破除信息孤

岛。建立部门间政务信息资源共享规则，出台省级信息系统整合共享目录、标准，明确数据共享边界、使用程序等。

（五）一个行动：实施优化营商环境大行动

"优化营商环境就是解放生产力、提高竞争力"。一是制定《优化营商环境五年行动计划》，坚持问题导向，突出重点，致力于形成公平公正的法治环境、透明高效的政务环境、竞争有序的市场环境、和谐稳定的社会环境以及互利共赢的开放环境。二是对全省市州县市区营商环境开展第三方评估并公布结果。借鉴世界银行经验，充分考虑数据的客观性、可获得性、可比性，湖南省营商环境评价先从"开办企业、施工许可、不动产交易登记"三项内容开始，按照对标先进的方式，指标分数采取正向加权计分方法，以后再在探索中扩展评估指标和内容。委托第三方开展评估并定期发布全省各地营商环境评价报告，促进各地各部门改进工作，持续改善营商环境。

北京朝阳区公共文化服务
体系建设经验及启示[*]

湖南省人民政府发展研究中心
湘潭大学   联合调研组^{**}

十九大报告指出："文化是一个国家、一个民族的灵魂。文化兴国运兴，文化强民族强。"完善公共文化服务体系是湖南省落实十九大精神的重大举措，是满足人民对美好生活的新期盼的重要抓手。调研组在长沙、湘潭、娄底、北京等地开展调研，特别考察了国家首批公共文化服务体系建设示范区——北京朝阳区的典型经验，为湖南加强公共文化服务体系建设提供借鉴和参考。

一 湖南公共文化服务体系建设存在的主要问题

湖南省目前已基本建成了覆盖城乡的公共文化服务设施体系，截至2017年末，全省基本实现"省市县有公共图书馆、文化馆，乡镇有综合文化站，村（社区）有综合文化服务中心"的目标。在取得成效的同时，还需正视湖南省与先进地区的差距，主要表现如下。

（一）部分领域在全国排名偏后

截至2016年底，全省平均每万人公共图书馆建筑面积63.1平方米，在

---

* 获得省委常委、省委宣传部部长蔡振红，副省长吴桂英的肯定性批示。
 本报告为国家社科基金项目"户籍制度改革对农业转移人口市民化的影响机制及对策研究"阶段性成果（项目编号17BJL049）。
** 调研组顾问：卞鹰、唐宇文；调研负责人：朱健、左宏；调研成员：王辉、闫仲勇、王祥。

全国排名第 31 位，中部排第 6 位；全省人均图书藏量 0.42 册，全国排名第 27 位，中部排名第 4 位；全省人均购书费 0.73 元，全国排名第 23 位，中部排名第 4 位；全省平均每万人群众文化设施建筑面积 226.1 平方米，全国排名第 23 位，中部排名第 4 位。与之对应的是经费投入不足，全省人均文化事业费、人均群众文化业务活动专项经费、文化事业费占财政支出比重这 3 个指标都排在全国后 20 名。

（二）存在重形式轻实效的现象

调研中发现，市—县—乡镇—村（居委会）在公共文化服务建设中，存在打折扣、逐层减弱的现象，部分县市、乡镇存在"三无"的尴尬境地，即无经费开支、无人员管理、无阵地活动，乡镇文化站形同虚设、文化器材闲置，村（居）文化书屋灰尘累累。网上调查问卷显示，湖南省居民对文化活动场所的了解程度都不高，被调查对象中 50% 以上都不太了解本地文化场所情况，有 2 成到 3 成人表示没有去过任何文化设施[①]。

（三）公共文化服务均等化和精准度不足

一方面，农村文化设施落后、文化活动贫乏现象突出。网上调查的留言反映"偏远农村真是文化生活落后，空巢老弱病残，留守儿童妇女基本没有文化生活质量可言""村里的人除了看电视、打牌、打麻将就无所事事了""部分村里的文化室大都是过时的盗版书，很多村民也不知道有文化室的存在"。另一方面，各区域、各类型群众对公共文化服务需求不一，呈多元化趋势，但公共文化服务产品较为单一，内容形式相对陈旧，差异化供给不足，在高端化、品牌化、多样化方面亟待提升。

（四）公共文化服务机制创新有待加强

一是政府部门仍为"单打独斗"模式，公共文化资源整合机制和服务

---

① 《新时代湖南人民对美好文化生活新期盼的调查研究》，湖南省人民政府发展研究中心内刊《对策研究报告》2018 年第 22 号。下同。

机构共享共建机制尚未建立。二是与"互联网＋"融合不足，特别是在为群众提供智能化、个性化一站式的现代文化服务方面远远不够。三是评价体系缺乏公众参与。公共文化服务对象是人民群众，而在考核过程中缺少群众的参与和评价，也缺乏第三方参与。

二 北京朝阳区公共文化服务体系建设经验

作为全国文化中心建设核心区，作为首都文化发展大区和文化资源聚集区，朝阳区始终突出文化引领，打造"文化强区"。近年来，朝阳区公共文化建设年均投入约5亿元，建设覆盖全区的"四级"公共文化设施1000余个，建设博物馆52个，街乡级以上图书馆53个，自助图书馆138个，建立群众文化队伍2844支，年均开展大型文化活动3000余场，首批成功创建国家公共文化服务体系示范区，成为全国首个国家文化产业创新实验区。主要经验如下。

（一）公共文化服务供给主体多元化

北京朝阳区大力构建"专业人才领军、基层干部统筹、群众队伍支撑、志愿者广泛参与"的文化队伍格局，实现服务供给主体的多元化。一是按照示范区标准，着力解决了文化中心编制、街道文化中心和社区（村）文化活动室人员的配备问题。二是依托文化优势和区位优势，积极整合文联各协会专家、会员以及民间文化能人，建立公共文化建设专家库、演员库、团队库，并大力培育群众性文艺协会，发挥居民中的文化能人和文化热心人的作用。三是扩大文化志愿者协会的影响，完善志愿活动管理服务的长效机制，不断加强文化志愿者队伍建设。朝阳区群众文体队伍达到2000支以上，实现了一街（乡）一品牌团队的目标。

（二）公共文化服务对象人群精准化

朝阳区面对不同人群开展公共文化服务，提供差异化、精准化的文化服务，逐步形成"以需定供"的文化服务体系：针对本地城乡居民重在"均衡"，针对弱势群体重在"保障"，针对流动人口强调"公平"，针对外籍人口突出"交流"，针对特定人群彰显"品质"。例如，针对朝阳区国际化特征，在麦子店等区域建立国际化社区文化交流中心；针对农村城市化中转工转居群体，开展流动文化车、流动舞台进社区活动。引导公共文化服务人员深入民众、发动民众，积极开展公益性演出活动，走进社区进行文化辅导，建立服务基层群众的长效机制。近五年来，朝阳区每年举办1000余场文化活动，为特殊少年儿童、全区老年人送去丰富多彩的文化演出。

（三）公共文化服务品牌化

朝阳区的公共文化活动基本形成了"一街乡一品牌、一社区一品牌"的总体框架。在"十三五"期间，朝阳区通过培育打造、评选认定、奖励扶持、宣传展示等措施，完成十类百个基层文化品牌的创建目标。制定了"1+10"政策体系，即1个《朝阳区创建百个基层文化品牌的实施意见》和10个类别的认定标准及扶持办法，并邀请十余位国家公共文化服务体系专家委员会成员、权威学者，组建了"朝阳区百个基层文化品牌认定专家委员会"，对朝阳区公共文化设施、群众文艺团队、公益性文化活动、文化能人（名人）四类基层文化品牌开展了创建认定工作，形成了"叫得响"的"朝阳品牌"。

（四）公共文化服务模式创新化

一是构建"3+1"四级公共文化服务设施网络。打破以行政体制设置的"区—街乡—社区（村）"三级公共文化设施的格局，在"区级"和"街乡级"之间，增加了地区级文化中心，由此形成了高效便捷的"区级—地区级—街乡级—社区（村）级"的"3+1"四级公共文化服务设施网络，通过分级管理，整体提升全区水平。目前朝阳区有区级公共文化设施5个，街乡级文化中心43个，社区（村）级文化活动室495个。近5年来，新增街乡文化中心、社区（村）文化活动室110处，设置率达到100%，达标率分别由创建初的 21%、26% 上升到 100%、96%。二是构建线上线下公共文化服务运行模式。构建文化信息资源共享工程、公共数字图书馆、电子阅览室、公益性文化单位网络服务平台等新型文化基础设施，并通过互联网终端对市民推送。朝阳区建设的"文化朝阳"云平台，集场馆资源介绍与预约、文化活动信息发布、惠民票务投放、数字资源共享等多功能于一体，居民利用电脑、IPAD、智能手机等设备"点菜"文化"大餐"，便捷地享受丰富的公共文化服务。

（五）公共文化服务建设体系健全化

一是强化顶层设计，注重整体谋划。从 2003 年起，朝阳区就开始了对公共文化服务建设体系的顶层设计。2011 年，为创建公共文化服务体系创建示范区编制了《朝阳区创建国家公共文化服务体系示范区建设规划》，近年还逐步出台了系列专项政策，如《文化设施空间布局专项规划》《关于推进公共文化建设品牌创建工程的实施意见》《大力发展博物馆事业的工作意见》等。二是注重考核，确保目标落到实处。在全国首创了"2 + 5"现代公共文化服务评价考核指标体系，2 个评价指标体系即《公共文化服务评价指标体系》和《街乡公共文化服务评价指标体系》，5 个绩效考核指标体系涵盖设施、供给、享受、管理和保障，在全国率先推动公共文化服务标准化建设。

三　启示和建议

围绕十九大提出的"到 2020 年基本建成现代公共文化服务体系"目标，按照建设文化强省的战略部署，对标中央，充分借鉴北京朝阳区等先进地区经验，加快推动湖南省由"基本"公共文化服务体系向"现代"公共文化服务体系迈进。

（一）建立公共文化服务体系建设经验交流与合作机制

在基本公共文化服务体系建设中加强与发达地区的交流合作，例如与朝阳区等地开展公共文化领域的战略合作。一是建立考察学习及互访机制。构建"走出去"的机制。组织文化部门人员到北京市朝阳区等先进地区地考察学习；邀请朝阳区等地文化部门来湖南进行工作交流；政府牵线搭桥，促成两地文化企业开展常态化的合作交流。二是联合举办基层文化活动。邀请先进地区和湖南发挥各自优势，联合开展基层文化活动。如朝阳区文化委担任"京津冀公共文化服务示范走廊"发展联盟首任轮值主席，开展了与昆明市、贵阳市等地"春雨工程"系列文化活动。三是学习引进好的经验加强试点推广。在构建基本公共文化服务标准化体系、加强社区公共文化建设、保障特殊群体基本文化权益、推进湖湘文化传承等方面开展多项试点工作。

（二）打造"湘字号"公共文化服务旗舰品牌

借鉴朝阳区的经验，在培育和打造具有湖南省特色的公共文化品牌方面进行整体谋划和重点部署。出台专项规划，并制定实施细则。在"欢乐潇湘"群众文化活动、"雅韵三湘"高雅艺术普及活动基础上，扩大品牌影响力。同时，积极开展公共文化品牌遴选、培育、建设、推广和宣传工作，多措并举，下足功夫，从而打造一批"湘字号"的公共文化产品。力求每个市（州）都有品牌，每个县（市、区）都在创品牌。引领公共文化服务的新风尚，促进公共文化服务标准化建设，延伸文化产品，形成品牌带动效应。

（三）精准满足不同人群的公共文化需求

细分服务对象，针对不同类别群众，设计相应的文化产品，提供相应的文化设施、文化形式和文化内容。切实将困难人群、流动人群、农业转移人口纳入公共文化服务范围。借鉴朝阳区的经验，建设一批民工影院、打工者艺术基地、农民工图书室和公共电子阅览室，举办打工者艺术节、农民工灯会等文化活动，为学校、老年公寓和残疾人服务中心定期配送图书、演出，保障不同群体的基本文化权益。

（四）构建公共文化服务体系建设的绩效评价与监督体系

借鉴朝阳区的经验，建立政府评价、第三方测评、舆论监督和群众评议相结合的综合监督体系。一是建立完善现代公共文化服务评价考核指标体系。建立具有湖湘特色的评价考核体系，引导各地着力方向。二是建立湖南公共文化服务"大众点评"网。将人民群众线上线下的意见都纳入公共文化绩效评价的主体。三是建立第三方评价监督体系。委托省内外专业机构开展第三方测评，帮助各级政府公共文化服务部门在查找问题的基础上有针对性地制定解决方案。四是将公共文化创建任务落实情况纳入各级领导班子政绩业绩综合考评指标体系。

（五）加强公共文化服务体系的"三个机制"建设

一是构建快捷化服务机制。借鉴朝阳区的经验，在长株潭地区率先试点，打破按照行政区划设置公共文化设施的格局，打造"区级—地区级—街乡级—社区（村）级"的"3＋1"四级公共文化服务设施网络，形成更加科学高效的服务网络，努力打造"半小时公共文化服务圈"。二是构建多元化服务机制，打造文化干部队伍、专业人才队伍、群众队伍、志愿者队伍等4支公共文化服务队伍，注重专职队伍和兼职队伍相结合，并帮助基层培养公共文化队。吸收和鼓励社会力量、企事业单位、中介机构等社会主体参与公共文化服务体系建设。三是构建融合化服务机制，形成公共文化服务与法律制度、互联网技术、文化产业紧密结合的机制，并整合文化资源，使得公共文化服务与其他事业融合发展，取得实效。

政 策 评 估

湖南省人民政府办公厅《关于进一步支持湘南产业转移示范区建设的若干政策措施》实施效果评估报告[*]

湖南省人民政府发展研究中心评估组[**]

为加快推进湘南承接产业转移示范区建设（以下简称"示范区"），推动湖南省开放型经济高质量发展，省政府办公厅于 2015 年 9 月出台了《关于进一步支持湘南承接产业转移示范区建设的若干政策措施》（湘政办发〔2015〕71 号）（以下简称《措施》）。根据省领导指示和《湖南省人民政府重大决策实施效果评估办法》（湘政办发〔2017〕45 号）要求，近期我中心对湘政办发〔2015〕71 号政策文件开展了实施效果评估工作。现将评估情况报告如下。

---

[*] 获得省人大常委会副主任周农、省政协党组成员袁新华的肯定性批示。

[**] 评估组组长：卞鹰；副组长：唐宇文；成员：袁建四、屈莉萍、周亚兰、刘海涛、陈琨。

一 政策概况

（一）出台背景

自 2011 年湘南承接产业转移示范区被国家发改委正式批复设立以来，湖南省委省政府加快出台推动示范区建设的政策文件，推动示范区建设取得积极进展。其中，2012 年 5 月，湖南省人民政府办公厅出台《湖南省湘南承接产业转移示范区规划》（湘政办发〔2012〕42 号）（以下简称《规划》），明确了示范区建设的战略定位、发展目标及重点任务；2012 年 6 月，中共湖南省委湖南省人民政府出台《关于推进湘南承接产业转移示范区建设的若干意见》（湘发〔2012〕14 号）（以下简称《意见》），细化了示范区建设的目标和具体举措；2015 年 9 月，为推动示范区建设迈上新台阶，进一步出台了本《措施》。

（二）政策主要内容

《措施》从资金和项目等八个方面，明确了加快示范区建设的 18 项政策措施（详见表 1）。

表 1　《措施》主要内容

政策项目	具体内容
一、加强资金和项目支持力度	1. 加大资金扶持力度 2. 加大项目和产业支持力度
二、支持开放平台和交通建设	3. 支持平台入驻和转型升级 4. 创新园区合作和发展模式 5. 支持示范区交通规划建设
三、强化用地和规划保障	6. 保障项目用地 7. 创新供地模式
四、加强环保支持	8. 优化环评审批 9. 加快环保重点工程建设

政策项目	具体内容
五、加大金融支持	10. 完善融资服务机制 11. 支持企业多渠道融资
六、加大口岸通关支持	12. 优化口岸大通关服务 13. 拓展口岸平台服务功能
七、加大人才和科技支持	14. 完善社保减负政策 15. 加大引才引智力度 16. 鼓励科技创新
八、支持和鼓励改革创新	17. 支持规划改革试点 18. 推进审批权限下放

二 评估主要内容

（一）政策综合评价

——内容广泛，但还不够完备。《措施》涵盖示范区建设八大方面的 18 项措施，内容广泛，但还不够完整，缺乏政策目标、责任主体和考核机制。《措施》未对接 2012 年《意见》，进一步明确示范区 2015 年以后的发展目标，尤其是外向型经济发展指标，政策的预期性和发展性不强；政策涉及众多部门，未列明具体的牵头单位和参与单位，也未制定相应的考核机制，工作分工和责任落实不明确，政策约束性不强。

——时效性强，协调性有待提升。《规划》实施期限为 2011～2015 年，2012 年《意见》施行，2015 年出台《措施》，从时效上与《规划》《意见》紧密衔接。但《措施》与《意见》存在效力位阶和新旧规定之别。《措施》在效力位阶上低于《意见》，统筹协调落实文件精神的效力有限。此外，《措施》与《意见》的实施期限存在部分重合，《意见》按规定于 2017 年到期，在 2015～2017 年期间，《措施》与《意见》同时实施，不利于政策的统一执行。

——多为宏观指导，可操作性不强，知晓度和满意度有待提升。《措施》多为"鼓励""支持""重点支持"等指导性内容，未明确具体举措，也未配套出台实施细则或行动计划，政策可操作性不强。受访企业普遍不知晓《措施》，认为政策未给予企业直接明显的福利，未能予以关注；认为《措施》内容过于原则笼统，支持力度较小、创新性不足，如普遍关注的招工稳工难、社保负担重等问题未出台有力措施，对政策的满意度不高。

（二）政策实施情况

1. 突出项目建设，加强资金、用地保障

——健全项目推进机制，集中启动重大项目建设。搭建各类招商引资平台。省政府连续举办湘南承接产业转移投资贸易洽谈会，三市轮流在珠三角、长三角举办港洽周、沪洽周等系列产业对接活动。建立省领导联系重大项目机制，实施项目落户绿色通道、零费用全程审批代理服务等系列惠企改革措施，集中启动重大项目建设，项目建设进展顺利。自2012年以来，省委、省政府连续召开湘南承接产业转移工作推进会，集中启动六批重大项目共507个，总投资达3957.6亿元，截至2017年底，项目开工率达95%以上。

——资金支持予以倾斜，但期许存分歧。全省在开放型经济发展等资金安排时对示范区给予政策倾斜，支持力度逐步增大。如2016～2018年在省开放型经济发展专项中，已分别安排5474万元、5695万元、9788万元，用于支持示范区招商引资、承接产业转移等。其中，2018年分配招商引资资金时，以因素法对示范区各市县乘以1.2的系数。然而，省、市两级对资金扶持政策的期许有别。三市呼吁进一步加强对示范区的资金支持；省财政厅建议省级层面应减少对某特定区域的财税优惠政策，避免破坏市场公平竞争及形成地区间的政策攀比。

——强化项目用地和规划保障。积极做好土地利用总体规划修改工作，满足示范区符合条件的重大招商引资和新型工业化项目等用地需求，如为加快桂阳县承接广东家居全产业链项目落户，依法对桂阳县总体规划进行了修

改。加大对示范区重大项目新增建设用地计划倾斜力度，用地指标由市县优先支持，存在缺口的，由省里统筹安排。2015年以来，共批准三市建设用地总面积20.25万亩，占全省的24.06%。稳妥推进城乡建设用地增减挂钩，节余指标优先保障示范区项目建设用地，优先保障项目占补平衡指标，由市县优先保障，无法保障的，优先由省厅借支。2015年以来，共批复三市增减挂钩项目23个1039.52公顷。

2. 加强开放平台和交通建设，提升承载能力

——支持园区平台转型升级。加快园区提质改造。衡阳高新区、松木经济开发区、白沙洲工业园完成调规扩区，常宁水口山经开区获批国家循环化改造示范试点园区；郴州出口加工区升级为郴州综合保税区，郴州湘南国际物流园获评国家级物流示范园，支持郴州经济开发区申报国家级经济开发区，支持申报中国（湖南）自由贸易试验区郴州片区；永州市国家级出口食品农产品质量安全示范区获批，湘南进出口食品（农副产品）检测中心已基本竣工，江华经开区被评为省级新型工业化产业示范基地。加快推进湘粤开放合作试验区建设，推进交通、生态、产业转移等合作，推进宜章县省直管县管理体制、"飞地经济"等改革试点以及蓝宁道新江加工贸易走廊等建设。

——优化口岸大通关服务。实施全国通关一体化，完善"单一窗口"建设和"一站式作业"。积极复制推广上海自由贸易试验区创新经验。目前，长沙海关对涉及海关及原检验检疫共44项监管创新制度予以复制推广。加快湖南加工贸易综合服务平台建设，目前二期工程已完成并上线应用。进一步拓展口岸开放服务平台。长沙海关驻永州办事处挂牌办理海关业务，永州农产品海关监管作业场所获批设立，郴州进口肉类指定查验场通过验收，郴州国际快件监管中心启动个人物品类快件业务试运行，并被长沙海关批复同意开展跨境电商业务。

——加快交通基础设施建设。优化交通项目审批。2016年，将普通国省干线公路初步设计（含一阶段施工图设计）及普通省道工可审批权限下放市州。加快推进重点交通项目建设。衡阳至永州、永州至零陵等高速公路

项目纳入省"十三五"高速公路建设规划，道县至贺州高速、炎汝高速的广西、广东对接路段于2017年底建成通车。推进普通国道尚未达到二级公路标准路段、出省通道、连接水铁空和高速公路互通道路建设。加大湘江航道整治力度，推进高等级航道建设。湘江衡阳至株洲2000吨级航道二期工程于2015年底开工建设。加强高铁站点配套枢纽、公路客运站以及货运枢纽建设，优化客运站结构，建设多式联运、干支衔接的货运枢纽。

3. 加大环保支持，推进生态文明建设

——优化环评审批，稳妥下放环保审批权限。出台《湖南省环保厅环境影响评价工作分段时效管理制度》《省环保厅支持推进湘南承接产业转移示范区建设的具体措施》等制度文件，落实项目审批各环节的责任和时限。简化审批手续，将项目环评与选址意见、用地预审、水土保持等实施并联审批，全面取消、清退环保"三同时"保证金，逐步有序将建设项目的环评审批权限下放到市级，先后分三次向各市州下放一批建设项目环评审批权。分类管理环保审批事项，对符合产业政策和规划等要求的项目，开辟审批"绿色通道"，对存在制约因素的项目，加强指导业主优化改进，把问题解决在启动审批之前。

——加快重点环保工程建设。深入推进湘江保护和治理"一号重点工程"，连续实施"三年行动计划"，确保湘江水质持续向好。开展土壤和重金属污染防治，2015～2017年安排中央专项资金项目101个（目前完成工程的项目已超过50%），涉及资金12亿余元。健全湘江流域、东江湖水资源保护生态补偿机制，持续推进排污权交易、重点生态功能区转移支付等。示范区环东江湖流域"三县一市"（汝城县、桂东县、宜章县、资兴市）纳入国家级重点生态功能区范围，东江湖被列为国家良好湖泊保护项目。2016～2017年，省财政分别安排"三县一市"重点生态功能区转移支付23606万元、25472万元。

4. 强化金融支持，创新金融服务

——丰富金融组织体系。鼓励金融机构在示范区设立分支机构，优先支持农村商业银行增设分支机构、支持机构网点向乡（镇）村延伸。目前，全省已挂牌开业农商银行 101 家，其中示范区 29 家，占全省的 28.7%。引导省市融资性担保体系对示范区鼓励类中小企业产业转移项目给予担保，并在收费上给予优惠。目前，湖南农业信贷担保有限公司在郴州设有 1 家县级分公司，衡阳、郴州、永州三市分别设有 7 家、9 家、11 家县级办事处，其收费优惠政策统一按非贫困县担保收费优惠 1%，贫困县优惠 1.5%。

——鼓励多渠道融资。实施上市后备企业培育计划，鼓励企业通过上市、新三板挂牌、发行企业债券等方式融资。截至目前，全省有 289 家企业进入省上市后备企业资源库，其中示范区有 42 家，比 2015 年末增加 2 家；截至 2018 年 6 月，全省境内上市公司 103 家，示范区 9 家；2016 年全省新三板挂牌企业 206 家，示范区 13 家，2017 年永州实现新三板挂牌零突破；2017 年全省发行企业债券 386.7 亿元，示范区发行 133.5 亿元，占全省的 34.5%。开展知识产权质押贷款试点，2017 年三市知识产权质押贷款 2.12 亿元。

5. 注重人才和科技创新，激发创新活力

——实施社保减负政策。综合采取"降""补""缓"等多种措施，切实减轻企业社保缴费负担。降低企业缴纳养老保险、工伤保险等费率。如企业缴纳养老保险的费率，从 2016 年 5 月起由 20% 阶段性下调至 19%；对符合条件的劳动密集型企业以及整体"打捆参保"的园区企业实行养老保险费率过渡试点，允许其缴费比例从 12% 或 14% 起步，逐步过渡到标准费率。截至 2017 年底，全省审批通过实施养老保险费率过渡试点的企业 493 家，其中示范区 187 家，占全省的 38%。实施社保补贴政策，通过就业资金对符合条件的企业应缴纳的养老、医疗和失业等保险给予全额补贴。对符合条件的困难企业，允许其缓交养老保险，缓交期间免收滞纳金。

——加大引才育才力度。实施湖湘高层次人才聚集工程，三市入选 3 人，经费支持 150 万元；实施院士专家工作站和企业创新创业团队支持计划，目前共支持三市建设省级院士专家工作站 20 余家，择优给予经费 300 万元；给予三市青年科技人才在湖湘青年英才科技创新类支持计划时适当倾斜支持。实施"一链一才"产业人才计划，吸引人才资源向新兴优势产业链聚集。加大对示范区高校发展扶持力度，优化高等院校布局、提升高职院校服务产业能力、高校科技创新能力。

——鼓励科技创新。强化科技信贷支持。截至 2017 年，三市科技贷款累计支持科技型企业达 42 家，发放科技贷款 8.33 亿元，其中郴州同比增长超过 1 倍。创新财政投入方式，采用产权参股、创业投资引导、贷款风险补偿等方式，引导和带动社会资本投资技术创新领域。加大高新技术企业培育和认定，示范区高新技术企业数量持续增加。目前，全省共有高新技术企业 3153 家，示范区 325 家。推进科技创新平台建设，截至 2017 年，示范区建有 13 个省级重点实验室、24 个省级工程技术研究中心。积极布局新型研发机构，推进南方先进（新型）碳材料研究院的建设；支持搭建博士后研发平台，湖南天雁机械有限公司（衡阳）等国家博士后科研工作站成功获批。

（三）政策实施效果

《措施》实施以来，湘南示范区开放型经济快速发展，产业承接平台不断完善，经济发展环境逐步优化，"三区一平台"（跨区域合作的引领区、加工贸易的集聚区、转型升级的试验区和中部地区产业承接的重要平台）的目标格局进一步凸显，成为引领湖南经济发展的重要增长极和中西部地区承接产业转移、加快开放发展的良好示范。

1. 开放型经济发展强劲

2015 年以来，示范区开放型经济发展占全省比重逐步上升。2017 年，湘南三市实际使用外资 40.79 亿美元，进出口总额 656.86 亿元，分别占全省的 28% 和 27%，相比 2015 年的 27.8%、23.3% 逐步提高，特别是加工贸易进出口 63.49 亿元，占全省 61.19%。从省内排名来看，2017 年，衡阳、郴州、永州进出口总额分别排全省的 2、3、8 位（永州较 2015 年上升 1 位），进出口总额增速分别为 66.8%、47.2%、48.1%，分别排全省第 1、6、5 位，增速较 2015 年分别上升 2、6、3 位。

2. 承接平台建设成果丰硕

目前，示范区建成省级以上园区 37 个，占全省园区的 26%，其中包括 2 个国家级高新区、2 个综合保税区。示范区省级及以上园区规模工业增加值占示范区工业增加值的比重逐步上升。其中，衡阳市由 2013 年的 41.1% 增长到 2017 年的 70%。建设了一大批铁路口岸、公路口岸、保税仓和监管仓，建成并运营五定班列、铁海联运、国际快件中心；进口肉类指定查验场、湘南进出口食品（农副产品）检测中心、国家级出口食品农产品质量安全示范市、"中国制造 2025" 试点示范城市、一批电子商务进农村示范县等国家级平台先后获批。

3. 产业集聚初具规模

密集引进了一批高新产业项目落户或扩大投资，如中化集团、中国五矿、中建集团、飞利浦、华为集团、比亚迪集团、泛亚绿洲集团、香港铜锣湾等一批世界 500 强和中国 500 强等企业；建设了一批以产业链为核心的专业园区，产业集聚度不断提升，如资兴大数据产业园、桂阳（广东）家居智造产业园、白银精深加工和供应链、沃特玛创新联盟汽车配套产业园等。目前，衡阳市初步形成了先进制造、电子信息、现代服务业等产业集群；郴州市初步形成了有色金属精深加工、新材料、电子信息等产业集群；永州市突出承接汽车及零部件、生物医药、农产品加工及轻纺等产业集群。

4. 经济发展环境不断优化

全面推进"多证合一""一照一码"商事制度改革；推行权力清单、监督清单、负面清单"三个清单"制度和"两集中、两到位"行政审批制度改革；推进通关作业无纸化、关检合作"三个一"、出口退税审批、外汇管理制度和原产地证免费办理；大幅降低涉企收费，自 2015 年以来，全省涉企行政事业性收费已由 63 项减至 16 项（全部为中央设立），多项收费标准已进行下调，示范区的营商环境持续优化。

（四）政策实施中的问题及原因

1. 缺乏有效的实施保障机制

一是未出台配套的实施细则。政策实施三年来，未出台相应的实施细则，影响政策的操作性和实效性。如《措施》第 14 条完善社保减负政策中"合理确定示范区企业'五险一金'缴纳比例"。"合理确定"缺乏操作细则，难以亦未能落实；又如第18条"鼓励示范区园区探索体制机制创新，大胆创新园区建设管理模式"，由于缺乏具体可循的政策依据，园区改革的自主权不足。二是未构建利益共享的协调机制。《措施》未强化产业发展规划指引，三市出于地方利益考虑，存在无序承接、恶性竞争等现象。如部分承接的产业与园区定位和资源需求并不相符，产业链承接不足，产业集聚度不高；未建立跨区域的利益协调机制，承接产业转移的合力不足。如随着转出地保护性产业转移政策阻力以及周边地区竞争等外部抑制效应的逐步凸显，承接产业转移的形势更为严峻，亟待建立和完善跨区域的利益协调共享机制。

2. 要素保障措施不力

《措施》关于资金、用地、人才等要素保障力度有限，难以有效解决企业发展的要素瓶颈问题。一是用地指标紧张。示范区熟地、净地储备较少，难以满足项目落地需求，普遍存在项目等土地、征地拆迁难度大时间长等问题。同时，也存在园区大量土地浪费闲置、低效利用的现象。如据衡阳市国土局初步统计，衡阳某园区片区有13家企业共1346.47亩土地涉及闲置和低效利用。二是用工紧缺成本高。承接的多为劳动密集型产业，企业招工普遍困难，存在技工难招、普工难稳、高端人才难引，以及社保负担重、用工成本高等问题。如湖南省"五险一金"社保缴费基数和比例比广东省高，以养老保险为例，广东省缴费比例为14%，湖南省阶段性为19%；现行养老保险过渡费率试点实施范围较窄、准入门槛较高，减负效果有限。三是融资困难。金融基础薄弱，金融产品和服务创新不够，为承接产业转移"量体裁衣"的金融服务产品开发不足。引进企业普遍感到示范区金融生态不优，融资渠道不畅、手段单一、成本较高，融资非常难。四是用能、物流等成本高。企业强烈反映示范区的电价贵、物流成本高，工业基本电价比贵州、江西、广西等省区普遍高0.2元左右；物流业不发达，没有形成高效的社会化供应链，物流费用高于省内平均水平。

3. 平台载体建设缺乏抓手

一是缺乏配套项目建设抓手。《措施》在支持平台转型升级方面，采用"鼓励""支持""引导""加快推动"等指引措施，在交通规划建设方面，提出"完善交通网络""积极推进交通一体化建设"等,既未列明详细的建设举措,亦未配套具体的项目支撑,政策实效性大打折扣。园区配套设施不完善,交通基础薄弱等问题未能根本解决。二是口岸平台发展举措有限。部分口岸平台服务有待拓展。如郴州铁路口岸业务发展缓慢,海关监管作业场所业务因郴州铁路自身业务量不足,发展缓慢甚至停滞;郴州推动跨境快速通关改革试点,后经海关总署风险评估被暂停;支持衡阳综保区等开展特殊监管区域维修试点业务,但目前尚无符合条件的企业提出申请;永州申报进口肉类指定口岸、进境水果指定口岸、衡阳高新区跨境电商中心、海外直邮中心和快件中心等未有实质进展。

4. 资源环境约束趋紧

一是国土、环保等刚性约束持续突出。用地方面,国家对耕地占补平衡约束越来越严,耕地后备资源日益匮乏,耕地指标普遍紧张,如公路建设项目多为大规模线形工程,很难避开基本农田、环境敏感点,获得补充耕地指标难度大、成本高。环保方面,一些交通设施、管线建设等重点工程涉及环境敏感区域,环保审批存在较大压力。如湘江永州至衡阳三级航道建设二期工程,因涉及环境敏感区域,工程前期工作推进难度大幅增加。二是项目长效管理实施制度未健全。一些环保重点工程项目,由于缺乏长效管理机制,建设成效不佳。如东江湖和农村环境整治项目虽已投入运营,但未将维护经费和工作经费纳入财政预算,部分项目未运行或运行不正常;在重金属专项资金项目中存在重申报、轻实施的问题,尤其是以县市区政府为业主的项目,申报热情高,但在资金下达后,由于前期审批手续复杂、配套资金不能完全到位等,工程进度推进缓慢。

5. 营商环境有待优化

一是部分项目审批办理流程慢。诸多受访企业反映土地、环评等审批涉及多个部门,时限太长,报批办证难问题突出。有的项目从签订合同到拿到土地直至办好手续,甚至需一年以上;部分项目,尤其是涉及精细化工、稀贵金属综合利用等项目,环评手续办理难度大、耗时长。二是部分审批权限下放不到位。衡阳某园区反映,市级审批权限下放园区还不够全面,授权不够完整，审批环节多，联合审查事项多。环保部门反映，相关部门污染治理责任压实不够，没有形成齐抓共管有效合力，一些环保审批权限下放出现"一放就乱"的现象。三是政府不当作为现象仍有发生。政府不当干预市场、失信行为等仍然存在。如湘南某市粮油物流中心项目，存在新官不理旧账的失信行为，严重影响当地政府信誉和投资环境。

三　评估结论

综上所述，《措施》时效性强，实施效果逐步显现，但规范性、协调性、可操作性有待加强。《措施》出台三年都未出台相应的实施细则，在一定程度上影响了《措施》的实施效果。《措施》实施过程中还存在缺乏实施保障机制、要素保障力度不足、平台载体建设缺抓手、生态环保约束突出、营商环境有待优化等问题。建议全面贯彻落实开放崛起战略，在修改完善《规划》的基础上，进一步完善支持示范区建设发展的政策体系，细化措施内容，增强可操作性，明确示范区建设的预期目标，加强政策约束性，加大考核力度，确保政策有效落实，推进示范区成为承接产业转移的"领头雁"。

四　政策建议

1. 完善顶层设计，健全承接体制机制

一是加快规划展期修编及实施。《规划》已于 2015 年到期，应继续强化规划引领，结合示范区建设发展的实际，加快推进规划展期修编工作。在评估规划实施情况的基础上，结合湖南省申报创建"湘南湘西国家承接产业转移示范区"的工作任务，加快修订完善承接产业转移示范区发展规划，增强规划的科学性和时效性。借鉴皖江示范区通过立法强化规划实施的做法，建议提请省人大制定《承接产业转移示范区发展条例》。二是完善承接产业领导推进机制。建立健全示范区建设领导机构，组成由省主要领导为组

长、市委书记为副组长，省直有关部门及市长为组成人员的领导小组，明确示范区发展战略方针，对示范区工作进行督导考核；强化省际协调合作，支持示范区与粤港澳大湾区在基础设施、产业等重点领域合作，把示范区建设成为粤港澳大湾区辐射内地的主要支撑；建立省内跨区域协调机制，强化"省统筹、市为主"推进机制，全面推进示范区规划、产业、基础设施等一体化发展。三是建立承接产业目录指导和绩效考核制度。以工业和信息化部修改《产业转移指导目录（2012 年）》为契机，加快完善湖南省承接产业转移指导目录，重点加强对示范区的指导，严格产业转移的统一标准，避免盲目承接低端；实施以绿色 GDP 为导向的行政绩效评价体系，借鉴皖江示范区加强园区绩效管理的做法，完善考核综合评估指标体系，将承接园区的工业集中度、产业聚集度、项目投资强度、产出率与节能降耗等反映经济发展、集约承接等方面的导向性指标纳入承接产业转移考核指标体系。

2. 以园区为载体、产业链为核心，加快产业承接方式创新

一是"以商招商"，建链—补链—延链—强链。以本地优势产业、引进的龙头企业为核心，出台有针对性的产业配套清单，通过产业链配套和集群式发展，提高承接能力和水平。以优势企业为核心，围绕其主导产品及上下游产品，延长产业链、完善产业链；大力引进龙头企业，以大企业带动大项目，带动与之配套的中小企业和其他关联企业转移。二是推进园区管理体制改革创新。加强园区体制机制改革，赋予示范区在园区管理体制、选人用人、薪酬待遇等领域更多的自主权，鼓励园区先行先试。完善利益共享机制，探索园区合作共建模式。试点在省际和省内之间共建"飞地"园区，按要素投入比例分成、招商奖励、股权分成、土地使用权奖励等利益共享机制推动园区合作共建。三是强化科技、人才等创新承接。大力引进国内外先进技术、人才，创新人才引进、培养、评价激励和服务制度，实施高端人才引进计划和培养工程，推动高级人才柔性流动，加大海外人才吸引力度。支持园区建设一批企业技术中心，优先布局工程（技术）研究中心、国家（部门）重点实验室、制造业创新中心等。鼓励转移企业与高校和科研院对接，通过研发合作、技术转让、技术许可等形式，实现产学研用一

体化合作。完善科技服务体系，支持园区创意研发、技术咨询、知识产权服务、科技金融服务等平台建设。

3. 完善基础平台支撑，提升承载能力

一是推进交通互联互通。以对接粤港澳大湾区为重点，推动示范区域内交通一体化和域外互联互通，构建"对外大畅通、对内大循环"的综合交通体系。支持永州经清远至广州高速铁路、呼南通道邵阳至永州段、兴永郴赣铁路、衡道高速、湘江千吨级航道、郴州机场等重大交通项目建设；加快国省干线公路、综合客运枢纽等建设。二是优化口岸大通关。健全口岸协调机制，优化由保税区、海关、电子信息平台等组成的大通关体系，全面落实"全国海关通关一体化"政策，推广国际贸易"单一窗口"，在示范区内实行"一单式""直通车""保税仓"等贸易通关便利化举措。三是拓展口岸功能。积极争取复制推广自贸区试验区创新经验，将国务院已发布的自贸区创新经验、海关总署推出的创新举措在示范区率先复制推广实施。如国家已赋予部分海关特殊监管区域企业增值税一般纳税人资格、在部分自贸区和海关特殊监管区试行内销选择性征收关税政策，湖南省仅有郴州综合保税区被纳入了一般纳税人资格试点，建议将示范区纳入该两项政策试点范围。

4. 坚持生态保护优先，构筑产业承接底线

一是严把环保准入关。有序下放环保审批权限，强化监督，严格环保前置审批统一标准，建立产业转移项目负面清单、环保失信企业负面清单制度，对照"两个负面清单"进行符合性认定，承接项目必须符合国家产业政策和环保政策要求，对控制目录范围内的产业转移项目不得审批。二是加快推进重大环保工程建设。加大资金投入力度，建立专项资金以奖代补支持项目建设机制。实施湘江、东江湖等重点流域水环境治理，以湘江保护和治理"一号重点工程"为重点，持续开展重金属污染防治。推进重点园区循环化改造，支持重点企业开展节能技术改造、合同能源管理及园区垃圾污水处理等环保设施建设。结合示范区生态保护红线划定面积比例和重点生态功能区所占比例高的实际，加大对重点生态功能区转移支付力度。完善排污权交易制度，拓展排污权交易运用更多的领域。三是健全生态环境保

护责任体系。完善和落实生态环境损害赔偿和责任追究制度，建立领导干部自然资源资产离任审计制度。完善生态文明建设地方法律法规，加强生态环境执法，健全生态文明公众参与机制。

5. 强化要素保障，降低营商成本

一是探索多元化供地模式。优化项目选址，充分利用现有存量建设用地，加大批而未供、供而未用等空闲土地的处置力度，促进节约集约用地。合理安排年度用地计划，用地计划指标向产业转移项目重点倾斜。探索引导将集体建设用地的使用权，通过作价出资、入股、转让、出租等方式参与示范区建设。二是加强用工保障。积极培育各类专业社会组织和人才中介服务机构，大力发展人力资源服务产业，为各类企业和人才提供精细化服务。深化职业教育改革，引导职业教育与产业需求紧密结合，鼓励校企合作办学，引导开展大规模就业培训。三是落实社保减负政策。对示范区内承接的产业转移和加工贸易企业"五险一金"，在保持省内基本平衡的基础上，允许根据实际情况，在一定时间内适当降低缴存比例，采取递进增加的方式逐步达到国家标准。对落户示范区的加工贸易企业招收农民工的"五险一金"缴存比例，由省里协调国家相关部委，根据实际情况自主制定。四是加大财政金融支持。设立示范区发展基金，用于支持示范区基础设施、重大公共服务平台等建设。鼓励金融机构加大对示范区中小企业信贷支持，积极开展供应链融资、知识产权质押等试点。鼓励省市融资性担保机构对示范区项目予以担保，加快推动以省担保集团为核心的再担保体系建设。鼓励示范区企业通过上市、新三板挂牌、发行企业债券等方式融资。五是强化能源政策支持。争取大用户直购供电和井口气价覆盖整个承接产业转移示范区；大力推进"气化湖南"建设，推进新疆煤制气外输管道工程（湖南段），完善示范区电源点布局，支持示范区内风电、光伏等新能源建设，在指标安排上予以倾斜。

6. 优化政务服务，改善营商环境

一是加大简政放权力度。建议除国家有规定实行核准之外，均实行备案制，推行限时办结。对重大项目的核准、备案，公司设立审批，工商、税务、海关登记，用地申请，报建等环节实行全程代理制，开辟快速通道。由县市区、园区按需点单下放审批权限，将各项下放到产业园区、开发区、承接基地的权力下放到位。二是优化开放环境。全面实行市场准入负面清单的同时，加快实行外商投资负面清单，推动示范区投资便利化。支持发展跨境电子商务，将海关监管、检疫检验、进出口税收和结售汇等方面的政策，优先向示范区复制推广，促进跨境电子商务健康快速发展。三是提升政府服务实效。优化行政指导方式，如应示范区企业所需，加强"企业如何应对中美贸易摩擦"等专题辅导，增强企业应对风险的能力。加快完善政务互联网平台建设，建设"一次办结"政务服务平台，优化电子政务服务流程。加快实现项目并联审批、全程代理、企业注册一表通、收费管理一票制等管理制度，建立首问负责制、限时办结制等稽查制度，强化政府服务效益的监管和考核，提升政务服务水平。

《中共湖南省委湖南省人民政府关于深入贯彻〈中共中央国务院关于打赢脱贫攻坚战的决定〉的实施意见》*

湖南省人民政府发展研究中心评估组**

打好脱贫攻坚战，是"十三五"期间的头等大事和第一民生工程。为深入贯彻落实《中共中央国务院关于打赢脱贫攻坚战的决定》（中发〔2015〕34 号），确保湖南省脱贫攻坚决战决胜，湖南省委、湖南省人民政府于 2016 年 4 月出台了《中共湖南省委湖南省人民政府关于深入贯彻〈中共中央国务院关于打赢脱贫攻坚战的决定〉的实施意见》（湘发〔2016〕7 号）（以下简称《意见》）。经省政府领导批准，最近我中心开展了《意见》实施效果评估工作。现将评估情况汇报如下。

一 政策概况

《意见》坚持扶贫开发与经济社会发展相互促进、精准帮扶与连片特困地区开发紧密结合、扶贫开发与社会保障有效衔接，从深入组织实施行动、推进基础设施建设、完善精准扶贫工作机制、构建政策支撑体系及强化组织保障等方面提出五大措施（见表 1），全面实施脱贫攻坚行动计划。

---

* 获得副省长隋忠诚的肯定性批示。
** 评估组组长：卞鹰；副组长：唐宇文；成员：唐文玉、王颖（执笔）、尹宝军、王灵芝。

表1　打赢脱贫攻坚战的五大举措

实施项目	深入组织实施脱贫攻坚行动	加快推进贫困地区基础设施建设	健全完善精准扶贫工作机制	着力构建脱贫攻坚政策支撑体系	切实强化脱贫攻坚的组织保障
具体内容	1. 发展特色产业增收脱贫 2. 引导劳务输出脱贫 3. 实施易地搬迁脱贫 4. 结合生态保护脱贫 5. 着力加强教育脱贫 6. 开展医疗保险和救助脱贫 7. 实行保障兜底脱贫	1. 着力推进交通扶贫工程 2. 着力推进水利扶贫工程 3. 着力推进电力扶贫和光伏扶贫工程 4. 着力推进农村危房改造和环境整治工程 5. 着力推进农村"互联网+"扶贫工程 6. 着力推进文化扶贫工程 7. 着力推进乡村旅游扶贫工程	1. 完善扶贫开发统计监测机制 2. 建立扶贫对象退出激励机制 3. 完善对口帮扶机制 4. 健全驻村帮扶机制 5. 建立扶贫投入县级整合机制 6. 健全社会扶贫参与机制 7. 构建资产收益扶贫机制 8. 健全"三留守"人员和残疾人关爱服务机制 9. 完善扶贫开发工作考核机制	1. 加大财政投入 2. 强化金融扶贫 3. 完善扶贫开发用地政策 4. 发挥科技、人才支撑作用 5. 重点支持革命老区、民族地区、连片特困地区和水库移民安置区脱贫攻坚	1. 严格落实脱贫攻坚领导责任 2. 全面加强农村基层组织建设 3. 充分激发贫困群众的内生动力 4. 不断加强扶贫开发队伍建设 5. 切实强化扶贫开发法治保障 6. 严格实行脱贫攻坚工作督查问责 7. 积极营造脱贫攻坚浓厚氛围

二　评估工作基本情况

2018年3～6月，我中心成立专题评估小组，综合采用自查、问卷调查、座谈等方法，对《意见》在湖南实施情况进行了认真细致的调研和评估：一是要求省扶贫办和14个市州就《意见》的实施情况进行自查并提交自查报告。二是前往怀化、湘西进行实地调研和座谈。调研组先后赴怀化市麻阳县望远村、玳瑁村和湘西自治州吉首市坪朗村、花垣县岩锣村四个贫困村调研，与村班子成员、驻村工作队、贫困户代表进行沟通交流，并实地走访了部分贫困户，深入了解《意见》落实的具体情况。三是在省政府门户网站上发布《中共湖南省委湖南省人民政府关于深入贯彻〈中共中央国务院关于打赢脱贫攻坚战的决定〉的实施意见》实施效果的调查问卷，总共回收有效问卷 402 份，问卷从政策制定、执行、效果等维度涉及 21 个问题，了解相关群体对落实情况的看法。

三　评估主要内容

（一）政策实施概况

截至 2018 年 8 月，全省已摘帽贫困县 14 个，未摘帽县 37 个。2017 年底，全省已退出贫困村 3714 个，其中，2016 年和 2017 年分别退出 1019 个、2695 个。自 2012 年至 2017 年五年间，全省净脱贫人口 551 万人，系统内未脱贫人口 216 万人。

1. 深入组织实施脱贫攻坚行动情况

截至 2017 年，共实施 386 个重点项目发展特色产业，实现全省 350 万有发展条件的建档立卡贫困人口产业帮扶全覆盖；引导 70.7 万人贫困劳动力劳务输出脱贫，占有转移就业意愿贫困劳动力总数的 93%；2016～2017年，共完成 51 万人易地搬迁脱贫；以购买劳务的方式选聘贫困人口为生态护林员，带动 36190 人稳定脱贫；2016 年共资助学生 451 万人次，2017 年面向农村贫困地区高校三大专项计划增加招生人数 1800 余人；贫困人口救治实际报销比例达到 85.09%，略高于全国 84.33% 的平均水平；24.7 万兜底对象人均补助 268 元/月，实现兜底保障家庭人均收入高于国家扶贫标准。

2. 加快推进贫困地区基础设施建设情况

截至 2017 年，贫困地区公路总里程达 110813 公里；新增和改善灌溉面积 69.5 万亩，并解决了 150 万建档立卡贫困人口安全饮水问题；共完成4542 个贫困村电网改造升级；2017～2020 年计划申报村级光伏扶贫电站4723 个，涉及贫困户 101825 户，总规模约 62.2 万千瓦；累计完成贫困户危房改造 26.97 万户；通过电商平台线上、各类电商服务站销售贫困村农产品近 55 亿元；建成贫困地区村级综合文化服务中心 4712 个，贫困地区共申报国家重点文物保护专项补助资金项目 70 余个；推出新化、平江、沅陵等

11 个县为"湖南省旅游扶贫示范县",并为 51 个贫困县制定了"景区带村"的实施方案。

3. 健全完善精准扶贫工作机制情况

成立了省扶贫办贫困监测处,发布了 2016～2017 年度的湖南省扶贫开发数据分析报告;明确了贫困县摘帽退出后原有政策保持不变,鼓励贫困县退出给予奖励;支持指导湘西自治州与济南市帮扶对接,组织经济较发达市、区对口帮扶困地市、县;健全驻村帮扶机制,做到"一村一队"全覆盖,并向非贫困村派驻工作队 11215 支;整合县级扶贫资金 187.2 亿元,支出进度达 90%;健全社会扶贫参与机制,共有 4574 家民营企业对接帮扶 5052 个贫困村,投资金额 93.5 亿元;探索运用开发式扶贫帮扶方式,形成了资产收益扶贫机制的"江永模式";健全"三留守"人员和残疾人关爱服务机制,累积服务 58083 位贫困留守儿童,资助 2396 名残疾适龄青少年;建立了扶贫绩效第三方评估机制、主要领导干部"三走访、三签字"机制等。

4. 着力构建脱贫攻坚政策支撑体系情况

2017 年,中央、省、市、县四级共投入 109.13 亿元,同比增长 35.7%,统筹整合涉农资金 131 亿元;率先在全国推出了以"一授二免三优惠一防控"金融扶贫小额信贷,累计发放 183 亿元信贷;完善扶贫开发用地政策,明确将支持扶贫用地保障、耕地保护等 16 项任务列入国土资源扶贫开发工作要点;发挥科技、人才支撑作用,实施科技特派员创新创业、三区科技人才等计划和省扶人才工程;重点支持革命老区、民族地区、连片特困地区和水库移民安置区脱贫攻坚,明确财政、土地等 10 个方面支持政策,着力解决因病致贫等 8 个方面突出问题。

5. 切实强化脱贫攻坚的组织保障情况

严格落实"省负总责、市县抓落实"要求,构建"五级书记抓扶贫、全省上下促攻坚"的良好格局。建立常态化整顿软弱涣散村党组织工作机制,全面加强农村基层组织建设。改进帮扶方式,实行扶贫与扶志、扶智相结合。调整扶贫开发领导小组成员,扩充扶贫部门编制,加强扶贫干部培训。审议通过《湖南省扶贫开发法治政府建设实施方案》,明确抓好扶贫开发制度建设、依法科学民主决策等措施。建立常态化督查巡查机制，从严开展扶贫领域腐败和作风问题专项治理。

（二）政策实施效果

自党的十八大以来，湖南坚定贯彻党中央、国务院脱贫攻坚决策部署，深入贯彻落实湘发〔2016〕7号文件精神，将脱贫攻坚作为头等大事和第一民生工程来抓，取得了较好成效。

1. 贫困地区经济社会全面发展

5年累计减贫551万人，贫困发生率由13.43%降至3.86%。51个贫困县人均GDP、人均地方财政收入分别为23562元、1097元，较2012年分别增长43%、47%；农村居民人均可支配收入9268元，年均实际增长10.7%，高于全省平均水平2个百分点。

2. 贫困地区脱贫能力显著提升

贫困乡村基础设施、公共服务短板加快补齐，武陵山和罗霄山片区全面融入了全省4小时经济圈，重大水利工程、能源建设工程加快建设，深度贫困村电网改造率达75%。贫困地区产业加快发展，一批有特色、有效益的产业扶贫基地脱颖而出，一些重点产业项目建设带动贫困户直接获益。

3. 贫困人口的生存权得到有效保障

一是将全省农村低保标准与国家扶贫标准"两线合一"，稳步提高了农村低保保障标准和救助水平。二是实施安居工程，"十三五"时期易地扶贫搬迁总任务将达72万人。三是加强教育扶贫，实现建档立卡家庭学生应助尽助，农村义务教育学生营养餐覆盖到所有贫困县。四是建立了对重病贫困患者实施"三提高、两补贴、一减免、一兜底"综合保障措施。

4. 探索出一批成功经验

五年来，4次动态调整贫困对象，全面推进脱贫攻坚政策举措落地生根，探索了"四跟四走"产业扶贫、"互联网＋社会扶贫"等成功模式，实现了全民参与扶贫大格局，社会反响良好。

（三）政策实施中存在的主要问题及原因

1. 脱贫攻坚任务繁重，资金投入缺口较大

湖南省贫困人口基数大，在帮助未脱贫群众实现脱贫和巩固脱贫成效两方面，任务依然繁重。部分地市反映，基础设施建设投入资金缺口较大，需加大扶贫投入力度。如张家界"十三五"期间农村基础设施建设资金缺口近100亿元。

2. 政策宣传存在差距，执行水平参差不齐

一是政策宣传存在死角。部分县、村扶贫工作干部难以准确解读政策条款；不少贫困户对扶贫补助项目、标准知之甚少。二是执行水平参差不齐。因干部素质差异，在理解和把握精准扶贫政策上易出现偏差，导致政策落实不到位或超出标准。同时，也存在因干部作风不够扎实、少数村级组织软弱涣散，造成执行不到位的问题。

3. 工作推进不够平衡，帮扶不均衡引发新矛盾

一是贫困人口与相对贫困人口之间的不平衡。两者收入差距绝对值不大，但贫困户补助项目较多，容易造成两者差距反向拉开，导致贫困人员过度依赖政府救助、相对贫困人员不满。二是贫困县与非贫困县、贫困村与非贫困村之间的帮扶差距。当前，扶贫力量和资金大多集中在贫困县、村，投入非贫困县、村的资金相对较少，部分地方政府对散居在非贫困村的贫困人口脱贫工作重视不够，帮扶力度小，造成农村新的社会矛盾。三是驻村帮扶不平衡。因进驻工作队不同，各区县（市）之间和同一区县（市）辖区内各贫困村之间，驻村帮扶工作差距悬殊。同时，有地市反映，部分垂直管理部门对驻村帮扶工作积极性不高，多次督促难以完成目标要求。

4. 帮扶方式有待精准施策，内生动力激发不够充分

一是产业帮扶效益不明显。表现在：已采用的"龙头企业＋基地＋农户"发展模式未完全形成利益分配和风险共担机制，各区域产业同质化严重，产业扶贫项目推进存在阻滞，产业项目周期长风险大。二是解决支出型贫困需综合施策。虽然中央、省出台了大病救助、临时救助等政策，但依旧难以有效缓解贫困群众经济压力，特别是因病致贫、返贫是贫困发生的主要

原因，据省卫计委统计，截至 2017 年底，湖南省因病致贫返贫人口 168 万人。三是内生动力须进一步激发。少数贫困群众"等、靠、要"的依赖思想必须纠正；激发贫困群众内生动力的政策、措施还不够完善和细化，部分贫困户反映，市场管理者对其贩卖自种菜采取无理排斥的态度。

5. 帮扶参与机制不顺畅，积极性受阻

一是社会帮扶参与机制仍不顺畅。如因缺乏双赢机制，企业尤其是私营企业主动参与扶贫的积极性不高；社会一般组织和个人参与扶贫，依然停留在慰问和施善层次；公益组织参与扶贫存在很多限制，帮扶范围较小；因支持力度不足，专业合作社参与帮扶、带动贫困地区产业发展的积极性不高。二是基层帮扶干部正向引导机制不足。调研中发现，许多基层干部因责任追究方面的压力，缺乏工作积极性，机械地落实文件，使政策执行缺乏灵活性，不利于持续推进脱贫攻坚工作。

（四）问卷调查评价与反映

通过在湖南省人民政府门户网站发布《意见》实施群众满意度调查问卷，共收集有效问卷 402 份，被调查对象遍及全省 14 个市州。

1. 《意见》贯彻落实总体评价较高，对促进湖南精准扶贫工作作用较大

71.89% 的被调查者认为《意见》落实效果很好，24.63% 的被调查者认为较好，总体满意度较高（见图 1）。67.9% 的被调查者认为《意见》的实施对湖南省扶贫工作的开展有很大的作用，27.1% 的认为作用较大。83.3% 的被调查者认为贫困户享受了《意见》带来的各项政策。

2. 被调查者认为，《意见》各具体条款中"加快推进贫困地区基础设施建设"效果最好

在五大实施举措中，47.01% 的被调查者认为"加快推进贫困地区基础设施建设"带来的效果最好，其次是"深入组织实施脱贫攻坚行动"，认可度为 34.63%。（具体情况见图 2）。

3. 被调查者认为，《意见》仍存在改进空间

41.8% 的被调查者认为《意见》需要增补项目，28.1% 的被调查者认

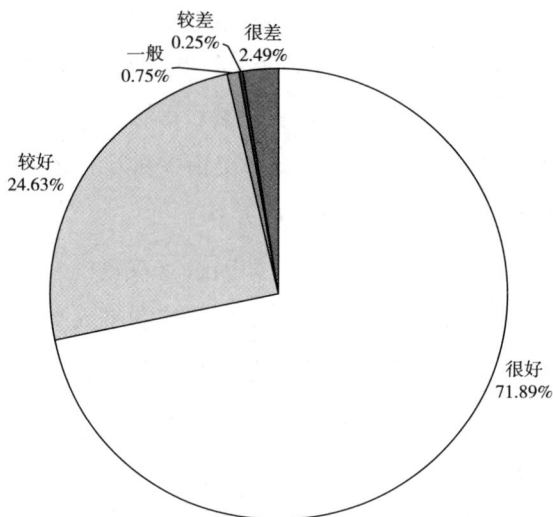

较差 0.25%
很差 2.49%
一般 0.75%
较好 24.63%
很好 71.89%

图1　《意见》实施总体评价

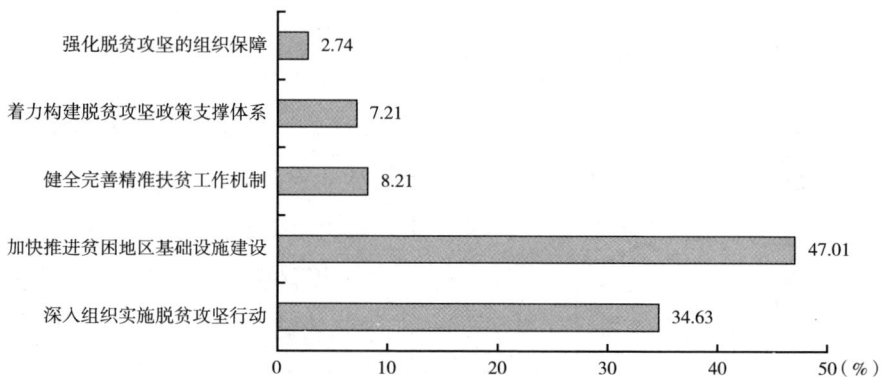

强化脱贫攻坚的组织保障　2.74
着力构建脱贫攻坚政策支撑体系　7.21
健全完善精准扶贫工作机制　8.21
加快推进贫困地区基础设施建设　47.01
深入组织实施脱贫攻坚行动　34.63

图2　五大举措实施效果情况

为《意见》没有因户施策，22.8%的认为帮扶对象不精准，21.9%的认为申请手续繁杂，18.5%认为《意见》力度过小，8.7%认为有关职能部门未执行或拖延推诿。

四　评估结论

《中共湖南省委湖南省人民政府关于深入贯彻〈中共中央国务院关于打

赢脱贫攻坚战的决定〉的实施意见》（湘发〔2016〕7号）在深入推进贫困地区基础设施建设、发展产业增收脱贫、创新扶贫开发路径等方面取得了较好的经济社会成效。但在实施过程中，还存在着执行水平参差不齐，工作推进不平衡，帮扶精准施策不足等问题。建议进一步落实《意见》的政策举措，细化工作流程，加强财力保障，做好扶贫攻坚综合平衡，提升造血功能，强化精准施策，抓实社会扶贫，优化考评。

五 对于湖南确保打赢脱贫攻坚战的政策建议

（一）紧抓重点，加大财力保障

一是突出抓好产业扶贫、就业帮扶和生态补偿，促进稳定增收；突出抓好教育、健康扶贫和安居工程，落实"三保障"要求；突出抓好农村低保、社会救助和临时救助，兜住民生底线。二是充分发挥财政资金杠杆作用，坚持新增财力向贫困领域倾斜，重点解决支持"三保障"和"两不愁"的资金问题。进一步加强资金整合力度，提高资金使用效益。三是着力抓好扶贫政策宣传解读。通过培训、交流等方式提升扶贫干部对扶贫政策的认知、解读和使用能力。运用新闻媒体、网络等载体，以集中宣讲、入户走访等方式，用群众喜闻乐见的形式进行深入、有效的宣传解读。

（二）补齐短板，促进平衡发展

一是强化对深度贫困地区和深度贫困群体的精准支持，领导力、执行力强的驻村帮扶工作队优先派驻深度贫困村。二是重点研究针对非贫困村贫困人口的政策措施，加强人力、物力、财力等方面帮扶。三是综合平衡帮扶相对困难群体，建立相对低保户、相对贫困户、贫困边缘户信息库，针对有大病人员、有学生子女的家庭不同情况，制定非低保户、非贫困户的帮扶计划。

（三）增强产业带动，提升造血功能

一是结合不同乡村的资源禀赋实施"选项"扶贫，培育一批产业特色

村、专业村。加强乡镇对全镇产业扶贫的统筹力度，在因地制宜发展规模种养业等方面进行乡域内的整体考虑。不断完善产业扶贫利益联结机制，发挥农民合作社和龙头企业等新型农业经营主体的带动作用，做实"金融扶贫文章"。二是在增强和激发扶贫对象内生动力上下足功夫，落实好精神塑造和能力转化工作，转变贫困户思想观念。合理运用产业扶贫资金，建议调整产业奖补政策，减少给贫困户直接发放现金比例，将资金或收益再投入发展。建议借鉴国外分类救助的福利制度，鼓励有劳动能力的受助者就业。实施就业扶贫工程，从政策、资金和技术上加大本地企业帮扶就业的补贴扶持力度，让贫困群众能就近就地择业。

（四）强化精准施策，坚决防止返贫

抓好精准识别、退出、驻村帮扶结对帮扶、建档立卡等基础工作，重点解决错评、漏评、错退等问题。定期核查建档立卡信息，及时做好数据清洗与修正，强化扶贫对象动态管理，不断提高识别精准度。依托扶贫开发信息系统，建立返贫信息管理平台，通过数据挖掘和系统信息自动比对等，加强返贫信息管理，建立健全防范返贫机制。完善并落实到村到户的精准帮扶措施清单，针对贫困原因、贫困类型和返贫原因，继续编制谋划一批到村到户产业项目、基础设施项目和公共服务项目。

（五）凝聚合力，抓实社会扶贫

进一步以推进社会扶贫网建设为抓手，着力巩固完善专项扶贫、行业扶贫、社会扶贫等多方力量、多种举措有机结合和互为支撑的"三位一体"大扶贫格局。强化基层基础，更好地发挥基层党组织战斗堡垒作用和党员先锋模范作用。进一步强化扶贫宣传，引导贫困群众参与扶贫、监督扶贫，全面落实公益扶贫捐赠所得税税前扣除等相关政策，加快探索发展公益众筹扶贫方式。

（六）优化评估考核，建立容错纠错机制

一是强化责任落实，压紧压实各级领导、部门、乡村两级和驻（联）

村干部的责任。发挥各类监督渠道作用，开展经常性督促检查，尤其是加强项目资金的监管，加强村、镇两级监督渠道建设，畅通信息反馈通道。有效甄别涉贫信访舆情问题，及时公平公正处理，切实增强贫困群众对脱贫攻坚工作的满意度。二是重点加强对截留、挪用、贪污扶贫资金等腐败问题的查处，严格按照中央要求的项目内容进行考评，杜绝"搭车"考核检查事务。三是通过建立容错纠错机制，鼓励扶贫干部敢闯敢试。加大对基层扶贫干部的保障力度，设置扶贫岗位津贴，提高基层干部补贴水平和补贴发放效率，并严格按照文件落实驻村工作队员的政治、经济等方面的待遇保障。

湖南省人民政府办公厅《关于加快培育和发展住房租赁市场的实施意见》实施效果评估报告

湖南省人民政府发展研究中心评估组*

为加快培育和发展住房租赁市场，湖南省于 2016 年 12 月出台了《湖南省人民政府办公厅关于加快培育和发展住房租赁市场的实施意见》（湘政办发〔2016〕99 号）（以下简称意见）。在党的十九大提出建立租购并举的住房制度后，人民对于住房租赁市场的关注和期待明显提升，根据省领导指示和《湖南省人民政府重大决策实施效果评估办法》（湘政办发〔2017〕45 号），近期我中心开展了对《意见》实施效果的评估工作。现将评估情况汇报如下。

一　政策概况

《意见》是湖南省推进住房租赁市场发展的纲领性文件，文件结合湖南省实际，对住房租赁市场发展提出了十条意见，如表 1 所示。

表 1　湖南省《意见》的十个方面政策主要内容

序号	政策内容	序号	政策内容
一	建立购租并举的住房制度	六	允许改建房屋用于租赁
二	鼓励开发新建租赁住房	七	引导居民通过租房解决居住需求
三	支持库存商品住房用于租赁住房	八	充分发挥住房公积金作用
四	规范个人自有住房进入租赁市场	九	加强住房租赁市场监管
五	支持创建住房租赁企业品牌	十	落实地方政府主体责任

---

* 评估组组长：卞鹰；副组长：唐宇文；成员：李学文、张诗逸、田红旗、黄玮、夏露。

二 评估工作概况

评估工作主要从三个层面展开。一是收集省直部门和市州自评材料，评估组向省住建厅、省发改委、省公安厅、省民政厅、省财政厅、省自然资源厅、省卫健委、省工商局、省地方金融监管局和国家税务总局湖南省税务局等 10 家直接责任部门，以及省内 14 个市州收集落实情况和意见建议。二是面向市场主体发放调查问卷，其中，向全省住房租赁市场各利益相关主体发放网络调查问卷，回收有效问卷 912 份；向全省 50 余家住房租赁企业发送调查问卷，回收有效问卷 21 份。三是开展多层次实地调研和座谈，在湖南省房协住房租赁专业委员会、长沙市政府召开部门和企业座谈会；赴广东省广州市、肇庆市、佛山市等国家住房租赁试点城市调研，学习先进地区发展住房租赁市场的经验和做法。

三 评估的主要内容

（一）政策评价

1. 知晓度较高

70.7% 的群众表示对文件内容有所了解，95.2% 的企业表示很熟悉或了解文件的具体内容。其中企业通过网络知晓的比例达到 61.9%，一方面是因为企业自身非常关注本行业的政策；另一方面是政府对文件的公开和宣传及时透明。

2. 满意度较高

61.8% 的群众认为政策的出台对湖南省住房租赁市场的发展有积极作用；37.5% 的群众对地方政府落实政策的工作非常满意，48.8% 比较满意，不够满意的原因主要集中在配套不到位、政策力度不大等方面（见图 1）。企业对政策的满意度达到 95.2%；76.2% 的企业认为政策出台后有助于其业务量的增长；20%的企业对地方政府落实政策的工作非常满意，33.3%比较满意，不够满意的原因主要集中在落实政策不力、程序复杂等方面（见图1）。

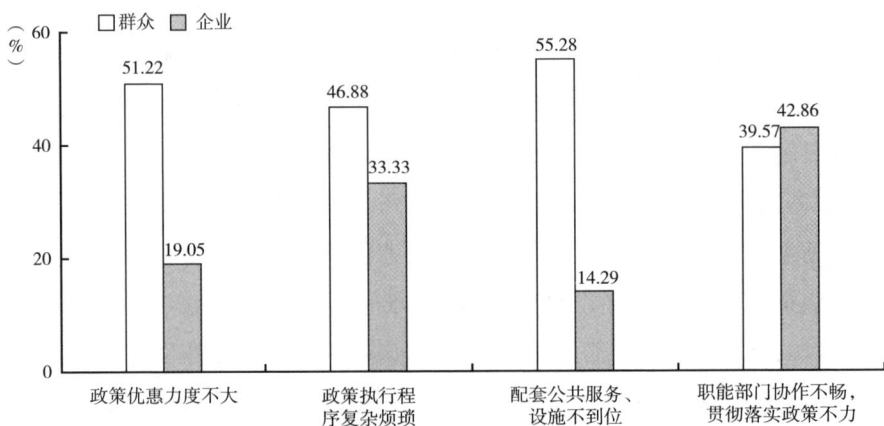

图1 群众和企业对当地政府落实政策工作效果不够满意的主要原因

3. 完备性较好

89.6%的群众认为政策内容较为完善，能满足湖南省住房租赁市场的发展基本需求；高达96.7%的群众认为政策包含了其最关心最需要的内容。76.2%的企业认为政策设计能基本满足湖南省住房租赁市场发展的现实需要；81%的企业认为政策内容基本符合湖南省住房租赁企业发展需求，仅有19%的企业认为政策内容并不是企业当前发展最需要最关心的。企业普遍反映在行业划分、消防要求、税收政策等方面亟须出台管理实施细则。

4. 规范性有待提高

受访群众和企业均反映政策执行规范性有待提升。在流程公开方面，63.7%的受访群众和65%的企业认为地方政府政策执行过程中流程公开，认为部分公开的群众和企业分别占34.4%、30%，有1.9%的群众和5%的企业认为流程没有公开。在操作透明方面，54.5%的受访群众和65%的企业认为政策操作流程透明，认为透明度一般的群众和企业分别占42%、45%，有3.5%的群众和2%的企业认为不透明。在便捷性方面，47.4%的受访群众和45%的企业认为政策执行程序便捷，认为便捷性一般的群众和企业分别占 47.4%、35%，5.2% 的群众和 5% 的企业认为不便捷。

5. 协调性有待加强

《意见》内容多是原则性、鼓励性条款，缺少强制性要求，对部门和地方政府协作机制、落实内容及方式没有提出明确要求和具体考核指标，也缺少相应的监督和追责机制，实际操作中各级部门自主协调能力有限。此外，随着宏观政策环境的变化和市场的发展，个别措施已不再适用，如有六个市州反映，"支持库存商品住房用于租赁住房"的措施，在各市州商品住房限购限价与去库存政策时效期间存在冲突，已不符合实际需求。

6. 操作性有待增强

省级相关部门、各市州政府反映，《意见》具备较强的指导性，但由于未明确各部门的分工和工作重点，对各项举措的落实也无明确要求，一定程度上影响了政策的执行力度。问卷调查显示，仅有 52.6% 的群众和 40% 的企业认为政策的可操作性很好，导致政策操作性不强的原因主要集中在政策解读不足、没有执行单位、流程过于复杂等方面（如图 2 所示）。

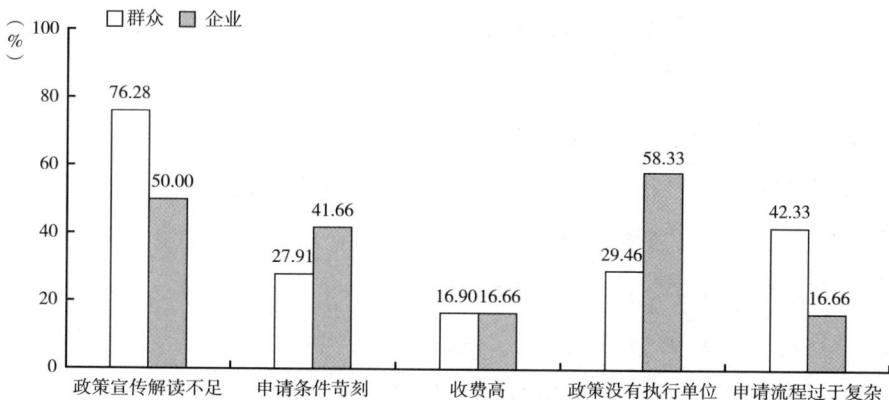

图 2　群众和企业认为政策操作性不强的主要原因

（二）政策落实情况

1. 强化政策配套，督促《意见》尽快落地

截至 2018 年 9 月底，长沙、湘潭、张家界、娄底四市出台了加快培育

和发展住房租赁市场的专项政策，常德市和永州市已完成文件草拟工作，目前进入征求意见阶段。认真落实了国家关于廉租住房、经济适用住房和公共租赁住房有关税收优惠政策，严格执行营业税改征增值税的有关政策规定，减轻了出租、承租住房的企事业单位、社会团体、其他组织以及个人的税收负担，切实降低住房租赁企业、中介机构的运营成本。

2. 着力打造平台，鼓励金融机构加强对住房租赁企业的支持

省住建厅与建行湖南省分行签署了战略合作协议，建行湖南省分行三年内将为湖南住房建设领域累计提供 500 亿元以上人民币融资；同时打造了湖南省住房租赁监管服务、监测、公共住房服务、企业租赁服务管理和住房租赁服务共享五大平台，截至 2018 年 9 月，住房租赁综合服务平台累计上线租赁企业 49 户，发布企业及个人房源 17161 套，完成在线租赁交易 303 笔，长沙、株洲、常德、娄底四市也陆续完成平台部分功能的上线运行。此外，工商银行长沙分行也拟对佰仕居长租业务提供 60 亿元人民币授信。

3. 加强市场监管，开展租赁市场专项检查和整治

省公安厅人口与出入境管理局开发了"湖南省实有人口与出租屋自助登记系统"，截至 2018 年 9 月 30 日，已采集"一标三实"出租屋信息 154.9 万间。省住建厅先后多次专项督查房地产市场秩序，对扰乱市场秩序的违法违规行为进行整顿规范，严肃查处合同欺诈、违规租赁、变相加价、规避调控政策、制造违规企业，促进了湖南省租赁市场的健康发展。

4. 强化基础保障，大力建设公共租赁住房

省住建厅先后修订印发了《湖南省公共租赁住房分配和运营管理办法》、《湖南省公共租赁住房租金管理办法》和《湖南省经济适用住房价格管理办法》；省自然资源厅按照应保尽保的原则安排保障性安居工程用地供应；省财政厅下达公租房及其配套基础设施建设资金共计 14.5 亿元，同时从 2014 年开始，将政府投资的公租房后续运营管理列入湖南省 7 个政府购买服务试点项目，所有市州均签订了正式的政府购买公租房后续管理服务合同，购买金额累计达到 4700 万元。

5. 稳步推进购租并举，引导居民通过租房解决居住需求

一是住房公积金积极支持租赁消费。二是落实居住证权益。目前，除公安机关的身份证异地受理、出入境证件办理、机动车登记、机动车驾驶人考试和驾驶证办理等已与居住证挂钩外；省市场监管局的流动人口办理工商登记和年检工作、省住建厅的流动人口纳入公共租赁住房供应范畴、省卫健委确定的流动人口公共卫生管理的基本目标、省人社厅的流动人口参加社会保险工作等已在政策层面与居住证关联；省教育厅出台了《关于做好进城务工人员随迁子女接受义务教育后在当地参加升学考试工作的实施办法》，保障租房群众子女教育。

（三）政策实施效果

1. 住房租赁企业发展迅速

《意见》出台时，湖南省房地产市场专业化租赁企业不到 20 家，房屋拥有量不足租赁市场的 1%；《意见》实施后不到两年，目前湖南省专业化租赁企业机构总数已增至 55 家，房屋持有量接近租赁住房总量的 5%。涌现了如建行 CCB 建融家园、湖南置业通"A＋家"、湖南寓生活公寓、湖南快聚租、长沙优租客、长沙高新区公共租赁住房公司等一批住房租赁行业的龙头企业。

2. 住房保障水平进一步提升

截至 2018 年 8 月，湖南省已经分配使用各类公租房 100.3 万套，2018 年全省住房租赁补贴计划发放 18.22 万户，累计保障住房困难家庭和符合公租房保障条件的家庭共 118.52 万户，为约 355 万人解决了住房困难。其中，长沙市制定了《保障性安居工程建设示范项目创建工作方案》，高新区尖山印象、长沙县椰梨等 9 个公租房项目被评为省住宅产业化示范项目，强化配套实施建设，为高新区麓城印象、雨花区粟塘小区等公租房小区配建幼儿园、小学等教育设施，提升了公租房小区舒适度和便捷度。

3. 承租人公共服务待遇进一步落实

居住证发放井然有序，非本地户籍承租人可按照《居住证暂行条例》

等有关规定申领居住证。截至 2018 年 7 月，全省共办理租房提取住房公积金 6.5 万笔，提取金额 5.35 亿元。

（四）政策实施中亟待解决的主要问题

1. 管理体制机制不够健全

一是管理机构不明确。湖南省尚未设立专门的住房租赁管理机构，租赁企业备案制度尚未建立，现有模式难以满足住房租赁管理工作需要；在调研中企业反映最集中的问题，就是在经营设立方面的困难，住房租赁企业既不属于中介机构又不是房屋托管企业，在办理《工商营业执照》时，没有合适、准确的经营界定范围依据，无法进行正常的工商登记。二是部门之间合作机制不畅。住房租赁市场需要公安、房管、工商、税务、教育、卫健、社区等多部门各司其职，齐抓共管；但在调研过程中发现，目前湖南省在住房租赁市场的管理上还没有建立起部门之间的合作机制，甚至还存在相关主管部门完全不知具体负责事项的情况，住房租赁管理与房地产管理、住房保障、人口管理、社会治安综合管理之间的关系亟待理顺。三是承租人公共服务保障机制不完善。租户的子女入学、享受基本医疗卫生服务等公共服务权益尚未得到有效落实和保障。

2. 市场主体培育不足

一是住房租赁市场需求不旺。湖南省房价水平居全国第 27 位，长沙房价居中部省会城市第 5 位，与高房价地区比较，购房压力相对较小，市场上"重购轻租"现象较为严重；加之除长沙市之外的大部分市州均为人口净流出地区，全省总体住房租赁需求不旺，住房租赁市场并不发达。二是住房租赁企业进入意愿不强。房地产企业通过自持物业从事出租，单位资金利润低、税负重、投资回报周期长，税负占租金收入的 20% 以上，回报周期超过 20 年，因此大部分企业不愿进入住房租赁市场；而由于租金不高、利润率低，国内规模化、专业化的住房租赁企业不愿意进入湖南，而是更青睐于在人口净流入量大的一线城市布局；加之湖南省目前对住房租赁企业的支持力度也不强，因此企业在各市州入驻意向不高。

3. 行业规范和标准缺位

一是行业监管难度较大，市场乱象频发。目前湖南省相关主管部门仅能通过房屋租赁合同备案单一方式，对住房租赁市场进行规范管理；但个人房东和中介出租住房的私下租赁行为较多，很少有进行房屋租赁合同备案，给住房租赁市场规范管理带来较大困难，致使"黑中介"、虚假房源、合同违约等现象层出不穷，住房租赁供需双方权益得不到有效保障，制约了行业的良性发展。二是行业标准处于缺位状态，改建房屋用于租赁举步维艰。湖南省尚未建立租赁住房安全使用标准、租赁房屋室内装修环保标准等房屋改建为租赁用途的必要标准体系，以致住房租赁企业在改建房屋、扩大房源供应的过程中遇到的困难重重，极大提升了租赁房源成本，打击了企业扩大规模的积极性。

四　评估结论

综上所述，《意见》的实施为湖南省住房租赁市场的发展指明了方向，给予了一定的政策扶持，但政策的规范性、协调性和可操作性有待提高，需尽快改进、补充和完善。要加快培育住房租赁市场，需根据十九大提出的"加快建立多主体供给、多渠道保障、租购并举的住房制度"的新要求，结合湖南省发展实际，进一步加大政策支持力度，因城施策，强化政策操作性和约束性，确保政策更有效地落实。

五　政策建议

（一）理顺住房租赁管理体制，明确职责分工

省级层面建立联席会议制度统筹协调全省住房租赁市场管理工作，完善落实相关部门的分工合作机制；省住建厅负责政策制定、保障性住房和人才住房的租赁管理工作，并会同公安、自然资源、市场监管、税务、教育、卫

健等各相关部门搭建全省住房租赁监管服务平台；省公安厅和省住建厅配合加强对租房人口和出租住房的双向管理；督促各市州政府明确住房租赁市场管理机构，在机构设置和职能的划分实行上下对口一致，负责辖区住房租赁市场和行业的日常管理和检查工作。

（二）完善住房租赁市场政策支持体系，加快培育主体

1. 立足实际需求，抓重点

根据湖南省人口净流出和房价偏低的实际，在省级层面，建议将住房租赁市场的发展重点放在夯实保障和提质供应两个方面：一方面可借鉴广东省做法，由政府注资成立省属国有企业专营住房租赁业务，省、市合作推进住房租赁平台发展，高标准建设公租房，加大园区人才房的供应，引领市场发展；以肇庆模式为例，主要以政府配建、回购、购买服务，或国有单位自建等方式，筹集房源解决城镇居民、引进人才过渡性住房需求。另一方面可采取新建住房项目配建租赁住房、盘活政府闲置资产等方式，提升民营企业进入住房租赁市场的积极性，扩大优质房源供应；如广州市采取"限地价、竞自持"方式增加市场化租赁住房供应，肇庆市通过建设、委托经营、盘活存量房屋等多种形式开展租赁业务，汕头市探索打通租赁企业与政府存量物业资源通道，完善存量限价房的住房租赁服务配套。在各市州层面，鉴于各市州发展水平和人口增长情况差异，应鼓励各市州根据自身实际因城施策发展住房租赁市场。

2. 完善行业规范，强支撑

一是着力完善租赁管理服务的法律法规体系，尽快出台湖南省房屋租赁管理规定、租赁住房标准等规范性文件，可参考佛山市和肇庆市商改租、租赁交易监管等政策，明确租赁住房的最低人均居住面积、存量房准入门槛、网上备案流程以及租赁双方、企业与个人的权利义务等，全面规范住房租赁市场秩序。二是加快建设安全开放的租赁服务平台，为租赁市场供需双方提供高效、准确、便捷的信息服务，实现租赁交易全流程线上办理和租赁双方信用评价管理，与不动产登记、公安、民政、教育、税务等部门实现数据共

享，为居民办理居住证、子女入学、公租房申报、公积金提取、出租房屋税收征管、外来人口服务管理等提供信息支撑，采取手机客户端和网站网页多渠道登录使用，提升便民利民服务品质，吸引住房租赁市场利益相关主体主动进行合同备案。

3. 畅通融资渠道，补短板

一是引导银行业金融机构加大对租赁住房项目的信贷支持力度，向住房租赁企业提供分期还本长期贷款等金融解决方案，开发适应房屋租赁运转特点的贷款产品。二是支持租赁房屋建设运营单位推行长期租赁协议，预售5～10年租赁权给园区企业，加快建设资金回笼。三是创新推进房地产股权投资基金（REITS），以长沙经开区产业配套公寓PPP项目为例，该项目综合投资收益率达到5.6%左右，基本符合发行房地产股权投资基金（REITS）要求，建议由省住建厅牵头组织研究并选择成熟项目推进湖南省REITS试点，协调与指导金融机构为符合条件的住房租赁企业提供金融支持。

（三）探索实施支持住房租赁新举措，引导消费需求

一是制定支持住房租赁消费的优惠政策措施，引导市民通过租房解决居住问题。加大住房公积金对个人承租住房的支持力度，简化办理手续。二是完善租赁补贴制度，探索建立基于租赁合同备案的租房补贴制度，全面构建实物保障和货币补贴相结合的公共租赁住房供应体系，结合市场租金水平和保障对象的实际情况，合理确定租赁补贴标准。三是提升对承租人的公共服务水平，借鉴广州市、深圳市的做法，探索以居民对当地发展贡献度的积分制来确定学位等公共资源的优先享有权，研究在基本公共服务领域加大对户籍承租人的支持力度。

湖南省《加快航空制造业发展若干政策措施》实施效果评估报告

湖南省人民政府发展研究中心评估组*

为深入推进供给侧结构性改革,加快湖南省航空制造业发展和军民融合进程,打造国内领先的航空装备制造基地,2016 年 12 月省政府办公厅出台了《加快航空制造业发展的若干政策措施》(湘政办发〔2016〕92 号)(以下简称《政策措施》)。根据省领导指示和《湖南省人民政府重大决策实施效果评估办法》(湘政办发〔2017〕45 号),近期我中心开展了《政策措施》实施效果评估工作。现将评估情况汇报如下。

一 政策概况

《政策措施》围绕"打造国内领先的航空装备制造基地",提出了 16 条、涉及 5 大方面的举措:一是财政金融方面,支持设立航空产业发展子基金、增加军民融合产业发展专项资金规模;二是园区建设方面,对重点航空产业园区建设项目,优先安排省级转贷地方政府债券资金和省本级相关专项资金;三是产业项目方面,支持适航取证研发、争取国家投资项目、重大整机产业化项目落户、军民融合深度发展等;四是技术创新方面,支持产业链创新、开展研发平台建设及智能制造等;五是优化环境方面,从政府采购、人才、用地、融资、公共平台建设、改革改制等方面予以支持。

---

* 评估组组长:卞鹰;副组长:唐宇文;成员:禹向群、贺超群。

二 评估工作基本情况

为准确评估《政策措施》的落实情况和实施效果，我们主要做了以下工作：一是成立由我中心领导牵头的评估工作小组。二是制定评估方案和调查方案，明确评估目的、评估对象、评估内容和评估标准。三是开展调查研究。面向 20 个省航空产业发展领导小组成员单位，长沙、株洲、岳阳三市及山河科技、中航起落架、祥云通航、湘晨通航等多家行业龙头企业发函书面了解政策落实情况，收集自评材料 6 万余字；同时深入航空产业园及涉航企业一线听取意见，收到企业和政府部门反馈意见 100 余条。四是对收集到的自评报告、座谈记录进行整理、分析，撰写评估报告。

三 评估主要内容

（一）政策时效性、完备性、可操作性和知晓度

1. 时效性强

当前全国各省正全力抢占航空产业发展制高点，湖南围绕国家相关政策文件出台《政策措施》，为全省航空产业发展打了一剂强心针，为下一步出台更精准、有重点、可操作的配套措施指明了方向。

2. 完备性较好

《政策措施》从产业集聚、重点项目建设、科技创新、产业配套、平台建设、市场培育、投融资体系、财税扶持、组织领导等方面明确了扶持措施，整体上覆盖了航空制造业发展的重点领域和关键环节，政策体系较为完备。

3. 部分条款可操作性不强

个别政策条款，属于指导性政策意见，操作到位尚需执行细则。例如"支持省内生产的航空器、无人机申报《省两型产品政府采购目录》"条款，只原则上明确"政府通过购买服务或财政补贴方式"，缺乏具体实施细则；

"支持航空产业公共服务平台建设",单个企业受资金和资源限制,导致该项条款操作性低。同时,有企业反映,各政策条款未明确相应职能部门,存在落地难问题。

4. 知晓度有待提高

政策出台后,省市经信委以新闻发布、政府网站、企业座谈、产业合作对接活动、政策成册等多种形式进行了宣传。但调研中仍有企业反映,《政策措施》存在解读难、细化难问题;部分企业因各种原因,《政策措施》后续一些补充政策难以准确、及时发放到企业。

(二)政策落实情况

从调研情况看,省级层面较好地完成了制度顶层设计。2016 年 9 月建立了以常务副省长任组长、分管副省长任副组长、3 个市州市长(副市长)、20 个部门负责人为成员的省航空产业发展领导小组。2018 年 6 月,明确由省长统筹协调航空产业链工作,成立以省经信委牵头的航空产业链建设工作组,并先后出台了《湖南省航空航天装备产业五年行动计划(2016 ~ 2020)》《航空航天(含北斗)产业链行动计划》等政策规划。市州层面,株洲成立了以市政协主席为组长的航空产业领导小组,建立了航空产业发展会商机制,出台了《株洲·中国动力谷航空产业发展规划(2018 ~ 2025)》《关于加快产业配套培育产业集群的若干意见》《促进航空配套产业发展扶持政策》;长沙成立了航空航天(含北斗)产业链办公室;岳阳将军民融合产业作为全市 9 大重点产业之一推动发展。政策具体落实情况如下。

1. 强化财政金融支持

专项资金:2017 年省军民融合发展专项资金规模 1.51 亿元,比上年增加 7000 万元,其中用于支持航空制造业发展的资金均为 5000 万元。《政策措施》实施以来,长沙获批项目 34 个,获批专项资金 5210 万元;株洲获批项目 22 个,获批专项资金 3400 万元;岳阳获批项目 3 个,获批项目专项资金 390 万元。省本级制造强省专项等资金,对符合政策条件的航空制造业项目也给予奖补支持,如对国家级和省级智能制造示范企业分别给予 200 万元和 100 万元奖补。产业基金：省本级新兴产业投资基金按市场化方式设立运作，政府部门不干预子基金设立和投资项目决策，但截至目前，省本级尚未设立航空产业发展子基金。

2. 支持产业园区建设

株洲加快推进"两机重大专项"落地，目前已累计投入建设资金近 80 亿元，用于航空城骨干路网、通用机场、生产生活配套建设，机场大道一期等 13 条主干道路建成通车，通用机场及航站楼建成并投入运营，"两机"专项核心项目——南方航空动力产业园、航空发动机关键零部件试制中心已开工建设。岳阳强力推进中航发动机关键重要零部件产业园、岳阳浮空器产业园、湖南军民融合卫星应用产业园—北斗产业基地等重点项目。其中，中航发动机关键重要零部件产业园总投资 1.6 亿元，2018 年上半年完成投资 2712 万元，完成设备安装调试 21 台（套）；岳阳浮空器产业园一期工程已全面建成，已启动二期建设；军民融合卫星应用产业园—北斗产业基地总投资 10 亿元，2017 年 10 月已有园区企业投产运行。

3. 突出重点项目建设

支持适航取证工作：山河科技自主研发的"山河 SA60L－T 高原轻型飞机"取得型号合格证以及生产许可证，获 400 万元奖励。支持重大产业化项目落户：株洲引进华彬集团（通航运营，投资 74 亿元）、美国统一航空"日食"公务机（整机制造，投资 51 亿元）等重大产业化项目。湖南博翔碳化硅纤维增强陶瓷基复合材料部件产业化项目也获得专项支持。推动军民融合："军民两用教练机关键技术研究及产品开发""长沙鑫航航空机轮刹车系统产业发展升级项目""航空机轮刹车系统集成工程项目""商用飞机刹车材料研究项目"均获得航空产业军民融合专项支持，岳阳国信军创六九零六科技公司、中国航发长江动力公司等航空领域重点企业、重点项目获省军民融合专项资金支持。

4. 鼓励产业技术创新

推动产业链创新：608、331 等优势航空骨干单位承担国家"两机"科技重大专项。"航空发动机轴类零件智能制造关键技术研究""小型通用飞机涡桨发动机验证机研制及主要关键技术验证"分别获得省重大科技项目300万元、400万元经费支持。加强创新平台建设:"中小型航空发动机叶轮机械湖南省重点实验室""航天新材料湖南省重点实验室""湖南省中小型航空发动机工程技术研究中心""湖南省航空复合材料零部件智能化工艺装备工程技术研究中心"相继成立。

5. 优化产业发展环境

企业股份制改造:湖南湘投金天集团相关子公司吸纳社会资本参与航空企业股改,特别是湖南金天钛业科技公司(航空用高品质钛及钛合金为主要产品)"以民促军"的军民融合发展模式深受资本市场青睐。拓展融资渠道:恒缘新材(涉及航空绝缘材料领域)在新三板挂牌,湘瑞重工(涉及航空配套领域)和恒飞电缆(涉及航天用电缆领域)等2家涉航企业入选省重点上市后备资源库。采购通航公共服务:株洲市公安局批次采购山河科技警用无人机以及作业、培训服务,累计合同总价超500万元。开展植保无人机购置补贴试点,两年累计补贴1800多万元,补贴1141台。推动省直医院、各市州与通航企业合作开展航空医学救援,目前有中南大学湘雅医院、湘雅三医院、省人民医院、省脑科医院等医院以及长沙、株洲、湘潭、岳阳、郴州等市州与通航企业合作。

(三)政策实施效果

在《政策措施》的引导下,全省航空制造产业链条不断完善,企业不断加大研发投入,在建设制造强省、推进产业迈向中高端等方面发挥了重要作用,取得了较好的政策效应。

1. 产业规模稳步提高

政策从产业基金、园区项目、人才队伍、用地指标、改革改制等方面进行全方位支持,全省航空制造企业创造产值和利税增长显著,已成为湖南省工业转型升级的重要推力。2018年1~8月,全省涉航企事业单位实现营业收入227亿元,预计全年可实现营业收入超过300亿元,同比增长22.4%。全省航空制造业对上下游产业和区域经济发展的辐射和带动作用日益凸显。

2. 创新能力不断提升

政策鼓励企业自主研发、支持军民深度融合，激发企业创新活力，助推产业转型升级。民机适航取证取得新突破，SA60L－T 高原型轻型运动飞机、XY－100 自旋翼轻型运动飞机、SA60L－IS 电喷豪华型轻型飞机等 3 个航空整机相继获民航局适航认证。军民融合取得重大进展，自主研发的涡轴－16 发动机配装 AC352 直升机成功首飞；自主研制的涡桨－6 发动机、飞机起降系统、碳纤维复合材料成型设备助力 C919、AG600 成功首飞，骨干创新企业引领航空制造业新旧动力转换的作用明显。

3. 产业发展后劲增强

政策聚焦航空产业园区及重点产业化项目，着力延链、补链、建链、强链，厚植转型升级新优势。总投资 180 亿元的国家"两机"专项 1000kW 涡轴发动机已完成核心机调试，5000kW 涡桨发动机完成技术验证机方案设计，新一代民用涡轴/涡桨发动机完成总体初步方案设计。11 个列入全省"5 个 100"航空产业重点项目（含 7 个与中国商飞签约项目）进展顺利，QDR280 燃气轮机发电机组已实现试运转，CR929 机身壁板试验件自动铺丝翻转工艺装备已完成研发。目前，全省航空产业链共有重点民机项目 29 个，计划总投资 279 亿元，已累计完成投资 37.3 亿元，项目建成后预计新增销售收入 254 亿元。

4. 国际合作迈出新步伐

全省优势航空骨干单位通过异地协同创新、并购等方式，深化对外开放合作，逐步进入全国乃至全球产业链高端。中航起落架与梅西埃·道蒂公司、古德里奇等合作生产起落架结构件，与利勃海尔联合承担国产大型客机起落架系统研制任务；博云新材与美国霍尼韦尔合资，联合承担国产大型客机机轮刹车研制任务；山河科技并购加拿大 AVMAX 公司，并与美国三角鹰公司合作开发通用飞机发动机，国际合作迈出新步伐。

（四）政策实施中存在的主要问题及原因

1. 政策联动及落实机制不健全

一是组织架构上缺乏统筹机制。航空产业涉及管理部门较多，空域管理、装备制造、基础设施审批、航空服务、飞行监管等分属不同行业部门，省级层面虽成立了航空产业发展领导小组，但多数部门反映尚未出席过航空产业发展领导小组会议，产业扶持政策缺乏统筹协调，难以形成合力，发展效率较低。如航空医学救援涉及飞行空域申请、机场场址核准、固定资产投资核准等，协调部门较多，政府层面缺乏统一、高效的推进和管理机制。二是部分原则性条款缺乏执行抓手和依据。《政策措施》注重在制造端发力，但在航空运营领域、新产品推广应用、公共服务平台建设等政策如何落地，还缺乏具体的操作实施细则。如企业最关心的"支持省内生产的航空器、无人机申报《湖南省两型产品政府采购目录》……政府通过购买服务或财政补贴方式……"政府采购支持政策，至今尚未出台细则明确政府采购资金投入的实施办法和管理方式，企业不好把握。

2. 财政扶持资金量少面窄

一是航空产业发展专项资金规模相对较小。2017 年、2018 年省军民融合专项用于航空制造业发展的资金均为 5000 万元，并未增加。《政策措施》发布以来，全省航空单位已获批军工固定资产投资项目 8 个，获批总投资 8.45 亿元，其中自筹资金 1.99 亿元。按照《政策措施》"给予项目自筹部分不超过 20% 配套资金支持"的规定，配套资金达 3980 万元，现有专项资金规模难以保障，实际配套比例仅 2.5%，相关企业普遍反映获得感不强。市级配套资金也未跟进，如岳阳暂未设立相对应的市级军民融合产业发展专项资金。二是财政支持政策门槛高，范围窄。目前产业扶持专项资金流向了规模大、有实力的企业，而对于多数条件较差、创新能力较弱但迫切需要技术创新的企业难以获得财政支持。企业反映，民用适航取证难度大，民营企业受限于企业规模、项目资金紧张等因素，只能投入与发展通航配套的研发和生产，很难享受该项政策。

3. 专业人才资源匮乏

一是人才流失较严重。据不完全统计，2017 年国防科技大学离开现役、自主择业约 200 多人，其中近 100 多位被吸引到广州、深圳等地，留在长沙的不到 100 人。二是高端人才紧缺。全省航空制造产业人才体系中，通用工种人才较多，预先研究和型号研制技术力量不足，质量控制、检验检测、适航认证等领域特殊人才匮乏。三是人才供给不充分。全省现有航空专业主要集中于航空产业链中端，缺乏前端与后端的专业设置，未形成特色专业集群；现有专业设置也没有紧跟无人机技术、通航技术等航空产业发展动态。

4. 产业链条不完整

一是产业结构不健全。全省缺乏航空军机整机制造布点，民用机整机制造、总装项目规模较小，产品售价不高，局限于机身、组装方面。航空运营发展基础薄弱，航空教育、航空旅游、航空金融、航空物流、航空会展、航空地产、航空信息服务等产业协同发展体系不健全。以航空金融为例，2017年全省航空企业累计获得各种投融资机构融资非常有限，而同时期的重庆、河南、天津航空企业融资规模分别高达1200亿元、1400亿元、1800亿元以上。二是本地协作配套弱。全省零部件外省采购居多，如山河科技（株洲）等民用飞机研制企业仍普遍采用进口发动机、起落架等产品，中航南方公司等省内整机企业本地配套率不足20%。株洲航空产业长期偏重于军用中小型航空发动机制造，军转民步伐缓慢，自主开发的民用产品比重小；长沙航空产业以二三级配套企业为主，配套企业呈现散、小等特点，缺乏航空航天总体单位。株洲中小航空发动机、长沙飞机起降系统等航空关键分系统研制布局的配套企业群有待进一步发展。

5. 航空配套未及时跟进

一是通用航空基础设施总量少、密度低，功能不完善，发展速度缓慢。全省通用机场数量少，缺乏固定运营基地、飞行服务站、专业维修站等必要基础设施，空管、航油供应等配套设施不健全。有企业反映，通用机场建设的审批流程仍套用运输机场标准，程序过多、周期过长、成本过高。二是通用航空市场培育不足。目前省内生产的航空器、无人机没有纳入《湖南省两型产品政府采购目录》。湖南作为农业大省、经济大省、新兴工业大省和旅游资源大省，政府在应急救援、城市及森林消防、航空农林作业等领域的扶持政策远远落后于国内其他省（市），如江西省明确设区市层面每年购买不少于 5800 万元的通航公共服务。

6."上天难、落地难"制约产业发展

目前湖南未能被纳入国家低空空域管理改革试点，开展通航飞行程序相当烦琐，如执行航空应急救援的飞机需要向空管部门申请空域使用申请。省内仅有 1 个取证通用机场及 10 多个临时起降点，可用起降场地之间无航线连通，"捆"住了通航产业发展手脚。

四　评估结论

通过对《政策措施》执行情况和执行效果的评估，我们得到如下评估结论。

（一）政策内容方面

政策覆盖范围较全面，条款严谨规范。还需完善的方面：一是加大对通航配套产品及航空运营服务产业的配套激励；二是创新航空制造企业的金融扶持力度；三是着重完善全省通用航空机场建设、航空制造企业所依托园区自身基础设施配套；四是进一步细化和强化各级政府对于省内本土通航企业产品和航空运营服务领域的具体支持和鼓励措施，继续强化航空产业公共服务平台建设等条款的可操作性。

（二）政策执行方面

总体来看，全省各级政府和各职能部门均积极落实政策。分区域来看株洲在财政金融支持、产业园区及重点项目建设、鼓励技术创新及优化发展环境等方面先行先试，对政策执行相对较好。长沙在重点项目建设、鼓励技术创新等方面成效显著，但财政金融支持、优化发展环境等未能实现同步发展。岳阳航空制造业总体发展水平低，《政策措施》配套资金及政策不足。

（三）政策效果方面

一方面，产业规模稳步提升，促进了企业加快聚集、要素加快集中、项目加快投产（详见表1），全省航空制造业发展和军民深度融合进程不断加快，制造强省特色鲜明。另一方面，受基础设施、资金、人才及实施细则等因素的制约，政策实施效果整体欠佳。

综上，建议对政策部分条款进行补充修正，出台补充细则，继续执行。

表1 2017~2018 年度 5000 万元航空制造业发展专项资金使用情况

年份	2017			2018		
项目	项目数（个）	项目总投资额（万元）	支持金额（万元）	项目数（个）	项目总投资额（万元）	支持金额（万元）
分类别	28	147632.8	5000	42	159588.29	5000
产业类	15	104095.33	3090	21	92520.75	2450
科研类	12	36937.47	1810	17	31592.56	1570
奖补类	1	6600	100	4	35474.98	980
分地区	28	147632.8	5000	42	159588.29	5000
长沙市	13	69366.38	2800	21	56517.4	2410
株洲市	10	40157.47	1580	12	52723.54	1820
岳阳市	1	9858.95	200	2	7452.15	190
其他市	2	2700	200	4	39766	310
省直部门	2	9050	220	3	3129.2	270

注：数据由省工信厅提供。

五 政策建议

（一）全面规划，系统性构建全省航空产业政策体系

一是打好组合拳，优化产业发展政策链条。实体化运作省航空产业发展领导小组办公室，创新政策协调审核机制，加强部门与地方制定出台产业发

展政策、开展行业指导的衔接协调，增强新出台政策在各相关部门及地方的联动及落实力度。政策制定要通盘考虑航空制造产业与航空运营服务产业的对应依托关系，把握好航空制造企业产品供给和航空市场消费需求，出台有针对性的政策举措。设立通用机场建设报批工作推进小组，协调解决项目推进中存在的困难和问题。进一步增强政策服务意识，主动发布、解读行业内最新颁发政策。二是打好创新拳，注重核心政策的集成与创新。拓展现有行之有效的政策举措，融入近期国家、省新近出台的经济发展举措，修正操作性不强的举措，补充一些新的支持举措，增强政策的延续性、创新性和可操作性，逐步形成和巩固产业优势。如尽快出台《关于政府购买通航公共服务的暂行办法》，进一步细化和强化各级政府对于省内本土通航企业产品和服务的采购支持政策、强化航空产业公共服务平台建设等。明确各分项政策具体牵头和参与部门，各部门、各市州要根据任务分解情况，落实责任单位和人员，建立工作推进责任制与跟踪问效机制。

（二）增量重效，提升专项资金精准性和有效性

一是增加财政投入，聚焦产业发展重点和难点。要扩大省军民融合产业发展专项资金规模，提高航空产业专项比重。聚焦市场和企业需要，找准方向、集中财力，重点支持航空基础设施建设、技术研发、项目引进、人才引进及再培训等。对符合条件的重大航空研发制造项目，省制造强省专项资金等各类产业发展资金优先给予安排。二是创新支持方式，提高政策覆盖面。推进《湖南省通用机场布局规划（2016～2030年）》落地实施，明确地方政府作为通用机场和直升机起降点等基础设施网络建设主体，探索政府、企业在基础设施建设领域合作模式，细化通用机场、直升机起降点网络建设补助奖励办法。加强现有政策与基金投入等市场化投入方式的统筹协同，对产业基金投资的企业新增银行贷款，按一定比例给予贷款贴息，实现投补、投贷结合，发挥政策协同效应。逐步减少对企业点对点补助，加大对航空产业发展平台支持，重点支持省级航空投资平台、创新研发攻关平台以及公共服务平台建设，提高政策的辐射面。

（三）项目引资联动，延伸完善产业链

一是强化精准招商。根据全省航空制造产业的优势和短板，紧盯国家战略布局和全球航空巨头全球化布局战略，提出强化方向和招商目标，完善招商路线图。通过股权招商、基金招商等方式，积极引导总体单位落户、重大整机产业化项目落户或设立分支机构，逐步健全包括总装、部件、转包和零部件加工等在内的航空制造产业链。二是强化核心配套能力。完善政策及资金引导机制，大力培育一批航空配套领域的"隐形冠军"，打造在细分领域具有强大市场竞争力的产品配套体系。建立行业内与行业间常态化交流机制，促进省内大中小微企业行业内配套协作；推动航空制造业与省内工程机械、新材料、机械制造、专用/通用设备制造等行业间的合作，扩大航空制造业辐射范围。三是完善航空运营服务支持体系。重点发展包括金融租赁、风险投资、信用担保、法律与金融服务公司在内的中介服务机构，逐步健全以航空金融、航空旅游、航空物流、航空会展、航空信息服务等协同发展的航空服务体系。加强航空人才队伍建设。鼓励通航企业引入通航高端人才，实施团队式人才引进战略，加大对现有人才继续教育补贴力度，营造吸引优秀人才和团队的环境和条件。推进军民人才深度融合，实现军民航专业人才资源互通，推动退役军航管制员从事民企航空相关工作。加强湖南地方高校航空航天专业学科建设，实施航空航天紧缺人才工程。

（三）加大力度争取低空空域开放试点

建议由省领导出面，适时赴国家发改委、民航局、空管委、南部战区空军航管部门等单位对接走访，积极配合民航空管部门完善通用航空导航、监控等系统建设，在保障飞行安全的前提下尽量简化省内通用航空飞行报批手续，争取未来湖南省低空空域开放试点区域从株洲进一步扩大到长株潭及周边地区，并逐步争取开放至全省，为全省通航企业满足通航消费需求提供保障。加快启动建设通航飞行服务平台并争取民航部门认可，实现联网运营。尽快出台适用于湖南省通用航空的专门行业管理制度和规则。

《湖南省促进高等院校科研院所科技成果转化实施办法》实施效果评估报告*

湖南省人民政府发展研究中心评估组**

提高科技成果转化能力作为建设创新型省份的关键举措，对湖南省发展意义重大。2016 年 1 月，湖南省出台了《湖南省促进高等院校科研院所科技成果转化实施办法》（湘政办发〔2016〕9 号，以下简称《办法》），这一办法的实施有利于推动高校院所释放创新活力，服务经济社会发展。根据省领导指示和《湖南省人民政府重大决策实施效果评估办法》（湘政办发〔2017〕45 号），近期省人民政府发展研究中心开展了对《办法》实施效果的评估工作。现将评估情况汇报如下。

一　政策概况

《办法》是根据《中华人民共和国促进科技成果转化法》、《中共中央国务院关于深化体制机制改革、加快实施创新驱动发展战略的若干意见》（中发〔2015〕8 号）制定。《办法》以深化科技成果处置权、收益权、分配权改革为主线，从改革科技成果处置管理方式、深化科技成果转化收益分配、支持高校院所科技人员创新创业、积极引导科技成果在湘转化、引导社会资本促进科技成果转化、加强科技成果转化服务体系建设、支持鼓励大学生创新创业、创新科技成果转化评价机制等方面入手提出了 18 条具体措施。

---

　*　获得省委副书记乌兰、副省长陈飞、副省长吴桂英的肯定性批示。

　**　评估组组长：卞鹰；副组长：唐宇文；成员：左宏、张鹏飞、闫仲勇、李迪。

二 评估工作基本情况

为准确评估《办法》落实情况和实施效果，我们重点开展了 4 个方面的工作。一是成立由我中心领导牵头的评估工作小组。二是制定评估方案。明确评估目的、评估对象、评估内容、评估标准和评估方法。三是征集自评报告。评估组向 8 个相关省直部门、14 个市州、3 家国家级高新区、11 所高校、4 家科研院所发函征集自评报告。四是开展实地调研。评估组赴中南大学、湖南大学、湘潭大学、湖南科技大学四所高校，召开了包括科研部门、科技成果转化项目负责人等参加的座谈会；并赴湖南大学国家超级计算中心、湖南省机械智能产品工业设计中心等多个科技成果转化基地进行了实地调研。

三 评估主要内容

（一）政策总体评价

1. 完备性方面：基本完备，但个别条款内容交叉

《办法》基本覆盖了高等院校科研院所科技成果转化的重点环节和主要方面，形成了完备的政策体系。各条款间层次分明、逻辑清晰、架构合理。自实施以来，推动了湖南省科研人员创新创业的积极性，促进了科技成果转化。但从具体内容来看，个别条款内容存在交叉，如第 17 条部分和第 18 条均含有考核评价内容。

2. 规范性方面：导向性较好，但未明确责任部门

《办法》所界定的政策范围、类别等严谨规范，规定的具体措施对相关省直部门、市州政府、高校科研院所科研管理部门进行科技成果转移转化提供了行动指南。但从任务分工来看，未明确具体任务的牵头部门、参与部门，不利于《办法》落实及各部门开展协作。例如，评估小组在征集部门

《自评报告》中，某省直部门相关处室在明确具体责任时协调了3次。

3. 可操作性方面：原则性条款较多，操作性不强

调研中，多个高校科研院所反映操作性不强。如有部分高校反映对离岗创业实施科技成果转化的科研人员，离岗创业后的岗位工作如何安排？职称评聘、岗位等级晋升和社会保险等方面的权利如何保障？建立符合科技成果转化工作特点的考核、评价和科技奖励激励制度中，科技人员在成果转化中的实际贡献如何判定？取得重大社会经济效益的标准是什么？等问题不知如何落实。

4. 有效性方面：针对性强，有力促进了科技成果转化

《办法》有效解决了高等院校科研院所科技成果转化面临的诸多问题，如科技成果处置自主权问题、知识产权使用权问题、转化审批程序问题、成果定价问题、无形资产出资问题、离岗创业问题、经营权和处置权不明等，很大程度上促进了科技成果转化。

5. 知晓度方面：较高，但配套政策的知晓度不足

调研显示，省市各级科技主管部门、各高校科研院所均通过多种方式对本办法做了宣传，学校管理部门及科研人员对《办法》都比较了解。但政策落实情况、相关配套政策情况，知晓度明显不足。如湖南农业大学反映，第9条、第10条提出的科技金融服务中心、科技支行、科技保险新品种等是否已经设立，办法颁布近3年，仍不太清楚具体情况。

（二）政策落实情况

从总体上看，落实情况较好。

一是建立了较完善的政策体系。自2016年1月《办法》出台以来，各省直相关部门、市州政府、高校科研院所均按照要求制定了相应的配套政策。省级层面，省委、省政府办公厅，省科技厅，省人社厅等部门陆续出台了科技成果转化贷款风险补偿办法、重大科研基础设施和大型科研仪器开放方案、省级科研项目资金管理措施、促进科技成果转移转化实施方案、深化职称制度改革等多个政策文件。市州层面，各市州政府配套出台了一系列政

策措施。如长沙市相继出台了《办法》实施细则、促进科技成果转化的若干措施、技术交易奖励办法及实施细则等；湘潭市出台了"三权"改革实施细则、科技人才成果转化资助和奖励实施细则等。高校科研院所层面，部分高校、科研院所建立和完善了科技成果转化相关配套制度。如中南大学先后出台了知识产权管理办法、科技成果出资入股流程、技术成果股权及权益分配规定、中层领导干部兼职、横向科研经费管理等制度，建立健全科技成果转化集体决策和公示机制。总体来看，湖南省已经初步形成了促进高等院校科研院所科技成果转化的政策体系，有效调动了各类创新主体的积极性，形成了千军万马共同推动科技成果转化的新局面。

二是加快推进相关领域改革。《办法》出台以来，选择长沙理工大学、湖南省农科院等5家单位开展科技成果"三权"（使用权、处置权、收益权）改革示范；对科技计划立项中的应用类科技项目，明确了转化义务；在省级层面建立了较完备的科技报告制度；修订了自科研究系列职称评价办法；推动"技术合同交易"作为重要创新指标纳入省委对14个市州的年度考核。

三是加大资金支持力度。省科技厅和相关省直部门支持设立湖南高新科技成果转化投资基金，目前，已投资6个科技成果转化项目，投资额7225万元，带动社会资本投资2.3亿元；支持设立规模6亿元的重点产业知识产权运营基金；支持成立湖南省首个天使投资联盟——"金天使"科创投资人联盟；推动出台《湖南省科技成果转化贷款风险补偿管理暂行办法》（湘科〔2016〕77号）；围绕重大科技创新战略、100个重大科技创新项目、重点科技企业（项目）探索开展公益性、系列化科技投融资服务；推进长沙高新区科技金融结合试点和省科技金融服务中心建设。目前，湖南省科技金融服务平台达23家，进驻金融机构62家，累计服务企业3272家。

四是积极引进和培育科技、成果转化人才。2016~2017年，湖南省共引进百人计划89名，建设院士专家工作站51家。截至2018年3月，累计引进千人计划专家132名。省科技厅与湖南农业大学共商建立技术转移人才培养基地，目前累计培训已近千人。

五是加快培育转移转化服务机构。长沙理工大学等高校建立了市场化的技术转移机构，聘用专业人才进行科技成果转化工作；在省技术创新引导计划中设立技术市场发展项目，对成果转移转化服务机构根据工作绩效进行后补助，2016~2017年共对53个项目合计补助405.5万元；引进清华等18家境内外高校、科研机构在长沙设立了技术转移中心；支持"澳中经济科技文化促进会""俄中文化教育科技发展基金会""北欧可持续发展协会"等国外非政府组织在湖南省设立分支机构或代表处从事技术转移服务；积极推进"互联网＋"科技成果转化平台建设，促进科技成果深入对接转化。

（三）政策实施效果评估

1. 科技成果转化加快

2017年，湖南省共登记技术交易合同5723项，较2016年的3976项增加43.94%（见图1）；技术合同交易额为203.11亿元，较2016年的105.63亿元大幅度增长92.30%（见图2）；其中，高校院所共登记技术交易合同1553项，较2016年增长76.28%；技术合同交易额12.75亿元，同比增长108.38%。

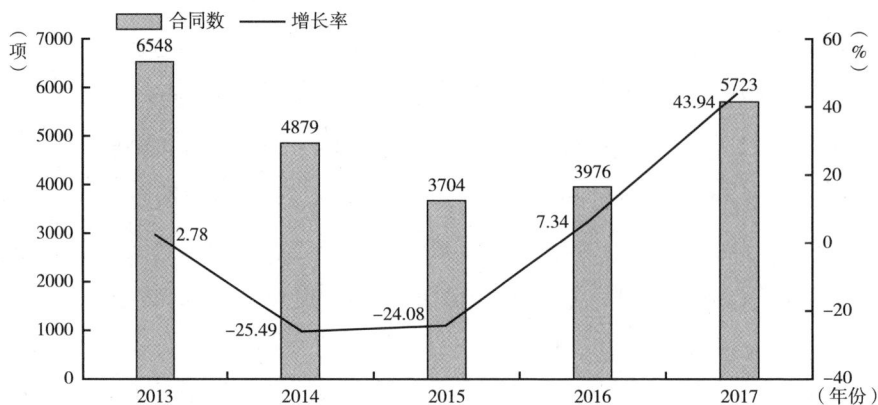

图1　2013~2017年技术合同登记数

资料来源：省科技厅。

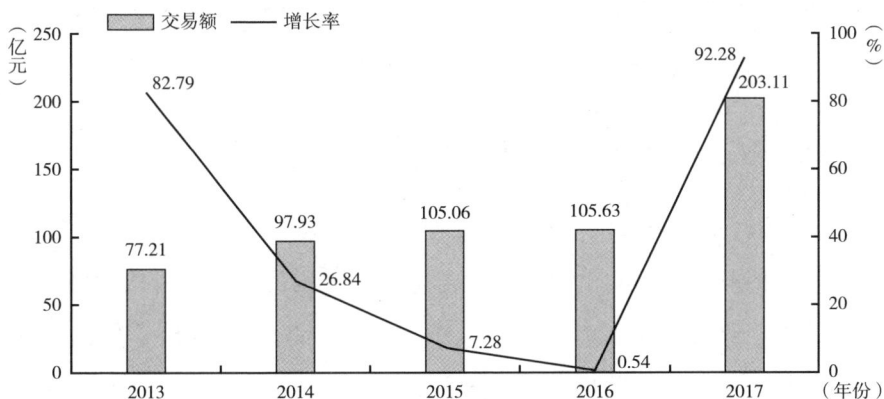

图 2　2013～2017 年技术合同交易额

资料来源：省科技厅。

2. 技术转移服务体系日趋健全

截至 2018 年 6 月底，湖南省共有中科院湖南技术转移中心、中南大学技术转移中心等 9 家国家级技术转移示范机构和湖南省科技信息所、湘潭生产力中心等 3 家中国创新驿站区域站点与基层站点；有生产力促进中心 70 家，其中，国家示范中心 7 家；众创空间 53 家，其中，国家级 30 家；科技企业孵化器 48 家，其中，国家级 16 家；经科技部认定的国家级国际科技合作基地 18 家；建有湖南大学国家大学科技园、岳麓山国家大学科技园、中南大学科技园、湖南省大学科技产业园、湖南工业大学科技园等 5 家省级以上大学科技园。2017 年整合省科技成果转化网、专利公共服务平台、专利信息集成服务平台、竞争情报网、大型仪器协作共用网等平台，搭建立足全省、面向全国的科技成果转化和技术交易工作载体——湖南科技成果转化公共服务平台。同时，启动潇湘科技要素大市场建设。

3. 科研人员积极性增强

《办法》从源头解决了高等院校、科研院所科技成果转化所面临的主要问题，释放了高校、科研机构和科技企业的内在活力，调动了广大科研人员成果转化的积极性。自《办法》实施以来，科研人员的课题设计研究在思想上和行动上有了一定的转变，不再是单纯为了应付考核任务和解决研究经费等，更多的研究工作开始朝着现实生产需求转变。

（四）政策实施中存在的主要问题及困难

1. 《办法》约束力不足，落实不理想

从评估情况看，一些市州政府在促进高等院校科研院所科技成果转化方面的主动性不够，主要体现在以下几个方面：一是部分市州、高校重视不够，政策落实不到位。市州方面，全省14个市州仅长沙市专门出台了《办法》的实施细则，有些市州仅出台了推进科技创新的相关政策措施。高校科研院所方面，相比中南大学、湖南大学等高校形成较完备的政策体系，其他一些高校则仅出台了科技成果转化管理办法。二是个别条款落实不力。如第18条关于建立符合科技成果转化工作特点的考核、评价和科技奖励激励制度等，《办法》出台快三年了还在落实中。

2. 部分政策不明确，成为成果转化"卡脖子"的关键

一是涉及的国有资产管理问题。高校的职务科技成果属于国有资产，相应的定价、形成的股权变动、处置等程序复杂，可能涉及国有资产的流失问题。如果缺乏具体措施，则会制约科技成果转化。科研人员反映，近年来出现的清华大学付林案、中国农业大学李宁案等，让科研人员对待科技成果转化比较谨慎。二是关于高校科研院所研究人员兼职薪酬问题。虽然湖南省促进科技成果转化法实施办法第24条、第25条对科技人员获取科技成果转化的奖励和报酬做了明确规定。但调研发现，部分单位科研人员科技成果转化的报酬和奖励并没有落实。主要原因是高校科研院所的很多科研成果是由校（院）领导担任课题负责人，按现行管理办法，领导干部兼职不可兼酬。因此，此类课题负责人就没有动力去推动科技成果转化及收益的分配；同时，部分高校科研院所领导担心对政策把握不准而担责，形成对科技成果转化不敢转、不愿转的现象。有些科技人员反映，目前是"相关部门没有松口子，所在单位不愿担担子，当事个人不敢拿票子，激励政策还是一张白条子"。

3. 科研导向体系有待优化，科技成果应用价值低

在现行的管理制度和职称评定制度中，量化考核指标仍偏重于科研人员公开发表文章的质量和数量。这就导致了科研工作者把精力专注于论文、著作发表的数量和获得的奖励上，而对课题选择、科研成果是否符合市场需求、是否能转化为现实生产力关注不够。虽然湖南省部分高校已出台文件将成果转化情况作为科研人员岗位考核、职称评定和评优评先的依据，但在具体落实中，因评价过于简单、权重偏低，重论文、重发表，轻市场、轻应用的格局并未根本扭转。2017年湖南省高等院校专利授权数为5177项，而专利出售合同数仅75项，占比为1.45%，比全国3.33%的平均水平低近2个百分点。很多研究人员反映，当前高校的专利数量虽然大，但是80%以上都是为了评奖评职称的"无效专利"，无法在市场上转化。

4. 中介服务专业性不强，导致科技成果转化渠道不畅

一是技术转移服务机构不强。湖南省技术转移服务机构数量虽然有了一定的规模，但普遍规模小，服务能力不强，尤其缺少权威且专业化水平较高的风险评估、技术评价、技术定价等服务机构。二是技术转移专业人才缺乏。湖南省技术转移从业人员整体素质不能满足技术市场快速发展的需求，从事科技成果转化中介服务的专业人才紧缺，省里2015年以来培训的887名技术经纪人目前已有半数转行。三是高校本身的科技成果转化服务能力不强。目前，高校的科技成果转化职能基本都是由学校科研管理部门或者挂靠科研管理部门的技术转移办公室等机构来承担，这类机构主要偏重于行政管理，配备的人员数量较少且大部分为行政人员。同时，缺乏对从事成果转化人员的相应考核评价体系和激励机制。

5. 中试等转化环节落后，造成许多科研成果"沉睡"在实验室

科技成果的产业转化过程（中试环节）被业界称为"死亡之谷"，统计数据显示，我国90%以上的科技成果无法真正实现产业转化，对科技创新造成了重大阻碍。调研发现，湖南省也存在这个环节的扶持缺失。一方面，许多科技成果在实验室里能够得到完美的实现，但由于具体生产过程

与实验室还存在一定距离，其在生产过程中往往并不可行，比如造价太高等。另一方面，为了使科技成果顺利转化，实验室和生产之间需要有一个中试环节。而在中试环节应由谁负责，企业和科技工作者各应该承担多少责任，在实际中，双方分歧很大，致使成果转化受阻。目前湖南省一些园区已经开始引进和培育科技型中小企业进行产品中试，承接和熟化高校和院所的科技成果。但仍缺少产业化中试服务组织，成果转化中试基本以企业自主进行，科技成果难以实现从研发、检验检测、小试、中试到产业化的全流程转化。

四　评估结论

综上所述，自 2016 年 1 月《办法》实施以来，围绕高等院校科研院所科技成果转化，省直各相关部门、市州政府、高校科研院所高度重视，积极作为，科技成果转化取得显著成效，为湖南省实施"创新引领开放崛起"战略，打下坚实基础。但还存在一些不足，主要体现在：一是具体条款的责任部门未明确，相关配套制度如涉及的国资管理、考核评价机制等还需进一步落实。二是各市州政府仍存在重视不够的问题。科技成果转化是一项专业性强、涉及面广的系统化事情，建议相关职能部门根据政策评估情况和湖南省科技成果转化的新情况，对《办法》进行补充修正，出台实施细则，依托长株潭国家自主创新示范区建设和创新型省份建设先行先试，加快出台相关配套政策，畅通科技成果转化渠道。同时，加强统筹协调，增强考核力度。

需要说明的是，湖南省于 2017 年 4 月出台了《湖南省促进科技成果转移转化实施方案》（湘政办发〔2017〕18 号，下简称《方案》）。《方案》涵盖了《湖南省促进高等院校科研院所科技成果转化实施办法》的部分内容，且明确了责任部门、重点任务分工及进度要求。本次评估虽然只评估了《办法》的实施情况，但从评估和调研了解的情况来看，本报告基本反映了《办法》及《方案》相关内容的落实情况。

五 政策建议

（一）进一步完善政策，加大政策落实约束力

一是建议结合《湖南省实施〈中华人民共和国促进科技成果转化法〉办法》的修订，进一步明确各相关部门的职责，促进科技成果转化政策体系的完善和落实。二是建议省委省政府提高科技成果转化考核指标权重，强化考核结果运用。三是各市州政府及高新区管委会要将高等院校科研院所科技成果转化作为科技创新的重要内容纳入议事日程，结合实际出台具体落实措施，明确工作推进路线图和时间表，加大政策支持和条件保障力度。四是建议省教育厅、省国资委将科技成果转化情况纳入对高校、科研院所的绩效考核，并对科技成果转移转化绩效突出的相关单位给予资金支持；同时，督促、指导高校、科研院所建立健全相关的成果转化实施细则。五是加强相关法律和政策体系的宣传，营造促进科技成果转化的良好社会氛围。

（二）加快配套政策出台，解决科技成果转化的"卡脖子"问题

一是依托长株潭国家自主创新示范区和创新型省份建设先行先试，研究高校院所担任领导职务的科研人员从事科技成果转化获取报酬和奖励的问题，切实解决"领导动力不够，下面转化不足"的问题。二是高校、科研院所要依照《中华人民共和国促进科技成果转化法》和《湖南省实施〈中华人民共和国促进科技成果转化法〉办法》，建立健全本单位国有技术类无形资产转移转化收入分配机制和管理体制，探索科技成果类无形资产定价、评价机制。三是进一步明确高校、科研院所在科技成果转化中的尽职免责机制。可借鉴参考上海市，《上海市促进科技成果转化条例》中明确了研发机构、高等院校、国有企业的相关负责人开展科技成果转化的勤勉尽责义务及免责情形。四是教育、人社部门出台相关实施细则，对高校技术转移机构的

定位、人员编制及利益保障机制予以明确。同时，建立科技成果转化人才的职称体系，打通成果转化人才职业发展的上升通道。

（三）优化科研导向体系，增强高水平的创新源头供给

一是围绕湖南省20个新兴优势产业链，进行科研选题立项，开展重大基础理论研究、关键技术攻关及重大应用推广，从源头上促进科技创新与经济社会发展需求有效对接。二是改革高校科研项目立项和组织实施方式，探索建立重大科技成果产出导向的评价体系，引导高校科研人员在课题立项时充分考虑市场需求。三是贯彻《教育部关于深化高等学校科技评价改革的意见》（教技〔2013〕3号），借鉴上海、浙江等地经验，出台湖南省的《实施意见》，逐步建立科研人员的分类考核体系和科研成果的多元化评价体系，从根本上改变重数量、轻质量的科研倾向。四是建议省人社厅、省教育厅等部门将科技人员参与科技成果转化的实际贡献作为职称评聘的重要指标，将专利申请与授予、科技成果登记、技术合同交易等情况作为考核评价的重要内容和依据。

（四）夯实中介服务体系，畅通科技成果转化渠道

一是借鉴和推广中关村与长沙高新区建设和运营众创空间、孵化器、生产力促进中心等创新服务平台的模式，通过前资助、后补助和政府购买服务等方式，大力培育、引进和发展科技成果转化、人才交流等各类科技中介服务机构。二是建议省发改委、科技部门、市场监管局等相关职能部门加快编制科技中介服务机构目录，积极探索建立科技中介服务机构征信体系，引导科技中介服务机构规范、有序地发展。三是围绕科技成果转化链条的各个环节开展大范围、多层次、有针对性的培训，培养一批复合型、高水平、专业化的人才队伍。四是鼓励国内外技术转移机构在湖南省设立法人单位或分支机构从事科技成果转移转化，支持更多的专业团队创建科技成果转移转化机构。

（五）促进科技成果运用于产业发展，打通科技成果转化"最后一公里"

建设完善省级创新服务体系，打通"最后一公里"，助推科技成果转化跨越"死亡之谷"。一是鼓励湖南省各高新区围绕主导产业，建设一批中试平台，实现科技成果技术熟化和工程化应用，补齐产业转型升级的短板，贯通科技成果转化链条，推动重大关键技术在园区产业化。二是借鉴南京等地经验，大力培育新型研发机构。所谓新型研发机构，是以主导产业和未来产业规划布局，以产业技术创新为主要任务，多元化投资、市场化运行、现代化管理且具有可持续发展能力的研发机构。自 2017 年 9 月底以来，南京市各区（园）已集中签约 182 家新型研发机构，孵化和引进企业 711 家。三是鼓励高校创办校办风险投资基金。借鉴哈佛大学经验，鼓励有条件的高校创办校办风险投资基金，重点结合市场需求，就成果转化过程中的"中试环节"进行引导性投资，即就试产高需求的科技成果，与外部资金进行组合型投资。根据国外经验，大学的风险投资基金占投资总额的五分之一到三分之一，能够更好地促进科技成果转化。

《湖南省贯彻落实水污染防治行动计划实施方案（2016～2020年）》实施效果评估报告

湖南省人民政府发展研究中心评估组*

2015 年 12 月湖南省政府出台《湖南省贯彻落实〈水污染防治行动计划〉实施方案（2016～2020 年)》（湘政发〔2015〕53 号）（以下简称《方案》），经湖南省政府领导批准，2018 年 10～12 月湖南省政府发展研究中心开展了《方案》实施效果评估工作。评估情况如下。

一 政策概况

《方案》从十个方面明确了落实《水污染防治行动计划》的 32 条政策措施，详见表1。

表1 《方案》主要内容

政策项目	具体内容
一、总体要求和目标	
二、推动水环境污染治理	1. 狠抓工业污染防治 2. 强化城镇生活污染治理 3. 推进农业农村污染防治 4. 加强高速公路、船舶、港口污染控制 5. 加强水电站、航电枢纽河面垃圾清理

---

* 评估组组长：卞鹰；副组长：唐宇文；成员：彭蔓玲、黄君、刘琪、戴丹。

续表

政策项目	具体内容
三、推动经济结构转型升级	6. 调整产业结构 7. 优化空间布局 8. 推进循环发展
四、节约保护水资源	9. 控制用水总量 10. 提高用水效率 11. 科学保护水资源
五、保障水生态环境安全	12. 保障饮用水水源安全 13. 深化重点流域、区域污染防治 14. 整治城市黑臭水体 15. 保护水和湿地生态系统
六、严格环境执法监管	16. 完善法规标准 17. 加大执法力度 18. 提升监管水平 19. 严格环境风险控制
七、增强市场机制作用	20. 完善价费和税收政策 21. 促进多元融资 22. 建立激励机制
八、强化环保科技支撑	23. 推广示范使用技术 24. 突破共性关键技术 25. 大力发展环保产业
九、加强水环境管理和考核	26. 强化地方政府水环境保护责任 27. 加强协调联动 28. 完善水环境管理制度 29. 严格目标任务考核
十、强化公众参与和社会监督	30. 依法公开环境信息 31. 加强社会监督 32. 构建全民行动格局

二 评估工作概况

成立由中心领导牵头的专题评估小组，综合采用自评、实地调研、座谈等方法，对《方案》实施情况进行了深入细致的评估。一是请湖南省生态环境、水利、农业农村、住建、发改委等35个相关部委和14个市州开展自评，提供自评报告。二是先后到长沙、益阳、郴州等地进行实地调研。三是到生态环境厅、水利厅等省直部门走访，召开座谈会，深入了解《方案》落实的具体情况。在此基础上形成评估报告。

三　评估主要内容

（一）对《方案》的评价

方案内容较完备，但部分条款的协调性、针对性、可操作性需进一步提高。一是部分事项责任划分不明晰。如"建立水资源承载能力监测预警"，实际中由省发改委牵头，但《方案》责任单位没有省发改委。二是部分目标设置标准偏高。如"2016年40%以上的县以上城镇完成雨污分流""加油站地下油罐2017年底前全部更新为双层罐或完成防渗池设置"，无法如期完成。

（二）《方案》阶段目标完成情况

《方案》目标明确的9个主要指标中，1个完成，1个滞后，7个按进度推进。分项指标和主要任务中，7个未完成阶段目标，2个进度滞后，详见表2。

表2　《方案》各项目标任务2017年完成情况

指标	2020年目标值	2017年完成情况	进度情况
1. 主要指标			
省内长江流域水质优良（达到或优于Ⅲ类）比例	>93.2%	88.1%	按进度推进
省内珠江流域水质优良（达到或优于Ⅲ类）比例	100%	100%	完成
地级城市建成区黑臭水体比例	<10%	20%（至2018年9月）	按进度推进
地级城市集中式饮用水水源水质达到或优于Ⅲ类比例	>96.4%	89.3%（至2018年9月）	滞后

指标	2020 年目标值	2017 年完成情况	进度情况
洞庭湖水质	总磷达到Ⅳ类,其他指标达到Ⅲ类	总磷超标 0.4 倍,其他指标达到Ⅲ类(2018 年 1～10 月)	按进度推进
地下水质量	考核点位水质级别保持稳定	29 个点位中,7 升、1 降、21 平(至 2018 年 9 月)	按进度推进
全省用水总量	<350 亿立方米	326.95 亿立方米	按进度推进
万元工业增加值用水量	<54 立方米	67.5 立方米	按进度推进
灌区农田灌溉水有效利用系数	>0.54	0.515	按进度推进
2. 分项指标(未完成或进度滞后的指标和任务)			
县以上城镇污水处理率(%)	>95%(2017 年)	94.88%	未完成
污水再生利用率	2017 年 >10% ,2020 年 >15%	4.1%	未完成
实现雨污分流的县以上城镇比例	>40%(2016 年)		未完成
全省公共供水管网漏损率	2017 年 <12% ,2020 年 <10%	13.37%	未完成
农村饮用水卫生合格率	集雨区 >95% ,其他村庄 >90%	61.44%	滞后
池塘标准化生态化改造面积	40 万亩	13.4 万亩(至 2018 年 9 月)	滞后
建成覆盖城乡的垃圾收转运体系的县市区比例	2016 年 >40% ,2020 年 >60%		未完成
集中式饮用水水源保护区划分	2016 年完成万人以上,2017 年完成千人以上	一万人以上正在划定,一千人以上未开展	未完成
加油站地下油罐改造	100%(2017 年)	70%(至 2018 年 9 月)	未完成

资料来源：按部门提供数据整理。

（三）《方案》任务落实情况

1. 强化水污染防治

一是大力抓工业污染治理。六大重点行业 27 家重点企业 2017 年完成清洁化改造任务，218 家重点排污单位完成 229 台（套）总磷、总氮在线监控设施建设安装。

二是着力补齐污水和垃圾处理设施短板。截至2018年9月，全省140个省级及以上工业聚集区全部建成污水集中处理设施；64座污水处理厂完成提标改造，一级A及以上标准占比62%。共建成垃圾焚烧发电厂8座；85.6%的行政村对生活垃圾进行了处理；长沙市从2016年起在57个社区开展生活垃圾分类。

三是加强农业农村污染治理。完成122个县市区畜禽养殖禁养区的划定及规模养殖场的退养搬迁，规模养殖场粪污处理设施配套率达75%以上；改造精养池塘13.4万亩。完成测土配方施肥面积10043万亩，实现统防统治覆盖率35.1%，绿色防控覆盖率27%，高效低度毒环保绿色农药应用比率90.3%，生物农药替代化学农药比率15%以上。23个县市区的农村环境综合整治通过验收。

四是深入推进湘江和洞庭湖等重点水域综合治理。加速推进湘江保护和治理第二个"三年行动计划"。湘潭竹埠港全面完成整体关闭和搬迁，株洲清水塘年内可完成企业关停，郴州三十六湾矿区开发企业基本实现了整体退出，衡阳水口山积极推进有色金属产业园区循环化改造，娄底锡矿山混合渣治理工作积极推进。实施洞庭湖综合治理。实施"五大专项行动"，完成禁养区退养8420户，拆除栏舍356.11万平方米；拆除网箱2万口81.54万平方米，拆除矮围网围126处35.4万亩；洞庭湖自然保护区核心区7.99万亩欧美黑杨清理到位。开展长江经济带化工污染专项整治。实施洞庭湖生态环境专项整治三年行动计划，全面推进十大重点领域和九大重点区域整治。十大工程中，四口水系综合整治、洞庭湖北部水资源配置、重要堤防加固3个工程前期稳步推进，河湖联通、安全饮用水巩固提升、特殊水域与湿地保护、血吸虫病综合防控工程一批子项目开工建设，农业面源、工业点源、城乡污染治理工程一批子项目已建成并投入使用。

五是开展黑臭水体治理。地级及以上城市建成区共查明黑臭水体170个，截至2018年9月，已竣工整治项目136个，其中130个基本达到不黑不臭要求。

2. 保障水生态安全

一是加强水源地保护。制定《湖南省饮用水水源保护条例》，2018 年 1 月 1 日起正式实施。完成 124 个省级重要饮用水水源地达标建设方案编制和审查，全省饮用水水源保护区内 183 处入河排污口已全部清理。

二是保障农村饮用水安全。截至 2018 年 9 月底，兴建农村饮水工程 8130 处，巩固提升农村饮用水安全人口 1050.62 万人。

三是加强湿地保护。建立了由 3 处国际重要湿地、18 处省重要湿地、45 处湿地自然保护区、77 处省级以上湿地公园等组成的湿地保护网络体系，湿地保护率达 75.44%。

3. 提高水利用效率

一是实行阶梯水价和取水定额。到 2018 年底，29 个设市城市、50 多个县城、5 个建制镇全面实行居民阶梯水价制度，11 个地级行政区对非居民用水实施超计划超定额累进加价制度，农业水价综合改革项目区扩大到 23 个县。

二是开展节水改造。2017～2018 年，计划改造渠道 829 千米、建筑物 972 座。2018 年建设高效节水灌溉面积 33 万亩。

三是开展节水试点示范。5 个高耗水行业 114 家规模以上企业中，建成节水型企业 100 家。长沙、郴州、株洲、芷江、凤凰 5 个国家级水生态文明城市试点建设通过国家验收。常德开展国家级海绵城市建设试点。

4. 优化产业布局和结构

一是加速淘汰散小污企业。101 家"十小"企业全部取缔到位，累计关停 3734 家小散乱污企业。

二是推进排污权有偿使用和交易。截至 2018 年 10 月，完成火电、造纸等 15 个行业的排污许可核发。8370 家企业缴纳排污权有偿使用费，实施排污权交易 4872 笔。

三是调整农业结构。建成 4 个国家级、20 个省级生态循环农业示范区；创建部级稻渔综合种养示范区 1 个，发展稻渔综合种养面积 370 万亩。

四是调整产业布局。出台《湖南省推进城镇人口密集区危险化学品生产企业搬迁改造实施方案》，推进敏感区域企业退出。

5. 加强资金、科技等支撑

一是强化财政支持引导。截至 2018 年 9 月，累计争取中央预算内资金 19.4 亿元；湖南省级财政累计下达湘江保护和治理资金 6.8 亿元、农村环境综合整治整县推进项目资金 17.2 亿元、洞庭湖整治专项资金 22 亿元，安排省级奖补资金 17.1 亿元。

二是促进多元融资。2018 年 1 ~ 3 季度，9 个 PPP 项目获得银行资金 13.2 亿元。2016 年至 2018 年 9 月，1851 家（次）环境污染重点风险企业获得环境风险保障金 16.22 亿元。

三是强化科技支撑。设立 10 余家省级创新平台，建成 2 个环境保护工程技术中心。组建湖南水环境产业技术创新战略联盟。国家级、省级分别投入 5866 万元、6000 多万元，开展水污染防治相关技术攻关及工程示范。

6. 加强监管，推进任务落实

省、市、县层层签订了水污染防治目标责任书，分解落实目标任务。与重庆、贵州、广东、广西、江西等周边省份建立了联动协调机制。将水污染防治纳入省管领导班子和领导干部日常考核和年度考核。提高监测应急能力，对全省 334 个水功能区、124 个水源地以及 20 个重要省界、25 个市州界水体、27 个其他重要河流实施监测，对 1009 个规模以上排污口实行了监督性监测全覆盖。

（四）政策实施效果

1. 大部分水体水质保持稳定或趋好

2018 年 1 ~ 9 月，全省地表水水质总体为优。重要江河湖泊水质功能区水质达标率从 2015 年 90.4% 提高到 2017 年的 94.9%。自 2016 年以来，珠江流域一直保持 100% 的水质优良比例。洞庭湖 IV 类以上水质断面比例从 2015 年的 27.3% 提高到 2017 年的 100%，总磷浓度 2017 年比 2016 年下降 13%，2018 年 1 ~ 9 月比 2017 年同期下降 2.9%。农村饮用水卫生合格率从 2014 年的 37.44% 提高到 2017 年的 61.44%。

2. 用水效率不断提高

2015～2017年，全省用水总量始终保持在350亿立方米以内，万元工业增加值用水量从2015年的82.0立方米下降到2017年的67.5立方米，罐区农田灌溉水有效利用系数从2015年的0.496提高到2017年的0.515。

3. 试点取得成效

常德市积极推进海绵城市项目建设和试点工作，基本实现了"小雨不积水、大雨不内涝、黑臭水体在消除、热岛效应在缓释"等目标。试点区内已建成面积30.64平方千米，8个泵站的生态滤池再生水利用工程都已按计划的处理能力全部完工，再生水利用处理能力共4.11万吨/日，城区主要水系的水质及城市内涝情况得到大幅改善。

长沙市围绕水生态文明试点建设，系统开展了水污染治理、城乡供水保障、水制度建设、城乡防洪排涝减灾、水文化保护和传承五大工作任务、28项建设内容、85个建设项目，在水利部验收中，28项考核指标达到或优于目标值。

（五）存在的主要问题及原因

1. 部分污染防治任务未按要求落实

一是责任不明确，部门落实乏力。污水再生利用涉及住建、水利、经信等多个部门，都没有很好地负起责任。矿区水污染问题，负责部门不明确，重金属风险控制能力还较弱。如资江流域水质锑超标问题至今没有根本好转。

二是区域协调性不够，影响治理效果。重点治理领域、区域长期条块分割形成的"九龙治水"的格局还存在，缺乏统一的管理体系和执法机制，如常德市马家吉河流经武陵区、鼎城区和柳叶湖管理区，但三区在统防统治上没有形成整体联动。在协调、组织、督促、落实等方面存在不足，存在发现解决问题不及时、推动重点难点问题力度不够等问题。

三是配套机制不完善，造成任务推进滞后。由于住建部对敏感区域的确定较晚，使得敏感区域污水处理厂提标改造整体进度滞后。因为新版《饮用水水源保护区划分技术规范》2018年3月才发布，1000人以上和服务10000人饮用水水源保护区划分还未完成。

四是重视不够，任务落实不到位。对节约水资源的认识还存在不足，水资源重复利用率低，公共供水管网漏损率大。部分市州职能部门对《方案》中部分指标不了解，推进情况不清楚，如实现雨污分流的县以上城镇比例、建成覆盖城乡的垃圾运转体系县市区比例、农村生活垃圾无害化处理率等。部分部门和市州的自评报告存在填报不实情况，如覆盖城乡的垃圾运转体系，有的市州在仅有两三个县（市区）完成的情况下完成进度填写100%。

2. 部分水体污染防治效果未达预期

一是氨氮、总磷等超标依然是水体污染的主要问题。根据省水环境监测中心的监测数据，湘江支流浏阳河和沩水的下游段、郴江、舂陵水、耒水、涟水和沅江一级支流舞水、万溶江等部分支流河段，都不同程度存在氨氮、总磷、挥发酚和石油类等物质超标现象。洞庭湖区总磷、总氮超标问题依然突出，南洞庭湖区和东洞庭湖区部分水体仍处于中营养化状态。除西毛里湖、柳叶湖外，大部分内湖未达到Ⅲ类水质标准，其中大通湖还为劣Ⅴ类。

二是饮用水安全存在风险。地级城市集中式饮用水水源水质达到或优于Ⅲ类比例近几年逐年下降，2016年为96.4%，2017年下降到92.9%，2018年1~9月下降到89.3%。洞庭湖区部分地区地下水水源，铁、锰和氨氮超标。

3. 部分污染治理难度大

一是洞庭湖区、湘江流域畜禽水产养殖和农业面源污染问题仍然突出。年出栏生猪50~100头的小、散养殖户大量存在，普遍生产粗放、设施落后；化肥、农药施用量偏高、利用率低的问题短期难以有效解决；洞庭湖区70万亩精养鱼塘投肥养殖问题比较突出；网箱养殖问题取缔难度大。

二是黑臭水体治理任务重。部分黑臭水体如龙王港等，存在受天气、来水量等因素的影响返臭的现象。此外，全省三分之一左右的村庄不同程度存在黑臭水体，后期整治全面铺开后任务难度更大。

三是洞庭湖杨树清退面临制度障碍。杨树清退涉及国家公益林，有严格的政策限制，并且省内预留的 20 万立方米采伐限额远不能满足已申请的 65 万立方米采伐指标。

4. 污染处理和资源管理基础能力建设不完善

一是水资源监控能力建设起步较晚。全省取水许可能够实现取用水实时监控的比例不足 10%，农业用水、地下水取水、入河排污口在线监测等监测才刚刚起步，规模以下入河排污口监督性监测还未系统开展。

二是污水处理设施建设不足和处理能力过剩同时存在。部分县城污水处理厂规模偏小，处理能力不足，且未完成提标改造，洞庭湖区域仍有 27 座县以上城镇污水处理厂亟待提标改造。全省乡镇污水处理设施覆盖率仅 21% 左右。同时部分工业集中区污水处理设施由于企业少或涉水企业少，污水处理厂利用率低，甚至不运行。

三是管网建设不配套、不完善。老城区管网雨污分流改造难。现有雨水、污水收集管道错接的现象较普遍存在，据长沙市估计，50% 以上城乡接合部存在污水截流、收集管网建设不到位、排水管网体系不完善的情况。

5. 资金、技术等支撑能力不足

一是财政资金缺口大。河湖治理主要依靠中央、省级专项资金，新增投入渠道缺乏，入河排污口、黑臭水体整治等重点工作资金压力大。绝大部分市州、县市区财政比较困难，而治理项目一般以中央、省、地方配套的方式安排资金，存在地方为了减轻财政压力，少报污染治理项目的现象。

二是 PPP 项目受阻。受清理和规范地方债务影响，全省共退库 PPP 项目 172 个，暂停项目 130 个，部分水污染治理项目因此暂停或进度滞后。PPP 项目审批时限加长，市州反映从立项到审批通过最少需要半年时间，影响项目进度。

三是先进适用技术研发不足。湖库富营养化治理、重金属遗留污染治理等方面的先进适用技术研发与示范推广不够，有用可靠的管理经验少。

四是基层工作条件有待改善。各市州都反映地方执法车辆、设备等没有得到有效保障，如常德市 8 个县市区无执法车辆，水环境监测仪器、设备特别是河道水系监测的常规设备不足；郴州市环保系统只在市本级有一台执法车辆。

四 评估结论

通过对《方案》实施情况和实施效果的评估，得到如下结论：《方案》制定较完备，但协调性和可操作性需进一步提高。《方案》出台对促进水体水质改善、提高用水效率等作用明显。《方案》的大部分内容得到有效落实，重点工作有序推进。

但《方案》实施过程中也暴露出一些突出问题，主要有：部分领域污染防治未达到阶段目标，部分任务进度滞后，洞庭湖综合治理难度大，农业面源污染和畜禽养殖污染治理任务较重，城市管网及县以下污水垃圾处理设施建设滞后，治理资金和技术短缺，基层工作配备不足等。

为进一步推进湖南水污染防治行动，改善水生态环境，建议根据水污染防治攻坚战和湖南生态强省建设新要求，以及本轮机构改革，出台补充条款，加强《方案》与长江保护、水污染防治攻坚战、重要流域专项治理行动等之间的协同，适当调整部分任务目标，完善治理措施，并在推进未完成任务和难点任务中，加强工作落实，加大资金保障和技术支撑力度。

五 对策建议

（一）统筹协调《方案》与攻坚战、重要流域专项治理行动之间的关系

一是加强《方案》实施与其他任务的协调联动。统筹好污染防治攻坚战、夏季攻势、"河（湖）长制"实施、长江经济带大保护、环保综合督察等工作，确保工作目标、思路、任务、步骤一致，减少工作脱节，提高工作效率。

二是与攻坚战对接，调整任务目标。加强与《湖南省"碧水保卫战"

实施方案（2018~2020年）》相关治理目标衔接，细化年度水质目标，明确总磷等主要污染物控制目标，按最新要求对"集中式饮用水水源保护区划分"等任务完成时限和"污泥无害化处理率"等任务目标进行调整。

三是加强衔接，明确重点流域污染治理措施。对接《洞庭湖生态环境专项整治三年行动计划（2018~2020年）》，对洞庭湖区落实《方案》中有关畜禽养殖污染防控、渔业生态养殖、农药化肥减量等实行更高的目标，并细化洞庭湖区农村生活污染防治、保障饮用水安全等具体措施。按照《湖南省湘江保护和治理第二个"三年行动计划"（2016~2018年）实施方案》，对湘江流域"公共供水管网漏损率"等实行更高的考核目标，并根据将要出台的第三个"三年行动计划"，适时调整湘江流域水污染防治目标，细化矿区水污染防治措施。

（二）聚焦未完成任务和难点任务，推进水污染防治工作

一是注重黑臭水体治理长效性。严格污染源调查和整治方案编制，对流域长、面积大的黑臭水体，按水系和流域，统筹推进黑臭水体上下游、各支流治理。注重截污纳管、面源控制、底泥疏浚等治理手段与生物治理和修复手段结合，通过引水工程和再生水、雨水利用，进行水体生态补水。完善日常监管方案和管养制度，对治理后水体实行精细化管理。

二是明确重点，推进农业污染防治。按照一亩田承载4~5头存栏生猪的标准控制明确区域养殖规模，实行总量控制；完善对100~500头生猪养殖场的设施建设和改造措施。完善"一湖四水"生态补偿机制，明确补偿和赔偿标准，推进畜禽养殖场退出和改造、网围矮围拆除和池塘生态化标准化改造。以农业面源污染防治工程建设和环洞庭湖区建设4个典型流域农业面源综合治理示范区为抓手，推进农业面源污染防治。

三是着力加强饮用水水源地保护。加速推进饮用水水源保护区划定，完善保护区水质检测体系建设，将水源地排污口取缔作为饮用水水源地保护的重点。进一步推进农村饮用水安全工程建设采取政府购买服务方式加强工程建成后的日常维护。

四是加强沟通，推进杨树清退和油罐改造。加强与国家林业和草原局沟通，争取洞庭湖生态经济区黑杨砍伐指标。与中石油、中石化等进行协调，明确加油站地下油罐更新时间表。

五是加快污水污泥处理设施建设和改造。加快推进湘江、洞庭湖敏感区域污水处理厂提标改造，开辟项目审批绿色通道。以重点镇污水处理设施建设三年行动计划为抓手，按居住密集分类推进农村污水收集和处理。扩大工业集中区污水处理厂的污水收集范围，纳入一定生活污水，同时对运行不足的部分处理厂进行合理的补助。

六是进一步完善管网建设。指导地方对现有的排水管线进行系统、全面排查，摸清雨污混接、管网出路不畅、管网设计不符合工程原理等情况，有针对性地采取缺陷管网修复、淤积清理、雨污管分离等改进措施。扩大污水收集管网覆盖区域，重点是加强城乡接合部、码头等区域管网和城市管网的对接。加大对地方的督促力度，推进供水管网改造和维护，减少漏损率。

（三）提高认识、完善机制，推进工作落实

一是明确任务，实行清单管理。根据机构改革情况，结合各部门最新职能进行分工，进一步明确责任主体，制定各个单位每项任务年度目标，跟踪管理。

二是提高认识，加强任务跟踪和落实。对农村生活垃圾无害化处理、覆盖城乡的垃圾运转体系、雨污分流等任务，各级主管部门要提高认识，明确水污染防治重要性，做好任务跟踪，使每项任务都能落得实、讲得清。

三是进一步完善河湖管理机制。以"水十条"60 个考核评价断面、省控重点考核评价断面为单元，逐一明确断面长，实行"河（湖）长制"＋"断面长制"，变单纯"过程管理"为综合"过程＋结果管理"。对环境质量下降的区域，督促地方认真分析原因，系统、精准整治。

四是加强法律保障。推动《湖南省水资源管理条例》《湖南省洞庭湖条例》《湖南省节约用水管理办法》等尽快制定出台。

（四）强化资金、技术等支撑

一是创新融资方式。加强与国际金融组织和国家政策银行机构合作，争取环保项目贷款。加强与银行合作，鼓励银行机构开发股权、项目收益权、特许经营权等担保融资信贷产品，鼓励治理主体通过银行贷款、基金债券、股权质押等融资路径，解决治理资金来源问题。积极推进设立环保基金或加强与国家环境保护相关基金的合作，争取支持。

二是继续争取国家资金支持。积极争取以"一湖四水"生态保护修复为主要内容的中央山水林田湖草生态保护修复试点。通过奖补政策鼓励各市州重点流域治理项目进入国家年度水污染防治中央项目储备库项目清单，申报重点流域水环境综合治理中央预算内投资项目。

三是加强技术攻关。整合科技、生态环境、水利等部门科技资源，建立协同创新机制，集中对洞庭湖总磷超标治理、重金属污染治理、黑臭水体治理等问题进行技术攻关。

四是加强基层工作保障。加大对环保执法行政的财政预算，对基层环保执法车辆和所需仪器设备进行保障。

五是整合监测资源，提高监测能力。对水利、生态环境等部门的监测网络进行整合，实现监测数据的互通和共享，提升监测能力，对现有监测设备进行改造，开展电子化实时监控。

湖南省"十三五"规划纲要中期评估第三方评估报告

湖南省人民政府发展研究中心评估组 *

"十三五"以来,面对复杂多变的国内外经济环境和诸多挑战,在省委、省政府的正确领导下,各级各部门坚持以习近平新时代中国特色社会主义思想为指导,立足"一带一部"定位,坚持创新引领开放崛起战略,紧紧围绕"三个着力""四大体系""五大基地",加快建设富饶美丽幸福新湖南,"十三五"规划主要指标总体达到了时间过半、任务过半的进度要求。但在规划执行过程中也出现了一些新情况和新问题,亟须全省上下保持战略定力,深入贯彻五大发展理念,着力打好打赢三大攻坚战,确保圆满完成"十三五"规划各项目标任务,如期全面建成小康社会。

一 "十三五"规划纲要实施成效

全省"十三五"规划纲要在经济发展、创新驱动、民生福祉、资源环境4个方面,提出了30项主要指标,其中预期性指标有17项,约束性指标有13项。从中期完成情况看,有23项指标达到或者超过进度要求,其中约束性指标全部达标;各项任务总体进展比较顺利,纲要实施成效明显。

---

* 该评估报告系受湖南省发展改革委员会委托而作。
评估组组长:唐宇文;评估组成员:李学文、黄玮、张诗逸。

（一）主要指标进展顺利

1. 经济保持平稳增长

经济实力稳步增强。"十三五"前两年，GDP年均增长8%，财政总收入年均增长6.7%。供需两端缓中趋稳。规模工业增加值"十三五"前两年年均增长7.1%，2018年上半年增长7%；固定资产投资"十三五"前两年年均增长13.4%，2018年上半年增长10.3%；社会消费品零售总额"十三五"前两年年均增长11.2%，2018年上半年增长10.3%；进出口总额"十三五"前两年年均增长12.2%，2018年上半年增长41.6%。经济结构进一步优化。2017年，服务业增加值比重达49.5%，提前完成规划目标；全员劳动生产率达8.74万元，较2015年提高1.64万元；常住人口城镇化率为54.62%，户籍人口城镇化率为33.75%。

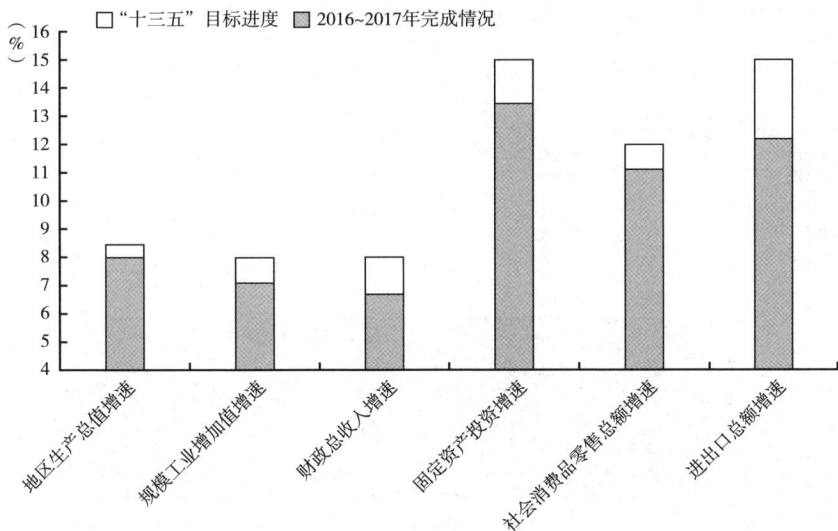

图1 "十三五"经济增速指标完成情况

数据来源：湖南省统计局，本文下同。

2. 创新驱动能力不断增强

2017年，R&D经费投入强度为1.68%，较2015年提高0.25个百分点；

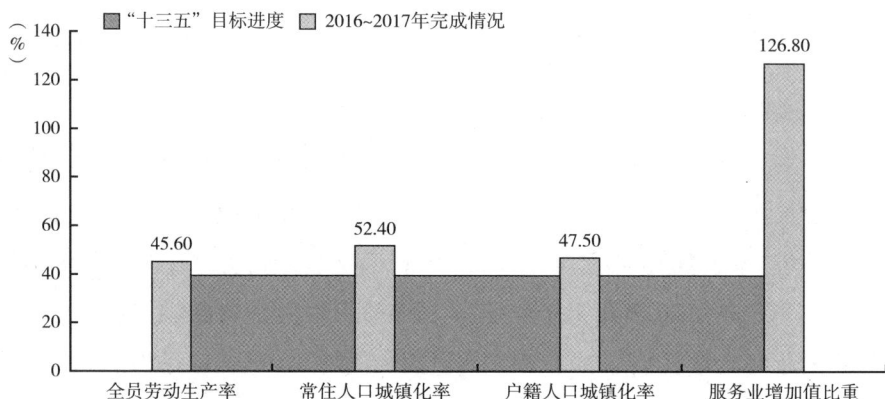

图2　"十三五"经济结构指标进度完成情况

每万人口发明专利拥有量为5.1件，比2015年提高2.3件；科技进步贡献率为56%，较2015年提高2.8个百分点；固定宽带家庭普及率达到59%，移动宽带用户普及率达到65.6%，分别较2015年提高13.3个百分点和19.9个百分点（见图3）。

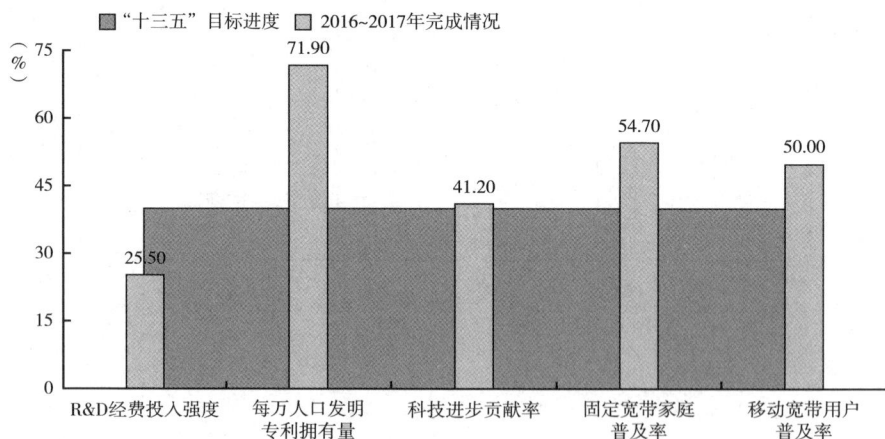

图3　"十三五"创新驱动指标进度完成情况

3. 民生福祉持续改善

2017年，居民人均可支配收入达到23103元，较2015年增加3786元；劳动年龄人口平均受教育年限为10.97年，提前完成规划目标任务。2016～

2017 年，全省累计城镇新增就业人数 152.49 万人，累计实现农村贫困人口脱贫 238 万人，城镇棚户区住房累计改造 89.9 万套。2017 年基本养老保险参保率 84.5%，2018 年上半年达到 85.7%。

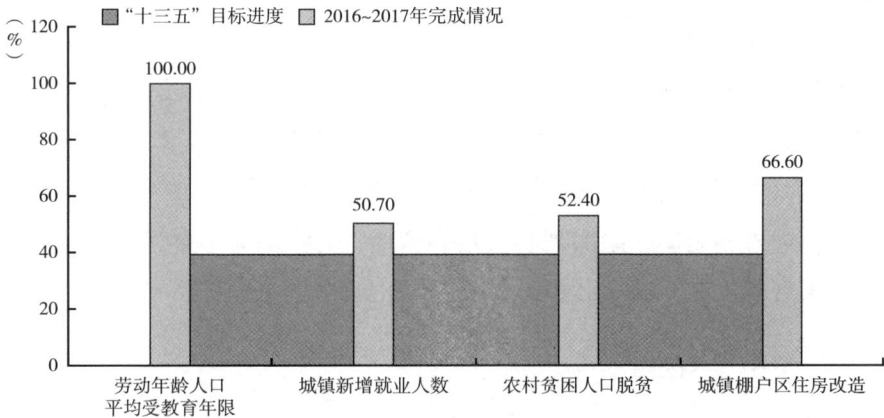

图 4 "十三五"民生福祉指标进度完成情况

4. 生态文明建设成效显著

资源节约能力不断增强。2017 年耕地保有量为 6226.5 万亩，高于 2020 年 5952 万亩的规划目标；2016～2017 年，全省累计新增建设用地 50.62 万亩，万元地区生产总值用水量累计降低 15.9%，单位地区生产总值能源消耗累计降低 10.3%。环境友好程度不断提高。2017 年非化石能源占一次能源消费比重为 17%，提前完成"十三五"规划目标任务。2016～2017 年，全省单位地区生产总值二氧化碳排放累计降低 8.2%，二氧化硫排放量累计下降 14.22%，氮氧化物排放量累计下降 8.4%，均超出规划进度要求；化学需氧量排放量累计下降 11.84%，氨氮排放量累计下降 10.9%，均提前完成规划目标。生态保育水平不断提升。2017 年，全省森林覆盖率为 59.68%，森林蓄积量达 5.21 亿立方米。2016～2017 年，全省细颗粒物（PM2.5）未达标地级及以上城市浓度累计下降 14.8%；地级及以上城市空气质量优良天数比率分别为 81.2% 和 81.5%，均达到 80% 以上的规划目标任务要求。2017 年全省好于Ⅲ类水体比例为 88.3%，劣Ⅴ类水体比例降为 1.66%，均达到规划目标进度要求。

（二）全面小康目标加快推进

2017 年，湖南全面小康总体实现程度达到 94.8%（未经国家认定），其中，经济发展全面小康实现程度达 85.7%，民主法治 100%，文化建设 98.5%，人民生活 95.9%，资源环境 97.5%。四大区域小康水平持续提升。长株潭地区、洞庭湖地区、湘南地区和大湘西地区全面小康总实现程度分别为 98.4%、96.8%、95.7% 和 91.6%，分别比 2015 年提高 2.5 个、7.2 个、7.3 个和 8.9 个百分点。各市州全面建成小康社会加快推进，14 个市州除湘西自治州以外，全面小康实现程度均在 90% 以上，122 个县市区中有 85 个县市区实现程度在 90% 以上。

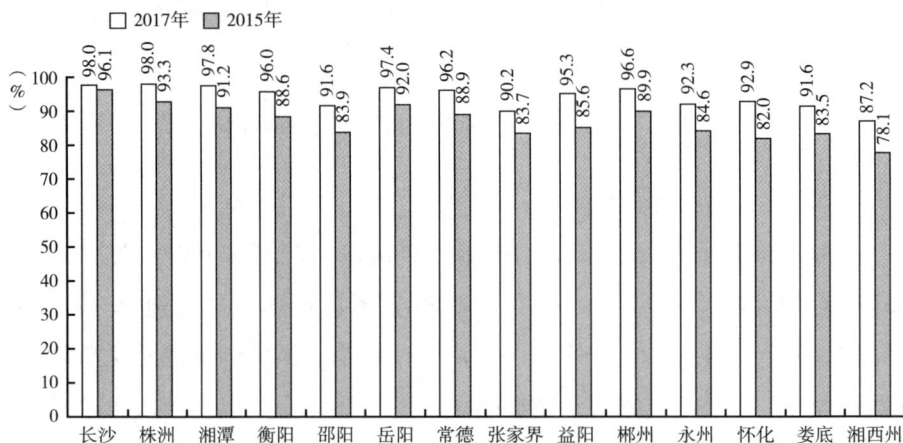

图 5 各市州全面小康实现程度对比

（三）各项战略任务稳步实施

1. 突出创新引领不断增强发展动力

（1）创新引擎驱动能力明显增强

一是大力推动科技创新。2017 年获国家科技进步奖数量居全国第 9 位。二是大力推进大众创业、万众创新。各类省级以上科技企业孵化器孵化面积达 286.82 万平方米，全省高新技术产业实现增加值占 GDP 的比重提高至 24%。三是着力打造创新型人才高地。全省各类科技人才总数达到 179 万人，技能人才总量达到 460 万人。

（2）抓好改革促动构建发展新体制

一是突出供给侧结构性改革。截至 2017 年底，全省煤炭完成去产能 2432 万吨，商品房待售面积同比下降 30.5%，规模工业企业资产负债率降为 49.8%，取消、停征、降标和放开 88 项涉企收费。二是深化国企国资改革。组建湖南国有资产经营管理公司，政企政资分开基本完成。三是深化财税体制改革。涉农资金整合试点得到中央高度肯定，"营改增"实现所有细分行业税负只减不增的预定目标。四是推进农业农村改革。至 2017 年底，农村承包地确权登记颁证基本完成，全国第一批农村集体产权制度改革试点县工作圆满结束。五是深化"放管服"改革。省本级保留行政许可事项精简 65%；工商登记由 15 个工作日缩短至 3 个工作日以内。六是行政管理体制改革。建成公共资源交易服务平台；减少乡镇 524 个，撤并建制村 17442 个；党政机关公车改革基本完成。

（3）开放带动拓展发展新空间

一是明确了开放崛起战略推进体系。确立了"1+2+5+N"的开放崛起战略推进体系，实施了五大专项行动。二是加快融入"一带一路"。对接"一带一路"建设累计项目总投资 3461 亿元。三是全面深化区域合作。成功举办泛珠三角区域合作行政首长联席会和"港洽周"，截至 2017 年底，湘南承接产业转移示范区集中启动六批重大项目总投资达 3957.6 亿元。四是口岸平台资质功能不断完善。全省已拥有 3 个国家一类口岸、5 个综保区、2 个保税物流中心和 1 个电子口岸实体平台；开通 8 条洲际直飞航线；全省海关特殊监管区 2017 年完成进出口额增长 107.3%。五是开放发展环境不断优化。全面实施检验检疫通关一体化，国际贸易"单一窗口"上线运行，压缩货物通关时间三分之一。截至 2018 年 6 月底，在湘投资世界 500 强企业达 169 家。

（4）供需联动培育发展新动力

一是开展"优供促销"活动。消费对经济增长的贡献率由 2016 年的

48%提高到2017年的53.4%。二是实施"湘品出湘"。拓展"六进"零售渠道，"湘品出湘"平台2017年销售额实现翻番。三是深入开展电子商务示范创建。至2017年底，全国电子商务进农村示范县总数达到33个，居中部第一；电子商务交易额突破8300亿元。四是营造安全便利消费环境。出台重要产品追溯体系建设实施意见，建立信用信息共享平台，严格落实失信惩戒制度。

2. 集约协调发展格局初步构建

（1）国土空间管控严格有效

一是划定生态保护红线。完成了重点生态功能区、生态敏感区红线落图；划定全省生态保护红线总面积4.28万平方公里，占全省面积的20.23%。二是牢牢守住耕地红线。依法划定了永久基本农田、城市开发边界，2016年以来，耕地保有量和基本农田保护面积均高于国家下达的控制数。三是加快推进矿业转型发展。郴州市列为全国绿色矿业发展示范区，关闭退出了一批落后矿山，大力推进冷水江锡矿山、临武三十六湾等"矿山复绿"示范工程和重点区域矿山生态修复。

（2）区域协调发展能力显著增强

一是统筹推进长株潭、大湘西、湘南、洞庭湖四大板块协调发展。2017年长株潭城际铁路全线贯通，推进洞庭湖生态经济区绿色转型发展，促进大湘南开放发展，加大大湘西地区扶贫开发和帮扶力度，两年来累计减少农村贫困人口115.9万人。二是构建"一核三极四带"多点发展新格局。长株潭核心增长极占全省经济总量的比重达到43.9%，湘江新区经济总量和增速在19个国家新区中居第7位。支持岳阳、郴州、怀化等区域性中心城市建设，京广经济带、环洞庭湖经济带、沪昆高铁经济带、张吉怀生态旅游经济带亮点突出。

3. 转型升级路径持续优化

（1）新型工业化加快推进

一是制造强省建设取得新进展。2017年全省制造业实现增加值占规模工业增加值比重达91.2%。二是战略新兴产业实现新突破。集中支持20个工业新兴优势产业链发展，2017 年，战略性新兴产业增加值占 GDP 比重提高到 11.3%。三是传统产业转型升级取得新成效。2017 年，黑色金属矿采选业、有色金属矿采选业、黑色金属冶炼及压延加工业和有色金属冶炼及压延加工业投资分别下降 27.2%、13.5%、14.1% 和 17.2%。

（2）信息化水平快速提高

一是进一步夯实网络基础。全省光纤入户小区占比已达 96% 以上，行政村光纤网络通达率达到 98.5%，移动宽带用户普及率达到 70.4%。二是网络经济能力提升。2017 年，全省信息产业收入达 3912.4 亿元。三是推动"互联网＋"快速发展。2017 年全省两化融合指数 82，高于全国 9.7 个百分点；建成全省电子政务外网统一云平台，电子政务外网实现了省市县 100% 覆盖。

（3）新型城镇化质量稳步提升

一是推进农业转移人口市民化。累计有近 200 万名农业转移人口进城，常住人口城镇化率 2017 年底达到 54.62%。二是提高城镇建设品质。2016 年以来，全省已开工 40 个综合管廊项目，海绵城市试点累计建成项目 192 个；新增国家园林城市（县城）5 个、国家级风景名胜区 2 处、全国特色小镇 16 个、省级美丽乡镇 38 个。三是推进城乡一体化发展。完成重点村人居环境整治 7925 个，建成美丽乡村 635 个、中国少数民族特色村寨 58 个、湖南最美少数民族特色村镇 60 个。99.1% 的建制村通客班车，农村自来水普及率达 76.6%。

（4）农业现代化程度不断提升

一是农业结构调整稳步推进。经作产值占种植业产值的比重达到 70% 以上。截至 2018 年 6 底，全省流转耕地面积占承包耕地总面积的 48.9%，家庭农场总数达到 3.35 万户，农民合作社达到 7.6 万个。二是农村一、二、三产业加速融合。在 24 个县市区开展农村一、二、三产业融合试点，认定省级现代农业产业园 530 个；2017 年，全省农产品加工业完成销售收入 1.5 万亿元，跻身全国七强；全省休闲农业实现经营收入 400 亿元。三是农业技术装备水平持续提升。全省主要农作物综合机械化水平达到 47% 以上，其中水稻耕种收综合机械化水平73%，居南方稻区第一；农业科技进步贡献率达58%。

（5）绿色化水平显著提高

一是健全体制机制。统筹推进生态文明体制改革，2016年，全省绿色发展指数居全国第8位。二是构建两型产业体系推动低碳循环发展。深入实施循环发展引领行动计划，大力推进株洲清水塘等老工业区搬迁改造，建立了能源消耗总量和强度"双控"制度，推进碳排放权交易市场建设。三是加强生态保护和环境治理。聚力打赢蓝天保卫战，持续加强水污染防治，积极推进土壤污染防治，积极落实环保督察整改，126个县市区（含县级管理区）全部启动农村环境综合整治。

（6）现代服务业加快发展

一是全力打造国际知名旅游目的地。2017年全省接待国内外游客6.69亿人次，在全国排名上升至第八位；旅游业增加值2052.1亿元，占GDP的5.89%。二是金融发展迈上新台阶。2017年，全省金融业增加值占GDP比重达4.5%。截至2017年底，全省境内外上市公司达到116家，居全国第十位、中部第二位；完成备案私募股权投资机构273家，新三板挂牌企业达到243家。三是现代物流业快速成长。创建国家级示范物流园区2家，省级示范物流园建设8家；2017年，全省社会物流总额98480亿元，社会物流总费用与GDP的比率为15.3%。

（7）现代基础设施不断完善

一是综合交通网络不断完善。截至2018年6月底，全省综合交通网络总规模达到25.6万公里；其中高速公路通车里程6480公里，居全国第五；高铁1397公里，居全国第四；已运营干支机场7个，开通航线276条。2017年全省机场旅客吞吐量达2683万人次，水运通航里程1.2万公里，完成货物周转量4318.6亿吨公里，旅客周转量1682.7亿人公里。二是能源保障网络进一步改善。截至2017年底，省内电力总装机达4438万千瓦，已建成油气管道3084公里、储气设施1800万立方米。三是水利设施网络进一步完备。完成了主要支流治理约120公里、中小河流治理595公里、小型病险水库除险加固 332 座;开展了 124 处重要饮用水水源地安全保障达标建设,2017 年全省重要水功能区水质达标率达到了 95.9%。

4. 成果共建共享人民获得感持续提升

(1) 脱贫攻坚持续发力

一是发展产业扶贫成效初现。实施重点产业扶贫项目 244 个,直接帮助 40 万以上贫困人口增收脱贫。二是转移就业扶贫扎实开展。创建全国首个贫困劳动力劳务协作市场,建设"扶贫车间"。三是易地搬迁扶贫满意度高。2016~2017 年共完成了 51 万人的易地扶贫搬迁任务。四是教育扶贫体系不断健全。构建从学前教育到研究生教育的资助政策体系,2017 年共资助 460 万人次。五是生态扶贫投入加大。六是兜底保障扶贫支撑有力。2016~2017 年净脱贫 238 万人,至 2017 年底,全省农村贫困人口减少至 216 万人,贫困发生率由 2015 年底的 7.84% 下降至 3.86%。

(2) 着力推进教育现代化

一是深入推进义务教育均衡发展。已有 89 个县(市、区)通过基本均衡发展国家评估验收,至 2017 年底,义务教育年均巩固率达 98%。二是普及高中阶段教育。高中阶段毛入学率达 91.5%。三是提升学前教育发展水平。2016~2017 年累计增加幼儿园建筑面积 88.5 万平方米。四是推进职业教育产教融合。建成国家示范性高职院校 9 所、国家中职改革发展示范校 38 所;2016~2017 年累计组建 34 个省级职教集团。五是推进高等教育创新发展。4 所学校入选全国首批深化创新创业教育改革示范高校,3 所大学进入国家一流大学建设名单,12 个学科进入国家一流学科建设名单。截至 2017 年底,全省共有各级各类学校 2.7 万所,在校学生 1318 万人,教育总规模居全国第 7 位。

(3) 着力增进人民福祉

一是大力促进就业创业。两年城镇新增就业 152.49 万人,截至 2017 年底,全省城乡就业人员近 4000 万人;重点打造了国家和省级双创基地 47 家、省级创业孵化基地 85 家、省级创业带动就业示范基地 50 家、省级农民工返乡创业示范园 12 家。二是社会保障更加有力。截至 2018 年 6 月底,全省参加基本养老、工伤、生育、失业保险人数分别达到 3334.8 万人、783 万人、553 万人、568 万人，基本养老保险参保率达到 85.7%，城乡基本医疗保险参保率稳定在 95%。三是健康湖南建设稳步开展。2017 年，每千常住人口医疗卫生机构床位数为 6.59 张，每千常住人口执业（助理）医师数为 2.52 人、每千人口基层医疗卫生机构人员数为 1.5 人；全省健康产业实现增加值 1628.88 亿元，占 GDP 的 4.7%。四是住房保障水平大幅提升。2016 年以来，全省各类棚户区改造开工建设 107.3 万套，公租房已分配入住 100.33 万套；实际改造完成农村危房 47.44 万户。

（4）文化强省加快推进

一是完善基本文化服务保障群众基本文化权益。人均公共文化设施面积达到 1.22 平方米，国家及省基本公共文化服务标准均提前达标。二是打造文化精品成效显著。实施了"剧本创作扶持工程"、"百千万"文化艺术人才提升工程。三是加强文化遗产传承保护弘扬发展传统文化。评选出全省首批"经典文化村镇"65 个，全省共有国家级非物质文化遗产项目 118 个，省级非物质文化遗产项目 324 个。四是文化产业稳步发展形成增长新动能。2017 年全省文化创意产业增加值占 GDP 的比重达 6.35%，省文化产业发展综合指数列全国第七、中西部第一位。

（5）社会治理能力稳步加强

一是加强基层社会治理创新体系建设。在全国率先建立村（居）委会同步换届机制；建立社会组织孵化基地 140 个，实现了全省市县"全覆盖"，全省各级民政部门登记成立社会组织 34168 个。二是加强社会信用体系建设。至 2017 年末，全省累计已建立农户信用档案 72.9 万户。三是切实抓好安全生产。2017 年单位地区生产总值安全事故死亡率较 2015 年下降 3.78%。

（6）民主法治建设进一步健全

一是不断提高人大及常务委员会履职能力和水平。二是不断加强政协的监督协商能力。三是完善基层民主制度。认真抓好乡村两级换届选举工作，健全完善基层民主议事决策机制。四是不断提高法治水平。2017 年，中央综治考评湖南省得分 93.12 分，创历史新高。全省建立各类人民调解组织

3.5 万多个，调解员达 14 万多人；2017 年全省共受理指派各类法律援助案件 3.7 万多件。

二　《纲要》实施中存在的主要问题

受发展环境发生重大变化和发展基础影响，《纲要》部分指标进展滞后，经济社会发展中的不平衡不充分问题依然突出。

（一）七项指标未达进度要求，影响总体完成程度

六项经济发展类预期性指标进展滞后。"十三五"前两年，湖南省地区生产总值、规模工业增加值、财政总收入、固定资产投资、社会消费品零售总额、进出口总额的年均增速分别低于规划目标 0.5 个、0.9 个、1.3 个、1.6 个、0.9 个和 2.8 个百分点；2018 年上半年，除进出口总额外，其他五项指标的增速仍低于规划目标。创新方面的研发投入强度目标自"十一五"以来均未完成。R&D 经费投入强度 2017 年仅为 1.68%，离 2020 年 2.5% 的规划目标差距较大。该指标"十一五""十二五"期间均未实现规划目标（见图 6）。

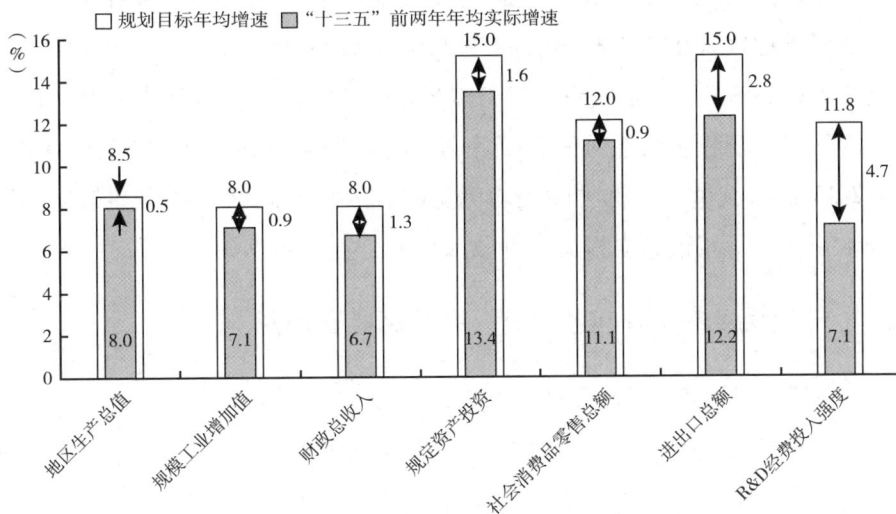

图 6　滞后指标规划目标与实际增速比较

（二）发展不平衡问题突出，制约发展潜力释放

1. 供需两端不平衡问题突出

从供给端看，2017年全省第三产业增加值占GDP比重比全国平均水平低2.1个百分点；农业现代化水平有待进一步提高，高新技术产业、"三新"经济占比偏低，新兴服务业发展不快。从需求端看，有效投资不足且项目规模偏小。2017年，全省5000万元及以上重大投资项目完成投资额仅占49.1%，远低于全国80%以上的平均水平。

2. 区域、城乡不平衡问题仍在扩大

一是板块之间、市州之间经济发展不平衡。2017年，长株潭地区生产总值占全省的比重升到43.9%，长沙市GDP绝对额分别是岳阳市的3.23倍、张家界市的19.42倍。二是县域经济仍是发展短板。2017年，全省县域GDP超过1000亿元的县市有3个，仅占全省87个行政县的3.4%。三是城乡二元结构矛盾没有根本解决。"半城镇化"问题较突出，城乡之间、市州之间公共服务资源配置不平衡。

3. 收入不平衡特征明显

一是居民收入与全国和发达地区有明显差距。2017年，湖南省全体居民人均可支配收入相当于全国的88.95%、上海的39.17%、北京的40.37%和浙江的54.95%。二是城乡之间、市州之间的居民收入依然不平衡。城乡居民人均可支配收入的绝对值差距从2015年17845元扩大至2017年21012元。2017年，城镇、农村居民人均可支配收入均最高的长沙市和最低的湘西自治州之间，城镇、农村居民的收入倍差分别达到2.07∶1、3.31∶1。

（三）发展不充分问题显著，影响百姓获得感

1. 生产力发展依旧不充分

一是市场竞争不充分。企业发展的"弹簧门""玻璃门""天花板"现象仍有出现。二是资本投资效率发挥不充分。2016~2017年，湖南省每新增1元GDP平均需要增加10.5元投资，同期全国仅需新增9元。三是潜力

释放不充分。2017 年湖南省 GDP 排全国第 9，但当年人均 GDP 排全国第 16 位。

2.科技发展依旧不充分

一是创新投入不足。2017 年，全省 R&D 经费投入占 GDP 比重和科技进步贡献率分别比全国平均水平低 0.44 个和 1.6 个百分点。二是创新基础有待进一步巩固。缺乏人才或人才流失处于影响创新各因素之首。三是科技服务业发展相对滞后。

3.绿色发展依旧不充分

一是资源能源利用不充分。2013～2017 年六大高耗能行业综合能源消费量占全省规模工业综合能耗的比重始终维持在 78%～80%；2017 年市场化交易电量仅占全省用电量的 5%。二是环境形势依然较为严峻。2017 年，全省立案查处环境违法案件达 4726 起，PM2.5 平均浓度高于全国平均水平，仍有近 10% 的水质监测断面未达到Ⅲ类标准，重金属污染问题累积严重，洞庭湖生态环境改善压力巨大。

4.文化发展依旧不充分

一是公共文化基础建设水平不高。2017 年，全省人均文化事业费居全国第 25 位，文化事业费占财政支出比重居全国第 24 位，平均每万人拥有公共图书馆建筑面积居全国第 29 位，公共图书馆人均购书费居全国第 25 位，平均每万人拥有群众文化设施建筑面积居全国第 24 位。二是文化产业行业分化明显。2017 年，文化信息传输服务业占比仅为 1.6%，文化创意和设计服务业占比仅为 6%，比全国平均水平分别低了 7.1 个和 6.9 个百分点。

5.民生工程发展依旧不充分

一是脱贫攻坚后续发展任务依然艰巨。截至 2017 年底，全省仍有农村贫困人口 216 万人。二是教育事业发展仍有诸多不足。教育供给质量和结构问题仍是突出矛盾，生均公共财政预算教育事业费与全国平均水平相比仍有一定差距；高层次人才规模偏低。三是百姓反映强烈的部分社会问题依然存在。就业结构性矛盾更加凸显；企业职工养老保险抚养比为 1.58，大大低于全国的 2.88；环境污染、生产安全和食品药品安全等事件时有发生。

三　"十三五"以来发展环境变化对《纲要》实施的影响

　　"十三五"规划实施期间，依次经历了湖南省第十一次党代会、中国共产党第十九次全国代表大会等重要会议（如图7所示），这些重要会议针对决胜全面建成小康社会阶段所面临的困难和挑战，提出了很多新思想、新战略、新要求和新任务，也使湖南省"十三五"规划实施环境较规划出台前发生了重大改变。

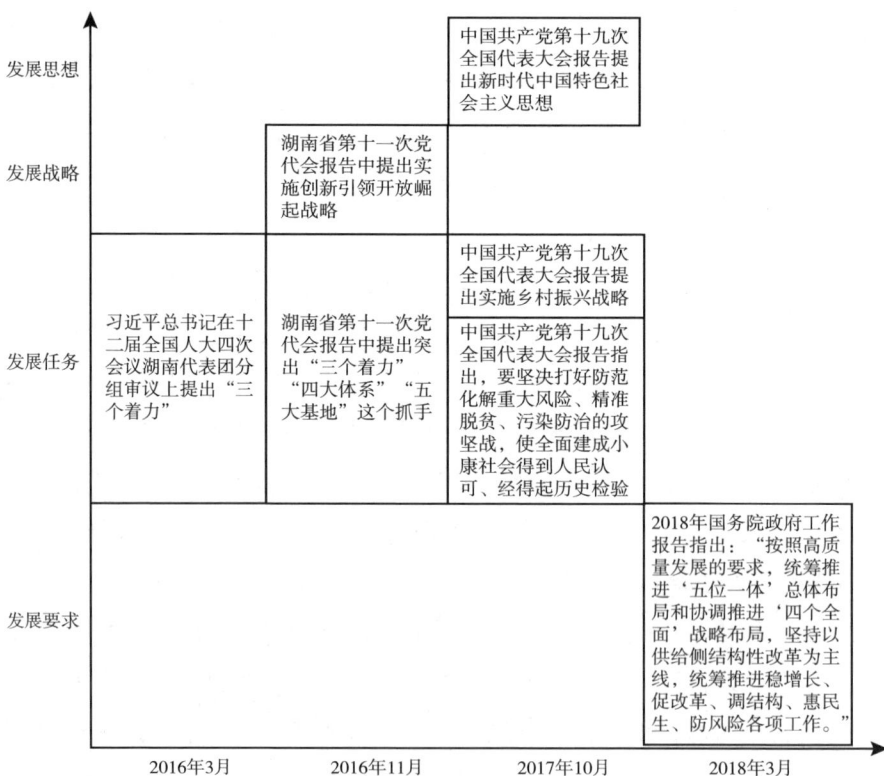

图7　"十三五"期间国家和湖南省提出的新思想、新战略、新任务

（一）发展思想变化：习近平新时代中国特色社会主义思想使指导思想更加全面系统

习近平新时代中国特色社会主义思想对全省的社会主义现代化建设提出了更高要求，如明确了分两阶段建设社会主义现代化、提前十五年实现基本现代化的战略目标，这就要求"十三五"期间，湖南省既要完成全面建成小康这一目标，又要对下阶段开启基本现代化建设新征程进行提前谋划、提早布局；明确人民日益增长的美好生活需要和不平衡不充分的发展之间的矛盾是新时代社会主要矛盾，这就要求我们要更加注重发展的平衡性、充分性问题，更加关注全省人民对美好生活的需要；明确了在发展中要更加注重构建现代化经济体系、社会主义核心价值体系、在发展中保障和改善民生以及人与自然和谐共生，这就要求"十三五"期间，我们要推动经济发展质量变革、效率变革、动力变革；要坚定文化自信、推动社会主义精神文明和物质文明协调发展；要坚持以人民为中心的发展思想，使人民的获得感、幸福感、安全感会更加充实、更有保障、更可持续；要重视生态文明建设，提供更多优质生态产品以满足人民日益增长的优美生态环境需要；等等。

（二）发展目标变化：推动高质量发展使目标要求更加清晰

习近平同志在党的十九大报告中指出："我国经济已由高速增长阶段转向高质量发展阶段，正处在转变发展方式、优化经济结构、转换增长动力的攻关期。"对全省"十三五"规划《纲要》实施来说，强调从高速度到高质量的转变，意味着经济发展要"稳中求进"，而无须再通过扩大投资、货币放水等方式追求高速增长；强调从增长到发展的转变，意味着不仅要重视量的增长，更要重视结构的优化、环境的保护、社会文明的提升以及社会治理的完善等，要更加强调经济、政治、社会、文化、生态五位一体的全面发展和进步；强调推动高质量发展是个转变过程，意味着转变已经开始，但转变的任务尚未完成，对于转变过程中出现的各种"阵痛"现象要正确认识、妥善处理，要循序渐进、稳步推进。

（三）发展战略变化：创新引领开放崛起使战略部署更具针对性

湖南省"十三五"规划《纲要》提出要实施"一带一部"战略，2016年11月，全省十一次党代会进一步提出实施创新引领、开放崛起战略，为后"十三五"时期的发展明确了方向。"一带一部"战略把湖南发展置身于全国发展大局之中，而"创新引领开放崛起"战略，既使湖南省的战略更具体、更有针对性，也意味着发展重点、发展导向的重大改变，尤其是开放崛起战略的提出，开放带动从举措变成湖南发展新战略，对规划《纲要》实施产生了重大影响。全省上下对开放的认识越来越高，推动开放发展的任务也更高更重，《湖南省实施开放崛起战略发展规划（2017～2021年）》提出了畅通"大通道"、构筑"大平台"、培育"大产业"、实施"大引进"、稳步"大出去"、推进"大融合"、实现"大创新"、优化"大环境"等发展任务，并出台了五大开放专项行动，着力推动全省开放型经济从短板演变为发展新引擎。

（四）发展任务变化：三大攻坚战、乡村振兴、三个着力、四大体系、五大基地建设使任务抓手更加具体

国家提出了三大攻坚战和乡村振兴战略任务，湖南省第十一次党代会提出，实施创新引领开放崛起战略，落实到工作层面就是要突出"三个着力""四大体系""五大基地"等抓手。战略任务变化的影响主要体现在两个方面：一方面，极大地促进了金融债务风险化解、贫困人口脱贫、环境污染治理、农业农村发展及制造业、文化创意产业、全域旅游建设等方面工作的开展。另一方面，新战略任务的推进实施，也会对"十三五"规划《纲要》实施带来一些新的问题和挑战，导致原有一些规划项目、重点任务、发展目标必须进行调整，如为打好防范化解重大风险攻坚战，湖南对地方债务、融资平台、PPP运作以及金融企业借贷等方面都强化了清理、严控、监管和规范，导致部分以政府为投资主体的"十三五"重大项目没有资金支撑，只能停建、缓建，甚至调减，压减政府性项目造成的政府性

投资明显回落,进而影响到部分指标达不到规划目标要求。如打好精准脱贫攻坚战,对于贫困人口总量大、致贫原因错综复杂、深度贫困问题突出的湖南来说,在加大资金等要素投入、加大帮扶工作力度等方面面临较大压力。

四 "十三五"后期湖南发展面临的环境展望及对规划实施影响

展望"十三五"中后期,国内外经济形势更加错综复杂,不确定因素增多,湖南省经济社会发展环境将面临更多新情况,呈现更多新特点。

(一)世界经济缓慢复苏的大趋势不会改变,但经济增长的不稳定不确定性因素增多

1. 世界经济总体将维持缓慢复苏态势

受全球贸易环境恶化、劳动生产率下降、金融市场动荡风险加大等不利因素影响,区域经济走势有可能分化,复苏动能有所减弱,但和平和发展仍是时代主题,以合作共赢为核心的新型国际关系成为主流,世界经济缓慢复苏的大趋势尚未改变。

2. 全球发展面临的不确定因素增多

世界经济进入"新平庸时代",面临更多的、突出的不确定性因素。一是"三重分化"趋势逐渐明显,全球经济快速回暖的支撑面还不够强韧。二是地区发展不平衡不平等,贫富差距日益严重,地区热点问题此起彼伏,强权政治和霸权主义、"新干涉主义"和恐怖主义依然存在。三是贸易保护主义抬头。

3. 国际经济环境对湖南省实施开放崛起战略总体有利

一方面,世界经济保持缓慢复苏态势,将为湖南大力推进开放崛起战略提供良好环境,湖南可以加大对传统外贸市场的深耕力度,做好优势产品的出口和紧缺技术、装备的进口,积极承接国内外产业转移。另一方面,对于

国际经济不确定性，尤其是中美贸易摩擦导致国际贸易环境恶化带来的挑战，要高度重视、妥善应对。

（二）我国经济将稳步转向高质量发展，经济增速有望继续在合理区间内出现上下波动

1. 国内经济高质量发展特征将进一步显现

我国经济"稳中向好、长期向好"的基本面不会改变。一方面，我国社会主要矛盾的转化为未来经济发展孕育了足够的空间，经济保持稳中有进为迈向高质量发展阶段提供良好的基础条件；另一方面，实现全面建成小康社会这个近期目标的过程将为我国经济增长创造诸多新动力。居民消费升级需求强劲，区域均衡发展潜力较大，科技领域发展空间大，"一带一路"建设不断扩展我国经济发展新空间。

2. 经济增速有望继续保持在稳定增长区间内

自 2015 年上半年以来，我国经济增速一直维持在 6.6% ~6.9% 的区间内波动。尽管我国制造业大而不强、创新能力不足、生产模式粗放、资源利用率低等问题仍难彻底解决；但考虑到世界经济发展环境稳定、国内消费保持升级趋势、新兴动能稳步成长态势、创新能力不断增强、改革深入释放发展活力等有利因素，"十三五"后半期我国经济总体上保持平稳增长态势，在合理区间内出现上下波动，不会有明显骤升陡降。

3. 国内经济平稳增长有利于湖南进一步夯实高质量发展基础

一方面，国内经济平稳是保持湖南经济稳定的前提和基础，只要全国经济不发生大幅下降，稳定的内需将为湖南省经济增长提供有力的支撑。另一方面，国家在科技创新、扶贫攻坚、新产业新动能培育、乡村振兴以及重大基础设施和民生工程方面将继续加大投入力度，在国家政策和资金的有力支持推动下，湖南转向高质量发展的基础将进一步夯实巩固。

（三）湖南省内经济仍面临众多发展机遇，"十三五"中后期仍将保持平稳较快增长

一是结构调整带来的机遇。世界经济整体仍将处于大发展大变革大调整

时期，新一轮科技革命和产业变革的兴起，所形成的倒逼机制将继续推动我国和湖南省经济结构调整。同时，我国经济版图的重心已经向南部转移，并且经济中心将长期在南方的大趋势不会发生改变，只要抓住经济重心南移的机遇，力争成为承接珠三角、长三角等地产业转移的"领头雁"，将为湖南未来发展提供源源不断的新动能。

二是国家新一轮政经周期"红利"释放的机遇。党的十九大预示着我国将迎来一个新的"政经周期"，随着各项改革的不断深入推进，湖南省社会主义市场经济将更加完善，市场主体的活力和动力将不断被激发，将极大地推动湖南经济快速发展。

三是现阶段完成全面建成小康社会目标带来的机遇。"十三五"中后期，是我国全面建成小康社会的决胜期，湖南仍处于"五化"加速推进阶段，区位交通、产业基础、创新资源、生态环境等诸多优势已形成协同效应，统筹推进"五大建设"，坚定实施"七大战略"，坚决打好"三大攻坚战"，这些重大战略的实施将为湖南确保实现全面建成小康社会、顺利开启社会主义现代化新征程提供强劲持久的动力。

五　关于"十三五"规划纲要进展滞后指标是否调整的建议

对于"十三五"规划部分指标出现进展滞后、难以完成预期目标的情况，经过充分的考量和论证，我们建议对进展滞后指标不做调整。主要依据如下。

（一）保持 GDP 年均8.5%的增速目标不变是综合考量湖南发展环境、发展动力和发展态势做出的判断

一方面，"十三五"中后期国际国内环境总体仍将保持平稳态势，湖南省在"创新引领、开放崛起"战略指引下，产业转型、高质量发展持续推进，新增长点不断涌现，新兴动能继续增强。另一方面，尽管近年来对

GDP 增速放缓的容忍度不断上升，但湖南还存在很大发展提升空间，没有必要主动放弃对于经济增速的要求。

（二）保持固定资产投资年均15%的增速目标不变是考虑到湖南经济对投资的依赖度较高以及投资需求依然旺盛

由于当前湖南经济增长对投资的依赖度依然较高，作为中西部欠发达地区，在基础设施、公共服务、民生保障、生态环保等众多领域尚存在较大的发展短板，要赶上全国平均水平并对标发达地区，"十三五"后期固定资产投资需继续保持一定增速。

（三）保持规模工业增加值8%的增速目标不变是考虑到推进新型工业化和落实"中国制造2025"战略的需要

湖南总体上仍处于工业化中期向后期迈进阶段，制造业大而不强的现状没有根本改变，新型工业化作为富民强省的第一推动力作用决不能淡化。保持规划目标不变，既能向全省上下展示贯彻"中国制造2025"，建设制造强省的决心，又能树立全省上下加快推进新兴优势产业链建设、抢占发展高地的信心。

（四）保持财政总收入8%的增速目标不变是考虑到提升经济增长财政贡献率的需要

湖南省财政收入总量与 GDP 不匹配，2017 年，全省 GDP 总量居中部第2 位，但地方财政一般公共预算收入仅居中部第 4 位。保持财政总收入增速规划目标不变，有利于引导激励全省上下提升经济增长的财政贡献率和财政收入质量。

（五）保持社会消费品零售总额12%的增速目标不变是考虑到推动消费升级、满足人民群众对美好生活向往的需要

消费是保持全省经济增长的稳定器，考虑到新时代人民对美好生活的向

往更加强烈；信息技术发展也催生了新的商业模式和消费升级需求。保持社会消费品零售额增长目标不变，有利于进一步挖掘消费增长潜力，推进消费升级进程，加快满足人民日益增长的美好生活需要。

（六）保持进出口总额15%的增速目标不变是基于开放发展理念和开放崛起战略的需要

尽管由美国挑起的贸易摩擦极大地影响了国际贸易环境，但考虑到开放是五大发展理念之一，也是湖南两大战略之一，保持进出口总额增速目标不变，有利于引导激励进一步推进开放崛起，不断弥补湖南开放型经济短板。

（七）保持研究与试验发展（R&D）经费投入强度2.5%的目标不变是基于创新发展理念和创新引领战略、创新型省份建设的需要

考虑到贯彻创新发展理念、实施创新引领战略和推进创新型省份建设的需要，保持R&D经费投入强度目标不变，有利于各级政府保持对研发投入的高度重视，激发并调动全社会各行业开展研发和创新的积极性，强化对产业技术、基础前沿技术和共性技术的研发，依靠创新驱动发展、促进转型升级和培育新动能，加快推进全省创新型省份建设并实现高质量发展。

六　进一步推动纲要实施的对策建议

"十三五"后半程，湖南省必须以习近平新时代中国特色社会主义思想为指导，保持战略定力，深入实施创新引领开放崛起战略，着力打好打赢三大攻坚战，确保如期完成"十三五"规划纲要各项重点任务。

（一）深入推进创新引领开放崛起，建设高质量现代化经济体系

1. 贯彻创新引领战略，培育经济增长新动能

一是以平台和转化为核心完善科技创新体系。加快推进长株潭国家自主创新示范区、岳麓山国家大学科技城等创新平台建设，健全产学研用技术创

新协同机制与合作模式，打造大众创业、万众创新升级版。二是以创新引领转型升级构建现代产业体系。进一步推进农业现代化建设，建立健全省级农业科技创新联盟。加快发展工业新兴优势产业链，推动传统优势产业向价值链高端攀升；大力推进长株潭衡"中国制造2025"试点示范城市群建设，着力打造中国智能制造示范引领区。积极发展北斗导航、移动互联网等新兴服务业，着力建设以"锦绣潇湘"为品牌的全域旅游基地、以马栏山视频文创园为品牌的文化创意基地、以湖南健康产业园为品牌的健康产业基地。三是围绕经费和人才构建创新支撑体系。推动全社会研发经费投入三年行动计划落实落地，深入实施智汇潇湘引才工程、发展高地聚才工程、名家名匠铸才工程、青年菁英育才工程、固基兴业扶才工程、崇绩重能优才工程。

2.坚持开放崛起战略，拓展发展新空间

一是深度融入"一带一路"推动高质量走出去。加快国际大通道建设，深入推进优势产能国际合作，鼓励外贸企业向"一带一路"沿线国家和地区拓展贸易空间。二是开展精准招商做好高水平引进来。针对500强企业开展差异化精准招商，建立健全500强企业签约项目履约调度督察机制，推动湘商产业回归、总部回归、资本回归、人才回归。三是围绕口岸和园区加强开放平台建设。申报并建设中国（湖南）自贸试验区，加快口岸提质升级，推动海关特殊监管区创新发展，大力推动园区开放发展。四是深抓审批和通关进一步优化开放环境。优化审批环境，推进商务备案与工商登记"一口办理"，推广"只进一扇门""最多跑一次"等审批模式。促进口岸通关便利化，推行"一站式"作业，加强口岸基础设施建设，完善外贸服务体系。

3.深化以供给侧结构性改革为主线的各项改革，激发内生动力

一是继续深化供给侧结构性改革，完善实体经济振兴机制。进一步减少低端供给和无效供给，推动制度性交易成本、企业税费负担、企业融资成本、用能用地用工成本、物流成本稳步降低，升级交通、能源、水利、信息网。二是大力推进国企国资改革，完善微观主体激励体制机制。完善各类国有资产管理体制，建立健全国企重大决策失误和失职、渎职责任追究倒查机制，加快国有经济布局优化、结构调整、战略性重组，提升国有企业管理水

平。三是打造"放管服"改革湖南升级版,完善营商环境优化体制机制。深化商事制度改革,深入推进审批制度改革,全面实行"双随机、一次开放"监管,深入开展收费清理改革和监督检查,全力打造一体化政务服务平台。四是要稳步推进财税改革,完善治理能力提升体制机制。加快建立现代财政制度,构建运行高效的资金管理机制,建立完善收入管控机制,严格实行地方政府债务余额限额管理。

4. 实施区域协调发展和乡村振兴战略,推动区域平衡发展

一是突出四大板块着力构建区域特色联动发展新格局。提升对接长江经济带、粤港澳大湾区和泛珠区域的层次和水平。加快长株潭一体化发展,推进洞庭湖生态环境专项整治和绿色转型发展,加强湘西湘南承接产业转移示范区及湘粤开放合作试验区建设,加大对大湘西地区的扶贫开发支持力度。二是推进大中小城市网络化建设提高新型城镇化质量。加快农业转移人口市民化,推进大中小城市网络化建设,构建多中心多节点且互相联系的网络化城市结构,提升城市建设质量。三是坚持农业农村优先发展加快落实乡村振兴战略。持续开展六大强农行动,深入实施农业"百千万"工程;加快乡村绿色发展,加强农村人居环境系统治理;加强农村思想文化建设,树立农村文明新风尚;夯实农村基层基础,推动建立健全现代乡村社会治理体制;加大农村民生保障力度,进一步提升农村基础设施建管、农民就业增收、农村公共服务供给水平。

(二)着力打好打赢三大攻坚战,决胜全面建成小康社会

1. 强化问题导向底线思维,打好防范化解重大风险攻坚战

一是把"前门"堵"后门"防控政府性债务风险。加快完成存量政府债务置换,推动实施规范的 PPP 项目和政府购买服务,强化市场化融资增信能力,强化地方政府债务规模限额管理,推进政府融资平台公司整合和规范管理,加强对产业投资基金、政府购买服务等领域的规范化管理。二是守住底线着力增强金融风险防控能力。继续开展互联网金融风险专项整治、交易场所清理整顿,严肃金融秩序,着力打击各类严重干扰金融秩序的行为,

积极稳妥推进市场化债转股项目，供需两端发力推进房地产去杠杆。三是多措并举持续提升安全生产风险防控能力。着力建立健全安全生产责任体系、安全生产巡查和责任考核追究机制，完善安全生产监管体系，建立安全生产防控体系，切实增强安全防范治理能力。

2. 强化攻坚定力、重点和质量，打好精准脱贫攻坚战

一是深入实施精准扶贫精准脱贫。落实精准脱贫三年行动计划，深入推进"一村一品"产业扶贫行动，全面深化就业扶贫，综合实施特殊贫困人口保障性扶贫政策，加快补齐贫困地区基础设施和公共服务短板。二是重点攻克深度贫困地区脱贫任务。聚焦 11 个深度贫困县、549 个深度贫困村，加大新增脱贫攻坚资金、公共基础设施项目向深度贫困地区倾斜力度，着力攻克深度贫困堡垒。三是扶贫扶志结合着力提升脱贫质量。激发贫困人口内生动力，对已脱贫对象回头看、回头查、回头帮，建立稳定脱贫长效机制，强化脱贫攻坚责任和监管，开展扶贫领域作风问题专项治理。

3. 突出保护与治理相结合，打好污染防治攻坚战

一是推进转型升级，加快形成绿色发展方式。推进循环发展引领行动，有序推进洞庭湖区制浆造纸产能退出，深入开展"散乱污"企业整治专项行动，优化调整能源结构，加快绿色交通体系建设。二是强化精准治污，着力解决环境突出问题。抓好中央环保督察、中办督察、审计指出的环境突出问题整改，建立督察整改常态化工作机制；加强长江岸线专项整治，持续推进湘江保护和治理"一号重点工程"，着力推进洞庭湖生态环境整治工程；强化城市空气质量专项攻坚治理、受污染地块的土壤污染治理和修复，大力推进黑臭水体综合整治、全省农村环境综合整治。三是树立红线意识，加大生态系统保护力度。构建覆盖全省的分区环境管控体系，实施土壤和农用地分类管理，强化国土空间用途管制，实施山水林田湖草生态保护修复重大工程，建立评价考核制度与生态保护红线台账。四是强化法规政策支持，推动防治制度化市场化。加快出台《湖南省土壤污染防治条例》《湖南省环境保护条例（修订）》等地方性法规，深化生态环境保护体制改革，推行环境污染第三方治理、合同能源管理、特许经营等市场化模式。

（三）推动文化创新繁荣，为高质量发展集聚精神动能

一是加强教育引导和道德建设，不断提高社会文明程度。深入实施公民道德建设工程，开展移风易俗、弘扬时代新风行动，传承中华优秀传统文化和红色基因，加强网络空间治理和内容建设。二是构建现代公共文化服务体系，满足多样化文化需求。深入开展公共文化服务标准化、均等化三年行动，丰富公共文化产品，构建现代优秀湖湘传统文化保护传承体系，实施文化惠民提质升级工程。三是推动文化产业创新发展，增强文化影响力。深入实施"文化＋"行动和文化科技创新工程，重点建设马栏山视频文化产业园、中南国家数字出版基地、长沙国家级文化和科技融合示范基地、昭山文化产业园区等一批文化创意集聚区；加强文化传播推广体系建设，搭建全省公共文化资源数据平台，加快长沙国家文化出口基地建设，构建现代文化市场发展体系。四是深化文化体制改革，激发文化发展活力。

（四）着力保障和改善民生，在共建共享中增强人民获得感

一是深入推进科教强省建设，优先发展教育事业。实施第三期学前教育行动计划，推进城乡义务教育一体化发展、高中阶段教育普及攻坚、职业教育提质升级攻坚行动，全面推进高校"双一流"建设，加强师德师风建设。二是大力促进就业创业，不断提高就业质量。扎实推进"双创三年行动计划"，深入实施青年就业启航计划以及高校毕业生就业创业促进计划，大力援助困难群体就业，稳妥安置化解过剩产能企业职工再就业。三是持续增加居民收入，不断缩小收入差距。健全政府、工会、企业共同参与的协商协调机制，着力保障农民工工资支付，履行好政府再分配调节职能，缩小收入分配差距。四是完善社会保障体系，不断提升人民幸福指数。全面实施全民参保计划，健全养老保险制度，完善医疗保险制度，推进生育保险和基本医疗保险合并，推动工伤保险基金省级统筹，完善最低生活保障制度，健全社会救助体系。五是推进健康湖南建设，不断增进人民健康福祉。持续深化医药卫生体制改革，推动分级诊疗取得更大进展，健全现代医院管理制度，加强

基层医疗卫生机构能力建设，推进全民健康生活方式行动，大力传承发展中医药事业，积极引导健康产业集聚发展。

（五）着力健全民主法治和加强社会治理，在治理现代化中不断增强人民安全感

1. 提高民主政治发展水平，推进人民民主制度化、规范化、程序化

一是充分发挥人民代表大会制度在社会主义民主政治建设中的重要作用。二是充分发挥人民政协政治协商、民主监督、参政议政的作用。三是加强民族区域自治和基层民主政治建设。

2. 加快法治湖南建设步伐，推进科学立法、严格执法、公正司法、全民守法

一是加强和改进地方立法。探索建立多元化的法规规章起草工作机制，创新公众参与立法方式。二是加快法治政府建设。认真执行重大行政决策程序规定，完善重大行政决策专家咨询论证、风险评估、合法性审查和集体讨论决定制度，深化行政执法体制改革，推进政府服务公开和服务法治化。三是推进公正司法。深化司法体制和工作机制改革，加强司法规范化建设，维护司法权威，全面推进司法公开，强化诉讼活动法律监督，着力纠正定性明显错误或处理严重不公。四是推进社会法治建设。畅通社情民意表达渠道，健全完善多元化的矛盾纠纷解决机制，深入开展普法教育、社会主义法治理念教育、公民意识教育、国防法律法规宣传教育，加强和规范法律服务。

3. 加强和创新社会治理，推进社会治理社会化、法治化、智能化、专业化

一是创新社会管理体制。创新社会管理方式，落实全省乡村治理三年行动方案，加强城乡社区建设，加强流动人口管理和服务。二是树立安全发展理念。健全公共安全体系，完善安全生产责任制，着力加强食品药品、道路交通、矿山、消防等重点行业和领域安全监管。三是加快社会治安防控体系建设。深入开展平安创建活动，推进立体化信息化社会治安防控体系建设，完善网格化治理。四是全面推动社会信用体系建设。着力构建守信激励和失信惩戒机制，使守信者一路畅通、失信者寸步难行。

七 "十四五"时期需重点关注和研究的课题建议

"十四五"时期是从全面建成小康社会转向全面建设社会主义现代化新征程的重要过渡期,也是党中央确定的基本实现社会主义现代化第一阶段的开局之年,对于湖南省的社会主义现代化建设至关重要,必须对开局阶段的目标任务、重大战略和重点难点问题进行深入分析研究,提早谋划。

一是开展"十四五"时期湖南省经济社会发展战略研究。二是开展推动并保持湖南省经济高质量发展研究。三是开展湖南省开启全面建设社会主义现代化新征程研究。四是开展进一步巩固湖南省全面建成小康社会成果研究。五是开展进一步提升创新能力建设创新型省份研究。六是开展全球化进程调整下的开放崛起战略研究。七是开展推动全面深化改革取得实质性进展的实施路径研究。八是开展进一步改善生态环境加快美丽湖南建设研究。九是开展推动湖南省成功跨越"中等收入陷阱"研究。十是开展深入推进消费升级满足全省人民美好生活需要研究。十一是开展打造全国乡村振兴的"湖南样板"研究。十二是开展有效应对人口结构变化带来的挑战研究。十三是开展湖南省建成现代化社会治理格局研究。十四是开展加快建成法治政府、法治社会研究。

附表：湖南省"十三五"规划纲要主要指标进展情况

类别	序号	指标	2015年实际	"十三五"规划目标 2020年	"十三五"规划目标 年均增长	"十三五"前两年执行情况 2016年实际	"十三五"前两年执行情况 2017年实际	"十三五"前两年执行情况 年均增速	2018年上半年 绝对值	2018年上半年 同比增速	"十三五"中期实施进展情况	指标属性
经济发展	1	地区生产总值(亿元)	29172.2	43680	8.5%左右	31551.4	33903	8%	16405	7.8%	滞后	预期性
	2	规模工业增加值(亿元)	10679.9	15690	8%	—	—	7.1%	—	7%	滞后	预期性
	3	财政总收入(亿元)	4008.1	5890	8%	4252.1	4565.7	6.7%	2594.2	5.9%	滞后	预期性
	4	固定资产投资(万亿元)	[9.2]	[20]	15%	27688	31328.1	13.4%	—	10.3%	滞后	预期性
	5	社会消费品零售总额(亿元)	12024	21190	12%	13437	14854.9	11.2%	7165.7	10.3%	滞后	预期性
	6	进出口总额(亿美元)	293.7	600	15%	268.8	360.4	12.2%	203.9	41.6%	滞后	预期性
	7	全员劳动生产率(万元)	7.1	10.7	—	7.97	8.74	—	—	—	达标	预期性
	8	城镇化率 常住人口城镇化率(%)	50.89	58	—	52.75	54.62	—	5.5	—	达标	预期性
		户籍人口城镇化率(%)	28.1	40左右	—	29.89	33.75	—	—	—	达标	预期性
	9	服务业增加值比重(%)	43.9	48	—	46.3	49.5	—	53.4	—	达标	预期性
创新发展	10	研究与试验发展(R&D)经费投入强度(%)	1.43	2.5	—	1.5	1.68	—	—	—	滞后	预期性
	11	每万人口发明专利拥有量(件)	2.8	6	—	4.11	5.1	—	5.5	—	达标	预期性
	12	科技进步贡献率(%)	53.2	60	—	54.6	56	—	67.8	—	达标	预期性
	13	互联网 固定宽带家庭普及率(%)	45.7	70	—	—	59	—	70.4	—	达标	预期性
		移动宽带用户普及率(%)	45.7	85	—	54.9	65.6	—	—	—	达标	预期性
民生福祉	14	居民人均可支配收入(元)	19317	29050	—	21115	23103	9.35%	11800	9.1%	达标	预期性
	15	劳动年龄人口平均受教育年限(年)	10.4	10.8	—	—	10.97	—	—	—	达标	约束性
	16	城镇新增就业人数(万人)	[385]	—	[300]	77.36	[152.49]	—	43.91	—	达标	预期性
	17	农村贫困人口脱贫(万人)	—	—	[454]	98	[238]	—	—	—	达标	约束性
	18	基本养老保险参保率(%)	—	>90	—	—	84.5	—	85.7	—	达标	预期性
	19	城镇棚户区住房改造(万套)	—	—	[135]	—	[89.9]	—	17.53	—	达标	约束性
	20	人均预期寿命(岁)	76	77	[1]	—	—	—	—	—	达标	预期性

412

续表

类别	序号	指标	2015年实际	"十三五"规划目标 2020年	"十三五"规划目标 年均增长	"十三五"前两年执行情况 2016年实际	"十三五"前两年执行情况 2017年实际	"十三五"前两年执行情况 年均增速	2018年上半年 绝对值	2018年上半年 同比增速	"十三五"中期实施进度情况	指标属性
	21	耕地保有量(万亩)	6230	5956	—	—	6226.5	—	—	—	达标	约束性
	22	新增建设用地规模(万亩)	—	—	[165]	—	{50.62}	—	—	—	达标	约束性
	23	万元地区生产总值用水量下降(%)	—	—	[25]	7.4	{15.9}	—	—	—	达标	约束性
	24	单位地区生产总值能源消耗降低(%)	—	—	[16]	5.34	{10.3}	—	—	—	达标	约束性
	25	非化石能源占一次能源消费比重(%)	12.5	15.6	—	—	17	—	—	—	达标	约束性
	26	单位地区生产总值二氧化碳排放降低(%)	—	—	[18]	6.24	{8.2}	—	—	—	达标	约束性
资源环境	27 森林增长	森林覆盖率(%)	59.57	>59	—	59.64	59.68	—	—	—	达标	约束性
		森林蓄积量(亿立方米)	4.8	5.8	—	5.0	5.21	—	—	—	达标	约束性
	28 空气质量	细颗粒物(PM2.5)未达标地级及以上城市浓度下降(%)	—	—	[18]	9.4	[14.8]	—	—	—	达标	约束性
		地级及以上城市空气质量优良天数比率(%)	77.9	>80	—	81.2	81.5	—	83.6	—	达标	
	29 地表水质量	好于Ⅲ类水体比例(%)	—	≥93.3	—	—	88.3	—	93	—	达标	约束性
		劣Ⅴ类水体比例(%)	—	0	—	1.7	1.66	—	—	—	达标	约束性
	30 主要污染物排放总量减少(%)	化学需氧量	—	—	[10.1]	9.4	{11.84}	—	—	—	达标	约束性
		氨氮	—	—	[10.1]	—	{10.9}	—	—	—	达标	
		二氧化硫	—	—	[21]	—	{14.22}	—	—	—	达标	
		氮氧化物	—	—	[15]	—	{8.4}	—	—	—	达标	

注：地区生产总值、规模工业增加值、规模以上服务业增加值和城乡居民收入绝对数按现价计算，增速按可比价格计算；[ ]表示五年累计数，{ }表示两年累计数。